高职高专汽车类专业创新一体化教材

汽车维护与保养一体化教程（配实训工单）第3版

主　编　姜龙青
副主编　任孝平　王朋飞
参　编　张　迪　屈亚锋　王　彬　李宛蔓

机械工业出版社

本书是高职高专汽车检测与维修专业、中职汽车运用与维修专业理实一体化教学用书，主要包括汽车维护作业准备工作、汽车定期维护作业流程、汽车维护与保养作业中的重要操作项目三部分内容。

第一单元包括 7 个作业任务，主要内容为从事汽车维护与保养作业的个人规范及 5S 管理标准，作业场地要求，常用工具、设备的使用，新能源汽车维护与保养作业的基本要求，汽车维护与保养作业流程等。

第二单元包括 20 个作业任务，主要内容是长城哈弗 M6 PLUS 2021 款 1.5T 7DCT 尊贵智联版 SUV 车型 10000km 定期维护的作业流程，通过车辆的举升操作，全面完成汽车维护与保养项目中的检查操作。

第三单元包括 17 个作业任务，主要内容是汽车 10000km 定期维护作业流程之外的其他重要操作项目，这些项目在汽车日常的维护与保养作业中经常使用，对学生全面掌握汽车维护操作工艺是非常重要的。

本书特点是突出学生动手能力培养，在实训中贯彻理论知识与专业技能相结合的原则，采用项目教学法、任务驱动法、启发式和师生互动等教学模式，最终完成汽车维护与保养相关作业任务的学习。

图书在版编目（CIP）数据

汽车维护与保养一体化教程：配实训工单 / 姜龙青主编 . — 3版 .
— 北京：机械工业出版社，2024.2
高职高专汽车类专业创新一体化教材
ISBN 978-7-111-75273-8

Ⅰ. ①汽… Ⅱ. ①姜… Ⅲ. ①汽车 - 车辆修理 - 高等职业教育 - 教材
②汽车 - 车辆保养 - 高等职业教育 - 教材 Ⅳ. ①U472

中国国家版本馆CIP数据核字（2024）第050274号

机械工业出版社（北京市百万庄大街22号 邮政编码100037）
策划编辑：齐福江 责任编辑：齐福江 丁 锋
责任校对：甘慧彤 张 薇 封面设计：张 静
责任印制：李 昂
北京捷迅佳彩印刷有限公司印刷
2024年6月第3版第1次印刷
184mm × 260mm · 18.25印张 · 435千字
标准书号：ISBN 978-7-111-75273-8
定价：69.90元

电话服务 网络服务
客服电话：010-88361066 机 工 官 网：www.cmpbook.com
010-88379833 机 工 官 博：weibo.com/cmp1952
010-68326294 金 书 网：www.golden-book.com

机工教育服务网：www.cmpedu.com

FOREWORD

前　言

随着我国汽车保有量的增加，整个行业对汽车后市场的发展提出了更高的要求，各地职业院校和技工院校在探索培养合格的“复合型”人才方面有了很大进展，教学中力求做到理论和实践有机结合。为深化教学改革，探索以培养动手能力为主的模块式教学方法，教材改革也在不断深入，以教学任务为驱动方式的教材深受全国各地院校师生的欢迎和认可。

本书是为职业院校汽车相关专业的学生在校期间“汽车维护与保养”课程学习、实训操作而编写的，其特点体现在以下几个方面：

1）教材内容融入习近平新时代中国特色社会主义思想，将思政教育、工匠精神巧妙地融入课程，牢牢守住了为国家培养既有高尚情操和职业素养，又有扎实专业功底的合格劳动者的底线。

2）以全国汽车维修专业技能大赛汽车维护与保养实训操作项目为纲领，全面讲解汽车各部位维护与保养的操作规范。

3）实训中不但重视学生操作技能培养，同时又融入与该内容相关的理论知识，启发学生深入思考，不但会干，还要理解为什么这样干，在操作过程中轻松提高理论水平。

4）重视安全作业和工具设备的规范使用，力求养成良好的行为习惯。

5）每课紧跟随堂练习，及时检验学生必要知识点的掌握情况，使教师做到有的放矢。

6）全面训练汽车维修企业车辆日常维护保养项目内容，做到了训练项目与特约维修站汽车保养项目一一对应，能够迅速提升学生到岗后的适应能力。

7）适应于汽车技术发展需求，本书第 3 版选择全国职业院校汽车定期维护保养项目指定车型——长城哈弗 M6 PLUS 2021 款 1.5T 7DCT 尊贵智联版 SUV 车，在定期维护作业操作方面，可按照大赛作业流程训练，实现以赛促教的目标。

8）在定期维护作业常规操作中，新增新能源汽车个人防护和作业场地安全配置的内容，以适应现代汽车技术变化的需求。

本书适用于职业院校和技工院校汽车检测与维修专业学生，是汽车维护与保养课程的主教材，也可作为汽车维修人员定期培训和职业鉴定考核辅导用书。

由于编者水平有限，书中难免存在疏漏之处，敬请广大读者提出宝贵意见和建议，以便修订时予以改正。

编　者

CONTENTS

目 录

第一单元 汽车维护作业准备工作

内容简介

本单元包括 7 个作业任务，主要内容为从事汽车维护与保养作业的个人规范及 5S 管理标准，作业场地要求，常用工具、设备的使用，新能源汽车维护与保养作业场地的基本要求，汽车维护与保养作业流程等。

主要实训器材、设备

1）成套常用工具、量具、专用工具及新能源汽车维修工具等。

2）与车辆维护与保养配套的举升机两台，车辆室内、室外防护用品若干。

3）上汽通用别克威朗 15S 自动进取型轿车一辆。

4）长城哈弗 M6 PLUS 2021 款 1.5T 7DCT 尊贵智联版 SUV 车一辆。

实训教学目的

1）掌握实训过程中着装、站姿、坐姿的基本要求，车间安全生产及防护知识，为顶岗实训打好基础。

2）掌握车辆上的重要信息标识。

3）掌握汽车维护作业中常用工具、量具、设备的使用及维护知识。

4）新能源汽车维护工位安全防护措施及专用设备的使用。

5）举升机的安全操作流程。

6）了解汽车定期维护的作业流程，为定期维护作业打下基础。

教学组织

（一）教师职责

1）组织、讲解、示范作业流程及操作步骤和技术规范等事项。

2）在实训教学过程中及时检查、指导并纠正学生实训中不规范的操作。

3）讲解与实训项目相关的知识点，不但让学生掌握操作规范，还要让他们知道为什么这样操作，做到应知应会、融会贯通。

（二）学生安排

1）学生分组训练，每组 4 人，一名学生操作，另一名学生进行操作前的准备工作，其他两名学生检查评分。

2）操作完成后，角色相互交换，再进行新一轮的实训操作训练。

作业任务1 个人规范及5S管理标准

项目目标

1）掌握实训着装要求和课堂行为标准等个人规范。

2）掌握实训场所5S管理标准。

训练前准备

1）常规准备工作（包括卫生清扫、场地安全确认、学生考勤等）。

2）车辆防护作业准备，包括铺设翼子板布和前格栅布组件、室内防护三件套等。

3）长城哈弗M6 PLUS 2021款1.5T 7DCT尊贵智联版SUV车一辆。

教师示范讲解

一、实训着装要求和课堂行为标准等个人规范

（一）实训着装要求

统一着装不仅是班级形象的集中体现，也是作业安全和保护车辆等多方面因素的必然要求，如图1-1-1所示。

1）穿着合体、干净的制服，要求所有的纽扣都隐藏在内部，始终穿着防护鞋。

2）发型利落、戴干净的工作帽。

3）不佩戴手表、戒指等饰物，不扎带金属扣的腰带。

4）腰间不佩戴钥匙扣，口袋里始终要有洁净的抹布。

图1-1-1 实训统一着装要求

（二）学生课堂行为标准

1）要按照汽车维修企业作业标准组织教学，教学流程尽量模仿企业工作环境，包含场地安全检查、任务布置、设备安检及规范使用等环节，完成作业后要按照企业的质量检验标准组织模拟质检验收。

2）站姿要求。礼仪训练课上要保持腰板挺直，两手放在腰后，右手握住左手的手腕，两脚之间保持20~30mm的距离，目视前方，如图1-1-2所示。

3）坐姿要求。腰板挺直，两手放在腿上，目视前方，精神饱满，如图1-1-3所示。

图1-1-2 站姿训练要求

图1-1-3 坐姿训练要求

（三）场地安全检查标准

上课前指导教师应组织班组长进行教学场所安全检查，避免产生安全隐患，排除安全隐

患后再组织学生进行相关任务的学习。

1）检查实训场所的所有学生的工装和工鞋是否已按要求全部穿戴。

2）检查场地内是否存在油污和其他异物，要长期保持地面清洁。

3）实训过程中，要时刻提醒全体成员做到安全规范作业。具体要求如下：

①教学场所不能见明火，特别是在蓄电池充电的场所，如图 1–1–4 所示。

注释： 在充电过程中会产生容易爆炸的氢气（H_2）和氧气（O_2）的混合气。

②在进行能产生碎片的作业前，应佩戴护目镜，如图 1–1–5 所示。

图 1-1-4　蓄电池充电场所防爆警示

图 1-1-5　砂轮机、钻床类设备操作过程的安全防护

③进行旋转类操作时严禁佩戴手套，如图 1–1–6 所示。

④使用举升机前一定要确认其安全性，如图 1–1–7 所示。

图 1-1-6　钻床等旋转类设备作业时的安全防护

图 1-1-7　举升机使用前的安全性确认

二、实训场所 5S 管理标准的落实

（一）什么是 5S 管理标准

为实现作业环境的安全、高效，日本丰田汽车公司最早提出了以开展整理、整顿、清扫、清洁和素养为中心的“5S 管理作业”，对作业现场进行有效的管理，收到了良好的管理效益和经济效益，值得我们学习和推广，如图 1–1–8 所示。

图 1-1-8　作业现场 5S 管理示意图

1）整理（日语发音为 Seiri）：区分需要与不需要，现场只保留必要的物品，通过整理改善和增加作业面积，保持现场无杂物、行道畅通，提高工作效率。

2）整顿（日语发音为 Seiton）：将必需物品依据规定定位，摆放整齐有序、目标明确，避免浪费时间寻找，提高工作效率和产品质量，保障生产安全。

3）清扫（日语发音为 Seiso）：清除现场的污物和作业区域内的物料垃圾，始终保持现场干净、明亮。

4）清洁（日语发音为 Seiketsu）：清洁是将整理、整顿、清扫等项目制度化、规范化，维持其成果，使其保持最佳状态，创造一个良好的工作环境，使职工能够愉快地工作。

5）素养（日语发音为 Shitsuke）：素养是指人人按章操作、依规行事，养成良好的工作习惯，使人产生严格遵守规章制度的习惯和作风。

（二）实训场所如何保持 5S 管理标准

贯彻 5S 管理标准的关键是在实际行动中落实到位。

1）"整理"项目的落实。教师将本实训车间的作业任务按照项目来划分，将所有的实训材料和课题按顺序整理，先进行的项目放在首要位置，后进行的课题逐项完成，这样做到实训组织井然有序展开。

2）"整顿"项目的落实。对于实施中的学习项目要整理到位，先后顺序排列有序，确保项目有序实施。

3）"清扫"项目的落实。在每个项目的实施过程中，指导教师委托班组负责人时刻注意进程中的物品整理，确保整个作业过程均有整洁的作业环境。

4）"清洁"项目的落实。作业过程中严格落实班组长和小组成员各自的职责，做好自己应该做的事情，确保整个过程不出现意外。

5）"素养"项目的落实。完成项目后，所有人要不断总结提升、扬长避短，养成良好的团队合作意识，为下一项任务实施奠定基础。

学生训练

（一）实训着装要求和课堂行为标准等个人规范

训练时间：10min。

训练过程：实训着装要求，课堂行为标准，场地安全检查标准。

（二）实训场所 5S 作业标准的落实

训练时间：10min。

训练过程：5S 管理标准，实训场所 5S 管理标准的落实。

安全管理、场地恢复及授课总结（包含 5S 项目）

1）实习设备断电、清理，工具、量具清理归位。

2）车辆清洁后恢复正常工作状况。

3）指导教师总结实训课题，布置课后实训报告。

作业任务 2 作业场地基本要求

项目目标

1）掌握汽车维护与保养场地基本配置要求。

2）掌握汽车实训场所防火和防触电基本要求。

训练前准备

1）常规准备工作（卫生清扫、场地安全确认、学生考勤等）。

2）车辆防护作业准备，包括翼子板布和前格栅布组件、室内防护三件套等。

3）长城哈弗 M6 PLUS 2021 款 1.5T 7DCT 尊贵智联版 SUV 车一辆。

教师示范讲解

一、汽车维护与保养场地基本配置要求

（一）车辆维护与保养场地要求

1）操作场地要有足够的空间，以便安装车辆举升设备，高度不应低于 7m，同时也应具备完成汽车维修作业使用的面积，如图 1-2-1 所示。

图 1-2-1 作业场地空间和使用面积要求

2）维护与保养场所采光满足作业要求，达到 500lx 以上，并配有必要的照明设备，以便在光线不足的情况下维持正常照明，如图 1-2-2 所示。

图 1-2-2 作业场地必要的照明设施

（二）车辆维护与保养场所必要的设施配置

1）作业场地需配备必要的车辆举升设备，包括双柱举升机和剪式举升机等设施，如图 1–2–3 所示。

2）作业场地内要配备必要的通风设施，将发动机运行时产生的尾气抽出，如图 1–2–4 所示。

图 1–2–3　作业场地内必要的举升设备

图 1–2–4　作业场地内的尾气抽排设施

3）为确保汽车维护与保养作业的顺利进行，作业区域内要配备恒压气源，如图 1–2–5 所示。

4）完善设备安全操作规程和管理制度，做到规章制度健全，安全责任落实到位，安全作业宣传到位，如图 1–2–6 所示。

图 1–2–5　作业区域内的恒压气源

图 1–2–6　安全作业宣传到位

二、汽车实训场所防火和防触电基本要求

（一）汽车实训场地防火基本要求

1）定期组织学生进行消防知识培训和火灾逃生训练，增强全体学生的消防安全意识。

2）在实训车间显著位置张贴防火警示和禁止烟火标识，如图 1–2–7 所示。

图 1–2–7　禁止烟火标识

3）灭火器的正确使用。灭火器是否合格的标志有两项，即是否组织了定期维护、灭火器的压力表指示是否正常。

①对灭火器进行定期维护与保养，检查在用灭火器是否在有效

的维护期之内，否则应及时组织检修，如图 1–2–8 所示。

②灭火器的压力指示范围应该在绿区，否则应及时更换新的灭火器，如图 1–2–9 所示。

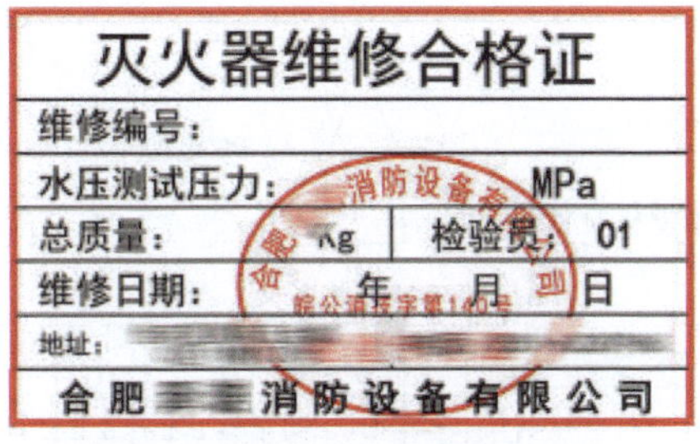
灭火器维修合格证

维修编号：

水压测试压力：　　　MPa

总质量：　　kg　　检验员：01

维修日期：　　年　　月　　日

地址：

合肥　　消防设备有限公司

图 1–2–8　灭火器的维修合格期

图 1–2–9　灭火器的压力指示范围

③会正确使用消防器材，遇到火灾应头脑冷静、迅速应对、正确操作，如图 1–2–10 所示。

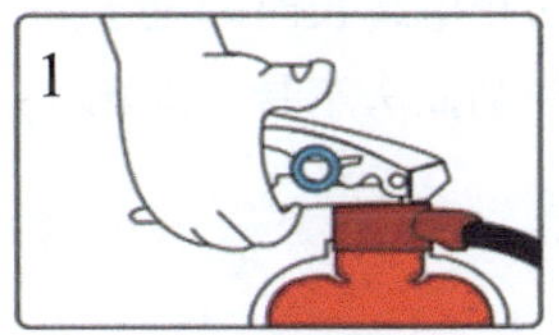

提起灭火器

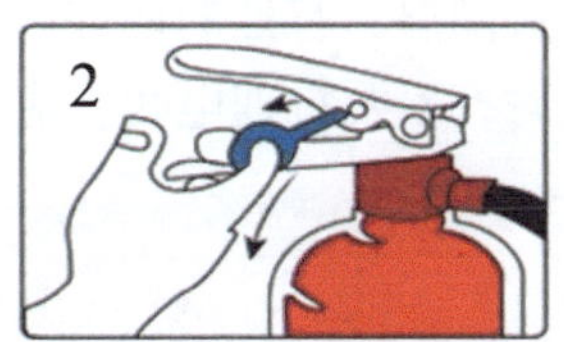

拔下保险销

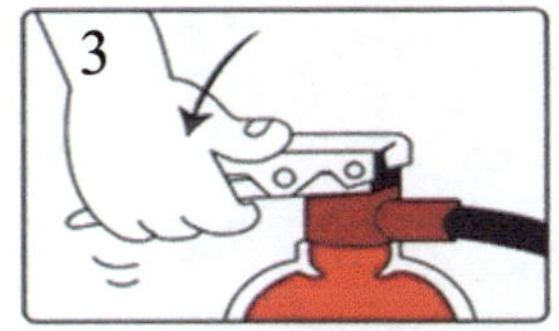

用力压下手柄

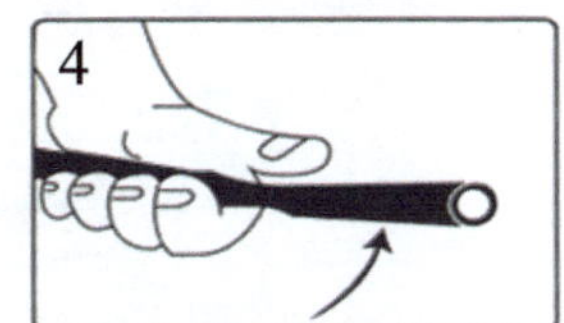

对准燃烧区喷射干粉

图 1–2–10　灭火器的使用操作简图

4）不能将废弃的汽油、有机清洗液和机油等液体直接倒入污水排放系统，否则不但会导致火灾，还会造成环境污染。

5）存在燃油泄漏的车辆，在没有维修好之前不能进行发动机起动作业，以免燃油泄漏引起火灾。

6）若发生火灾，应及时拨打“119”报警电话。着火初期首先积极组织抢救火灾，并第一时间组织学生撤离，确保生命财产的安全，如图 1–2–11 所示。

图 1–2–11　发生火灾时拨打 119 电话报警

（二）汽车实训场所防触电基本措施

1）作业场地应配备低压供电系统、工作灯等照明用电设备，电压不高于 36V。

2）熟悉场地供电控制，供电控制柜周围应保持清洁、畅通。

3）若发现电器设备存在异常，应立即关掉控制总开关，并及时上报维修，以防发生意外。

4）供电开关应具备过电流和接地保护等多项应急装置，确保操作者的安全，如图 1–2–12 所示。

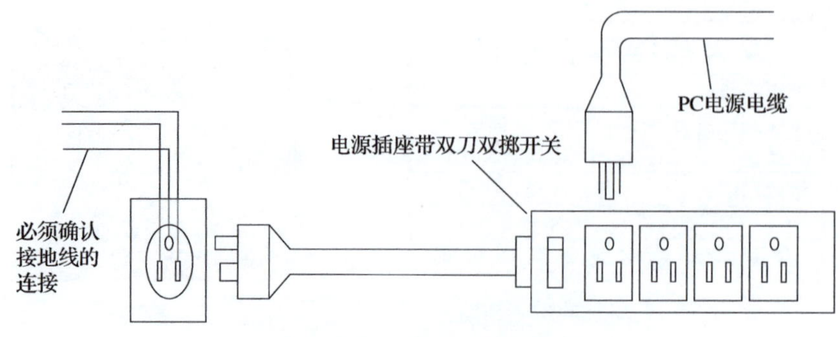

图 1–2–12　供电开关的应急保护

5）为防止电击，不要用湿手接触电器设备。

6）不要让电缆通过潮湿、有油的地方，并防止电缆长时间处于高温中。

7）拔下电器插头时，不要拉拽电线，应当拔动插头本身，如图 1–2–13 所示。

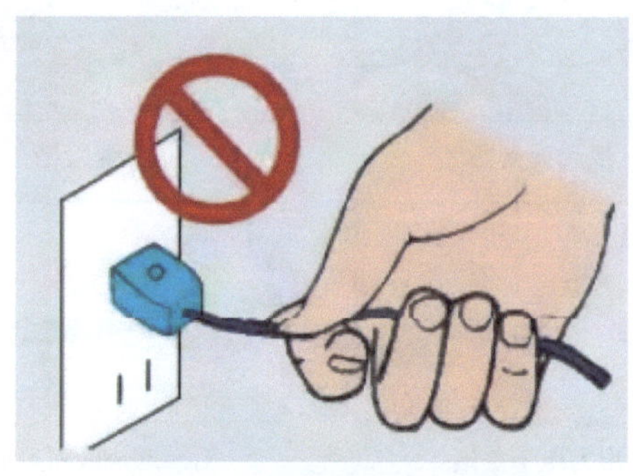

图 1–2–13　电器插头操作安全

8）在电器总开关、配电设施附近，不要存放易燃物品，严防因电器施工等因素产生电火花引起火灾。

学生训练

（一）汽车维护与保养场地基本配置要求

训练时间：10min。

训练过程：车辆维护与保养场地要求，车辆维护与保养场所必要的设施配置。

（二）汽车实训场所防火和防触电基本要求

训练时间：10min。

训练过程：汽车实训场地防火基本要求，汽车实训场所防触电必要措施。

安全管理、场地恢复及授课总结（包含 5S 项目）

1）实习设备断电、清理，工具、量具清理归位。

2）车辆清洁后恢复正常工作状况。

3）指导教师总结实训课题，布置课后实训报告。

作业任务 3 车辆重要信息认知

项目目标

1）认识车辆识别代码（VIN）在车上的位置及含义。

2）认识车辆发动机、变速器和其他重要信息在车上的位置及含义。

训练前准备

1）常规准备工作（卫生清扫、场地安全确认、学生考勤等）。

2）车辆防护作业准备，包括翼子板布和前格栅布组件、室内防护三件套等。

3）长城哈弗 M6 PLUS 2021 款 1.5T 7DCT 尊贵智联版 SUV 车一辆。

4）上汽通用 2017 款威朗 15S 进取型轿车一辆。

教师示范讲解

一、车辆识别代码（VIN）在车上的位置及含义

（一）车辆识别代码（VIN）的位置

在车辆的多个位置，均有 VIN 相关信息标识。

1）仪表板的左上角，从车外前风窗玻璃处可以看到 VIN 信息，如图 1-3-1 所示。

2）车辆右侧 B 柱下方的车辆铭牌上，包含 VIN 相关信息，如图 1-3-2 所示。

3）位于右前座椅的横梁位置处标有 VIN 相关的信息，如图 1-3-3 所示。

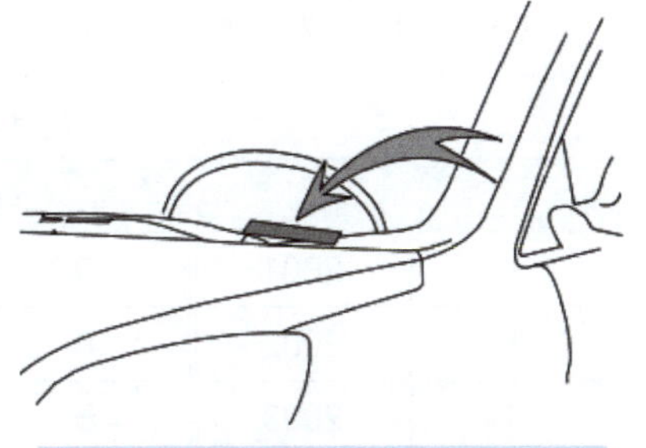

图1-3-1 车辆 VIN 信息位置（1）

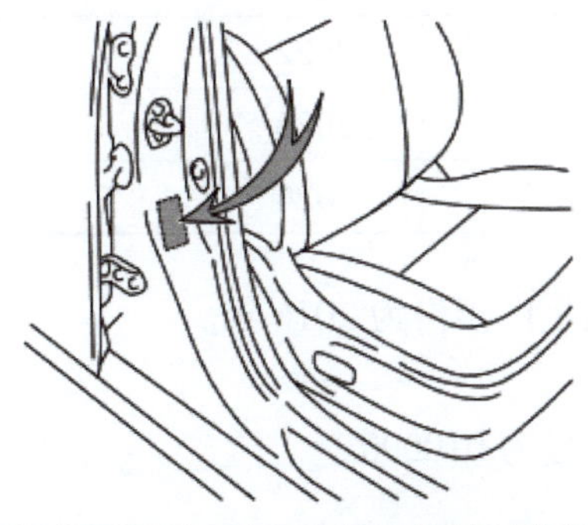

图1-3-2 车辆 VIN 信息位置（2）

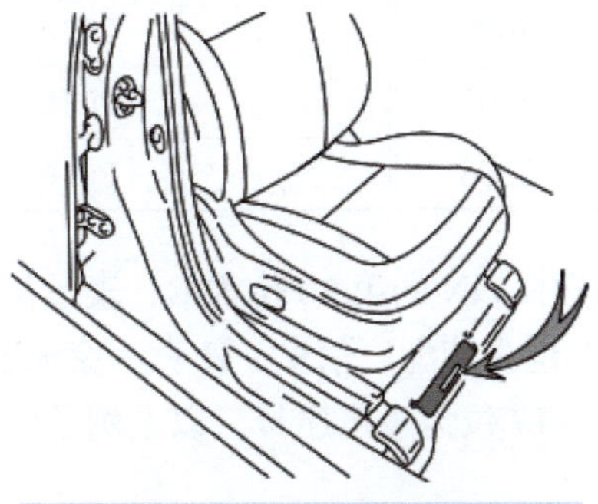

图1-3-3 车辆 VIN 信息位置（3）

（二）车辆识别代码（VIN）的含义

车辆识别代码（VIN）为每一辆车的“身份证”信息，由 17 位编码经过特定排列组合，

确保世界上每辆车在30年内识别代码是唯一的，不会发生重号或错认。

我国规定汽车识别代码由三部分组成，第一部分为世界制造厂代码（WMI），第二部分为车辆说明部分（VDS），第三部分为车辆指示部分（VIS）。

现以长城汽车的LGWEF6A5XGH010000识别代码为例予以说明。

1. 世界制造厂代码（WMI）

世界制造厂代码是17位VIN中的1~3位，以上例子中的LGW即为“长城汽车股份有限公司”的世界制造厂代码。

2. 车辆说明部分（VDS）

车辆说明部分是17位VIN中的4~9位，代码的含义如下：

1）第4位为车辆类型，E表示4×2。

2）第5位为车辆最大总质量或总长度，F表示4501~5000mm。

3）第6位为发动机类型，6表示汽油机最大净输出功率139~158kW。

4）第7位为车身类型，A表示两厢四门乘用车。

5）第8位为轴距，5表示2601~2750mm。

6）第9位为检验位，可以是0~9中任一数字或字母X（实际上是罗马数字中的“10”）。

3. 车辆指示部分（VIS）

车辆指示部分是17位VIN中的10~17位，其含义如下：

1）第10位为车辆生产年份信息，其含义见表1-3-1。

表1-3-1 车辆VIN中生产年份对照表

代码	年份	代码	年份	代码	年份	代码	年份
1	2001	9	2009	H	2017	S	2025
2	2002	A	2010	J	2018	T	2026
3	2003	B	2011	K	2019	V	2027
4	2004	C	2012	L	2020	W	2028
5	2005	D	2013	M	2021	X	2029
6	2006	E	2014	N	2022	Y	2030
7	2007	F	2015	P	2023	1	2031
8	2008	G	2016	R	2024	2	2032

以上例子中VIN的第10位为G，表示该车辆生产年份为2016年。

2）第11位为装配厂信息，H表示徐水装配厂。

3）第12~17位为生产序号，以上例子中该序号为010000。

二、车辆发动机、变速器和其他重要信息在车上的位置及含义

（一）车辆发动机、变速器等总成件重要信息

1）发动机总成信息，打在机体编号位置，每辆车发动机编号信息是唯一的，如

图 1–3–4 所示。

2）变速器总成信息，打在变速器壳体上，每辆车变速器编号信息是唯一的，如图 1–3–5 所示。

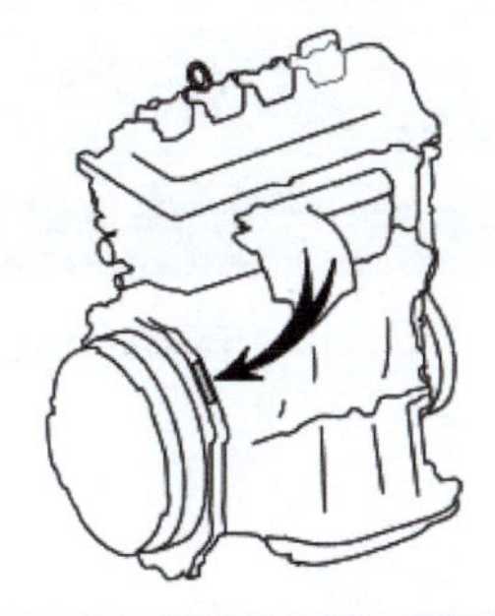

图 1–3–4　发动机总成信息

图 1–3–5　变速器总成信息

（二）车辆其他重要信息

1. 车辆铭牌信息

1）从车辆右侧前门 B 柱处找到铭牌，并进行相关信息的记录，如图 1–3–6 所示。

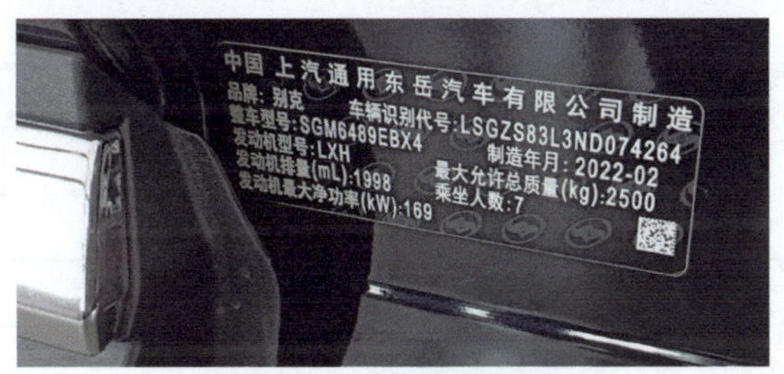

图 1–3–6　车辆铭牌

2）车辆铭牌信息的内容包含生产厂家、品牌、车辆识别代码、整车型号、制造日期、发动机型号和乘坐人数等。

3）读取车辆铭牌信息，完成表 1–3–2 中相关信息的填写。

表 1–3–2　完成车辆铭牌信息填写

制造商			
品牌		车辆识别代码	
整车型号		制造日期	
发动机型号		最大允许总重量 /kg	
发动机排量 /mL		乘员人数	
发动机最大功率 /kW			

2. 轮胎载荷信息

1）在车辆上找到轮胎气压信息，并进行相关记录，如图 1–3–7 所示。正常负载下轮胎气压为：220~230kPa。

2）在轮胎上找到轮胎型号等信息，并进行相关记录，如图 1-3-8 所示。

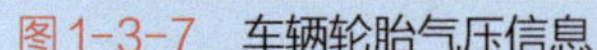
图 1-3-7　车辆轮胎气压信息

图 1-3-8　车辆轮胎信息

轮胎型号为 225/55 R19 99H，其含义如下：

①225 为轮胎端面宽度，单位为 mm。

②55 为扁平比，即轮胎胎壁高度与断面宽度的百分比。

③R 表示子午线轮胎。

④19 为轮辋的直径，单位 in。

⑤99 为负荷等级。

⑥H 为速度等级。轮胎速度等级信息见表 1-3-3。

表 1-3-3　轮胎速度等级信息表

代号	最高限速 / (km/s)	代号	最高限速 / (km/s)
Q	160	H	210
R	170	V	240
S	180	W	270
T	190	Y	300

3）在轮胎上找出生产日期信息，并进行相关记录，如图 1-3-9 所示。轮胎的生产日期信息为 2021，表示该轮胎是 2021 年的第 20 周生产的。

3. 燃油信息

打开油箱盖，从背面查出该车型合适的燃油型号，如图 1-3-10 所示。

图 1-3-9　轮胎生产日期信息

图 1-3-10　燃油相关的信息

4. 空调制冷剂信息

打开发动机舱盖，找到与空调制冷剂相关的标识，上面记录了空调制冷剂的型号、加注量和空调润滑油的类型等信息，如图 1-3-11 所示。

该车制冷剂型号为 R134a，加注量为 550g ± 20g，空调润滑油为 POE。

5. 整车配置信息（通用汽车）

对于通用车系而言，在行李舱的备胎存放处张贴有该车配置清单，如图 1-3-12 所示。

图 1-3-11 空调制冷剂的相关信息

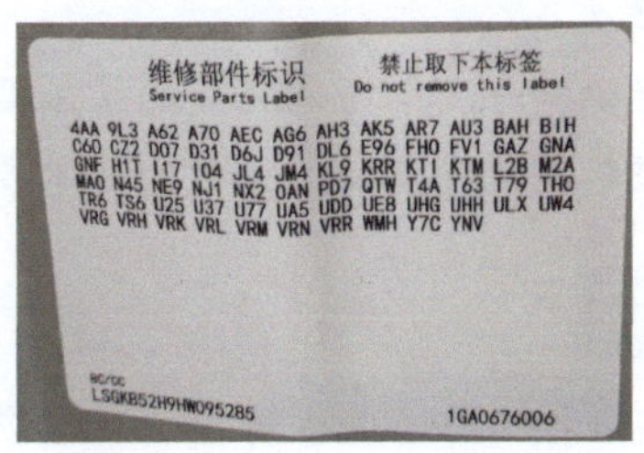

图 1-3-12 通用车系配置清单

学生训练

（一）车辆识别代码 VIN 在车上的位置及含义

训练时间：10min。

训练过程：车辆识别代码 VIN 的位置，车辆识别代码 VIN 的含义。

（二）车辆发动机、变速器和其他重要信息在车上的位置及含义

训练时间：10min。

训练过程：车辆发动机、变速器等总成件重要信息，车辆其他重要信息。

安全管理、场地恢复及授课总结（包含 5S 项目）

1）实习设备断电、清理，工具、量具清理归位。

2）车辆清洁后恢复正常工作状况。

3）指导教师总结实训课题，布置课后实训报告。

扫码看微课

作业任务 4 新能源汽车维护与保养作业场地要求

项目目标

1）掌握新能源汽车场地配置的基本要求。

2）掌握新能源汽车个人防护的基本要求。

训练前准备

1）常规准备工作（卫生清扫、场地安全确认、学生考勤等）。

2）车辆防护作业准备，包括翼子板布和前格栅布组件、室内防护三件套等。

3）2021 款比亚迪秦 PLUS EV 纯电动版新能源轿车一辆。

教师示范讲解

一、新能源汽车场地配置的基本要求

（一）场地设施基本要求

1. 绝缘地胶

新能源汽车维护与保养场地要铺设绝缘地胶，车辆应在地胶上进行相关作业，如图 1-4-1 所示。

2. 隔离带

新能源汽车维修场所，要用隔离带与普通车辆维修场地隔离开，确保作业过程中非工作人员不能进入操作区域，如图 1-4-2 所示。

图 1-4-1　新能源汽车作业场地绝缘地胶

图 1-4-2　新能源汽车维修场地隔离带

3. 警示牌

新能源汽车作业区域要在醒目位置标出“功能识别器”，并悬挂“安全警示标识”和“消防安全标识”等警示牌，以引起注意，如图 1-4-3 所示。

图 1-4-3　高压作业标识

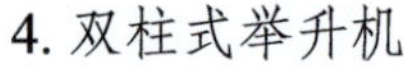

4. 双柱式举升机

为增加作业空间，一般新能源汽车维修场地配备专用双柱式举升机，如图 1-4-4 所示。

5. 专用灭火器

新能源汽车作业场地要配备干粉灭火器或水基泡沫型二氧化碳灭火器，该型灭火器环保无毒、灭火效果良好，如图 1–4–5 所示。

6. 动力电池拆装举升车

为动力电池拆卸与安装配备的专用举升车，如图 1–4–6 所示。

图1-4-4 新能源汽车专用举升机

图1-4-5 新能源作业场地专用灭火器

图1-4-6 动力电池拆装举升车

（二）新能源场地专用设备、工具配置

1. 绝缘专用工具套装

包含扭力扳手、螺丝刀、尖嘴钳、卡簧钳、接杆等常用绝缘工具套装，如图 1–4–7 所示。

2. 兆欧表

用来检测新能源汽车高压部件的绝缘性能的专用工具，如图 1–4–8 所示。

图1-4-7 新能源汽车维修专用工具套装

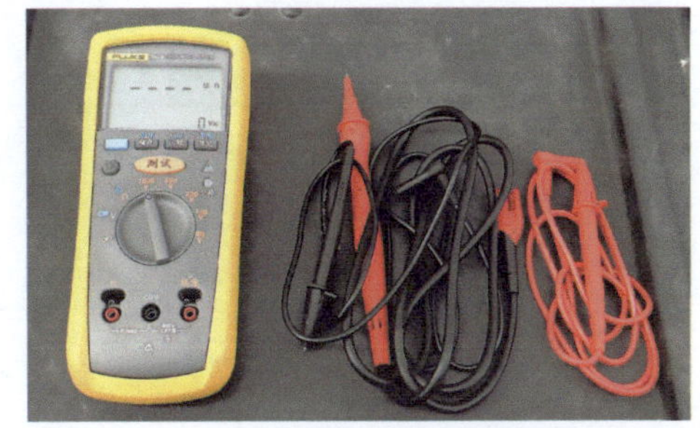

图1-4-8 新能源汽车检测工具——兆欧表

3. 数字钳形万用表

新能源汽车专用测量电流和电压等功能的仪表，如图 1–4–9 所示。

4. 钥匙存放盒

由班组长负责保管，专门用于维修车辆的钥匙、高压电池包应急开关的存放，避免在维修作业过程中发生误送电操作，如图 1–4–10 所示。

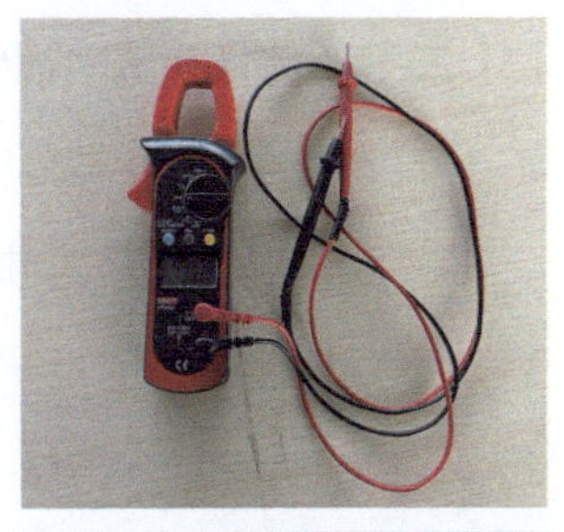

图1-4-9 数字钳形万用表

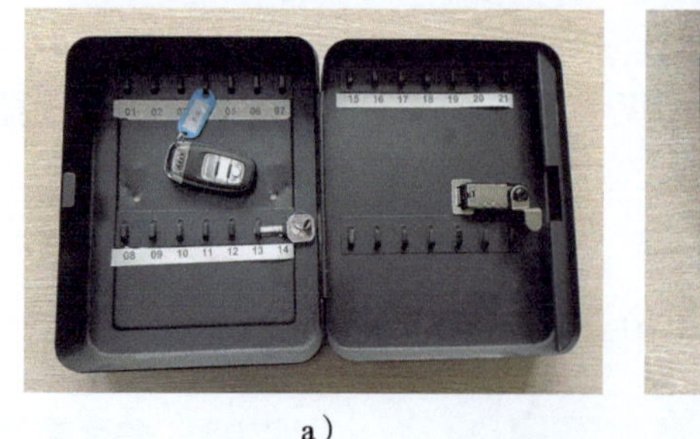

a）

b）

图1-4-10　专用钥匙存放盒

a）车辆钥匙放入　b）车辆钥匙由班组长保存

5. 绝缘救生钩

新能源汽车高压部分作业时，一定是两人组合模式，一人进行相关操作，另一人手持“绝缘救生钩”时时监视，以防发生意外，如图 1-4-11 所示。

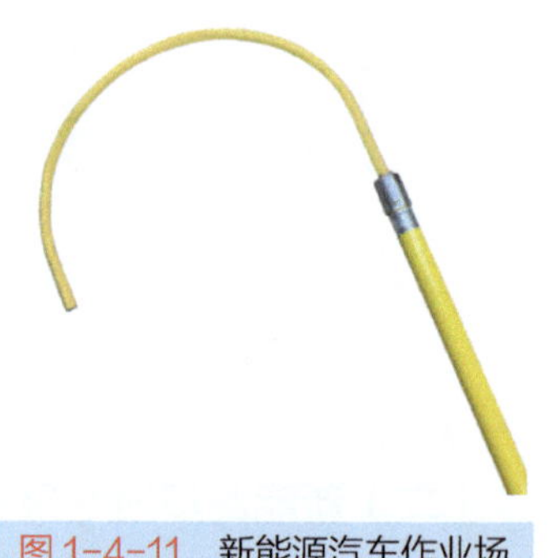

图1-4-11　新能源汽车作业场地的“绝缘救生钩”

二、新能源汽车个人防护的基本要求

（一）从事新能源汽车维修上岗资质证书

1）从事新能源汽车维修人员应持有市级以上应急管理部门颁发的低压电工从业资格证书，如图 1-4-12 所示。

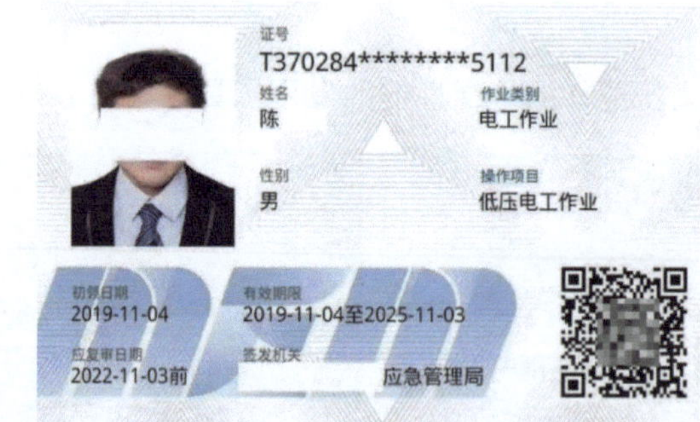

图1-4-12　新能源汽车从业人员持低压电工作业上岗证

2）某些品牌的新能源汽车，规定从事该品牌新能源汽车高压部分作业时，必须取得主机厂认可的培训证书。

（二）新能源汽车作业个人防护用品

1. 绝缘服装

从事新能源汽车高压部分维修的人员，要穿戴绝缘服上岗，如图 1-4-13 所示。

2. 专用工鞋

专用工鞋除具备防滑、防砸等功能外，还应达到规定的绝缘等级，如图 1-4-14 所示。

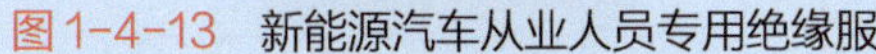
图1-4-13　新能源汽车从业人员专用绝缘服

图1-4-14　新能源汽车专用绝缘工鞋

3. 安全头盔

检查安全头盔是否有明显损伤，生产日期应在有效使用期范围内，如图 1–4–15 所示。

4. 专用护目镜

新能源汽车专用护目镜镜片透明度正常，四周防护边无破损，以免在电器设备操作中，由于“打火”损伤眼睛，如图 1–4–16 所示。

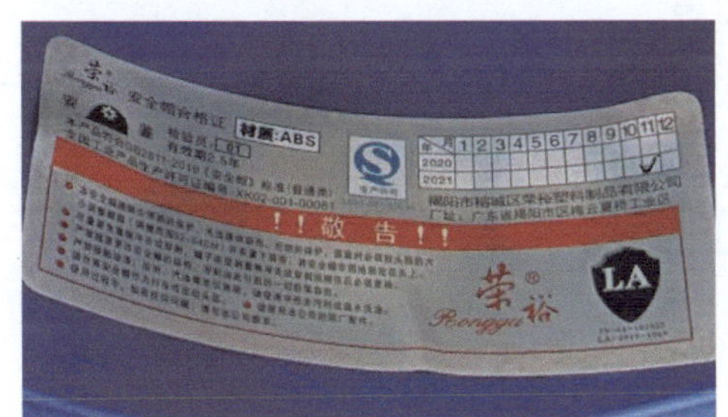

图1-4-15　安全头盔检查

图1-4-16　新能源汽车专用护目镜

5. 绝缘手套和防刮手套

1）检查绝缘手套的绝缘等级是否满足新能源汽车最高工作电压需求，生产日期是否在有效期范围内，如图 1–4–17 所示。

2）对手套进行气密性试验，应无漏气，否则应更换，如图 1–4–18 所示。

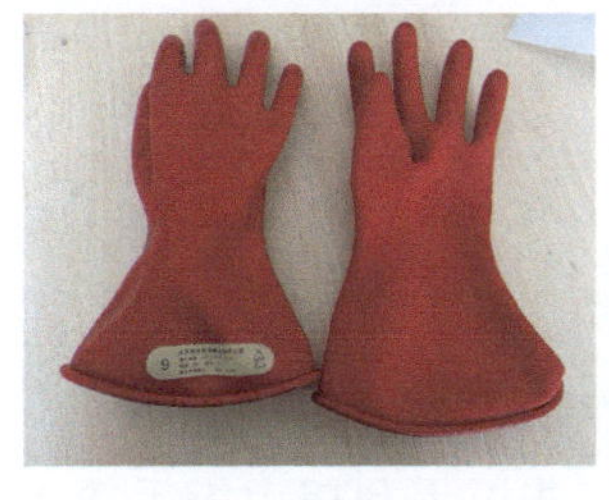
a）

b）

图1-4-17　新能源汽车用绝缘手套

a）绝缘手套　b）绝缘手套的绝缘等级

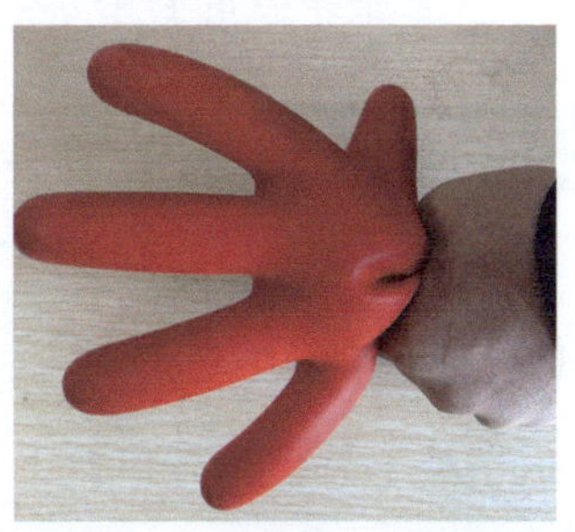
图1-4-18　绝缘手套的气密性检查

3）防刮手套。进行高压电器作业时，除佩戴符合要求的绝缘手套外，为防止作业中意外刮破绝缘手套，应在绝缘手套外再套上牛皮质的防刮手套，如图 1-4-19 所示。

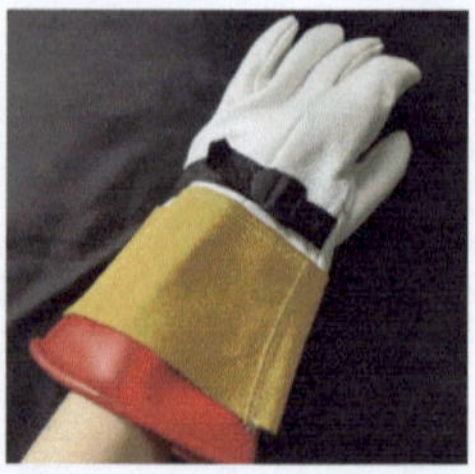

图 1-4-19　电工作业防刮手套

学生训练

（一）新能源汽车场地配置的基本要求

训练时间：10min。

训练过程：场地设施基本要求，新能源场地专用设备工具配置。

（二）新能源汽车个人防护的基本要求

训练时间：10min。

训练过程：从事新能源汽车维修上岗资质证书，新能源汽车作业个人防护用品。

安全管理、场地恢复及授课总结（包含 5S 项目）

1）实习设备断电、清理，工具、量具清理归位。

2）车辆清洁后恢复正常工作状况。

3）指导教师总结实训课题，布置课后实训报告。

作业任务 5　常用工具及量具使用

项目目标

1）掌握汽车维护与保养常用工具的使用方法。

2）掌握汽车维护与保养常用量具的使用方法。

训练前准备

1）常规准备工作（卫生清扫、场地安全确认、学生考勤等）。

2）汽车维护与保养工位常用工具和量具组合一套。

3）汽车维护专用工具（含滤清器拆卸扳手等）一套。

教师示范讲解

一、汽车维护与保养常用工具的使用

（一）扳手类工具

扳手类工具包括开口扳手（又称“呆扳手”）、活动扳手、梅花扳手和扭力扳手等工具套装。

1. 开口扳手

成套开口扳手如图 1-5-1 所示，内含 8~10mm、9~11mm、12~14mm 等多种型号。

扳手型号为对应螺栓或螺母六面体的距离，如图 1–5–2 所示，14mm 扳手指的是螺栓或螺母头部六面体对边距离为 14mm，梅花扳手、套筒扳手的型号与开口扳手相同。

图 1-5-1 成套开口扳手

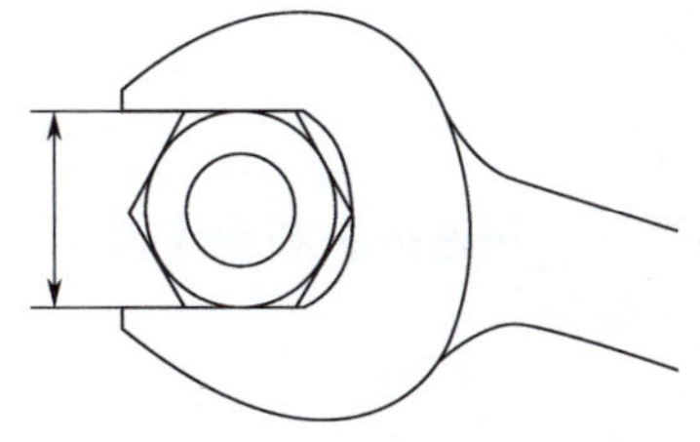

图 1-5-2 扳手型号的含义

2. 活动扳手

活动扳手在拆装螺栓或螺母时，对边距离是可调节的，如图 1–5–3 所示，其主要指标包含力矩杆长度和最大调节距离两项。

可调式活动扳手在使用过程中不可反用，如图 1–5–4 所示。

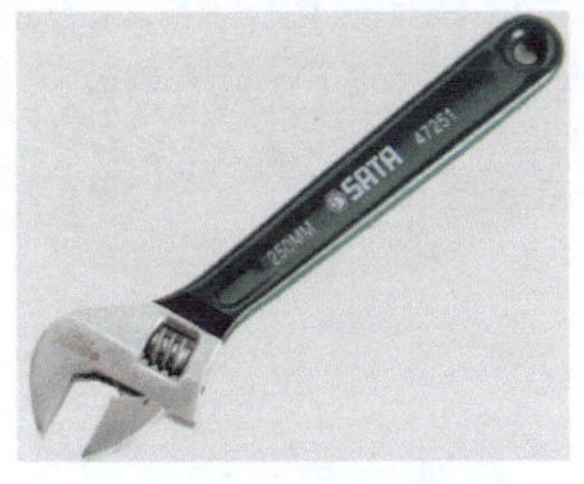

图 1-5-3 可调式活动扳手

图 1-5-4 活动扳手使用注意事项

3. 梅花扳手

成套梅花扳手如图 1–5–5 所示，其型号与开口扳手相同。

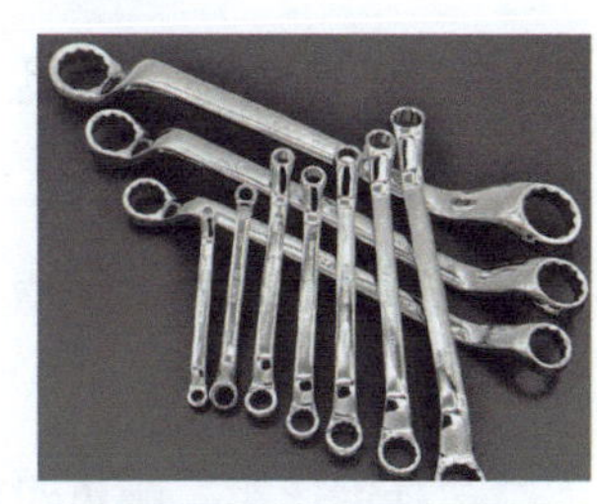

图 1-5-5 成套梅花扳手

4. 扭力扳手

扭力扳手包含指针式和预置式扭力扳手两种类型。

1）指针式扭力扳手。通过杆身的变形指示扭力数的大小，如图 1–5–6 所示。

2）预置式扭力扳手。可根据扭力数选择预紧量大小，调整至适当扭力数，如图 1–5–7 所示，不能用预置式扭力扳手拆卸螺栓或螺母。

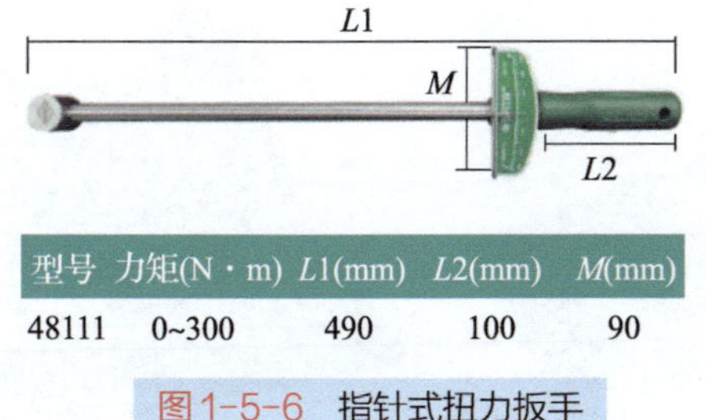

型号	力矩(N · m)	L1(mm)	L2(mm)	M(mm)
48111	0~300	490	100	90

图 1-5-6 指针式扭力扳手

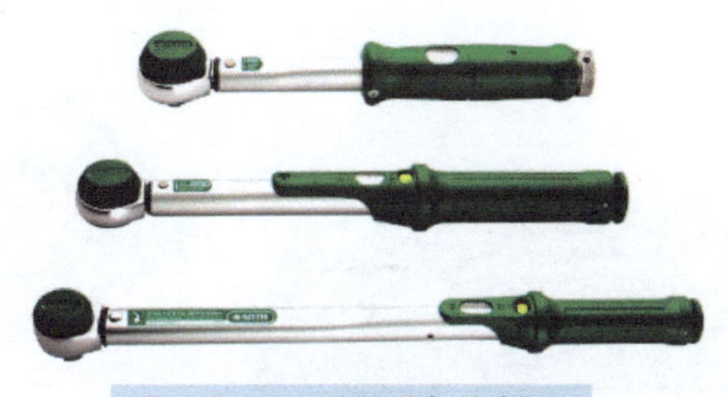

图 1-5-7 预置式扭力扳手

注释： 预置式扭力扳手只能紧固螺栓或螺母，不能进行拆卸作业；拆卸作业只能用指针式扭力扳手，因为螺栓松动瞬间力度会超过标准力矩值，使用不当会损坏预置式扭力扳手。

（二）套筒扳手

1. 组合式套筒扳手

套筒扳手包括套筒、快速扳手和棘轮扳手等组合套装，如图 1-5-8 所示。套筒扳手必须配合摇把或扭力扳手使用。

2. 成套内六方扳手

成套内六方扳手，如图 1-5-9 所示。

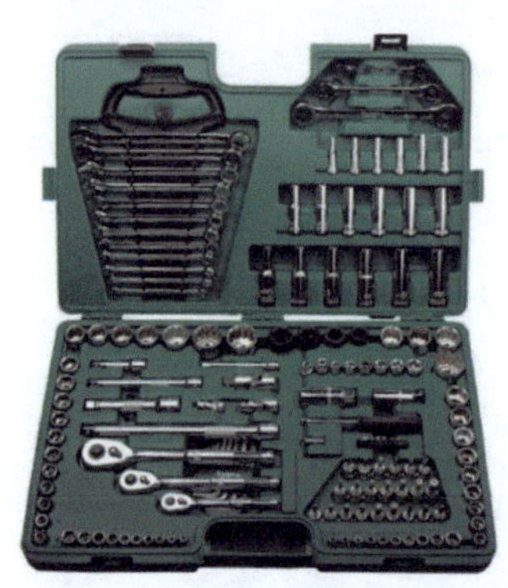

图 1-5-8 世达 150 件组合式套筒扳手

图 1-5-9 内六方套装工具

注释： 选择扳手时，为更好地保护螺栓或螺母，应优选套筒或梅花扳手，其次是开口扳手，最后选择活动扳手。

（三）其他常用工具

1. 螺丝刀

包括一字槽和十字槽等多种螺丝刀，如图 1-5-10 所示。

2. 钳子类

包括钢丝钳、鲤鱼钳和尖嘴钳等组合套装，如图 1-5-11 所示。

3. 滤清器拆卸扳手

用于汽车维护与保养作业时，机油滤清器的拆卸与安装，如图 1-5-12 所示。

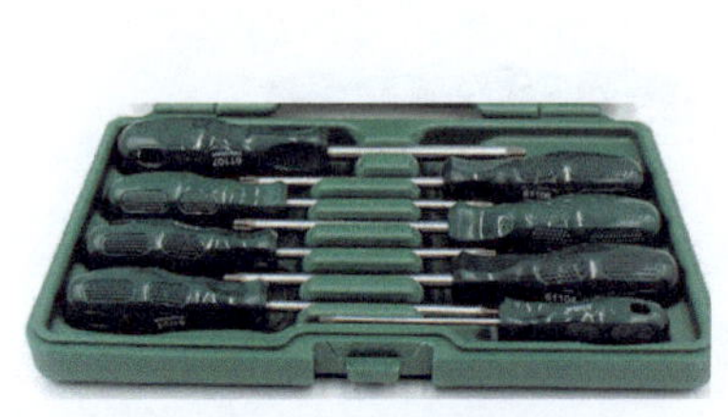

图 1-5-10 螺丝刀套装

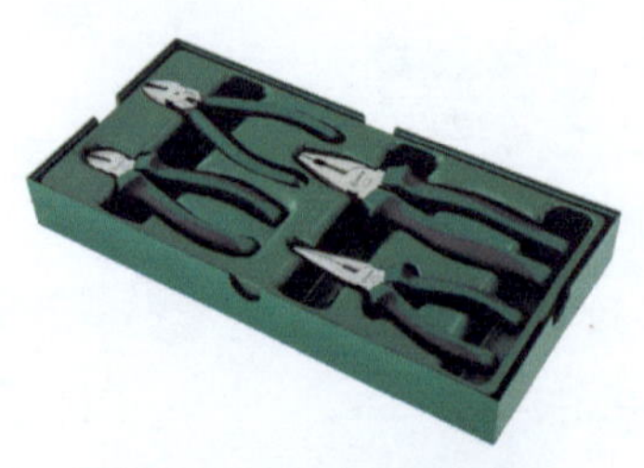

图 1-5-11 钳子类套装

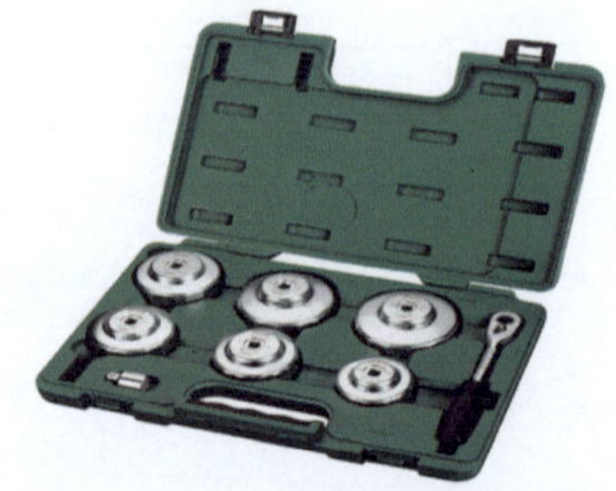

图 1-5-12 机油滤清器扳手套装

二、汽车维护与保养常用量具的使用

（一）游标卡尺

1. 游标卡尺的规格

游标卡尺可用来测量外径、内径和深度等尺寸，有 0~150mm、0~300mm 等多种规格，其精度为 0.02mm，如图 1–5–13 所示。

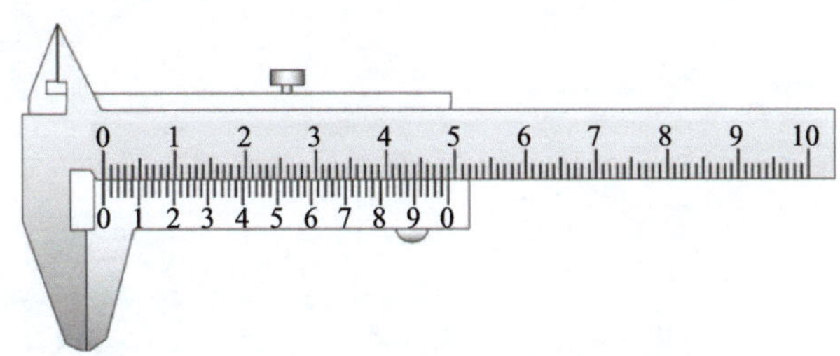

图 1–5–13 游标卡尺结构示意图

2. 游标卡尺的使用

使用前首先校准游标卡尺的系统误差，然后按照主尺数据 + 副尺格数 ×0.02mm 来记录测量长度，如图 1–5–14 所示。

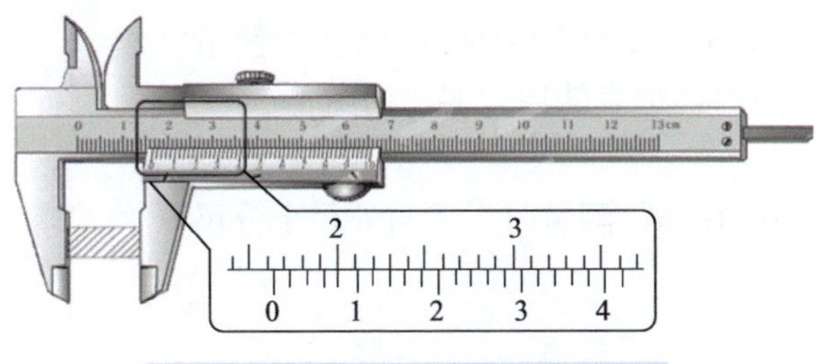

图 1–5–14 游标卡尺测量数据计算

（二）千分尺

1. 千分尺的规格

千分尺用来测量外径，有 0~25mm、25~50mm、50~75mm 等多个规格，其测量精度为 0.01mm，如图 1–5–15 所示。

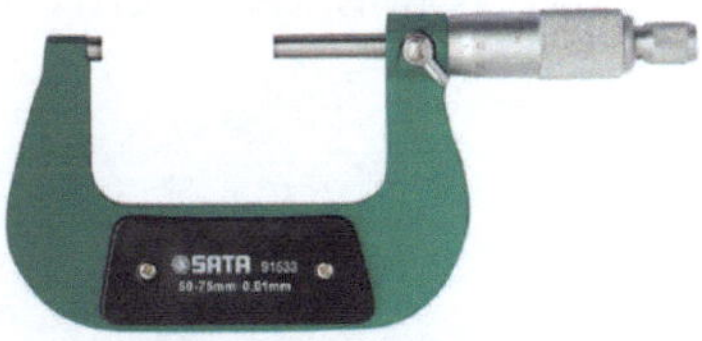

图 1–5–15 千分尺

2. 千分尺使用前检查

1）检查千分尺的系统误差。

2）松开活动套筒锁紧装置，用手转动微调机构，检查螺杆和螺纹转动是否灵活。

3）锁紧活动套筒，检查棘轮机构的性能是否正常。

（三）百分表及磁力表座

1. 百分表

百分表如图 1–5–16 所示，其精度为 0.01mm，测量表杆上下移动 1mm 时，表针转动 1

圈，即每格为0.01mm。

2. 磁力表座

百分表不能单独使用，必须与磁力表座配合才能进行相关测量作业，如图1–5–17所示。

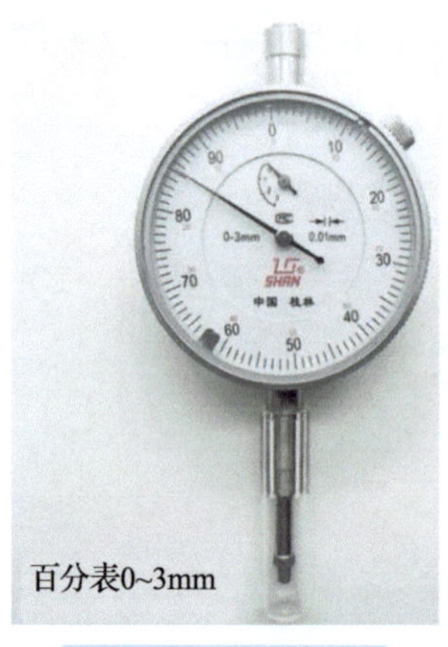

图1–5–16　百分表

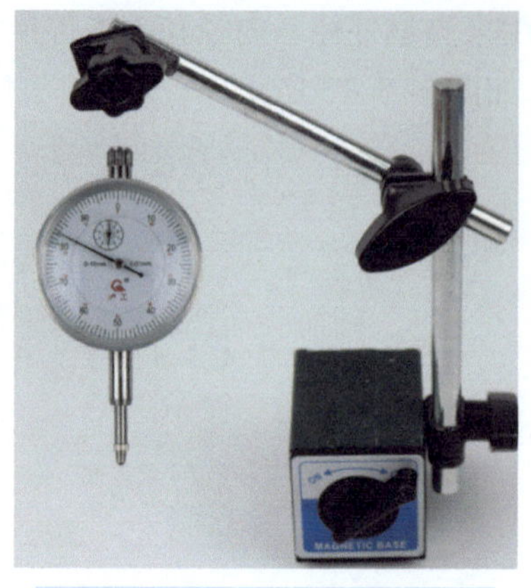

图1–5–17　磁力表座及百分表

（四）内径量表

内径量表是测量气缸等内部直径的量具套装，有10~18mm、18~35mm、35~50mm和50~160mm等多个测量规格，其中50~160mm的内径量表使用较多，如图1–5–18所示。

内径量表的精度为0.01mm，测量时需要与外径千分尺配合使用。

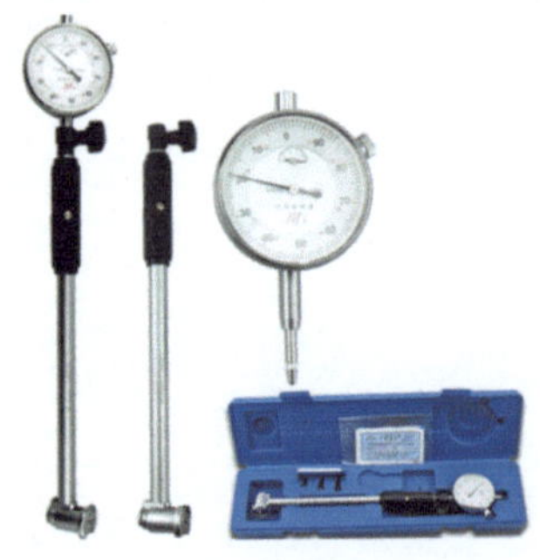

图1–5–18　内径量表

（五）塞尺和刃口尺

1. 塞尺

塞尺可进行两配合件间的间隙测量，如图1–5–19所示，间隙测量范围在0.02~1.00mm之间。

2. 刃口尺

刃口尺和塞尺配合使用，可进行气缸盖或气缸体结合面的平面度检测，如图1–5–20所示。

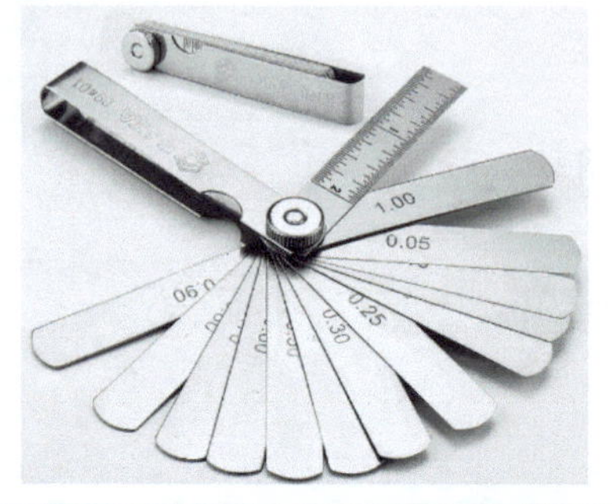

图1–5–19　0.02~1.00mm规格的塞尺

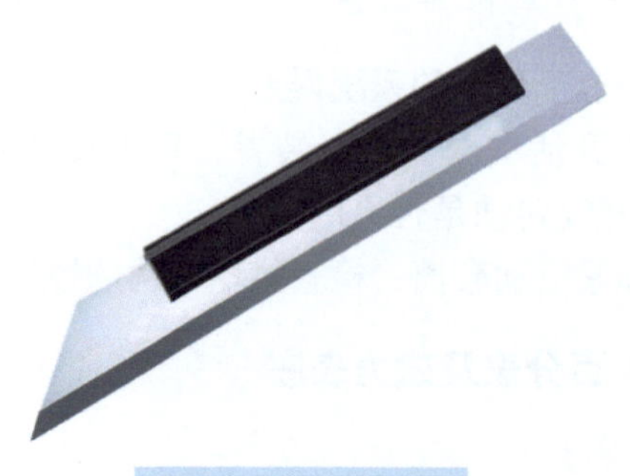

图1–5–20　刃口尺

学生训练

（一）汽车维护与保养常用工具的使用

训练时间：10min。

训练过程：扳手类工具的使用，套筒扳手的使用，螺丝刀和钳子类工具的使用。

（二）汽车维护与保养常用量具的使用

训练时间：10min。

训练过程：游标卡尺的使用，千分尺的使用，百分表及磁力表座的使用，内径量表的使用，塞尺和刃口尺的使用。

安全管理、场地恢复及授课总结（包含 5S 项目）

1）实习设备断电、清理，工具、量具清理归位。

2）车辆清洁后恢复正常工作状况。

3）指导教师总结实训课题，布置课后实训报告。

作业任务 6 举升机安全操作

项目目标

1）掌握举升机的分类及使用注意事项。

2）掌握举升机的安全操作规程。

训练前准备

1）常规准备工作（卫生清扫、场地安全确认、学生考勤等）。

2）配备有举升设备的汽车维护与保养作业场地一处。

3）维护与保养作业用实训轿车 2 辆。

教师示范讲解

一、举升机的类型及使用注意事项

（一）举升机的主要类型

举升机是汽车维护与保养作用中必不可少的车辆举升设备，常用的举升机有两柱式、四柱式、剪式及四轮定位配套专用举升机等多种类型。

1. 两柱式举升机

汽车维护与保养工位使用较多，其最大优点是车辆举升后，可提供较大的车辆底部作业空间，如图 1–6–1 所示。

2. 四柱式举升机

四柱式举升机在中型轿车维修工位配备较多，如图 1–6–2 所示。

图1-6-1　两柱式举升机　　图1-6-2　四柱式举升机

3. 剪式举升机

在汽车快修工位常配备超薄剪式举升机，如图 1–6–3 所示。

4. 四轮定位专用举升机

与四轮定位设备配套使用，可完成车辆底盘检查、车轮定位及定位调整作业等多项操作，如图 1–6–4 所示。

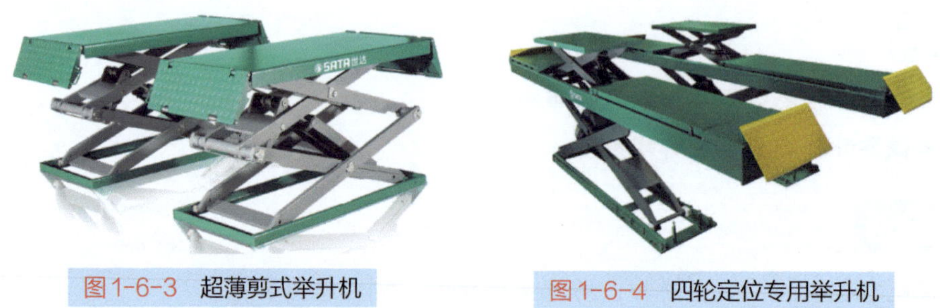

图1-6-3　超薄剪式举升机　　图1-6-4　四轮定位专用举升机

（二）举升机使用注意事项

1. 注意举升车辆载荷量大小

车辆进行举升作业前，一定要了解举升机的规格、举升最大高度和质量等参数，避免举升机发生过载而引发安全事故。

注释：一般举升机标准载荷在 4000kg 以上，中、小型车辆总质量均小于该载荷。

2. 车辆顶起位置的选择

1）每种车型在设计上均考虑了车辆在维修和保养作业时的顶起位置，当车辆顶起时，即使将发动机和变速器等总成件拆下，也能确保车辆的重心与举升机支撑臂的重心相近或重合，如图 1–6–5 所示。

2）为了让维修人员能快速找到车辆的支撑点，在底盘的下部标识了车辆顶起位置，如图 1–6–6 所示。

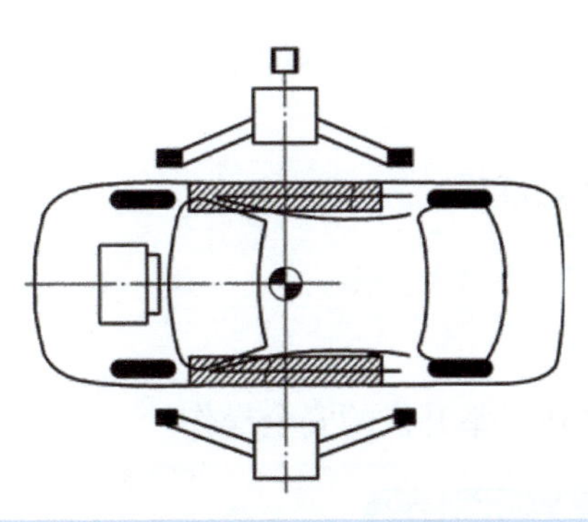
图 1-6-5 车辆在举升机上顶起位置的选择

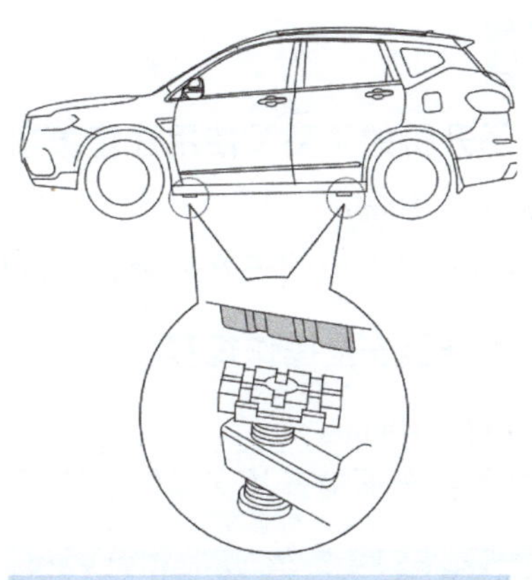
图 1-6-6 车辆底盘顶起位置标识

二、举升机安全操作规程

(一)车辆检查及支撑位置选择

1)车辆举升前应首先检查载荷，将车上多余的物品卸下后再进行车辆举升操作。

2)确认被举升车辆的质量小于举升机的额定载荷。

3)将车辆推至举升工位的适当位置，检查车辆前后、左右的位置，是否处于举升机适当的顶起部位，若位置不当应前后或左右调整车辆。

(二)双人作业时举升机的安全操作

1)举升机操作需一人完成，在操作举升机前一定要发出“车辆举升信号”，当另一人同意后方可操作举升机。

2)当车辆四轮离开地面约 10~30mm 时，应暂停举升车辆，检查车辆在举升机上的稳定性，如图 1-6-7 所示。

图 1-6-7 车辆举升稳定性检查

3)将车辆提升至适当高度，维修作业前一定将举升机锁止，并清洁地面上影响作业安全的油污、废液等污物，如图 1-6-8 所示。

4)车辆完成作业后，两人操作协同一致，将车辆降落至地面，使举升垫块脱离与车辆的接触。

5)关闭举升机电源开关，作业完毕后清理卫生，如图 1-6-9 所示。

图 1-6-8 作业前必要的卫生清洁

图 1-6-9 车辆举升操作完毕后的卫生清理

学生训练

（一）举升机的类型及使用注意事项

训练时间：10min。

训练过程：举升机的主要类型，举升机使用注意事项。

（二）举升机安全操作规程

训练时间：10min。

训练过程：车辆检查及支撑位置选择，双人作业时举升机的安全操作。

安全管理、场地恢复及授课总结（包含 5S 项目）

1）实习设备断电、清理，工具、量具清理归位。

2）车辆清洁后恢复正常工作状况。

3）指导教师总结实训课题，布置课后实训报告。

扫码看微课

作业任务 7 汽车定期维护作业项目流程

项目目标

1）掌握车辆定期维护主要检查项目和操作工艺安排原则。

2）掌握车辆定期维护顶起位置及作业任务。

训练前准备

1）常规准备工作（卫生清扫、场地安全确认、学生考勤等）。

2）配备有举升设备的汽车维护与保养作业场地一处。

3）维护与保养作业用实训轿车 2 辆。

教师示范讲解

一、车辆定期维护主要检查项目和操作工艺安排原则

1. 车辆定期维护主要检查项目

1）工作状况检查：车灯、信号、发动机、刮水器和转向机构等。

2）目视检查：车辆外观、轮胎（含备胎）等。

3）定期更换零件：机油、机油滤清器、空气滤清器、空调滤清器、火花塞、制动液、制动片和制动盘等。

4）连接状况检查及紧固：悬架连接螺栓、排气管路、制动管路、燃油管路等。

5）液位检查：机油、动力转向液、冷却液、玻璃清洗液、制动液、自动变速器油（或手动变速器油）等。

2. 车辆定期维护操作工艺安排

1）缩短车辆周围的工作路径，如图 1-7-1 所示。

①将尽可能多次的工作，集中在同一地点，一次性完成。

②车辆周围的运动线路应始于驾驶员的座位，作业人员围绕车辆工作一周后，终于驾驶员座位。

③工具、仪器和更换部件应提前准备好，并放在易于拿取的位置。

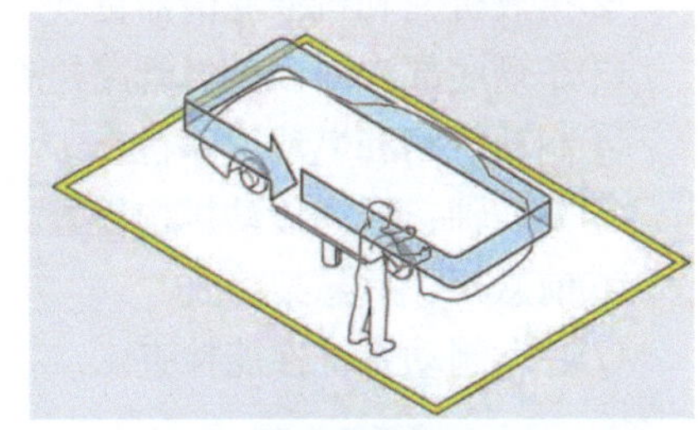
图 1-7-1　车辆定期维护作业中合理的作业流程编排

2）改善作业时的姿态。站式姿态是操作的基础，尽可能减少蹲式或弯腰作业的时间。

3）限制空闲时间。把事情组合起来做，比如油液的排放和发动机的预热关联在一起操作。

4）减少车辆举升的次数。能在相同位置做的工作，尽可能在相同位置、相同时间段一次性完成。

二、车辆定期维护顶起位置及作业任务

1. 工位一（车辆未举升）

1）主要检查部位。本工位主要进行发动机舱常规性检查、行李舱常规性检查、行李舱常规性检查等项目，顶起位置如图 1-7-2 所示。

2）主要作业内容：

①车辆门锁性能检查。
②车辆防护、发动机舱检查。
③冷却系统性能检查。
④充电系统综合性能检查。
⑤仪表盘性能检查。
⑥安全带、座椅检查。
⑦车辆灯光检查。
⑧方向盘及喇叭检查。
⑨洗涤器和刮水器检查。
⑩车门、车窗及天窗检查。
⑪燃油供给系统检查。
⑫轮胎（含备胎）检查。
⑬空调使用性能检查。
⑭空调制冷剂纯度检查。

图 1-7-2　车辆定期维护工位一（车辆未举升）

2. 工位二（车辆举升至最高位置）

1）主要检查部位。完成发动机和变速器泄漏状况检查、排气管路、供油管路、制动管路和行走系统检查等项目，如图1–7–3所示。

2）主要作业内容：

①发动机、变速器和散热器泄漏状况检查。

②排放机油和机油滤清器更换。

③车辆底部渗漏和排气管路检查。

④制动管路和燃油管路检查。

⑤驱动轴、转向传动机构检查。

⑥前悬架、后悬架检查。

⑦驻车制动系统性能检查。

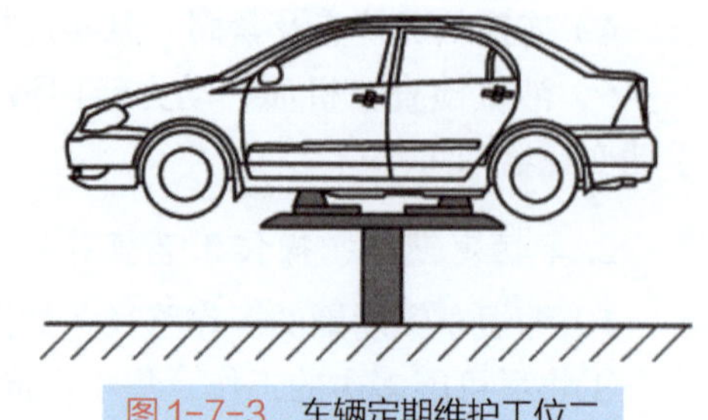

图1–7–3　车辆定期维护工位二（车辆举升至最高位置）

3. 工位三（车辆降至半联动状态）

1）主要检查部位。完成进气系统、空调系统、制动操纵装置和转向控制装置等项目工作状况的检查，如图1–7–4所示。

图1–7–4　车辆定期维护工位三（车辆降至半联动状态）

注释：半联动状态是指车辆四轮已经与地面接触，同时举升机仍支撑着车辆的状态。

2）主要作业内容：

①加注发动机机油。

②保养或更换空气滤清器。

③检查或更换火花塞。

④保养或更换空调滤清器。

⑤制动踏板使用状况检查。

⑥方向盘使用状况检查。

4. 工位四（车辆举升至中间位置）

1）主要检查项目。完成车辆行车制动器、轮毂轴承的检查等项目，适合于维修人员站立状态作业，如图1–7–5所示。

2）主要作业内容：

①轮毂轴承间隙检查。

②制动片和制动盘检查及更换作业。

③行车制动器迟滞性检查。

④驻车制动器迟滞性检查。

⑤发动机泄漏状况检查。

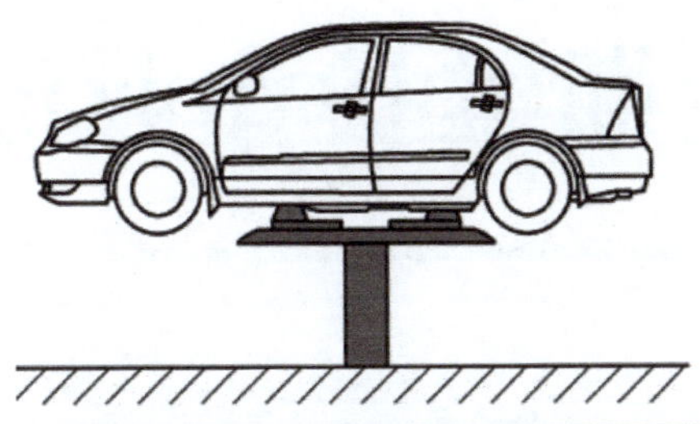

图 1-7-5　车辆定期维护工位四（车辆举升至中间位置）

5. 工位五（车辆降至地面位置）

1）主要检查项目。完成车辆综合性能检查（包括空调性能、尾气排放状况等）、冷却液面调整、机油液面调整、保养周期清零等作业项目，确保车辆处于完好的性能状态，如图 1–7–6 所示。

图 1-7-6　车辆定期维护工位五（车辆降至地面位置）

2）主要作业内容：

①空调综合性能检查。

②车辆尾气排放性能检测。

③维护与保养后发动机舱液面调整。

④保养周期清零操作。

⑤车辆作业后的 5S 整理作业。

学生训练

（一）车辆定期维护主要项目和操作工艺安排原则

训练时间：10min。

训练过程：车辆定期维护主要检查项目，车辆定期维护操作工艺安排。

（二）车辆定期维护顶起位置及作业任务

训练时间：10min。

训练过程：车辆定期维护的五个工位作业项目，定期维护作业主要检查项目，定期维护作业主要更换操作。

安全管理、场地恢复及授课总结（包含 5S 项目）

1）实习设备断电、清理，工具、量具清理归位。

2）车辆清洁后恢复正常工作状况。

3）指导教师总结实训课题，布置课后实训报告。

第二单元 汽车定期维护作业流程

内容简介

本单元包括 20 个作业任务，主要内容是长城哈弗 M6 PLUS 2021 款 1.5T 7DCT 尊贵智联版 SUV 车型 10000km 定期维护的作业流程，通过车辆的举升操作，全面完成汽车维护与保养项目中的检查操作。

主要实训器材、设备

1）成套常用工具、量具和专用工具等。

2）与车辆维护保养配套的举升机两台，车辆室内、室外防护用品若干。

3）长城哈弗 M6 PLUS 2021 款 1.5T 7DCT 尊贵智联版 SUV 车一辆。

实训教学目的

（一）车辆地面位置的检查项目

1）车辆门锁性能检查。

2）车辆防护、发动机舱检查。

3）冷却系统性能检查。

4）充电系统综合性能检查。

5）仪表性能检查。

6）安全带和座椅检查。

7）车辆灯光检查。

8）方向盘及喇叭检查。

9）洗涤器和刮水器检查。

10）车门、车窗及天窗检查。

11）燃油供给系统检查。

12）轮胎（含备胎）检查。

13）空调使用性能检查。

14）空调制冷剂纯度检查。

（二）车辆顶起最高位置的检查项目

1）车辆底部渗漏和排气管路检查。

2）制动管路和燃油管路检查。

3）驱动轴、转向传动机构检查。

4）前悬架、后悬架检查。

5）行车制动系统性能检查。

6）制动器迟滞性能检查。

教学组织

（一）教师职责

1）讲解、示范汽车10000km定期维护作业中的操作步骤、技术规范和安全注意事项。

2）在实训过程中以作业项目为训练课题，检查、指导学生基本操作技能，及时纠正实训中存在的不规范动作，启发他们积极思考、理论联系实际，解决工作岗位中遇到的实际问题。

3）操作中渗透相关理论知识，强化理论体系培养，使学生既懂得动手操作，又能掌握与之相关联的必备理论基础，真正做到在作业中促进知识点的完善和提升，使理论和实操相互融会贯通。

4）授课过程中培养学生安全作业习惯的养成，关键技能点反复训练，以工匠精神激励学生干好每件事，成为一个有社会责任心的优秀企业员工。

5）根据学生操作过程中存在的优、缺点给予恰当的评价，促进学生基础理论和基本技能的巩固和提升。

6）指导学生完成课后实训报告。

（二）学生安排

1）学生分组训练，每组4人，一名学生操作，另一名学生进行操作前的准备工作，其他两名学生检查点评。

2）操作完成后，角色相互交换，另一名学生完成相关操作训练。

3）每组同学全部完成实训任务后，由小组长组织讨论，将实训中的主要收获、存在问题认真总结并记录，写出心得体会。

4）完成实训报告，将实训过程中存在的问题及时反馈给指导教师。

作业任务1 车辆门锁性能检查

项目目标

1）掌握车辆遥控门锁性能的检查。

2）掌握车辆一键式无钥匙进入系统门锁性能的检查。

3）掌握车辆室内门锁总控开关性能的检查。

训练前准备

1）常规准备工作（卫生清扫、场地安全确认、学生考勤等）。

2）车辆防护作业准备，包括翼子板布和前格栅布组件、室内防护三件套等。

3）长城哈弗 M6 PLUS 2021 款 1.5T 7DCT 尊贵智联版 SUV 车一辆。

教师示范讲解

车辆防盗系统由物品防盗装置和发动机控制装置防盗两部分组成，车辆门锁是物品防盗系统的重要组成部分，持有合法钥匙的驾乘人员可完成车门解锁或上锁的控制。若采取非法方式打开车门进入车内，车辆物品防盗装置被激活，以喇叭报警、危险警告灯闪亮、示廓灯和前照灯亮起等方式发出报警，起到阻吓盗贼的作用。同时提醒车辆周围的行人注意，该车已被非法打开，报警功能将持续 30s 以上，如图 2–1–1 所示。

图 2–1–1　车辆物品防盗系统报警

一、车辆遥控门锁性能的检查

（一）遥控门锁性能检查操作

1）按动遥控钥匙上的开锁键，其上的指示灯闪亮，车上的危险警告灯闪烁两次，所有车门均解锁，如图 2–1–2 所示。

注意：若在 30s 内没有打开任何一个车门的动作，防盗模块默认是驾驶员误操作，车辆会自动落锁。

2）按动遥控钥匙上的闭锁键，其上的指示灯闪亮，车上的危险警告灯闪烁一次，所有车门均上锁，如图 2–1–3 所示。

思考：若遥控钥匙电池电压过低，遥控无法开锁，如何打开车门？

图 2–1–2　车辆的遥控开锁功能检查

图 2–1–3　车辆的遥控闭锁功能检查

（二）遥控门锁相关知识点

1. 物品防盗模块的组成

车辆物品防盗模块由车身控制模块、防盗控制模块、遥控门锁接收器、车门微开开关、发动机舱盖微开开关、行李舱微开开关、门锁、遥控钥匙接收器和报警装置（喇叭、危险警告灯、示廓灯和前照灯）等组成，如图 2-1-4 所示。

2. 物品防盗模块工作过程

以长城哈弗 M6 PLUS 2021 款 1.5T 7DCT 尊贵智联版 SUV 车演示。

1）当按动遥控钥匙上的开锁键、闭锁键或行李舱开锁键时，遥控钥匙发出高频信号，一般为 433MHz。

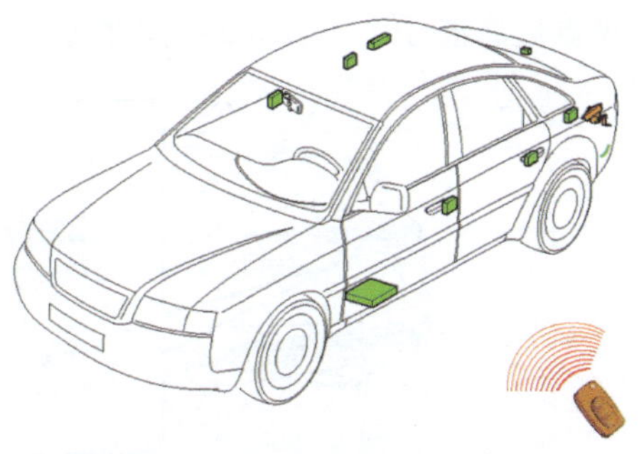
图 2-1-4 物品防盗系统组成示意图

2）该高频信号被防盗控制模块 PEPS 接收，若为合法钥匙，将识读为合法信号。

3）防盗模块 PEPS 通过车载网络（DC-CAN）将此信号传给车身控制模块 BCM。

4）由车身控制模块 BCM 控制车辆门锁的开闭动作。

5）控制流程：按动遥控钥匙的按键→遥控钥匙发出高频信号→防盗控制模块 PEPS 接收信号→通过车载网络（DC-CAN）传输信号→车身模块 BCM 接收信号→控制车辆门锁开闭动作。

注意：高频信号传输距离较远，一般情况下遥控钥匙在 100m 半径范围内信号均有效。

二、一键式无钥匙进入系统门锁的检查

（一）一键式无钥匙进入系统门锁检查操作

在不按动遥控钥匙开闭锁键的情况下，实现车门的解锁或上锁控制，是现代汽车常见的车内物品防盗类型。

1. 驾驶员侧车门控制检查

1）手持钥匙接近驾驶员侧车门，用手做出开门动作时，车门门锁能自动打开，如图 2-1-5 所示。

2）用手按压车门把手上的“闭锁按钮”，车门门锁能自动落锁，如图 2-1-6 所示。

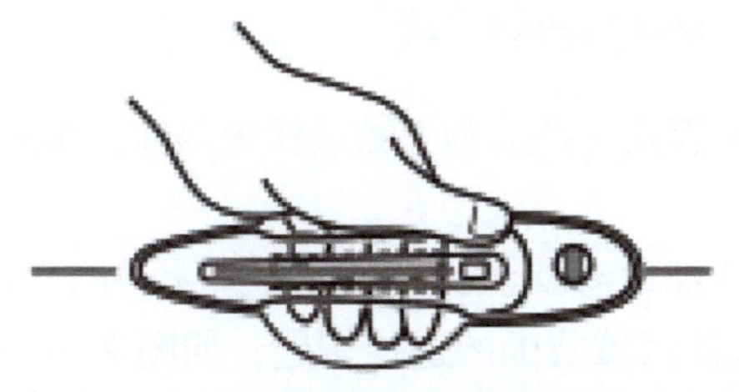
图 2-1-5 一键式无钥匙进入系统门锁解锁

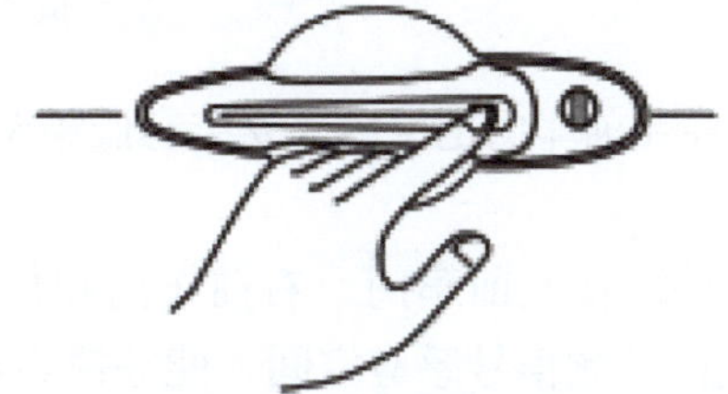
图 2-1-6 一键式无钥匙进入系统门锁落锁

2. 行李舱门控制检查

在车辆车门锁止状态下，手持钥匙接近行李舱门处，按压行李舱开启开关，行李舱门能自动打开，如图 2-1-7 所示。

3. 油箱盖板检查

用手按压油箱盖板后端，在车门上锁状态下，油箱盖板打不开；在车门解锁状态下，油

箱盖板能被打开，如图 2–1–8 所示。

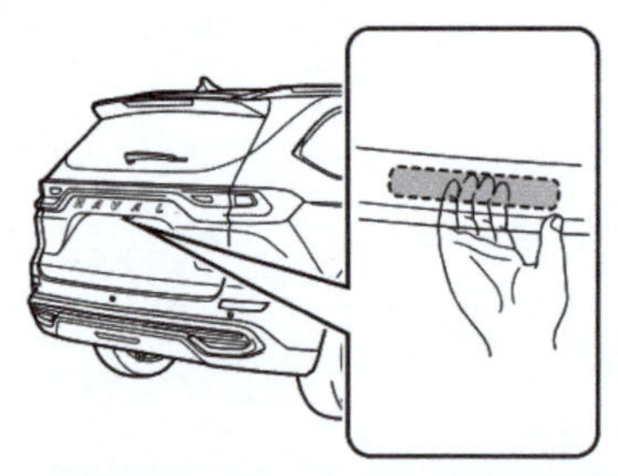

图 2-1-7　一键式无钥匙进入系统行李舱门锁解锁

图 2-1-8　油箱盖板锁止状态检查

（二）一键式无钥匙进入系统相关知识点

1. 一键式无钥匙进入系统的组成

一键式无钥匙进入系统根据车型不同结构略有差异，一般由防盗控制单元（KESSY）、ELV 电子转向锁、起动按钮、KESSY 钥匙、传感器及天线等组成，如图 2–1–9 所示。

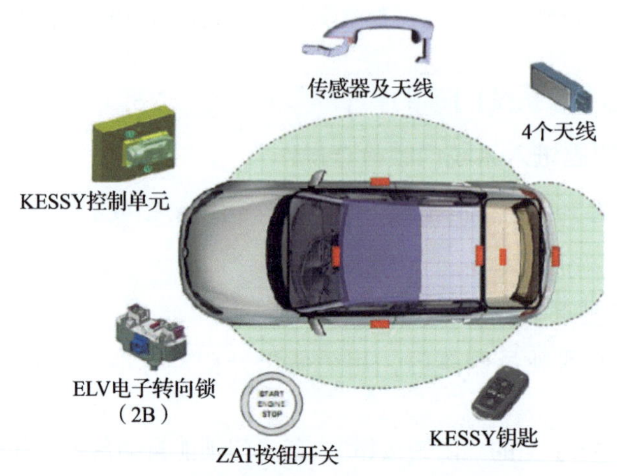

图 2-1-9　一键式无钥匙进入系统组成示意图

一般在左前车门把手内，安装有低频天线、电容式传感器和上锁按钮等部件，如图 2–1–10 所示。

车辆外部在左前车门、右前车门和行李舱后部设有探测天线，形成半径约 1.5m、高度 0.1~2m 间的低频信号感应空间，能够探测到进入该区域范围的遥控钥匙，如图 2–1–11 所示。

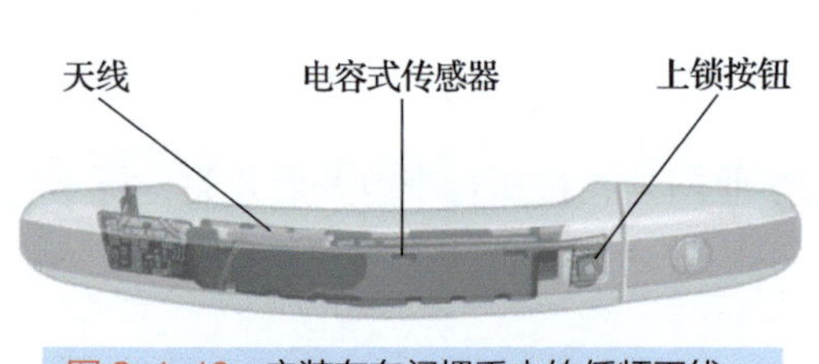

图 2-1-10　安装在车门把手内的低频天线、电容式传感器和上锁按钮

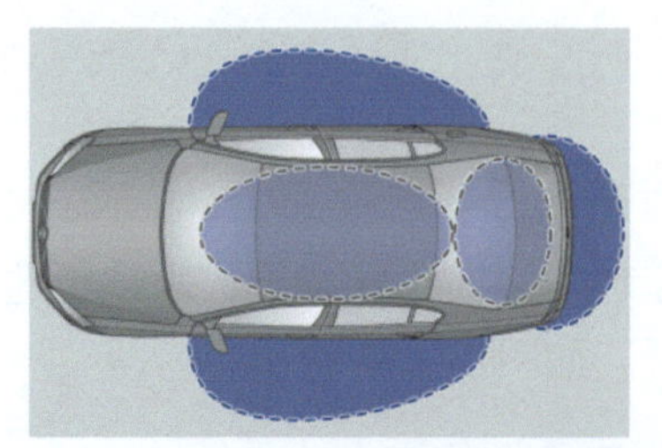

图 2-1-11　车辆防盗低频信号感应区

2. 一键式无钥匙进入系统控制过程

（1）车门开锁控制

当有人拉动车门把手产生开门动作时，车门把手内的电容式传感器信号发生变化，此信号传给一键式无钥匙进入模块，该模块发送低频信号给车门把手内的低频天线，发出低频信号用来寻找合法钥匙，当携带授权钥匙的驾驶员进入低频天线感应区内后，钥匙会发出高频信号应答给无钥匙控制模块，使车门开锁电动机动作，此时危险警告灯闪烁两次，解除车辆物品防盗，如图 2-1-12 所示。

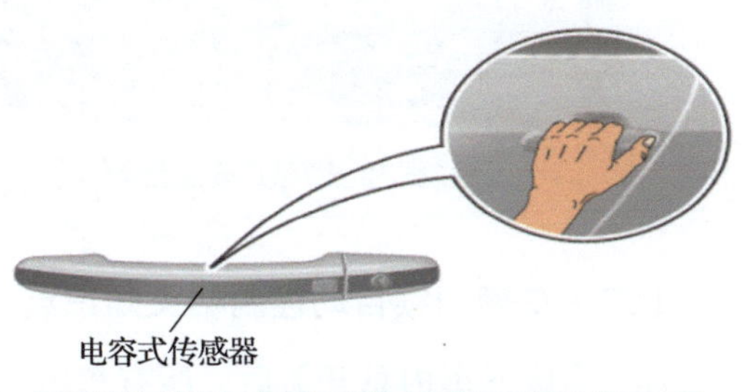

图 2-1-12 一键式无钥匙进入车门把手解锁

现以长城哈弗 M6 PLUS 2021 款 1.5T 7DCT 尊贵智联版 SUV 车演示其控制过程：当有拉动车门开锁动作、引起把手内电容式传感器信号变化时→此信号传给 PEPS 控制单元→ PEP 发出低频信号（125kHz）给把手内的天线→钥匙收到信号后确认合法性→遥控钥匙产生高频信号→防盗控制模块 PEPS 接收信号→通过车载网络（DC-CAN）传递信号→车身模块（BCM）接收信号→控制门锁开启动作。

（2）车门上锁控制

若车辆符合物品防盗施加条件时（发动机熄火、所有车门均关闭、钥匙随驾驶员带出车外），携带钥匙的驾驶员用手按动把手上的锁车按钮，车门落锁进入物品防盗状态，如图 2-1-13 所示。

现以长城哈弗 M6 PLUS 2021 款 1.5T 7DCT 尊贵智联版 SUV 车演示其控制过程：若有按压落锁动作→此信号传给 PEPS 控制单元→ PEPS 发出低频信号（125kHz）给把手内的低频天线→钥匙收到信号后确认其合法性→遥控钥匙产生高频信号→防盗控制模块 PEPS 接收高频信号→ PEPS 判断是否满足落锁条件→通过车载网络（DC-CAN 传递信号）→车身模块（BCM）接收信号→控制门锁落锁动作。

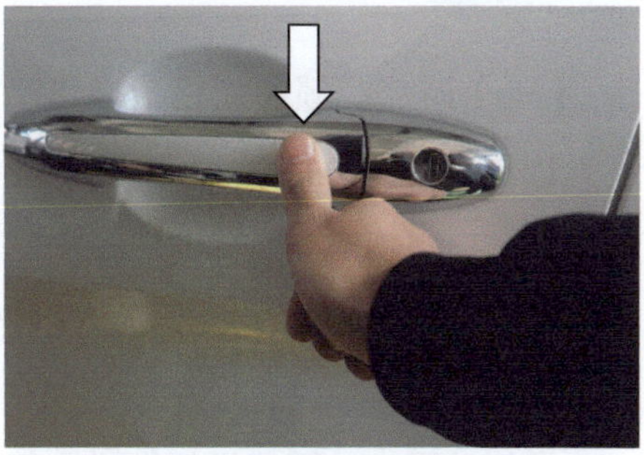

图 2-1-13 一键式无钥匙进入系统车门把手上的落锁按钮

三、室内门锁总控开关性能检查

（一）室内门锁总开关检查操作

1）所有车门均关上，按压室内门锁总开关的落锁键"，所有车门均能闭锁，且闭锁指示灯点亮，如图 2-1-14 所示。

2）车外拉动车门把手，所有车门均不能被打开，如图 2-1-15 所示。

3）在左前车门内侧，连续两次拉动开门内把手，驾驶员侧车门能打开，如图 2-1-16 所示。

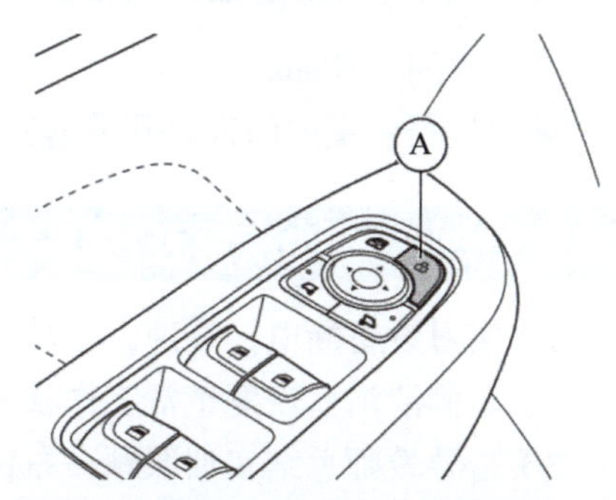

图 2-1-14 室内门锁总开关检查操作（1）

图 2-1-15　室内门锁总开关检查操作（2）

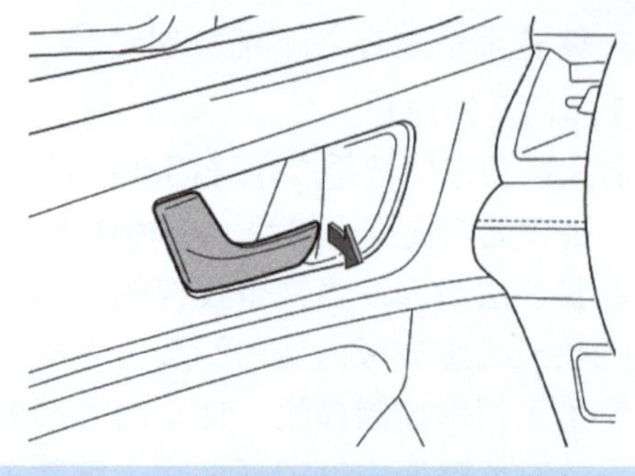
图 2-1-16　室内门锁总开关检查操作（3）

（二）车辆门锁自动控制相关知识点

1）当按下车内总开关后，所有车门均落锁，车辆停车后室外人员不能打开车门，确保了驾乘人员的安全性。

2）当车辆满足以下条件时，会自动落锁或解锁：

①当车辆行驶速度 >15km/h，所有车门会自动落锁。

②当车辆停车发动机熄火后，所有车门均自动解锁。

③车辆发生交通事故，只要气囊引爆，所有车门会自动解锁，以便救援人员能从车辆外侧打开车门。

学生训练

（一）遥控门锁性能检查操作

训练时间：10min。

训练过程：遥控门锁解锁操作检查，遥控门锁落锁操作检查。

（二）一键式无钥匙进入系统性能的检查

训练时间：10min。

训练过程：一键式无钥匙进入解锁操作检查，一键式无钥匙进入落锁操作检查，行李舱开启操作检查。

（三）室内门锁总控开关性能检查

训练时间：10min。

训练过程：室内门控总开关落锁检查，室内门控总开关解锁检查。

安全管理、场地恢复及授课总结（包含5S项目）

1）实习设备断电、清理，工具、量具清理归位。

2）车辆清洁后恢复正常工作状况。

3）指导教师总结实训课题，布置课后实训报告。

扫码看微课

微课内容：
1. 车辆遥控钥匙高频信号控制
2. 车辆无钥匙进入低频信号控制

作业任务 2 车辆防护、发动机舱检查

项目目标

1）掌握车辆维护作业中防护作业的主要内容。
2）掌握车辆起动前发动机室内的检查项目。
3）掌握传动带的检查项目。
4）了解冷却液、洗涤液等必要知识点。

训练前准备

1）常规准备工作（卫生清扫、场地安全确认、学生考勤等）。
2）车辆防护作业准备，包括翼子板布和前格栅布组件、室内防护三件套等。
3）长城哈弗 M6 PLUS 2021 款 1.5T 7DCT 尊贵智联版 SUV 车一辆。

教师示范讲解

一、定期维护作业车辆的防护

（一）定期维护作业车辆的防护操作

车辆的防护作业，确保了定期维护操作的安全性和规范性，是汽车维护作业顺利实施的前提和保障。

1. 前期准备工作

1）确认场地安全后，将车轮挡块施加于两后轮，如图 2–2–1 所示。
2）在起动发动机前安装尾气排放管，如图 2–2–2 所示。

图 2-2-1 安装车轮挡块

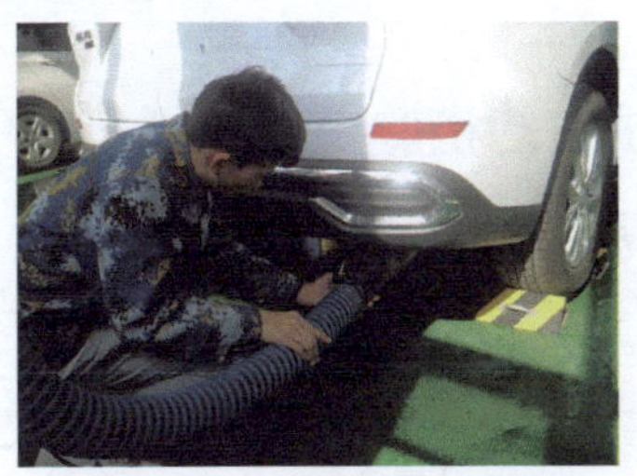
图 2-2-2 安装尾气排放管

2. 车辆内部防护

1）遥控钥匙打开车门，将点火开关置于ON位置，降下驾驶员侧车门玻璃后，再将点火开关置于OFF位置。

思考：为什么车辆维护作业过程中，始终保持驾驶员侧车门玻璃处于打开状态？

2）安装座椅套、方向盘套、脚垫和变速杆套等，如图2-2-3所示。

3. 车辆外部防护

1）将发动机舱盖支起，如图2-2-4所示。

2）安装翼子板布和前格栅布，如图2-2-5所示。

图2-2-3 车辆室内防护

图2-2-4 支起发动机舱盖

图2-2-5 车辆外部防护

（二）定期维护作业车辆防护的相关知识点

1）按照规范的作业流程交接车辆，提醒驾驶员带走贵重物品。

2）仔细检查车辆表面油漆状况，确认是否有损伤，让驾驶员签字确认，避免产生责任不清，如图2-2-6所示。

3）注意车内是否放置了影响安全的物品，如仪表板上放置的眼镜、打火机等物品，都属于安全隐患，应提醒驾驶员要正确存放，如图2-2-7所示。

图2-2-6 车辆维护作业油漆状况检查

图2-2-7 车内危险物品检查和提醒

二、定期维护发动机舱检查项目

（一）定期维护发动机舱检查操作

1. 机油液面及质量检查

1）机油液面检查。拔出并清洁机油尺，然后再将其插入后抽出，与水平面成45° 正反

转动机油尺观察液面高度，应该在规定值范围内，如图 2–2–8 所示。

思考： 机油液面高度检查为什么必须在发动机停机 10min 以上后再进行？

2）机油质量检查。将机油涂在手上，观察颜色，判断是否变质，有无水分、金属屑等杂质混入。同时嗅一嗅机油的气味，判断机油是否被发动机曲轴箱内的废气污染。

2. 冷却液液面检查

1）通过冷却液膨胀水箱上的刻度线检查，要求冷却液液面在上下刻度之间，检查冷却液液面时，要用手电筒辅助照明，不要晃动膨胀水箱，如图 2–2–9 所示。

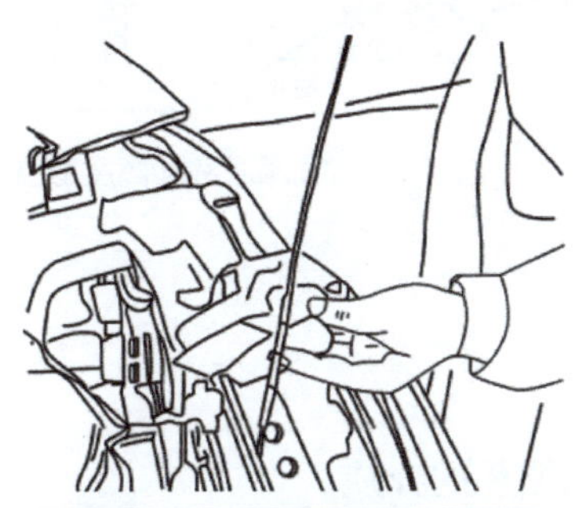
图 2–2–8 机油液面高度检查

图 2–2–9 冷却液液面检查

2）若冷却液液面过低，应及时补充冷却液。冷却液补充操作要点如下：

添加冷却液时需打开膨胀水箱盖，一定要注意规范操作，首先确认发动机是否处于冷态（要等温度降到 80℃以下时再操作），用厚的垫布置于膨胀水箱盖上，用手压紧垫布，先逆时针拧松膨胀水箱盖 45°，放出冷却系统内部的气体，之后再旋转 45°，将膨胀水箱盖拧下，如图 2–2–10 所示。

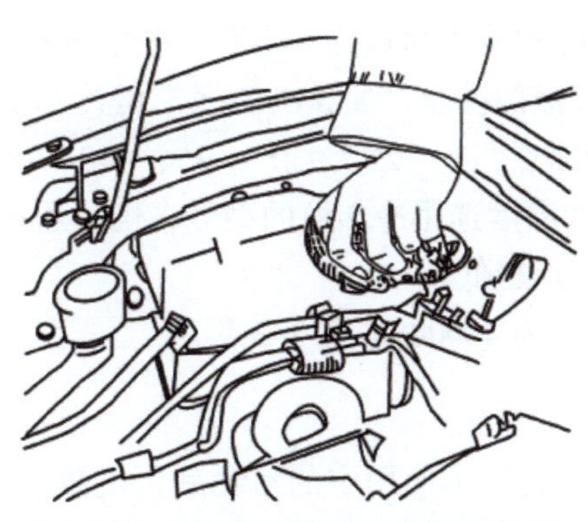
图 2–2–10 膨胀水箱盖的打开方法

思考： 若在热态下直接打开冷却液膨胀水箱盖，会造成什么后果？

3. 制动液液面检查

通过制动液储液罐上的刻度尺观察，要求制动液液面在上下刻度线之间，如图 2–2–11 所示。若制动液液面过低，应添加符合该车规定型号的制动液，同时检查制动液储液罐盖上的通风孔是否堵塞。

4. 玻璃洗涤液液面高度检查

通过洗涤液液面上的标尺检查液面高度，如图 2–2–12 所示。

图 2–2–11　制动液液面高度检查

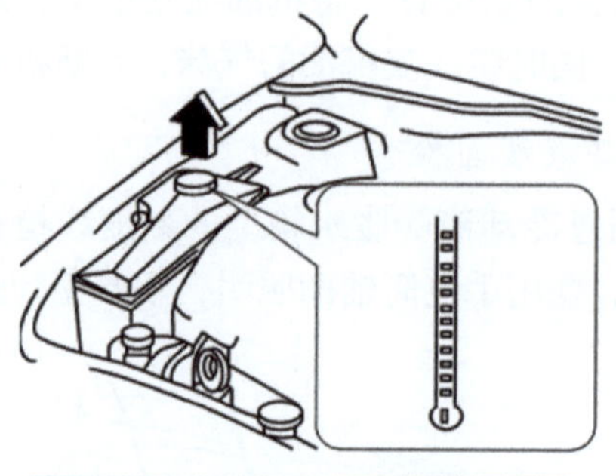

图 2–2–12　洗涤液液面高度检查

（二）冷却液和玻璃洗涤液的相关知识点

1. 冷却液

1）冷却液的作用。冷却液为发动机冷却系统循环的介质，起到防冻、防沸、防锈和防腐蚀等效果，大多为红色或绿色长效冷却液，如图 2–2–13 所示。

图 2–2–13　发动机长效冷却液

2）冷却液的成分。冷却液的主要成分为水、防冻剂、添加剂，按成分不同可分为酒精型、甘油型、乙二醇型等冷却液，目前常用的冷却液为乙二醇型长效冷却液。

乙二醇是一种无色无味的液体，能与水以任何比例混合，冷却液中水与乙二醇的比例不同，其冰点也不同。如 47.7% 的水与 52.3% 的乙二醇混合的冷却液，冰点约 –40℃。在冷却液中加入了防冻剂，会提高冷却液的沸点，如 50% 的乙二醇冷却液沸点约为 103℃。

3）冷却液的主要指标为冰点，有 –25、–30、–35、–40、–45、–50 等六种型号，维修技师可根据车辆使用地区的最低温度选用冷却液的型号，也可通过添加蒸馏水来调整冷却液的冰点，乙二醇含量越高，其冰点越低。

4）冷却液的更换周期一般为 40000km 或 2~3 年。

2. 玻璃洗涤液

玻璃洗涤液俗称玻璃水，是汽车使用中的易耗品，呈浅蓝色液态，为水、酒精、除虫胶清洁剂和防冻剂等成分的混合液，成品玻璃洗涤液如图 2–2–14 所示。

图 2–2–14　成品玻璃洗涤液

目前使用的玻璃洗涤液为长效防冻型产品，属四季通用型，选择时要根据当地气候特点，确保冬季不结冰。当你感觉到前风窗玻璃上沉积了灰尘、飞虫残留物等，影响到玻璃的透明度时，需操作洗涤开关，喷洒洗涤液后再进行刮拭，确保前风窗玻璃处于最佳透明状态。

三、传动带的检查

（一）传动带张紧度检查及调整

1）用约 100N 的力施加在两个带轮之间的传动带中间，新传动带挠度应为 5~10mm，旧传动带挠度一般为 7~14mm，若传动带挠度不符合要求，应及时调整传动带预紧度，如图 2-2-15 所示。

2）用专用张紧度检测仪测量传动带的张紧度，正确的张紧度变形量应在正常范围内，如图 2-2-16 所示。

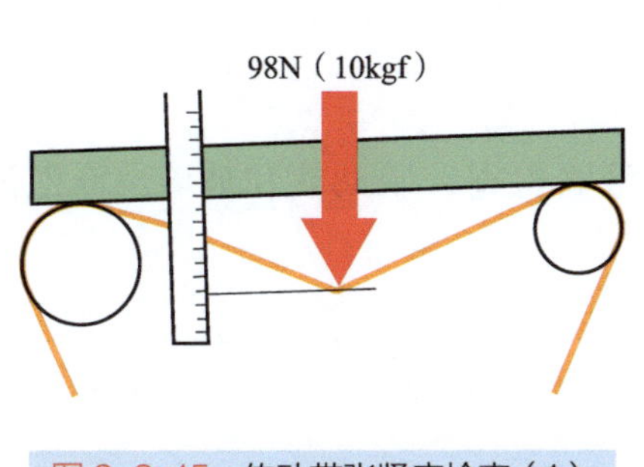

图 2-2-15　传动带张紧度检查（1）

图 2-2-16　传动带张紧度检查（2）

3）传动带张紧度调整。具体方法如下：

①若传动带张紧度是通过人工调整张紧轮实现的，可通过旋转张紧度调整螺栓，使传动带达到规定的张紧程度，如图 2-2-17 所示。

②若传动带张紧度是通过自动调节的张紧器实现的，一般情况下用力按动传动带中间，张紧器上的压紧轮应该动作，如图 2-2-18 所示。

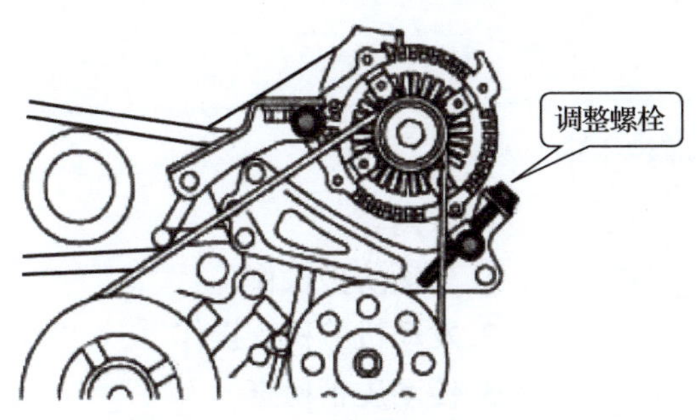

图 2-2-17　传动带张紧度调整

图 2-2-18　传动带张紧器的检查

（二）传动带相关知识点

1）传动带在使用过程中会逐渐被拉长，并产生老化、磨损等损伤。

2）随着使用时间的增长，传动带会逐渐产生裂纹和断裂，如图 2-2-19 所示。

图 2-2-19　传动带的裂纹、断裂损伤

3）若自动调节式张紧器损坏或传动带长度被拉长

到极限程度，张紧器的自动调节功能会变差，冷车起动时传动带与带轮间便产生打滑现象，从而发出尖锐的摩擦声音。

4）一般情况下，传动带与传动带张紧器同时更换。

学生训练

（一）定期维护作业车辆的防护操作

训练时间：10min。

训练过程：前期准备工作，车辆内部防护及车辆外部防护等操作。

（二）定期维护发动机舱检查项目

训练时间：10min。

训练过程：机油液面及质量检查，冷却液液面检查，制动液和玻璃洗涤液液面高度检查。

（三）传动带的检查

训练时间：10min。

训练过程：传动带张紧度检查，传动带张紧度调整。

安全管理、场地恢复及授课总结（包含5S项目）

1）实习设备断电、清理，工具、量具清理归位。

2）车辆清洁后恢复正常工作状况。

3）指导教师总结实训课题，布置课后实训报告。

扫码看微课

微课内容：

1. 车辆防护操作
2. 发动机舱检查操作
3. 传动皮带检查

作业任务3 冷却系统性能检查

项目目标

1）掌握冷却系统管道密封性检查。

2）掌握散热器盖性能的检查。

3）掌握冷却液冰点的测试。

训练前准备

1）常规准备工作（卫生清扫、场地安全确认、学生考勤等）。

2）车辆防护作业准备，包括翼子板布和前格栅布组件、室内防护三件套等。

3）长城哈弗 M6 PLUS 2021 款 1.5T 7DCT 尊贵智联版 SUV 车一辆。

教师示范讲解

一、冷却系统管道密封性检查

（一）冷却系统管道密封性检查操作

1. 打开散热器盖

在发动机长时间没有起动的状态下（水温低于 40℃）打开散热器盖。

2. 压力测试仪的连接

1）选择适当的测试头安装到散热器盖上，如图 2-3-1 所示。

2）将压力测试头连接在散热器盖处，施加 140kPa 左右的压力，在 3min 内观察压力是否降低，同时进行冷却管道密封性检查，如图 2-3-2 所示。

图 2-3-1　压力测试头与散热器盖接口的连接

图 2-3-2　冷却系统管道密封性检查

3. 冷却管道密封性检查

1）观察散热器与进水管和出水管接头处是否有渗漏，散热器进、出水管是否老化、变形，散热器是否有散热片堵塞、腐蚀等损伤，如图 2-3-3 所示。

2）检查机体至驾驶舱暖风供水管处是否有老化、变形，连接卡箍处是否有液体渗漏，如图 2-3-4 所示。

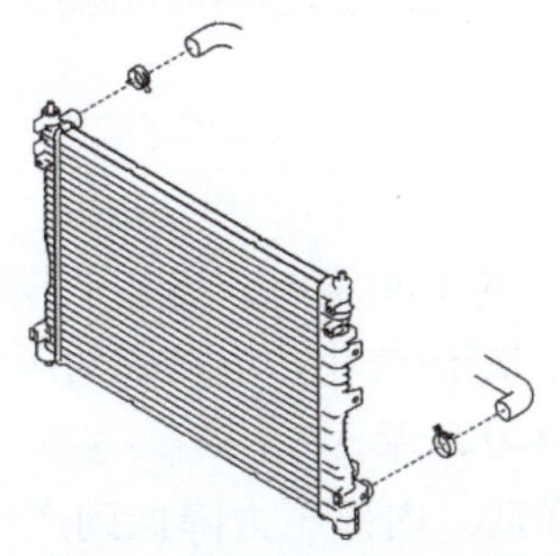

图 2-3-3　散热器与进水管、出水管接头处泄漏检查

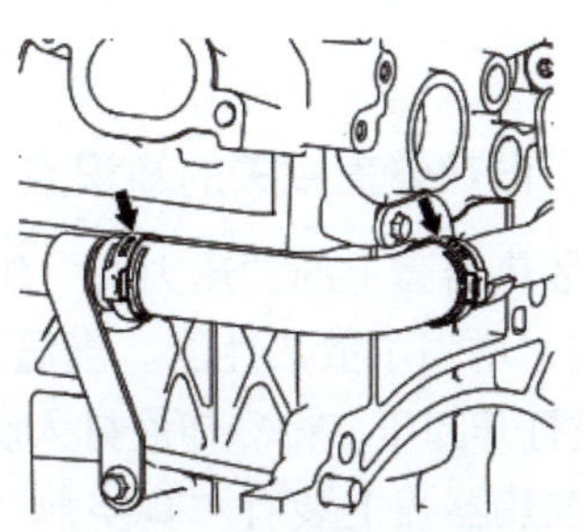

图 2-3-4　机体至驾驶舱暖风管路泄漏检查

3）检查水泵回水管位置所有连接管路是否有老化、变形，连接卡箍处是否有液体渗漏，如图 2–3–5 所示。

4）检查机体上分水阀与膨胀水箱间连接水管是否有老化、变形，水管两端连接卡箍处是否有液体渗漏，如图 2–3–6 所示。

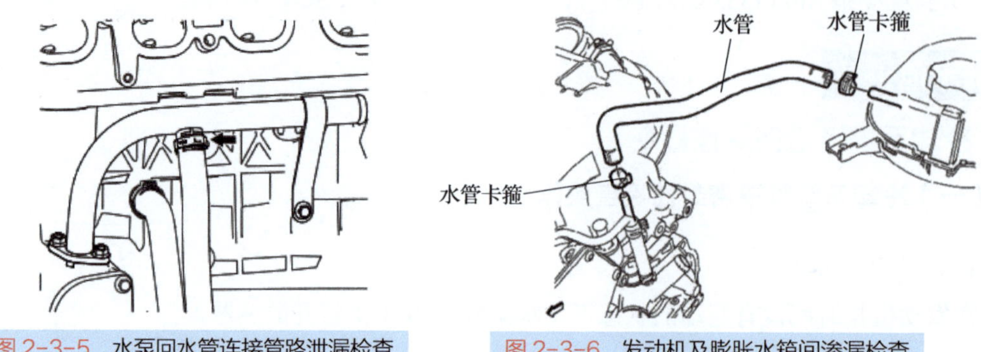

图 2-3-5　水泵回水管连接管路泄漏检查　　图 2-3-6　发动机及膨胀水箱间渗漏检查

（二）冷却系统管道密封性相关知识点

1）冷却管路必须保持良好的密封性，以确保冷却液循环过程中基本无损耗。

2）冷却系统需承受大于 300kPa 以上的压力，以确保管路密封圈、水泵水封、连接软管等维持良好的使用状态，提升冷却液的载热能力。

二、散热器盖性能检查

（一）散热器盖性能检查操作

1）检查散热器盖上的密封圈是否有损坏，如图 2–3–7 所示。

2）将散热器盖连接到冷却系统压力测试仪上，施加一定压力，检查压力阀和真空阀的开启状况，判断散热器盖工作性能是否正常，如图 2–3–8 所示。

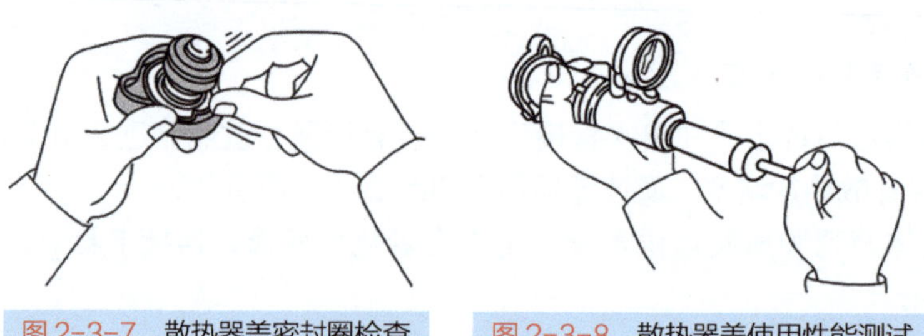

图 2-3-7　散热器盖密封圈检查　　图 2-3-8　散热器盖使用性能测试

（二）散热器盖相关的知识点

1）散热器盖上的“压力阀”维持了冷却系统较高的工作压力，提高了冷却液与周围空气的温差，增强了散热性能。当温度高于 105℃时，冷却液气化产生较高的压力，此时“压力阀”被打开卸压，将冷却液排入膨胀水箱，如图 2–3–9 所示。

2）散热器盖上装有“真空阀”，当冷却液温度降低，内部压力降低到产生负压时，“真空阀”会被打开从膨胀水箱中抽取冷却液，及时补充到冷却系统中，避免产生气阻，如图 2-3-10 所示。

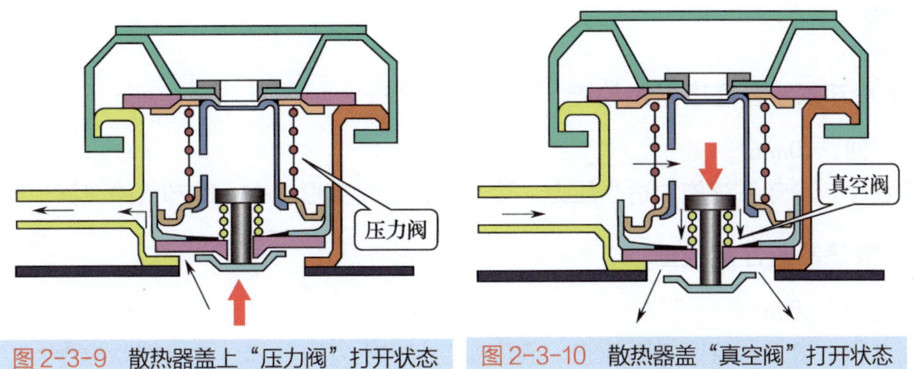

图 2-3-9 散热器盖上“压力阀”打开状态

图 2-3-10 散热器盖“真空阀”打开状态

3）散热器盖上的“压力阀”开启压力一般在 130kPa 左右，“真空阀”开启压力一般在 -20kPa 左右。

三、冷却液冰点测试检查

多功能液体检测仪为冷却液冰点、玻璃洗涤液冰点和电解液密度测试“三合一”综合测试仪器，如图 2-3-11 所示。

图 2-3-11 多功能液体检测仪

1. 多功能液体检测仪校准操作

掀开棱镜盖板，用柔软绒布将盖板及棱镜表面擦拭干净，将蒸馏水用吸管滴在棱镜表面，合上盖板轻轻按压，调节校准螺钉，使明暗分界线与基准线重合，如图 2-3-12 所示。

2. 冷却液冰点检测

1）用绒布擦干净棱镜表面和盖板表面的蒸馏水，用吸管吸取少量冷却液滴在棱镜表面。

2）用手轻轻扣合盖板，然后通过目视系统观察冷却液冰点，并记录测量值，如图 2-3-13 所示。

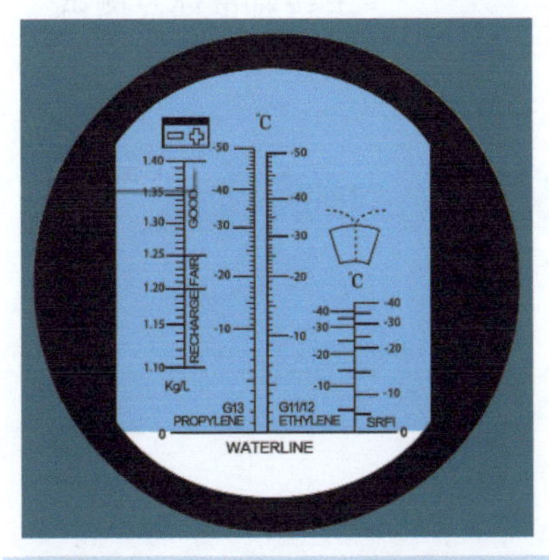

图 2-3-12 多功能液体检测仪的校准

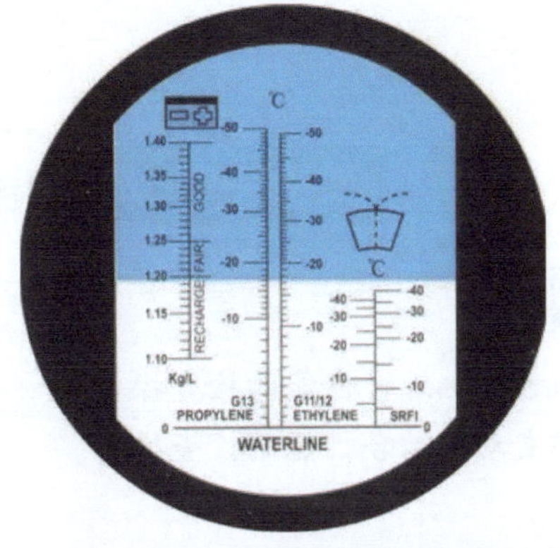

图 2-3-13 冷却液冰点测试

3）根据测量的结果，做出冷却液的冰点是否合格的判断。

4）用蒸馏水清洁棱镜和盖板后，将多功能液体检测仪复位。

学生训练

（一）冷却系统管道密封性检查

训练时间：10min。

训练过程：冷却系统施加适当压力，冷却管路老化变形检查，冷却管路渗漏检查。

（二）散热器盖性能检查

训练时间：10min。

训练过程：散热器盖密封圈检查，散热器盖上“压力阀”和“真空阀”检查。

（三）冷却液冰点测试检查

训练时间：10min。

训练过程：多功能液体检测仪校准操作，冷却液冰点检测。

安全管理、场地恢复及授课总结（包含5S项目）

1）实习设备断电、清理，工具、量具清理归位。

2）车辆清洁后恢复正常工作状况。

3）指导教师总结实训课题，布置课后实训报告。

扫码看微课

微课内容：

1. 冷却系统管道密封性检查
2. 水箱盖性能检查
3. 冷却液冰点测试

作业任务4 充电系统综合性能检查

项目目标

1）掌握蓄电池综合性能的检查操作。

2）掌握发动机综合性能的检查操作。

训练前准备

1）常规准备工作（卫生清扫、场地安全确认、学生考勤等）。

2）车辆防护作业准备，包括翼子板布和前格栅布组件、室内防护三件套等。

3）长城哈弗 M6 PLUS 2021 款 1.5T 7DCT 尊贵智联版 SUV 车一辆。

教师示范讲解

一、蓄电池综合性能检查

（一）蓄电池综合性能检查操作

1. 蓄电池固定状况检查

1）检查蓄电池安装是否牢固，如图 2-4-1 所示。

2）检查蓄电池正、负极柱处有无腐蚀，与线缆接合是否牢固，如图 2-4-2 所示。

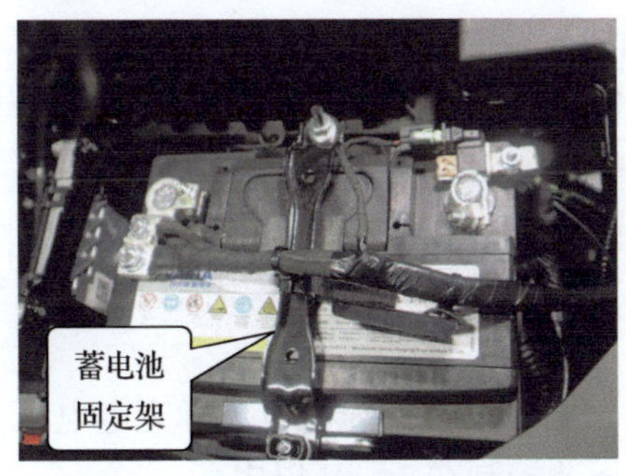

图 2-4-1 蓄电池安装情况检查

图 2-4-2 蓄电池正、负极柱状况检查

2. 蓄电池静态电压检测

蓄电池静态电压是指车辆在没有充电、放电状态下，测出的蓄电池电压。

1）测量前准备工作：

①确认车辆上的所有用电设备处于关闭状态。

②万用表校对。将万用表置于 200Ω 电阻档，开启万用表开关，将正负表笔短接，校验万用表的测量误差是否在许可范围内，如图 2-4-3 所示。

2）将万用表调至电压档，正、负表笔分别置于蓄电池的正、负极柱处，如图 2-4-4 所示，万用表上的电压值为____V。

图 2-4-3 万用表使用前校验

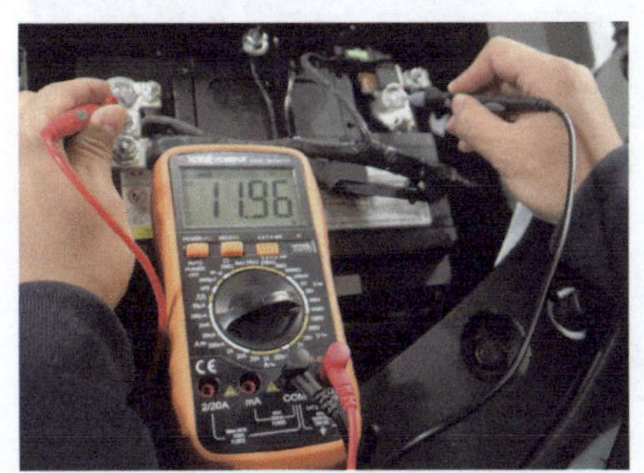

图 2-4-4 蓄电池静态电压测量

3）根据测试结果，判断蓄电池的静态电压是否正常。

3. 蓄电池起动电压检测

1）蓄电池起动电压检测需两人配合完成，一人在驾驶室内控制起动开关，另一人在发动机舱测量起动机工作瞬间时的电压值。

2）将蓄电池寿命测试仪的表笔分别连接蓄电池的正、负极柱，起动机运转瞬间的电压值为____V，如图 2–4–5 所示。

3）根据测试结果，判断蓄电池起动电压是否正常。

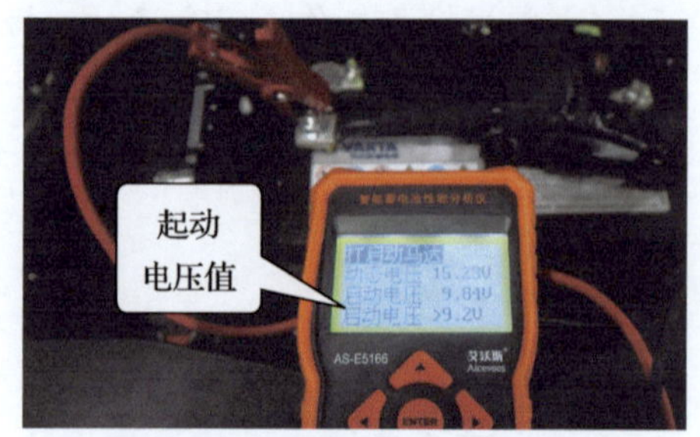

图 2–4–5　蓄电池起动电压检测

（二）蓄电池综合性能的相关知识点

1）蓄电池静态电压值一般在 12.5~13V 之间。

2）若蓄电池静态电压值在 12.0~12.5V 之间，应及时对蓄电池进行补偿充电；若蓄电池静态电压值低于 12V，先按照蓄电池充电要求充电，充电后用蓄电池检测仪检测其寿命参数，判断是否需更换蓄电池。

3）蓄电池在车辆起动时瞬间电压下降值不应低于 9.2V，否则应更换蓄电池。

4）带自动起停功能的发动机，对蓄电池性能要求较高，一般选用高性能玻璃纤维隔板（AGM）蓄电池。

5）玻璃纤维隔板（AGM）蓄电池在充电时，要严格控制充电电流和充电电压，一般充电电流不大于蓄电池容量安培数的 1/10，充电电压要控制在 14.8V 以内。

二、发电机综合性能检查

（一）发电机综合性能检查操作

1. 仪表盘上“充电指示灯”性能检查

1）将点火开关置于 ON 位置，发动机未运行，仪表自检完成后，“充电指示灯”应该点亮，如图 2–4–6 所示。

2）发动机起动后，仪表盘上的“充电指示灯”应熄灭，如图 2–4–7 所示，若点亮说明发动机充电系统存在故障。

图 2–4–6　仪表盘上“充电指示灯”状况检查（1）

图 2–4–7　仪表盘上“充电指示灯”状况检查（2）

2. 怠速运行时发电机电压检测

1）确保发动机怠速无负荷运转，用万用表测量发电机输出电压。

2）将万用表调至电压档，正负表笔分别置于蓄电池的正、负极柱处，此时万用表上的电压值为____V，如图 2-4-8 所示。

3）根据测试结果，判断怠速运行时发电机输出电压是否正常。

3. 发动机 3000r/min 带负荷运行时发电机电压检测

1）发电机带负荷电压检测需两人配合完成，一人在驾驶室内控制发动机转速，另一人在发动机舱测量发电机输出电压。

2）开启前照灯、空调和后窗加热器等大负荷用电设备。

3）将万用表调至电压档，正负表笔分别置于蓄电池的正、负极柱处，此时万用表上的电压值为____V，如图 2-4-9 所示。

4）关闭大负荷用电设备，根据测试结果，判断发电机的工作电压是否正常。

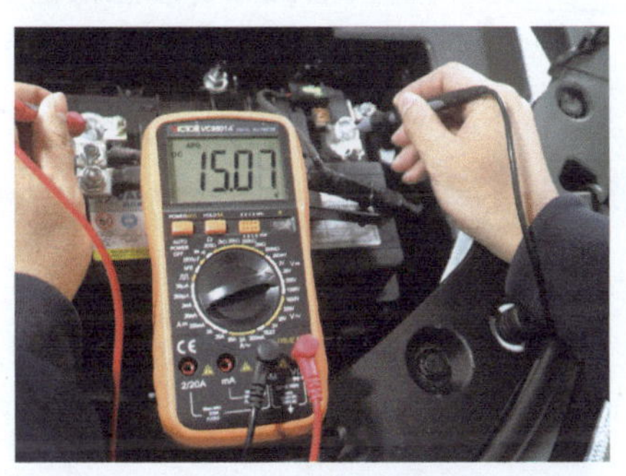

图 2-4-8 怠速运行时发电机电压检测

图 2-4-9 发动机 3000r/min 带负荷运行时发电机电压检测

（二）发电机综合性能测试的相关知识点

1）发动机运行时，发电机输出电压应在 13~15.5V 之间。

2）发动机运行时，若发电机输出电压低于 13V 或高于 15.5V，应更换发电机。

学生训练

（一）蓄电池综合性能检查

训练时间：10min。

训练过程：蓄电池固定状况检查，蓄电池静态电压检测，蓄电池起动电压检测。

（二）发电机综合性能检查

训练时间：10min。

训练过程：仪表盘上“充电指示灯”性能检查，怠速运行时发电机电压检测，发动机 3000r/min 带负荷运行时发电机电压检测。

安全管理、场地恢复及授课总结（包含5S项目）

1）实习设备断电、清理，工具、量具清理归位。

2）车辆清洁后恢复正常工作状况。

3）指导教师总结实训课题，布置课后实训报告。

扫码看微课

微课内容：

1. 蓄电池综合性能检查
2. 发电机综合性能检查

作业任务5 仪表性能检查

项目目标

1）掌握车辆钥匙合法性检查操作。

2）掌握仪表静态性能检查操作。

3）掌握仪表动态性能检查操作。

训练前准备

1）常规准备工作（卫生清扫、场地安全确认、学生考勤等）。

2）车辆防护作业准备，包括翼子板布和前格栅布组件、室内防护三件套等。

3）长城哈弗M6 PLUS 2021款1.5T 7DCT尊贵智联版SUV车一辆。

4）通用别克威朗（2017款15S自动进取型）轿车一辆。

教师示范讲解

一、车辆钥匙合法性检查

（一）车辆钥匙合法性检查操作

目前车辆使用两种类型的钥匙，一种是传统“遥控钥匙”，另一种为“一键起动无钥匙进入式钥匙”。

1. 遥控钥匙的合法性检查

1）将遥控钥匙插入点火开关后，安装在点火开关处的防盗线圈与遥控钥匙里的芯片相互感应发出应答信号，若为合法钥匙，在点火开关ON档时，仪表自检后发动机防盗指示灯会熄灭，如图2-5-1所示。

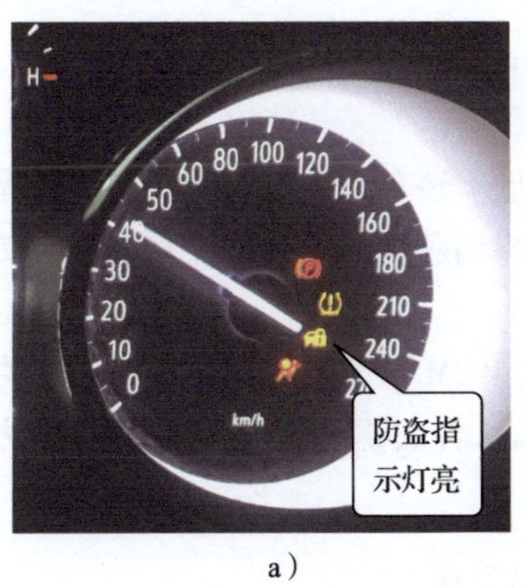

a）

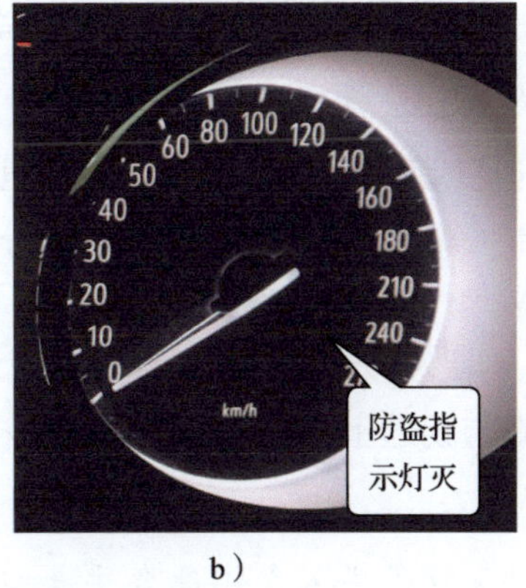

b）

图 2-5-1 遥控钥匙合法性检查

a）自检过程中 b）自检通过后

2）若钥匙为“非合法”钥匙，仪表盘上的发动机防盗指示灯会点亮，同时中央信息屏上显示防盗未解除，发动机将无法起动，如图 2-5-2 所示。

2. 一键起动无钥匙进入式钥匙合法性检查

1）按动“运行 / 起动”开关至 ON 位置，仪表自检完成后进入正常工作状态，如图 2-5-3 所示。

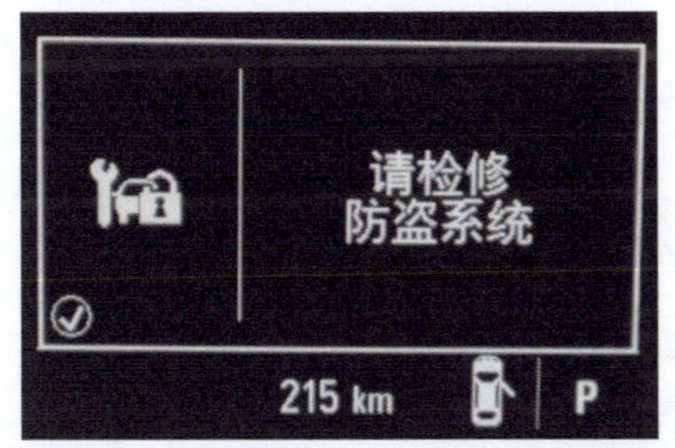

图 2-5-2 仪表盘上发动机防盗信息提示

图 2-5-3 一键起动无钥匙进入式钥匙“合法性”检查

2）若为非法钥匙，在仪表盘的信息显示屏上出现“找不到钥匙”提示信息，车辆无法起动运行，如图 2-5-4 所示。

3）找不到钥匙的主要原因有两方面，一是钥匙没有带进驾驶室，二是钥匙电池亏电无法工作。此时应将钥匙带入驾驶室；若钥匙电池亏电，应将其放在“应急感应区”，车辆可以起动运行，如图 2-5-5 所示。

图 2-5-4 仪表盘信息屏显示“找不到钥匙”信息

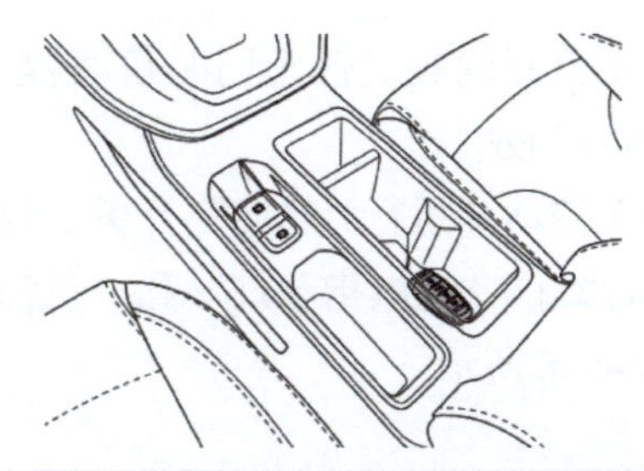

图 2-5-5 钥匙电池亏电时的应急措施

（二）车辆钥匙合法性检查的相关知识点

1. 遥控钥匙式合法性控制逻辑

现以通用别克威朗（2017 款 15S 自动进取型）轿车为例，说明其控制过程。

点火开关插入钥匙锁孔后激活防盗系统，与钥匙上的芯片交换信息，若为合法钥匙，将解除发动机防盗。

控制逻辑：钥匙插入钥匙孔→给车身模块 BCM 信号→ BCM 给点火开关上的防盗线圈信号→防盗线圈与钥匙上的芯片交换信息→确认合法钥匙后→解除发动机防盗→发动机可起动运行。

2. 一键起动无钥匙进入式钥匙合法性控制逻辑

现以长城哈弗 M6 PLUS 2021 款 1.5T 7DCT 尊贵智联版 SUV 车为例，说明其控制过程。

当按动“运行 / 起动”开关时，防盗模块 PEPS 通过室内的三个信号天线发送低频信号，当钥匙收到低频信号后，确定是否为合法信号，钥匙自身发出高频信号，防盗模块 PEPS 收到合法的高频信号后，解除发动机防盗。

控制逻辑：按动“运行 / 起动”开关→给防盗模块 PEPS 信号→ PEPS 通过室内天线发送低频信号→钥匙收到低频信号后确认信号的合法性→钥匙发送高频信号→ PEPS 接收高频信号→解除发动机防盗→发动机可以起动运行。

二、仪表静态性能检查

（一）仪表静态性能检查操作

传统车辆仪表盘如图 2-5-6 所示。

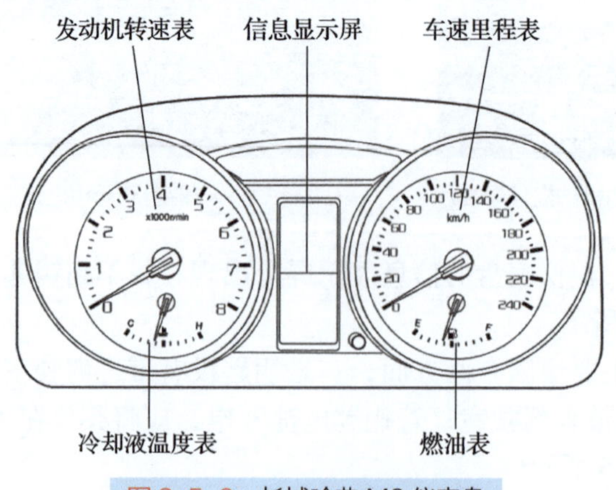

图 2-5-6　长城哈弗 M6 仪表盘

1）打开驾驶员侧车门时仪表盘亮起，中间信息屏显示驻车制动施加等相关信息，如图 2-5-7 所示。

2）按动“运行 / 起动”开关，仪表盘上的仪表及指示灯进行自检，自检通过后除“发动机故障灯”“充电指示灯”和“机油压力故障灯”等少数指示灯点亮外，其他指示灯熄灭，如图 2-5-8 所示。

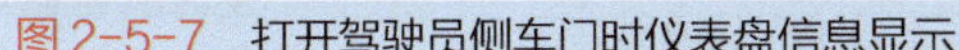
图 2-5-7 打开驾驶员侧车门时仪表盘信息显示

图 2-5-8 仪表“静态”自检

（二）仪表盘上信号指示灯相关知识点

仪表盘上的信号指示灯主要有两类，一类是警告灯，另一类是工作状况指示灯。

1. 警告灯

当车辆某一系统出现故障或者处于某种危险状态时，相关指示灯点亮或者闪亮，有的信号同时具有声音提示功能，提醒驾驶员注意，根据情况采取必要的应对措施。仪表盘警告灯根据警示等级的差异，有红色和橙色两种颜色，其中红色警告信号级别最高。

1）仪表盘上的红色警告灯，见表 2-5-1。

表 2-5-1 仪表盘上常见的红色警告灯

序号	名称	图形符号	主要功能	注释
1	充电指示灯		1）发电机运行时不发电 2）充电系统电压过低或过高	停车检修
2	机油压力指示灯		1）发动机运行时机油压力过低或过高 2）机油压力不随发动机转速变化而调节	停车检修
3	冷却系统故障指示灯		1）冷却系统温度过高 2）冷却液液面过低	停车检修
4	驻车状态指示灯		1）停车时显示已施加驻车制动器 2）行车时提醒松开驻车制动器	伴随声音提示
5	驾驶员安全带状态指示灯		1）驾驶员安全带未系时点亮 2）行车时驾驶员安全带未系时闪亮	伴随声音提示

2）仪表盘上的橙色警告灯比红色警告灯的信号级别低一个档次，点亮时一般可以行驶一段距离，但需及时组织检修。常见橙色警告灯见表 2-5-2。

表 2-5-2　仪表盘上常见的橙色警告灯

序号	名称	图形符号	主要功能	注释
1	发动机故障指示灯		1）发动机电控系统有故障时点亮 2）发动机缺火时闪亮	及时到维修站检修
2	制动防抱死系统故障指示灯	ABS	制动防抱死系统有故障时点亮	及时到维修站检修
3	安全气囊系统故障指示灯		安全气囊系统有故障时点亮	及时到维修站检修
4	车身稳定系统故障指示灯		车身稳定系统有故障时点亮	及时到维修站检修
5	车身稳定系统关闭指示灯	OFF	当车身稳定系统功能关闭时，仪表盘上的指示灯点亮，提醒驾驶员注意行车安全	
6	轮胎气压故障指示灯		1）轮胎气压过低 2）同轴间轮胎气压差值过大	及时检修轮胎
7	燃油量过少指示灯		1）燃油量过少 2）刚点亮时油箱内剩余行驶 50km 左右的燃油量	及时到附近加油站加油
8	照明系统故障指示灯		照明系统部分灯泡不亮	及时到维修站检修

2. 工作状态指示灯

仪表盘上的工作状态指示灯用来显示车辆处于某种工作状态，图形常用蓝色、绿色或其他柔和颜色。常用工作状态指示灯见表 2-5-3。

表 2-5-3　仪表盘上常用的工作状态指示灯

序号	名称	图形符号	主要功能	注释
1	示廓灯指示灯		指示灯光总开关处于示廓灯位置	
2	转向灯和危险警告指示灯		1）指示左转向灯工作 2）指示右转向灯工作 3）指示危险警告灯工作	
3	前照灯远光指示灯		1）指示前照灯远光灯工作 2）指示前照灯闪光灯工作	

（续）

序号	名称	图形符号	主要功能	注释
4	前雾灯指示灯		指示前雾灯工作	
5	后雾灯指示灯		指示后雾灯工作	
6	空调内循环模式指示灯		指示空调处于内循环模式	
7	后窗加热模式指示灯		指示车辆后窗处于加热除霜工作状态	
8	定速巡航模式指示灯		指示车辆处于定速巡航模式行驶状态	

三、仪表动态性能检查

（一）仪表动态性能检查操作

1）踩住制动踏板，按动“运行 / 起动”开关，发动机起动后运转，仪表盘上的仪表及指示灯进行自检模式。

2）仪表完成自检后，发动机转速表、燃油表等正常指示，除“驻车指示灯”外的其他信号灯全部熄灭，仪表正常工作，如图 2–5–9 所示。

（二）现代时尚的“大连屏”式仪表盘

随着汽车技术的发展，有些车型选装了“大连屏”式仪表盘，仪表的左侧显示传统仪表信息，右侧显示导航或娱乐等内容，如图 2–5–10 所示为通用凯迪拉克 33in“大连屏”式仪表盘，该仪表盘可采用传统的信息显示模式，也可选用现代时尚的显示模式。

图 2–5–9　发动机起动后仪表盘正常工作状态

图 2–5–10　现代时尚的“大连屏”式仪表盘

学生训练

（一）车辆钥匙合法性检查操作

训练时间：10min。

训练过程：遥控钥匙的合法性检查，一键起动无钥匙进入式钥匙合法性检查。

（二）仪表静态性能检查操作

训练时间：10min。

训练过程：打开驾驶员侧车门时仪表盘显示检查，按动“运行 / 起动”开关后仪表盘自检。

（三）仪表动态性能检查操作

训练时间：10min。

训练过程：起动过程中仪表自检，发动机运行中仪表正常指示。

安全管理、场地恢复及授课总结（包含 5S 项目）

1）实习设备断电、清理，工具、量具清理归位。

2）车辆清洁后恢复正常工作状况。

3）指导教师总结实训课题，布置课后实训报告。

扫码看微课

微课内容：

1. 车辆钥匙“合法性”检查
2. 仪表受“静、动态”性能检查

作业任务 6 安全带及座椅检查

项目目标

1）掌握安全带使用状况检查操作。

2）掌握电动座椅、普通座椅性能检查操作。

训练前准备

1）常规准备工作（卫生清扫、场地安全确认、学生考勤等）。

2）车辆防护作业准备，包括翼子板布和前格栅布组件、室内防护三件套等。

3）长城哈弗 M6 PLUS 2021 款 1.5T 7DCT 尊贵智联版 SUV 车一辆。

教师示范讲解

一、安全带使用状况检查

（一）安全带使用状况检查操作

1）检查安全带下端固定螺栓是否松动，必要时进行紧固，如图 2–6–1 所示。

2）安全带上支撑点位置调整检查。用手按住锁止按钮，上下调整安全带位置，确认安全带上支撑点调整装置安全可靠，如图 2–6–2 所示。

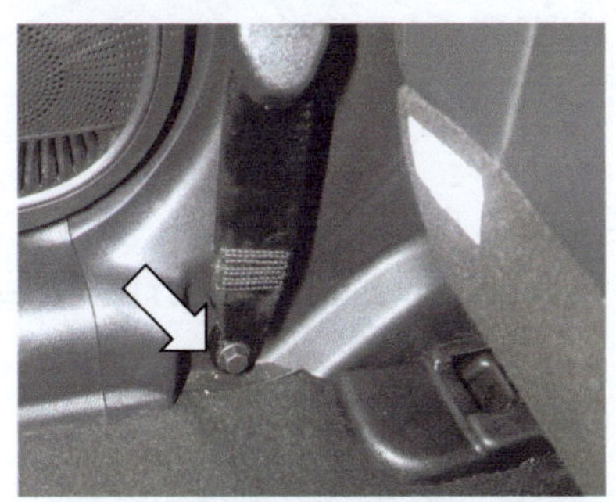

图 2-6-1 安全带下端固定状况检查

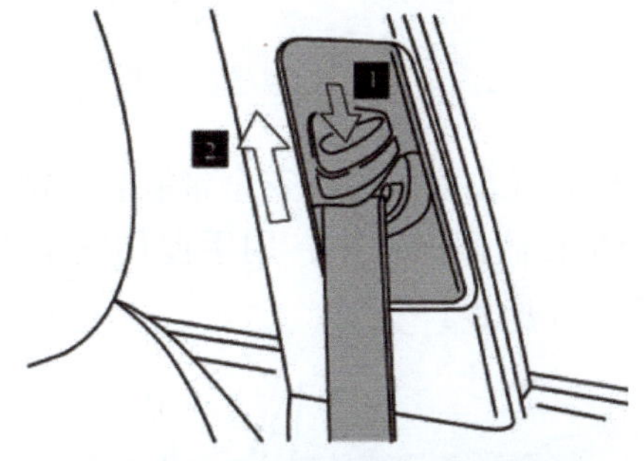

图 2-6-2 安全带上支撑点调整状况检查

3）安全带使用性能检查。具体方法如下：

①将点火开关置于 ON 位置，在没有插上安全带连接锁扣时，仪表盘上的安全带指示灯应该点亮，如图 2–6–3 所示。

图 2-6-3 仪表盘上的安全带指示灯

②向外缓慢拉出安全带，安全带能全部从卷收器中自由拉出，正反两面检查安全带表面是否有磨损和撕裂等状况，如图 2–6–4 所示。

③将安全带锁舌插入锁体中，确认听到“咔”的一声，安全带锁舌被锁止，同时仪表盘上的安全带指示灯熄灭，如图 2–6–5 所示。

图 2-6-4 安全带表面状况检查

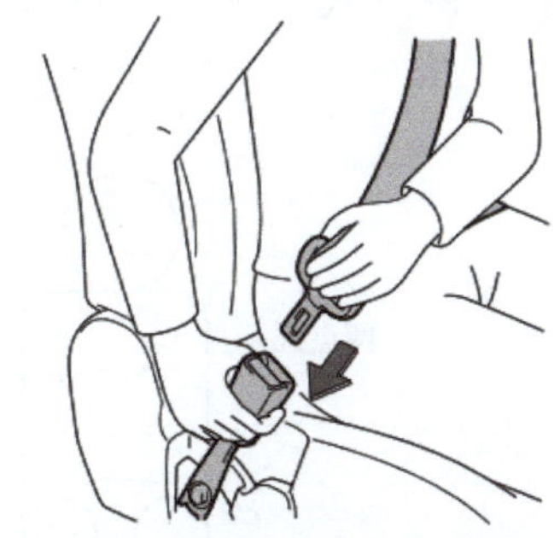

图 2-6-5 安全带快速插头连接检查（1）

④按下锁体上的快速释放按钮，安全带锁舌能迅速脱出锁体，仪表盘上的安全带指示灯随即点亮，如图 2–6–6 所示。

⑤释放安全带插头后，安全带靠自动收回装置的弹力自动收回，如图 2–6–7 所示。

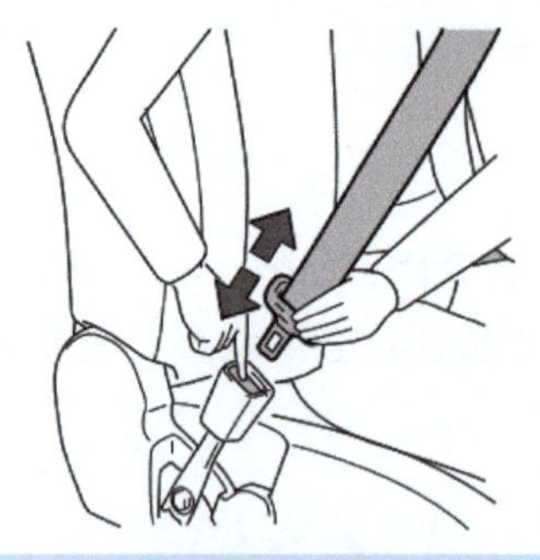

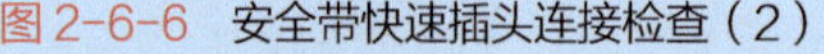
图 2-6-6　安全带快速插头连接检查（2）

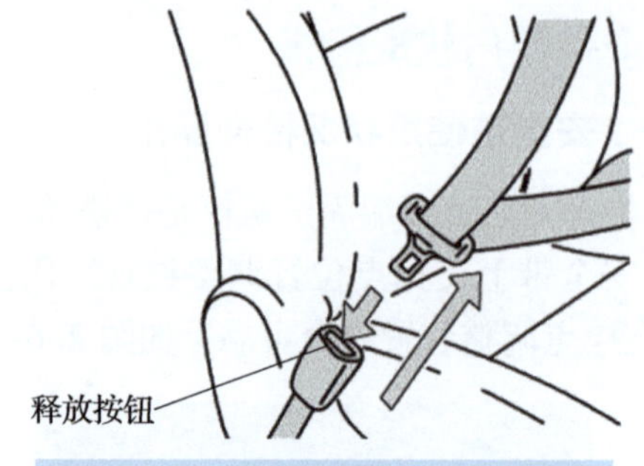

图 2-6-7　安全带自动收回装置检查

⑥用力快速拉动安全带，安全带能立刻锁止，如图 2–6–8 所示。

⑦安全带在收回过程中，用手捏住安全带停顿后再松开，安全带能自动收回至卷收器内，如图 2–6–9 所示。

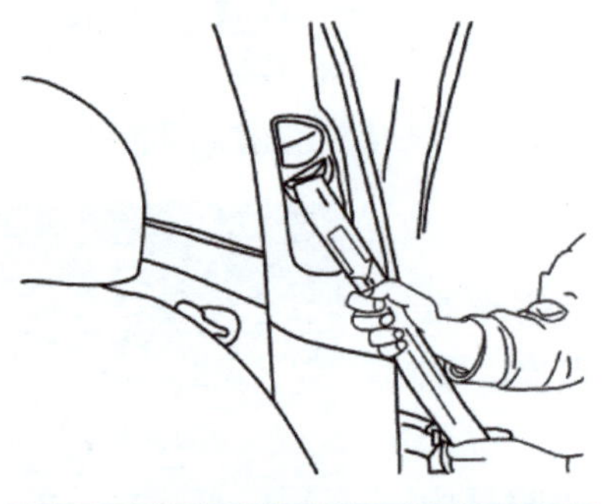

图 2-6-8　安全带快速锁止状况检查

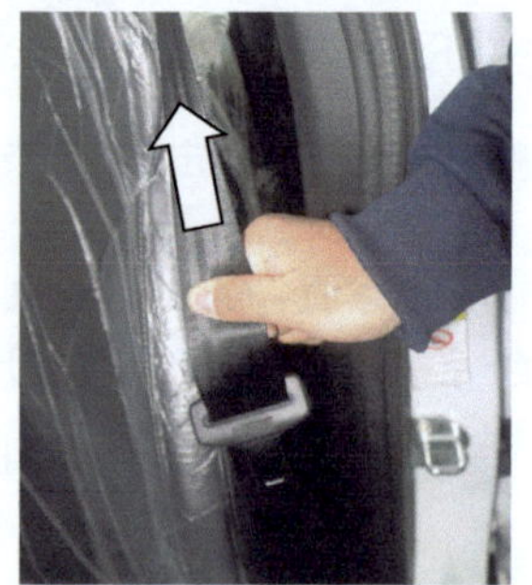

图 2-6-9　安全带自动收回状况检查

（二）安全带相关知识点

1）安全带属于主动安全装置，车辆发生碰撞时，能大幅度降低对驾乘人员的伤害，使用安全带是一项必要的安全保障措施。

2）安全带有“两点式”和“三点式”两种类型，当前常用“三点式”安全带，如图 2–6–10 所示。

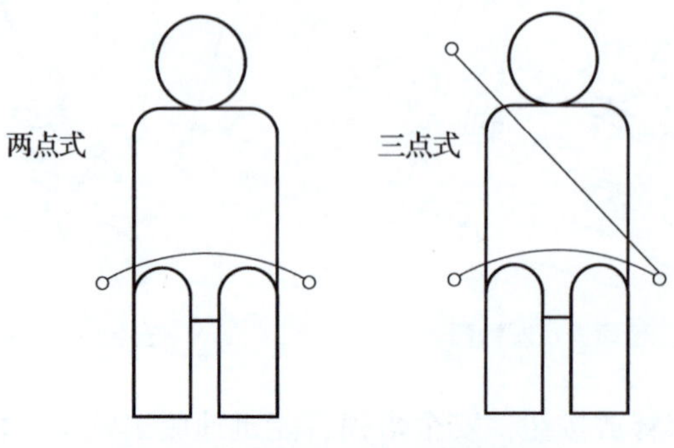

图 2-6-10　安全带的主要类型

3）预紧限力式安全带的技术要点如下：

①当车辆发生碰撞事故时，安全带预紧器在安全气囊电控单元控制下，瞬间收紧安全带，避免了因惯性造成驾乘人员身体前倾现象，获得最佳的约束保护，如图 2–6–11 所示。

②在安全带被预紧之后，为防止预紧力过大对驾乘人员身体造成二次伤害，限力装置使安全带的负荷维持在规定范围内，适度松开安全带，减轻对胸部的压力，如图 2–6–12 所示。

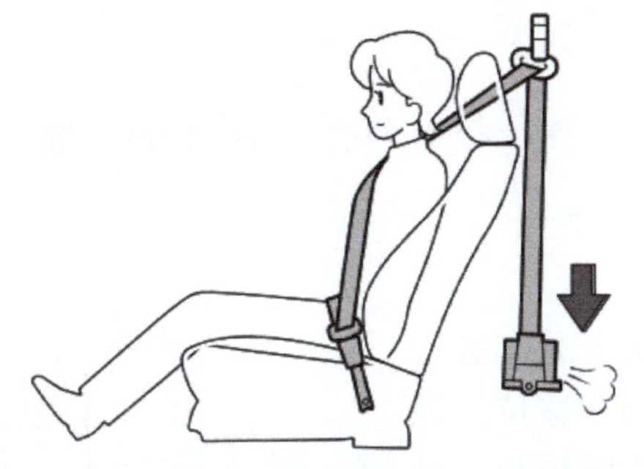

图 2-6-11 安全带在气囊引爆瞬间的预紧状态

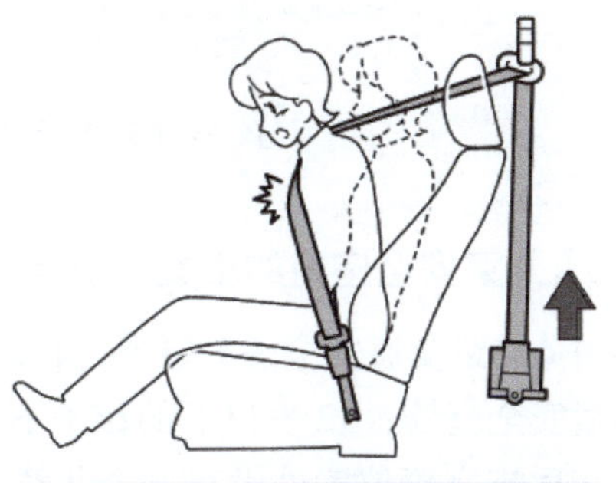

图 2-6-12 安全带预紧后的限力状态

二、驾乘人员座椅检查

（一）驾乘人员座椅性能检查操作

1. 电动座椅使用状况检查

通过操作开关实现座椅在前后方向、高度方向和靠背倾斜方向的调节，使驾驶员获得舒适的驾驶姿态，提高舒适性、降低驾驶疲劳，如图 2–6–13 所示。

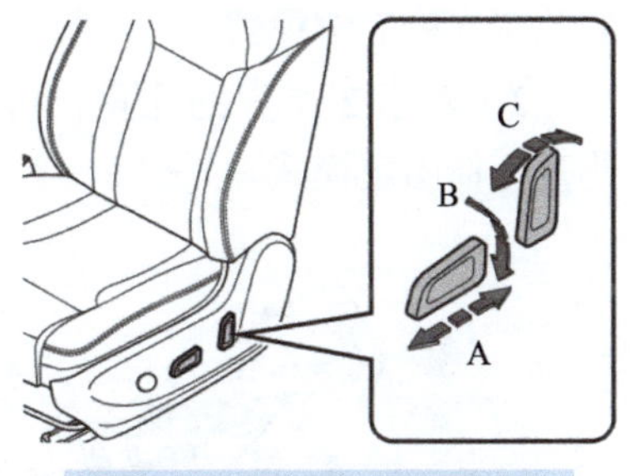

图 2-6-13 电动座椅的调整

A—座椅前后方向调整 B—座椅高度方向调整 C—靠背倾斜方向调整

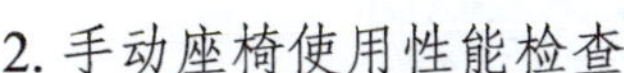
2. 手动座椅使用性能检查

通过手动方式实现座椅在前后方向、高度方向和靠背倾斜方向的调节，使驾驶员获得舒适的驾驶姿态。

1）座椅前后方向的手动调整，如图 2–6–14 所示。

2）座椅高度方向的手动调整，如图 2–6–15 所示。

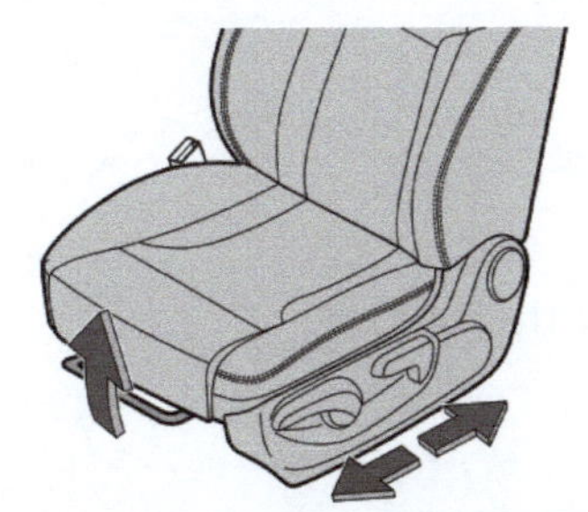

图 2-6-14 座椅前后方向的手动调整

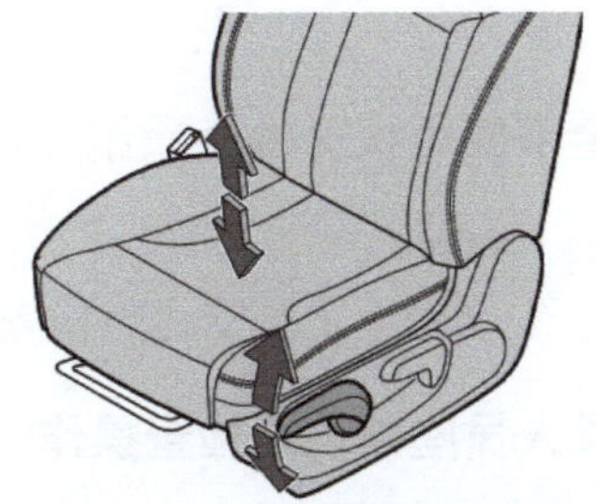

图 2-6-15 座椅高度方向的手动调整

3）靠背倾斜方向的手动调整，如图 2–6–16 所示。

4）头枕上下方向的手动调整，如图 2–6–17 所示。

图 2-6-16　靠背倾斜方向的手动调整

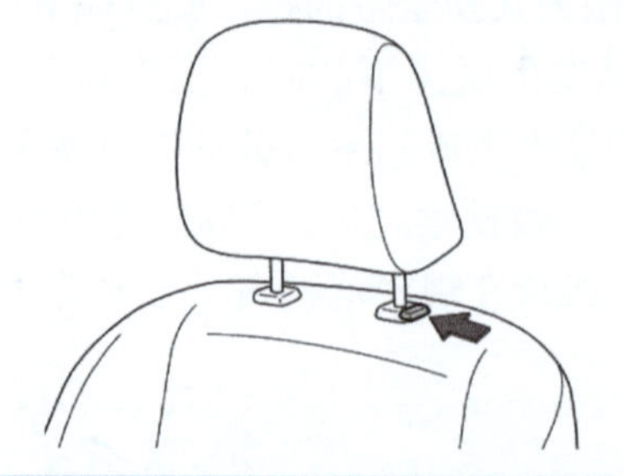

图 2-6-17　头枕上下方向的手动调整

（二）儿童安全座椅的相关知识点

我国《道路交通安全法》要求，4 岁以下儿童乘车务必使用儿童安全座椅，12 岁以下的孩子不能坐前排座位。现代汽车在后排座椅位置处设有 4 个儿童座椅固定锁扣，可同时安装两个儿童座椅，如图 2-6-18 所示。

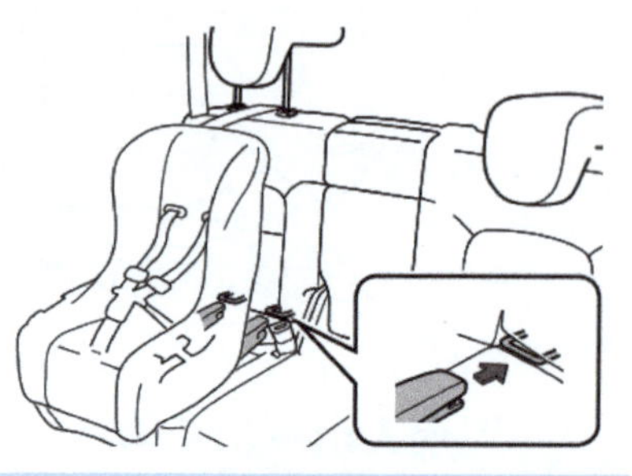

图 2-6-18　后排座椅位置的儿童座椅固定锁扣

1）对于 0~2 岁的婴幼儿，可以采取如图 2-6-19 所示的儿童座椅固定模式。

2）对于 2~7 岁的儿童，可以采取如图 2-6-20 所示的儿童座椅固定模式。

图 2-6-19　婴幼儿乘车时儿童座椅的固定模式

图 2-6-20　儿童乘车时儿童座椅的固定模式

学生训练

（一）安全带使用状况检查操作

训练时间：10min。

训练过程：安全带上下端支撑点检查，安全带使用性能检查。

（二）驾乘人员座椅性能检查操作

训练时间：10min。

训练过程：电动座椅使用性能检查，手动座椅使用性能检查。

安全管理、场地恢复及授课总结（包含 5S 项目）

1）实习设备断电、清理，工具、量具清理归位。

2）车辆清洁后恢复正常工作状况。

3）指导教师总结实训课题，布置课后实训报告。

扫码看微课

微课内容：

1. 安全带使用状况检查
2. 驾乘人员座椅性能检查

作业任务 7 车辆灯光检查

项目目标

1）掌握车辆外部灯光检查操作。

2）掌握车辆室内照明检查操作。

训练前准备

1）常规准备工作（卫生清扫、场地安全确认、学生考勤等）。

2）车辆防护作业准备，包括翼子板布和前格栅布组件、室内防护三件套等。

3）长城哈弗 M6 PLUS 2021 款 1.5T 7DCT 尊贵智联版 SUV 车一辆。

教师示范讲解

一、车辆外部灯光检查

（一）车辆外部灯光检查操作

车辆灯光检查由两人配合完成，一人在驾驶室内操作灯光开关，同时检查开关、仪表盘上指示灯、室内灯的工作状况；另一人在车辆前后、左右观察各灯光的工作情况，两人及时沟通并记录存在的问题。

注释：灯光检查耗电量较大，操作时发动机应处于运行状态。

1. 日间行车灯检查

在灯光总开关关闭时，为了使行人和驾驶员能更清楚地看到车辆，起动发动机后车辆前端的日间行车灯应自动点亮，如图 2–7–1 所示。

2. 示廓灯检查

示廓灯检查包括前部示廓灯、后部尾灯和牌照灯三方面，将灯光总开关置于示廓灯位置，哈弗 M6 灯光总开关如图 2–7–2 所示，仪表盘上的示廓指示灯如图 2–7–3 所示。

图 2-7-1　日间行车灯的检查

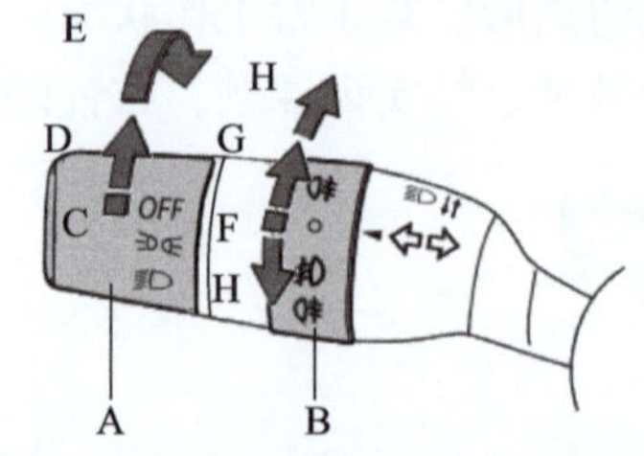

图 2-7-2　灯光总开关位置示意图

A—灯光总开关旋钮　B—雾灯控制开关旋钮
C—灯光关闭位置　D—示廓灯位置　E—近光位置
F—雾灯关闭位置　G—前雾灯位置　H—后雾灯位置

图 2-7-3　仪表盘上的示廓指示灯

3. 前照灯检查

当点火开关处于 ON 位置时，灯光总开关置于前照灯近光位置，如图 2-7-4 所示。

1）近光灯检查。车辆前部左右两侧的 LED 近光灯亮起，如图 2-7-5 所示。

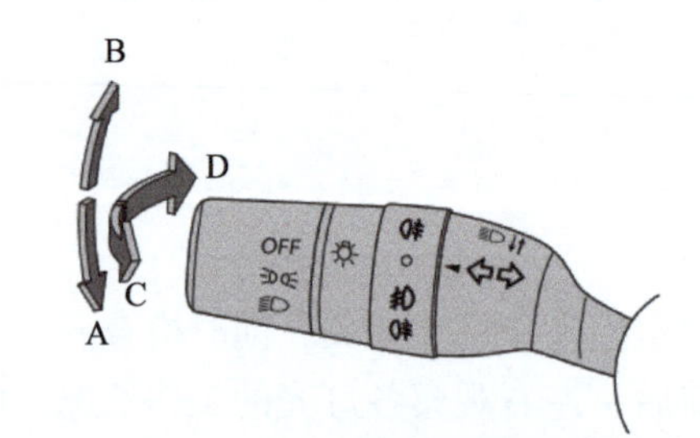

图 2-7-4　灯光总开关前照灯和转向位置示意图

A—远光位置　B—闪光（超车）位置
C—左转向位置　D—右转向位置

图 2-7-5　车辆前照灯检查

2）远光灯和超车灯检查。车辆前部左右两侧的 LED 近光灯 +LED 远光灯亮起，仪表盘上的远光指示灯点亮，如图 2-7-6 所示。

3）前照灯照明高度检查。通过高度调节开关，根据乘员数量和车辆载荷情况调节前照灯光束高度，如图 2-7-7 所示。

图 2-7-6 仪表盘上的远光指示灯检查

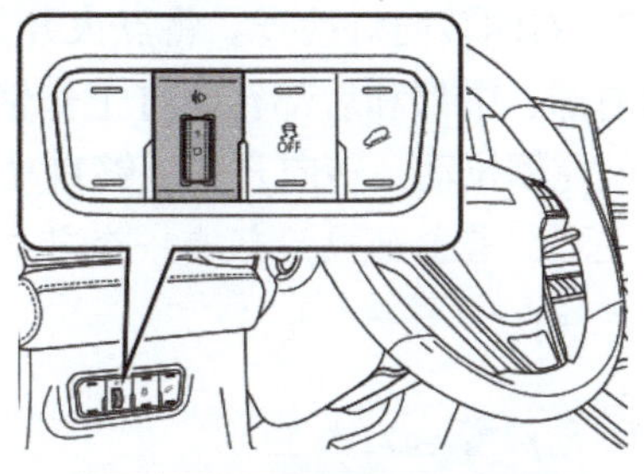

图 2-7-7 前照灯高度的调节

4. 雾灯检查

车辆雾灯包括前雾灯和后雾灯，一般安装位置较低，灯泡功率较大（21~35W），灯光呈黄色或橙色，在雾天使用。

1）后雾灯检查。点火开关 ON 位置，灯光总开关处于示廓灯或前照灯位置，打开后雾灯开关时后雾灯点亮，如图 2-7-8 所示。

2）前雾灯检查。点火开关 ON 位置，灯光总开关前照灯位置，打开前雾灯开关时前雾灯点亮，如图 2-7-9 所示。

图 2-7-8 车辆后部雾灯检查

图 2-7-9 车辆前部雾灯检查

3）前雾灯、后雾灯工作时，仪表盘上的指示灯点亮，如图 2-7-10 所示。

5. 转向信号灯检查

1）左侧转向灯检查。将点火开关置于 ON 位置，转向开关置于左侧转向位置，观察车辆左侧前部、中部和后部转向灯工作情况，同时观察仪表板上左侧转向指示灯工作状况，如图 2-7-11 所示，将转向盘向右侧拉动，转向开关能够自动回位。

图 2-7-10 仪表盘上的前后雾灯指示灯

图 2-7-11 仪表盘上的左侧转向指示灯工作状况检查

2）右侧转向灯检查。将点火开关置于ON位置，转向开关置于右侧转向位置，观察车辆右侧前部、中部和后部转向灯工作情况，同时观察仪表盘上右侧转向指示灯工作状况，将方向盘向左侧拉动，转向开关能够自动回位。

注释：若前部或后部有一个转向灯灯泡损坏时，转向灯会快速闪烁，提醒驾驶员更换转向灯灯泡！

6. 危险警告灯检查

当车辆处于危险状况时，将仪表台上的危险警告灯开关按下，如图2–7–12所示，车辆前后端的所有转向灯闪亮，同时仪表盘上的指示灯也闪亮。

7. 制动灯检查

将灯光总开关置于示廓灯位置，踩下制动踏板时，观察车辆后方的制动灯（含高位制动灯）工作状况，如图2–7–13所示，制动灯颜色为红色。

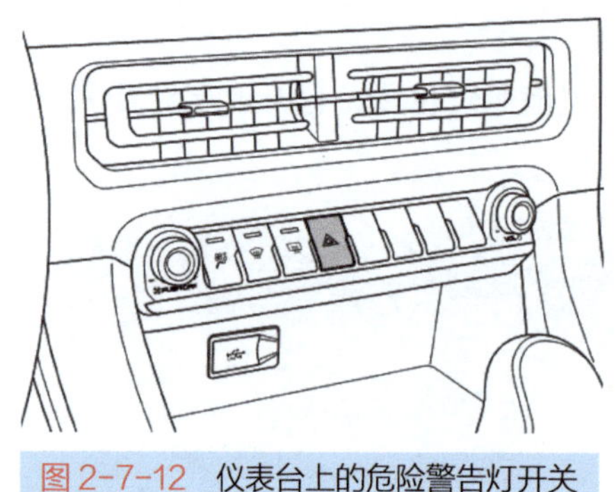

图2–7–12 仪表台上的危险警告灯开关

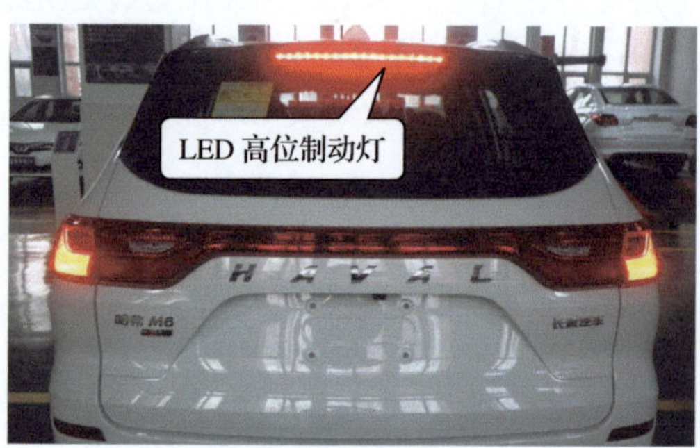

图2–7–13 制动灯工作状况检查

8. 倒车灯检查

发动机处于运行状况，踩下制动踏板并挂入倒档，检查后部倒车灯工作状况，如图2–7–14所示，倒车灯颜色为白色。

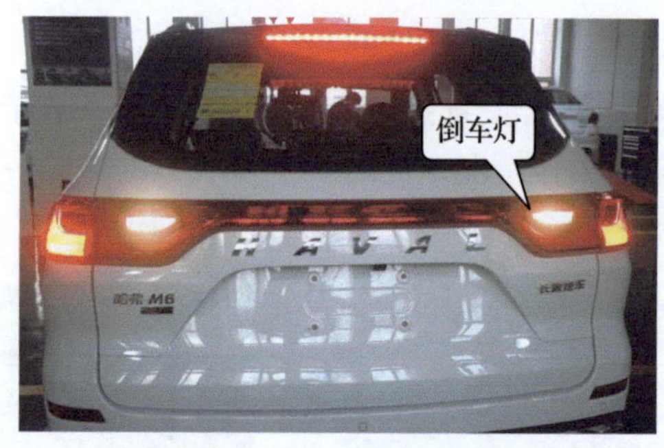

图2–7–14 倒车灯工作状况检查

（二）车辆外部灯光相关知识点

1）随着汽车技术的发展，现代汽车多使用LED组合灯，使得灯光照明系统节能、美观，使用寿命更长，如图2–7–15所示。

2）制动灯和尾灯共用一个双丝灯泡，如图2–7–16所示，尾灯灯丝的功率为5W，制动灯的灯丝功率为21W，因此在检查制动灯时，应以尾灯点亮为基础，确认制动灯工作状况。

图2-7-15 现代汽车使用的LED组合灯

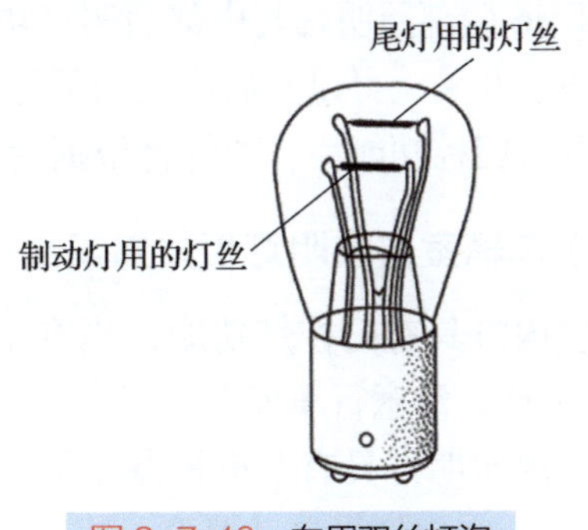

图2-7-16 车用双丝灯泡

二、车辆室内照明灯检查

（一）车辆室内照明检查操作

车辆室内照明灯主要包括阅读灯、中部照明灯和后部照明灯（含行李舱照明灯）等几种类型。

1. 阅读灯

哈弗M6前部阅读灯如图2-7-17所示。

1）按压阅读灯开关，可以开启或关闭相应的阅读灯。

2）按压阅读灯总开关，可以开启或关闭所有阅读灯。

3）按压门控开关，可以开启或关闭门控功能，开启门控功能后，阅读灯将根据车门状态自动开启或关闭。

2. 中部照明灯

哈弗M6中部照明灯如图2-7-18所示。

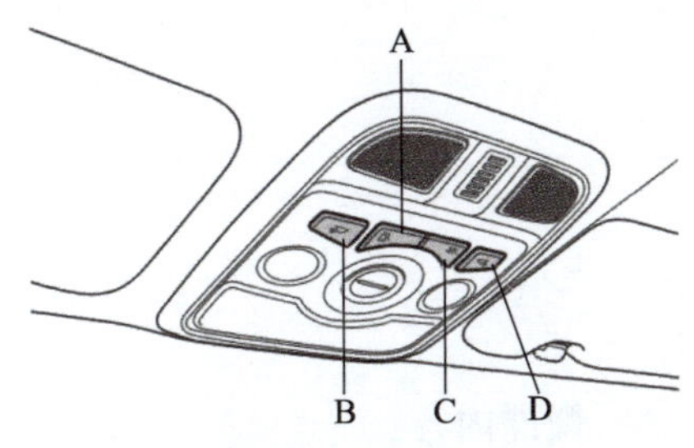

图2-7-17 哈弗M6前部阅读灯检查

A—门控灯开关 B—左侧阅读灯开关
C—阅读灯总开关 D—右侧阅读灯开关

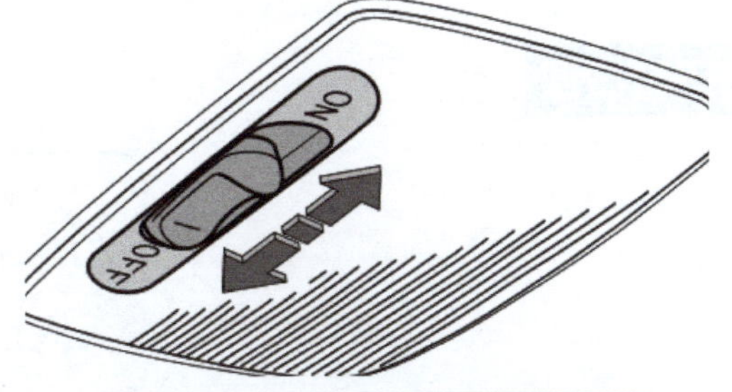

图2-7-18 哈弗M6中部照明灯检查

ON—顶灯开启位置 OFF—顶灯关闭位置
中间位置—门控功能开启

1）拨动开关，可以开启或关闭顶灯及门控功能。

2）开启门控功能后，顶灯将根据车门状态自动开启或关闭。

3. 后部照明灯

哈弗 M6 后部照明灯与中部照明灯功能相同，操作方法如下：

1）拨动开关，可以开启或关闭顶灯及门控功能。

2）开启门控功能后，顶灯将根据后背门状态自动开启或关闭。

（二）车辆室内照明灯相关知识点

1）室内灯具有门控灯功能，当有车门没有关严时，室内灯会自动点亮，提醒驾驶员有车门没有关严，注意行车安全。

2）室内照明灯具有节电控制功能，当室内灯开启后，在 15min 内没有任何操作开关或车门的动作，室内灯将自动熄灭。

学生训练

（一）车辆外部灯光检查操作

训练时间：10min。

训练过程：日间行车灯、示廓灯、前照灯、雾灯检查，转向信号灯检查，危险警告灯检查，制动灯和倒车灯检查。

（二）车辆室内照明灯检查操作

训练时间：10min。

训练过程：包括阅读灯检查、中部照明灯检查和后部照明灯（含行李舱照明灯）检查。

安全管理、场地恢复及授课总结（包含 5S 项目）

1）实习设备断电、清理，工具、量具清理归位。

2）车辆清洁后恢复正常工作状况。

3）指导教师总结实训课题，布置课后实训报告。

扫码看微课

微课内容：

1. 车辆外部灯光检查
2. 车辆室内照明灯检查

作业任务 8 方向盘及喇叭检查

项目目标

1）掌握方向盘自由行程和松弛状况的检查。

2）掌握喇叭使用性能的检查。

训练前准备

1）常规准备工作（卫生清扫、场地安全确认、学生考勤等）。

2）车辆防护作业准备，包括翼子板布和前格栅布组件、室内防护三件套等。

3）长城哈弗 M6 PLUS 2021 款 1.5T 7DCT 尊贵智联版 SUV 车一辆。

4）通用别克威朗（2017 款 15S 自动进取型）轿车一辆。

教师示范讲解

一、方向盘自由行程和使用状况检查

（一）方向盘自由行程和使用状况检查操作

1. 方向盘自由行程检查

起动发动机，保持两前轮处于直行位置，用手轻轻晃动方向盘，当转向轮即将转动时停止晃动，用直尺测量出方向盘的移动量，即为方向盘的自由行程，如图 2–8–1 所示。

2. 方向盘松弛状况检查

1）松开转向柱上的方向盘位置调节锁止把手，在上下和倾斜方向调整其位置后锁住方向盘，检查方向盘在上下方向和倾斜方向有无松动和摆动现象，如图 2–8–2 所示。

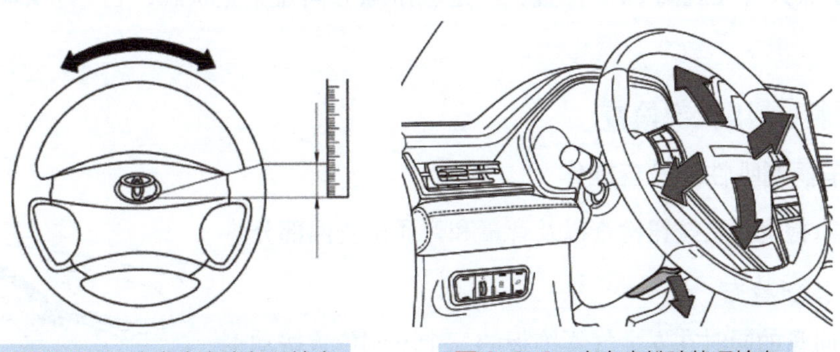

图 2–8–1 方向盘自由行程检查　　图 2–8–2 方向盘松弛状况检查

2）检查完毕后，方向盘恢复至检查作业前位置，锁紧方向盘转向柱把手。

注释： 在方向盘和转向柱检查过程中，松开方向盘的转向柱锁止把手，上下、倾斜方向拉动方向盘位置时，动作力度不要过大，避免损伤方向盘上安装的电子装置。

3. 转向柱防盗功能检查

以通用别克威朗（2017 款 15S 自动进取型）轿车为例，说明其检查过程。

1）将点火开关置于 OFF 位置，取下点火钥匙，转动方向盘使转向柱锁止，如图 2–8–3 所示。

2）用左手逆时针拉动方向盘，将点火开关置于 ACC 位置，沿顺时针和逆时针两个方向反复转动方向盘，确认方向盘不会被锁止，如图 2–8–4 所示。

图 2-8-3　方向盘锁止状况检查

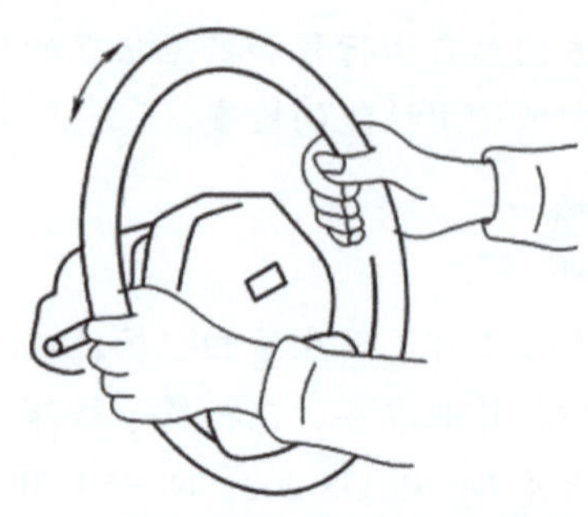

图 2-8-4　方向柱解锁状态检查

（二）方向盘相关知识点

1. 影响方向盘自由行程的因素

1）方向盘自由行程是由转向机主从动齿轮的啮合间隙、转向传动机构球头间隙、转向主销与衬套配合间隙、轮毂轴承间隙等几方面因素决定的，一般为 1~15mm。

2）方向盘自由行程过小，会引起车辆行驶时转向沉重，方向控制困难。

3）方向盘自由行程过大，会引起汽车行驶时方向控制不灵活，转向系统摆动量过大。

2. 转向柱防盗功能

1）点火开关置于 OFF 位置时，方向盘能自动锁死，此时车轮相对直行位置略倾斜，推动车辆时不会直线行驶，为汽车防盗措施之一。

2）只要点火开关脱离 OFF 位置，一定会解除方向盘锁止状态，否则会影响到车辆行驶的安全性。

二、车辆喇叭使用状况检查

（一）车辆喇叭性能检查操作

汽车喇叭检查包括按钮检查以及音量和音质检查两部分。

1. 喇叭按钮检查

转动方向盘的同时在安全气囊饰板的三个不同位置按动喇叭按钮，喇叭都能正常响起，如图 2–8–5 所示。

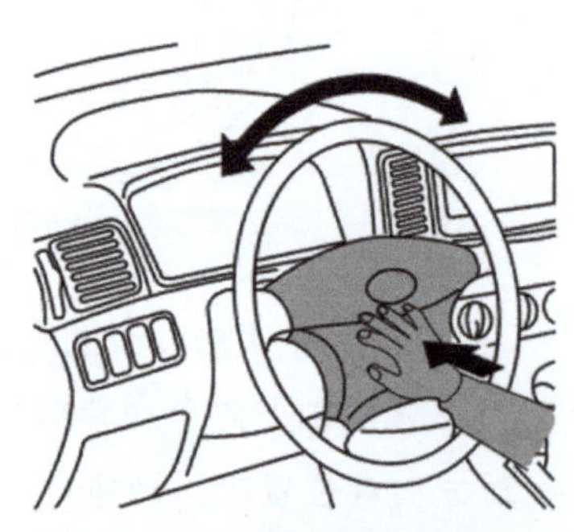

图 2-8-5　喇叭按钮检查

2. 喇叭音量、音质检查

在按动喇叭按钮，仔细聆听低音喇叭和高音喇叭均能正常工作，且音量大小始终、音调柔和悦耳。

（二）车辆喇叭相关知识点

1）车辆喇叭是防盗系统组成的一部分，当车辆防盗报警时，喇叭会同危险警告灯一起工作，发出声音报警信号。

2）有的车型在遥控开锁或落锁时有短促的喇叭响声，是门锁功能的一部分。

学生训练

（一）方向盘自由行程和使用状况检查操作

训练时间：10min。

训练过程：方向盘自由行程检查，方向盘松弛状况检查，转向柱防盗功能检查。

（二）车辆喇叭使用状况检查操作

训练时间：5min。

训练过程：喇叭按钮检查，喇叭音量、音质检查。

安全管理、场地恢复及授课总结（包含5S项目）

1）实习设备断电、清理，工具、量具清理归位。

2）车辆清洁后恢复正常工作状况。

3）指导教师总结实训课题，布置课后实训报告。

扫码看微课

微课内容：

1. 方向盘自由行程和使用状况检查
2. 车辆喇叭使用状况检查

作业任务9 洗涤器和刮水器检查

项目目标

1）掌握前洗涤器和刮水器检查的操作。

2）掌握后洗涤器和刮水器检查的操作。

3）掌握后窗玻璃除霜性能检查的操作。

训练前准备

1）常规准备工作（卫生清扫、场地安全确认、学生考勤等）。

2）车辆防护作业准备，包括翼子板布和前格栅布组件、室内防护三件套等。

3）长城哈弗 M6 PLUS 2021 款 1.5T 7DCT 尊贵智联版 SUV 车一辆。

教师示范讲解

一、前洗涤器和刮水器检查

（一）前洗涤器和刮水器检查操作

1. 前洗涤器检查

1）打开洗涤液储液罐盖，用手电筒辅助照明观察液面，必要时添加洗涤液，如图 2–9–1 所示。

2）将发动机舱盖完全扣合，起动发动机。

注释： 若发动机舱盖没有完全扣合，会影响到洗涤液的喷射位置，使得喷射位置比实际偏低；若发动机没有运行，蓄电池电压达不到足以使洗涤器电动机正常工作的电压，洗涤液喷射压力不足，不能确保正确的喷射位置。

3）前洗涤器和刮水器开关操作，如图 2–9–2 所示。

图 2–9–1　洗涤液液面检查

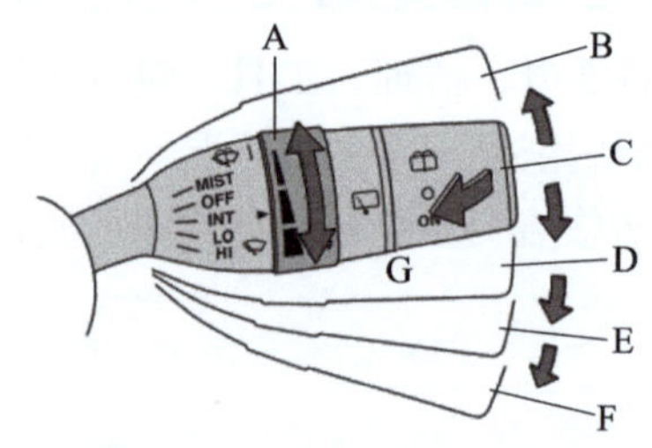

图 2–9–2　前洗涤器和刮水器开关操作

A—间歇时间调节旋钮　B—前刮水器点动操作（MIST）
C—前刮水器关闭（OFF）　D—间歇操作（INT）
E—低速刮刷（LO）　F—高速刮刷（HI）
G—前风窗玻璃洗涤位置

4）洗涤功能联动状况检查。在洗涤液喷射的同时，前刮水片应随之动作，连续刮拭 3 次以上，最后回位至原始位置。

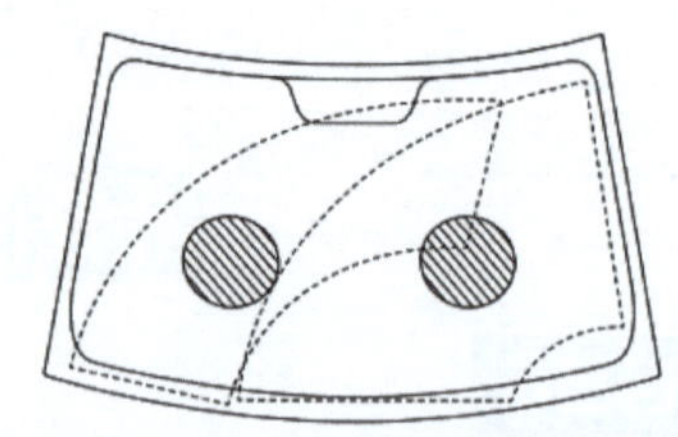

图 2–9–3　前洗涤液正确的喷射位置

2. 洗涤液喷射位置调整

1）洗涤液喷射位置应该在前风窗玻璃刮水器片刮拭位置的中部，如图 2–9–3 所示。

2）若洗涤液喷射位置不当，可使用端部圆滑的铁销调整洗涤器喷嘴的方向，如图 2–9–4 所示。

注释： 有些轿车洗涤器喷嘴安装在发动机舱盖后端较为隐蔽位置，喷射角度为不可调整式。

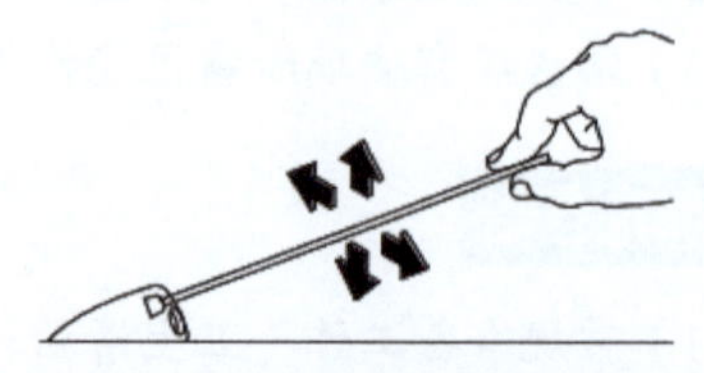

图 2–9–4　洗涤液喷射位置的调整

3. 刮水器工作状况检查

刮水器各档位工作状况检查应该在洗涤器工作后进行，否则会刮伤前风窗玻璃，并损坏刮水器片。

（1）刮水器开关各档位工作状况检查

1）点动操作（MIST）。拨动刮水器控制组合开关至 MIST 位置，松开后自动回位，前刮水器工作 1 次后回到初始位置。

2）间歇操作（INT）。置于该位置时，通过调节旋钮可以改变间歇停顿时间，从而改变刮拭频率。

3）低速刮刷（LO）。刮水器低速连续运行。

4）高速刮刷（HI）。刮水器高速连续运行。

5）自动回位检查。刮水器开关置于 OFF 位置后，刮水器片回到初始位置后停止工作，避免影响驾驶员视线。

（2）刮拭状况检查

刮水器工作过程中，不能出现条纹状刮拭痕迹，如图 2-9-5 所示，若刮拭不良，应及时更换新的刮水器片。

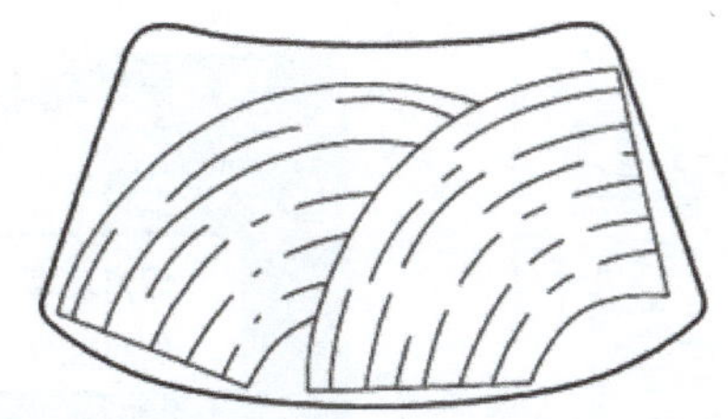

图 2-9-5　刮拭不良出现的条纹状刮拭痕迹

（二）前洗涤器和刮水器相关知识点

1）如果风窗玻璃表面较脏或粘有异物（积雪、树胶等），需先进行清洁并去除异物，否则可能会损坏刮水片或刮水器电动机总成。

2）在寒冷的季节，应添加低冰点的洗涤液，确保洗涤液不结冰，否则不但会失去洗涤功能，还会冻坏相关部件。

3）在寒冷季节使用刮水器前，务必检查刮水片是否被冻结在风窗玻璃上，若刮水片已被冻结在风窗玻璃上，应解冻后使用刮水装置，否则会损坏刮水片或刮水器电动机总成。

二、后洗涤器和刮水器检查

（一）后洗涤器和刮水器检查操作

1）长城哈弗 M6 后窗刮水器操作开关，如图 2-9-6 所示。

2）将后刮水器旋钮向前转动并保持住，后洗涤器喷射洗涤液的同时刮水器动作，松开后刮水器旋钮将自动回位，刮水器仍继续工作。

3）将后刮水器旋钮向后转动并保持住，可向后风窗玻璃喷射洗涤液，松开后旋钮将自动回位，洗涤器停止工作。

4）停止工作后，后刮水器片回位到最下端初始位置后停止工作。

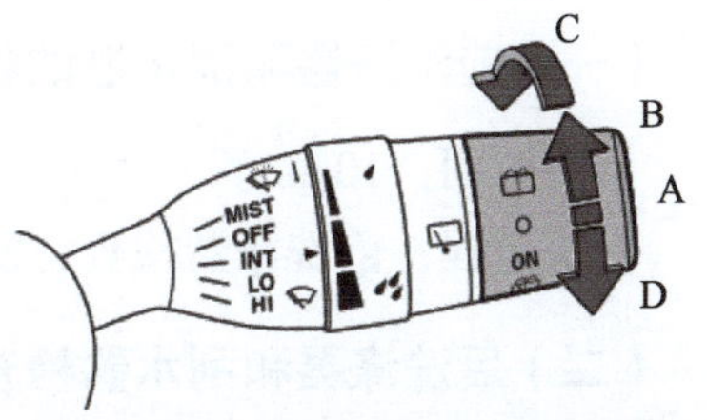

图 2-9-6　后窗刮水器开关的操作

A—后窗刮水器开关关闭

B—后窗刮水器开关开启

C—后窗刮水器运行

D—后窗刮水器洗涤

（二）后洗涤器和刮水器相关知识点

1）后刮水器洗涤器和前刮水器洗涤器共用一个洗涤电动机，前后洗涤是通过洗涤电动机带动洗涤水泵正转或反转工作实现的，如图 2-9-7 所示。

2）后刮水器在后背门开启状态下，会停止工作。

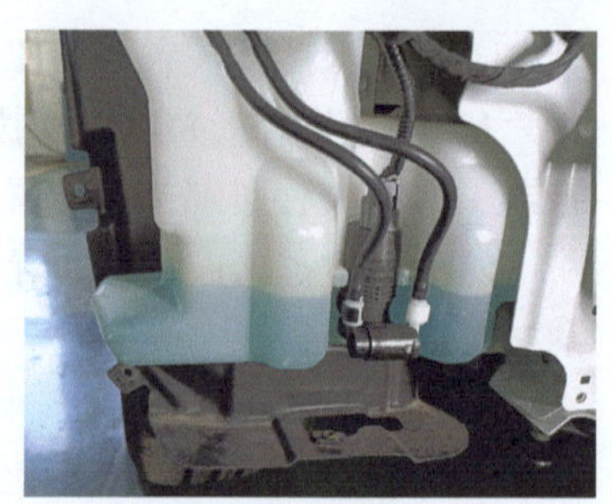

图 2-9-7　前后洗涤器共用的电动机和洗涤水泵

三、后窗除霜性能检查

（一）后窗玻璃除霜性能检查操作

1）起动发动机，按下中央控制台上的后窗玻璃除霜开关，开关上的指示灯将亮起，后窗玻璃除霜功能开启，如图 2-9-8 所示。

2）保持发动机运行状态，除霜功能工作 2~3min 后，用手感觉后窗玻璃，应有温热感，如图 2-9-9 所示。

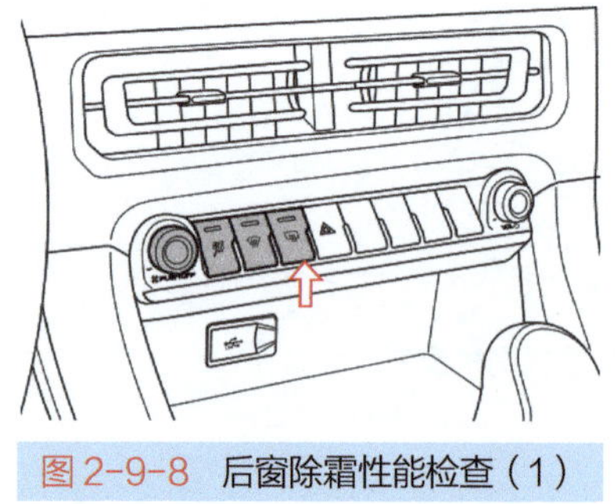

图 2-9-8　后窗除霜性能检查（1）

图 2-9-9　后窗除霜性能检查（2）

（二）后窗除霜性能相关知识点

1）后除霜功能开启一段时间（约 15min）后，将自动关闭除霜功能，相应指示灯也随之熄灭。

2）在以下充电系统负荷较大的情况下，后窗除霜功能会自动关闭：

①发动机未运行。

②发动机虽然运行，但发电机充电电压低于 13V 时。

学生训练

（一）前洗涤器和刮水器的检查操作

训练时间：10min。

训练过程：前洗涤器检查，洗涤液喷射位置调整，刮水器工作状况检查。

（二）后洗涤器和刮水器检查操作

训练时间：10min。

训练过程：后洗涤器检查，刮水器工作状况检查。

（三）后窗玻璃除霜性能检查操作

训练时间：10min。

训练过程：后窗除霜功能检查，后窗玻璃除霜的工作条件。

安全管理、场地恢复及授课总结（包含 5S 项目）

1）实习设备断电、清理，工具、量具清理归位。

2）车辆清洁后恢复正常工作状况。

3）指导教师总结实训课题，布置课后实训报告。

扫码看微课

微课内容：

1. 前洗涤器和刮雨器检查
2. 后洗涤器和刮雨器检查
3. 刮雨器片更换
4. 后窗玻璃除霜性能检查

作业任务 10 车门、车窗及天窗检查

项目目标

1）掌握车门使用状况检查的操作。

2）掌握车窗使用性能检查的操作。

3）掌握天窗使用性能检查的操作

训练前准备

1）常规准备工作（卫生清扫、场地安全确认、学生考勤等）。

2）车辆防护作业准备，包括翼子板布和前格栅布组件、室内防护三件套等。

3）长城哈弗 M6 PLUS 2021 款 1.5T 7DCT 尊贵智联版 SUV 车一辆。

教师示范讲解

一、车门使用状况检查

（一）车门使用状况检查操作

1. 车门未关紧指示灯检查

打开车门时，仪表盘中央信息屏上的车门未关紧指示灯将点亮，如图 2-10-1 所示，同时室内顶灯（门控灯位置）随之点亮。

2. 车门下坠状况检查

向上搬动车门，检查车门是否出现下坠，如图 2-10-2 所示。

图 2-10-1　仪表盘上车门未关紧指示

图 2-10-2　车门下坠情况检查

3. 检查车门铰链连接处是否有松动

如图 2-10-3 所示，打开车门检查车门铰链，必要时对铰链固定螺栓进行紧固。

4. 车门限位状况检查

将车门向外敞开至最大位置，检查车门限位拉杆固定装置，并在拉杆上涂抹专用油脂（凡士林），如图 2-10-4 所示。

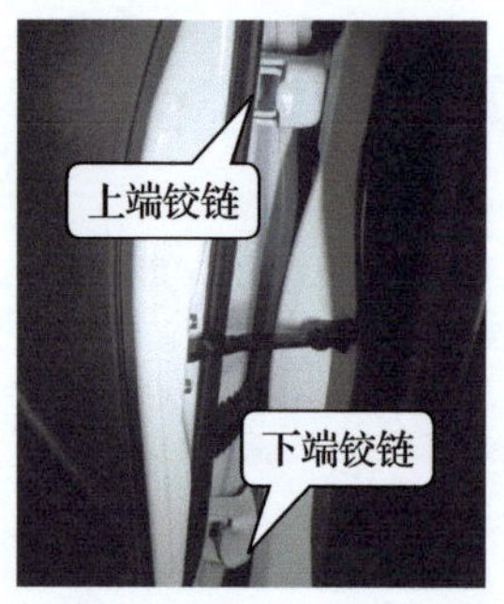

图 2-10-3　车门铰链连接状况检查

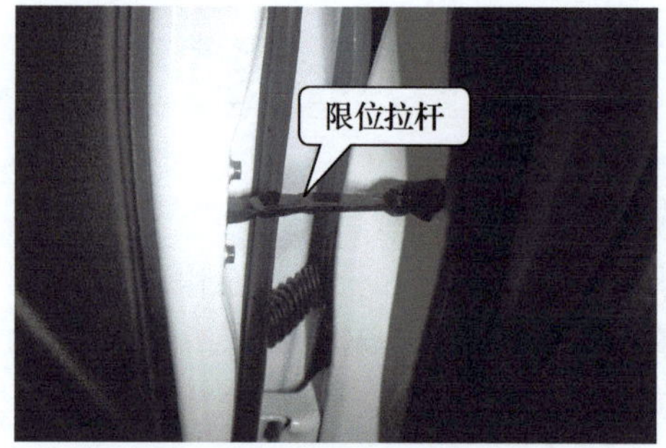

图 2-10-4　车门限位状况检查

5. 车辆后视镜检查调整

车辆后视镜检查调整包括车外后视镜和车内后视镜检查调整两部分。

1）车外后视镜检查调整。按动两侧车门位置的后视镜调节按钮，可对左右两侧车门上的后视镜在上下、左右位置进行调整，如图 2-10-5 所示。

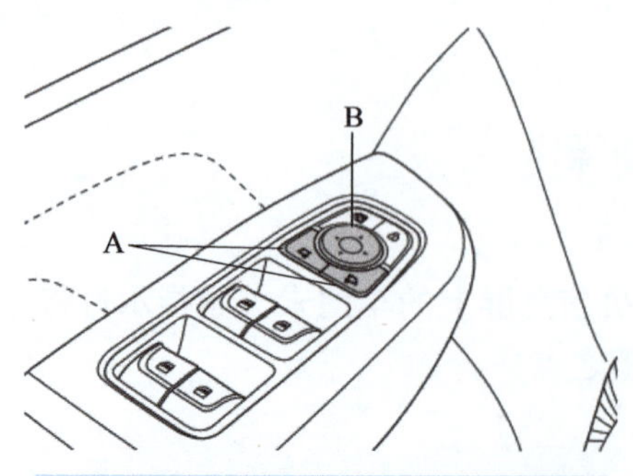

图 2-10-5　车外后视镜位置检查调整

A—外后视镜调整选择按钮　B—镜面调节按钮

2）车内后视镜调整。若驾驶员感觉后方车辆照射眩目时，可通过调节按钮实现防眩目调整，如图 2–10–6 所示。

6. 后车门儿童锁检查

1）后车门安装有儿童锁，可防止儿童从车内意外打开车门。施加儿童锁后，车门内把手不能打开车门，车门外把手能够打开车门，如图 2–10–7 所示。

2）解除车门儿童锁后，车门内把手和外把手均能打开车门。

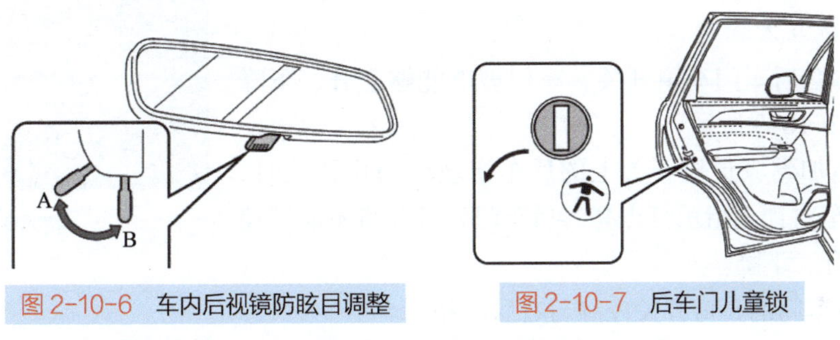

图 2-10-6 车内后视镜防眩目调整

A—正常位置 B—防眩目位置

图 2-10-7 后车门儿童锁

（二）车门使用的相关知识点

1）当车辆发生碰撞、安全气囊引爆后，安全气囊模块第一时间发出信号，使得所有车门解锁，以便从车外能够打开车门进行救援。

2）每一个车门上均安装有防撞横梁，确保发生侧面碰撞时最大限度地保护驾乘人员。

二、车窗使用性能检查

（一）车窗使用性能的检查操作

驾驶员侧车窗玻璃开关可对车上所有的车窗玻璃进行控制，长城哈弗 M6 的驾驶员侧车窗玻璃控制组合开关如图 2–10–8 所示。

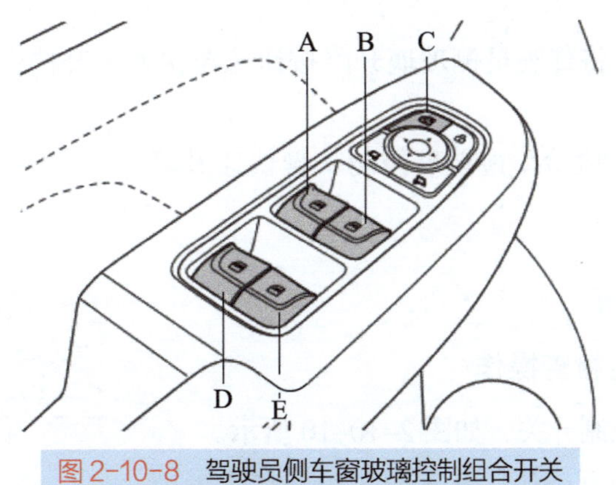

图 2-10-8 驾驶员侧车窗玻璃控制组合开关

A—驾驶员侧开关 B—前排乘客侧开关 C—后车窗锁止开关
D—左后门侧开关 E—右后门侧开关

1. 驾驶员侧车窗开关检查

1）检查驾驶员侧车窗玻璃是否正常升降，该车窗玻璃具有一键快速上升和下降功能。

2）检查前排乘客侧车窗玻璃是否能正常上升、下降控制。

3）检查左后、右后侧车窗玻璃是否能正常上升、下降控制。

2. 前排乘客侧车窗开关检查

操作车窗开关时，车窗玻璃能够上升、下降控制。

3. 后车窗开关控制

1）操作右后车门车窗开关，车门玻璃能够上升、下降控制，如图 2–10–9 所示。

图 2–10–9　右后车门玻璃升降控制

2）当施加驾驶员侧开关上的后车窗玻璃锁止开关时，开关上的后车窗锁止指示灯点亮，后车门处开关将不能够控制玻璃的上升、下降。

3）左后车门的车窗开关控制与右后门相同。

注释：检查车门玻璃升降控制时，由于玻璃升降电动机耗电量较大，建议在发动机运行状况下进行检查。

（二）车窗使用的相关知识点

1. 车门玻璃升降控制的配置

1）一般情况下，驾驶员侧车门玻璃具有一键快速升降功能，方便驾驶员操作。

2）其他车门配置有所不同，有的车型无快速升降功能；有的车型只有快速下降功能（无快速上升功能）；最高配置车型为全车门窗具有一键快速升降功能。

3）带一键快速上升功能的车窗玻璃通常具有防夹功能。

2. 一键开关初始化操作

在断开蓄电池负极等操作时，一键快速上升和下降功能会紊乱或消失，需进行初始化操作。

1）打开点火开关，将驾驶员侧玻璃升降按钮拉至快速上升档位，使玻璃升到最上端位置，并保持 3s 左右即可。

2）再次操作开关，检验车窗玻璃控制一键快速升降功能是否恢复。

三、天窗使用性能检查

（一）天窗使用性能检查操作

长城哈弗 M6 天窗控制开关，如图 2–10–10 所示。

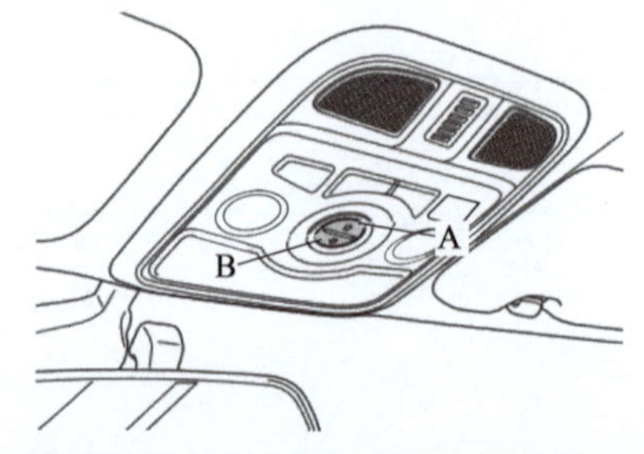

图 2–10–10　长城哈弗 M6 天窗开关

A—天窗前后滑动开关　B—天窗倾斜开关

1）天窗前后滑动检查。按压开关时，可实现天窗玻璃前后滑动控制，如图 2–10–11 所示。

2）天窗倾斜状况检查。按压开关时，可实现天窗玻璃倾斜控制，如图 2–10–12 所示。

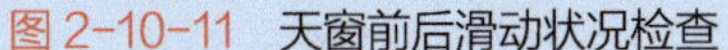
图 2-10-11　天窗前后滑动状况检查

图 2-10-12　天窗倾斜状况检查

（二）天窗使用的相关知识点

1）有些车型天窗可用遥控钥匙控制，当驾驶员忘记关闭天窗时，可通过遥控钥匙实现天窗的关闭操控。

2）定期打开天窗，清除灰尘和杂质，并用干净抹布和水擦拭天窗密封条表面，并对机械部件进行涂油保养。

3）在寒冷结冰环境下，请勿强行打开天窗，以免损坏天窗电动机和天窗密封条。必须等车内温度升至天窗密封条和车顶开口解冻后，方可打开天窗。

学生训练

（一）车门使用状况检查操作

训练时间：10min。

训练过程：车门未关紧指示灯检查，车门下坠状况检查，车门铰链和限位检查，后车门儿童锁检查。

（二）车窗使用性能检查操作

训练时间：10min。

训练过程：驾驶员侧玻璃升降开关总成检查，各车门的玻璃升降开关检查，后部车窗锁止开关检查。

（三）天窗使用性能检查操作

训练时间：10min。

训练过程：天窗前后滑动检查，天窗倾斜状况检查。

安全管理、场地恢复及授课总结（包含 5S 项目）

1）实习设备断电、清理，工具、量具清理归位。

2）车辆清洁后恢复正常工作状况。

3）指导教师总结实训课题，布置课后实训报告。

扫码看微课

微课内容：
1. 车门使用状况检查
2. 车窗玻璃使用性能检查
3. 天窗使用性能检查

作业任务 11 燃油供给系统检查

项目目标

1）掌握油箱盖使用状况检查操作。

2）掌握燃油管路和燃油滤清器安装情况的检查操作。

训练前准备

1）常规准备工作（卫生清扫、场地安全确认、学生考勤等）。

2）车辆防护作业准备，包括翼子板布和前格栅布组件、室内防护三件套等。

3）长城哈弗 M6 PLUS 2021 款 1.5T 7DCT 尊贵智联版 SUV 车一辆。

教师示范讲解

一、油箱盖使用状况检查

（一）油箱盖使用状况检查操作

1. 油箱盖板检查

1）按压油箱盖板靠近车辆尾部的一端，油箱盖板会轻轻弹开，上下晃动油箱盖板，检查油箱盖板是否出现连接松动，如图 2-11-1 所示。

2）将油箱盖板扣合后，油箱盖板四周与车身处缝隙应均匀，如图 2-11-2 所示。

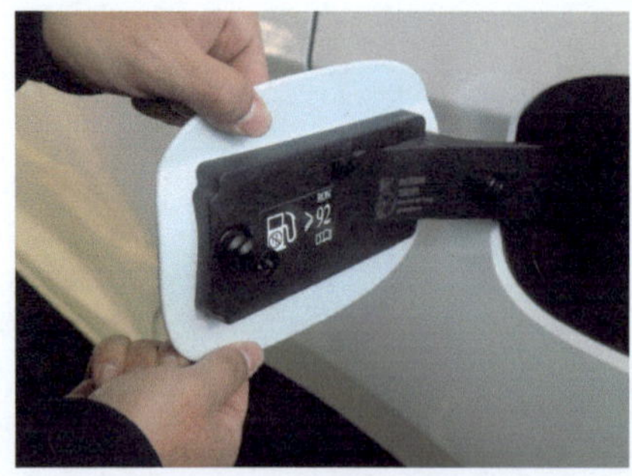

图 2-11-1　油箱盖板检查

图 2-11-2　油箱盖板扣合状况检查

2. 油箱盖使用状况检查

1）逆时针转动油箱盖将其取下，检查油箱盖上的真空阀是否有锈蚀或堵塞，油箱盖上的橡胶密封圈是否良好，如图 2–11–3 所示。

2）将油箱盖顺时针转动装回，直至听到“咔嗒”声时，表明油箱盖已安装到位，限力装置工作正常，如图 2–11–4 所示。

图 2-11-3 油箱盖上密封圈检查

图 2-11-4 油箱盖旋紧限力装置检查

（二）燃油使用的相关知识点

1）在油箱盖上装有限压阀和真空阀，维持了油箱内外压力平衡，确保了供油系统正常工作。

2）燃油不要加注得太满，到第一次“跳枪”为止；超量后燃油极易进入炭罐，从而降低炭罐的使用寿命。

3）加油时发动机必须熄火，并且禁止接打电话。

二、燃油管路和燃油滤清器安装情况检查

（一）燃油管路和燃油滤清器安装情况检查操作

1. 燃油管路安装情况检查

1）燃油箱管路固定情况检查。燃油管路应牢固安装在车辆底部，且燃油管路上无压痕等损伤，如图 2–11–5 所示。

2）燃油管路接头检查。燃油管路与燃油滤清器接头处连接锁扣牢固、无燃油渗漏，燃油管路与发动机供油轨接头等位置不存在燃油渗漏，如图 2–11–6 所示。

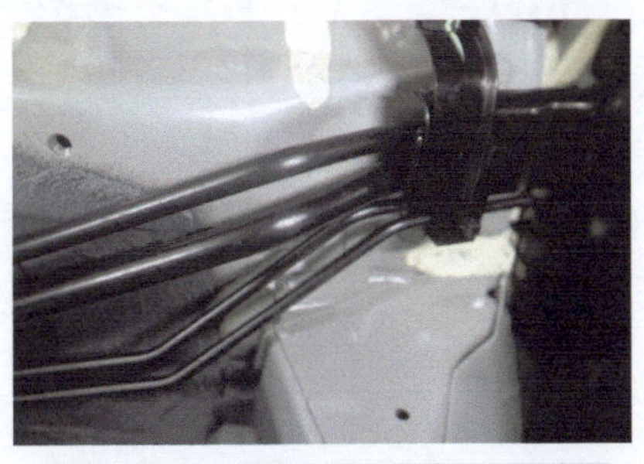

图 2-11-5 燃油管路安装情况检查

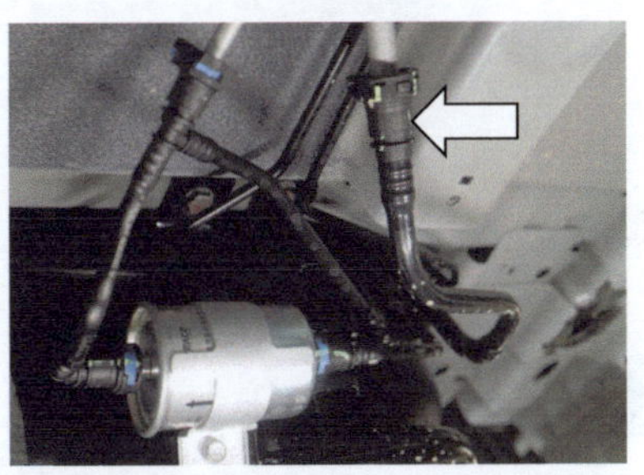

图 2-11-6 燃油管路接头渗漏情况检查

3）检查燃油箱与加油口连接软管和换气管间的连接情况，如图 2–11–7 所示。

2. 燃油滤清器检查

1）检查燃油滤清器两端与燃油管的连接状况，如图 2–11–8 所示。

图 2–11–7　燃油箱与加油口连接情况检查

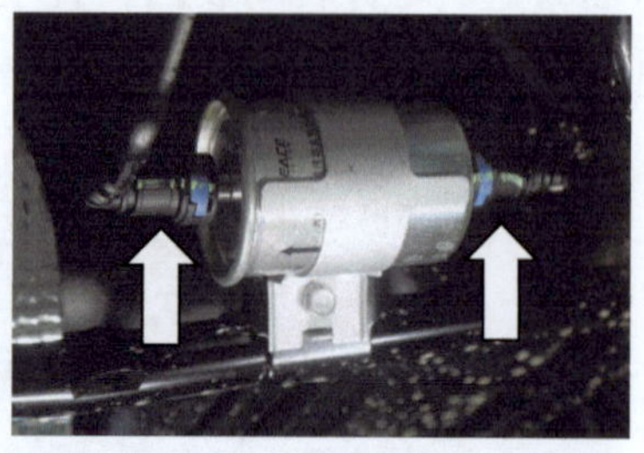

图 2–11–8　燃油滤清器连接检查

2）在更换燃油滤清器时，一定要注意滤清器的安装方向，如图 2–11–9 所示。

图 2–11–9　燃油滤清器安装方向

（二）燃油滤清器的相关知识点

1）现代汽车燃油滤清器多安装在油箱内部，与燃油泵和油量传感器组合成一个总成件，如图 2–11–10 所示，燃油滤清器随同燃油泵总成一起更换。

注释： 安装在外部的燃油滤清器一般 100000km 左右更换一次；安装在油箱内部与燃油泵组合成一体的燃油滤清器，在确保燃油质量的前提下，可长时间使用，无需更换。

2）为确保车辆能够顺利起动，在发动机停止运行后，燃油系统需长期保持 400kPa 左右的压力，要求供油系统保持良好的密封状态。

3）在断开燃油管路前，须对燃油系统进行卸压操作，才能将油管接头卡箍拔出，否则会引起燃油的泄漏，如图 2–11–11 所示。

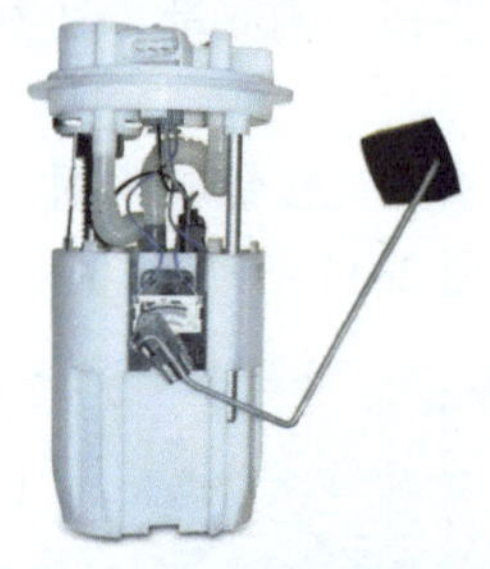

图 2–11–10　带燃油滤清器的燃油泵总成

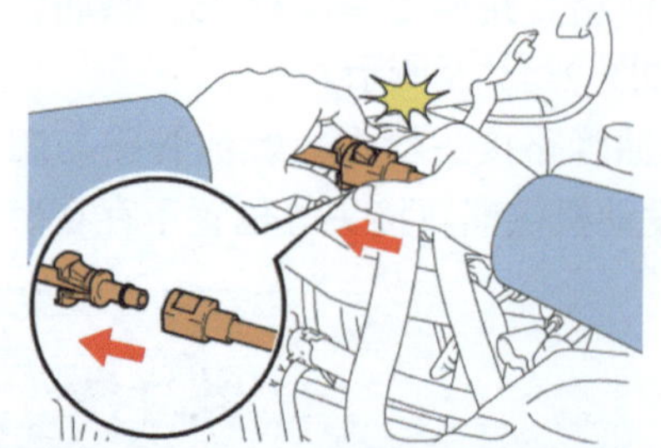

图 2–11–11　燃油系统卸压后断开操作

学生训练

（一）油箱盖使用状况检查操作

训练时间：10min。

训练过程：油箱盖板检查，油箱盖使用状况检查。

（二）燃油管路和燃油滤清器安装情况检查操作

训练时间：10min。

训练过程：燃油管路安装情况检查，燃油滤清器检查。

安全管理、场地恢复及授课总结（包含 5S 项目）

1）实习设备断电、清理，工具、量具清理归位。

2）车辆清洁后恢复正常工作状况。

3）指导教师总结实训课题，布置课后实训报告。

扫码看微课

燃油供给系统检查

微课内容：

1. 油箱盖使用状况检查

2. 燃油管路和燃油滤清器安装情况检查

作业任务 12 轮胎（含备胎）检查

项目目标

1）掌握轮胎使用状况检查的操作。

2）掌握备胎使用状况检查的操作。

训练前准备

1）常规准备工作（卫生清扫、场地安全确认、学生考勤等）。

2）车辆防护作业准备，包括翼子板布和前格栅布组件、室内防护三件套等。

3）长城哈弗 M6 PLUS 2021 款 1.5T 7DCT 尊贵智联版 SUV 车一辆。

教师示范讲解

一、轮胎使用状况检查

汽车是通过轮胎支撑在路面上的，轮胎的使用状况直接关系到汽车行驶的安全性，因此汽车轮胎定期检查非常必要。

（一）轮胎使用状况检查操作

1. 轮胎外观检查

1）轮胎胎面检查。用手电筒辅助照明，检查轮胎胎面是否有老化、异常磨损，花纹处

是否有异物嵌入，胎面是否有扎钉等损伤，如图 2-12-1 所示。

2）轮胎侧面检查。仔细观察轮胎侧面是否有老化、刮伤、鼓包等损伤，如图 2-12-2 所示。

图 2-12-1　轮胎胎面使用状况检查

图 2-12-2　轮胎侧面使用状况检查

2. 轮胎气压测量

1）写有轮胎气压推荐标准的标签一般在车辆驾驶员侧 B 柱处，如图 2-12-3 所示。

2）使用轮胎气压表前，应校验气压表，并确定轮胎气压表的单位，如图 2-12-4 所示。

3）拧下轮胎气门嘴防尘帽，用气压表测量轮胎气压，测量值应该接近推荐标准，如相差较大应调整气压至标准值，如图 2-12-5 所示。

图 2-12-3　轮胎气压推荐标准

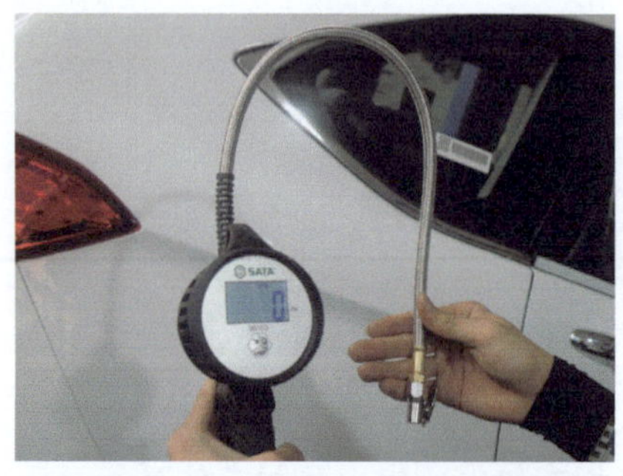

图 2-12-4　轮胎气压表使用前的校验

图 2-12-5　轮胎气压的测量

4）测量完成后，拧好气门嘴防尘帽。

注释：

1）一般情况下轮胎气压测量应在轮胎冷态时进行，即停车 3h 以上或行驶距离不超过 1.5km，此时测量才会得到比较准确的压力数据。如果在轮胎处于热态时（行驶数公里后）检查胎压，压力读数将比冷态时高出 30~40kPa。

2）即使状态良好的轮胎，胎压也可能每个月降低 10~20kPa，至少一个月左右定期检查一次轮胎气压。

3）当出现某个轮胎气压偏低时，一定要找出引起轮胎气压偏低的原因，避免影响车辆的正常使用。

3. 轮胎沟槽深度测量

1）观察轮胎沟槽内部磨损量极限点，当胎面磨损至接近极限位置时，沟槽深度仅剩约 1.6mm 左右，此时应及时更换轮胎，否则会影响到行车安全性，如图 2–12–6 所示。

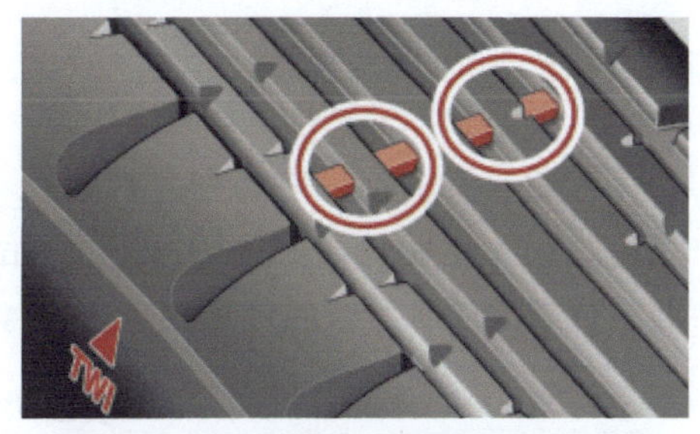

图 2–12–6 轮胎胎面磨损极限位置标记

2）使用轮胎沟槽深度尺前，应进行“0”点核准，并确定长度单位，如图 2–12–7 所示。

3）测量沟槽深度时应避开胎面磨损量极限点位置，在轮胎圆周间隔 120° 处选择三个测量位置，各测量胎面的里、中、外三个尺寸，最小值定为轮胎的沟槽深度，如图 2–12–8 所示。

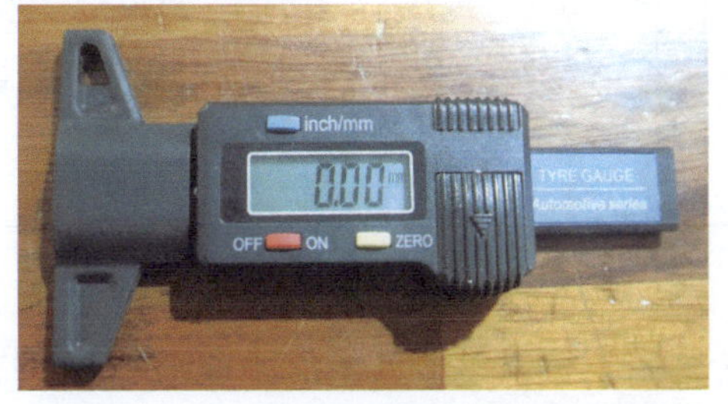

图 2–12–7 轮胎沟槽深度尺使用前的校验

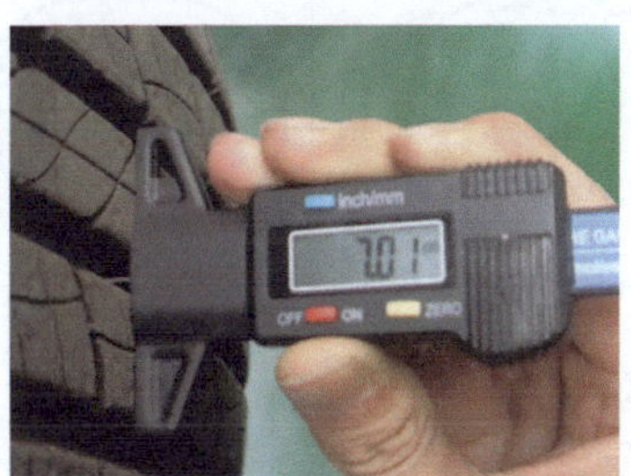

图 2–12–8 轮胎沟槽深度测量

（二）轮胎相关知识点

1. 轮胎的类型和型号

1）轮胎类型。目前轿车上面多采用低压子午线无内胎轮胎，使用低气压轮胎可吸收路面不平产生的振动，提高了驾乘人员的舒适性，一般低压轮胎气压在 150~300kPa 范围内。

2）轮胎型号。轮胎型号位于轮胎侧面位置，如图 2–12–9 所示。

图 2–12–9 轮胎型号

长城哈弗 M6 轮胎型号为 225/65R17 102H，其含义为：

①轮胎胎面宽度为 225mm。

②胎面高度为胎面宽度的 65%。

③ R 为子午线轮胎。

④负荷等级为 102。

⑤速度等级为 H（最高车速≤ 210km/h）。

2. 轮胎气压监控装置

1）现代汽车装有轮胎气压监控装置，能在仪表盘信息屏上显示四个车轮的胎压，如图 2–12–10 所示。

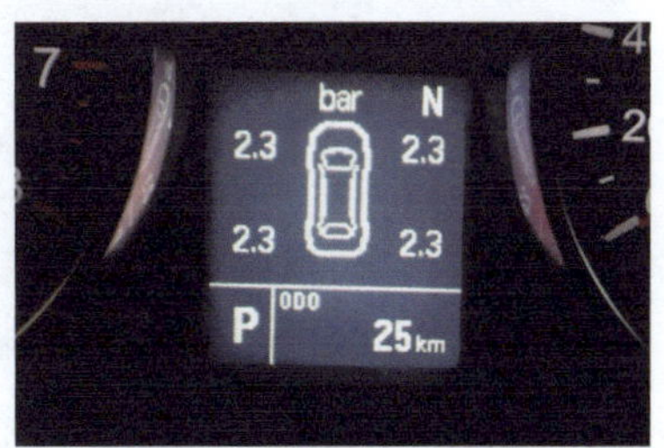

图 2–12–10 仪表盘信息屏上轮胎气压显示

2）当某一车轮胎压异常时，会及时报警提醒驾驶员注意对轮胎进行检修。

3）带轮胎监视装置的车轮，不能随意调换轮胎的位置，

若进行了轮胎换位作业，需进行轮胎位置初始化操作。

3. 轮胎的异常磨损

（1）轮胎异常磨损的表现

轮胎异常磨损主要有锯齿状磨损（前束调整不当）、单侧磨损（主销内倾角调整不当）、双肩磨损（轮胎长期低气压行驶）、胎冠磨损（轮胎长期高气压磨损）和根部磨损（轮毂变形、行驶摆动）等情况，见表2-12-1。

表2-12-1　轮胎胎面的异常磨损

磨损原因	前束调整不当	主销内倾角调整不当	轮胎长期低气压行驶	轮胎长期高气压磨损	轮毂变形、行驶摆动
胎面状况					

（2）轮胎的更换

1）为确保所有轮胎与地面的摩擦系数基本一致，更换轮胎时确保型号、材质和花纹方向一致。

2）同轴间轮胎须同时更换。

二、备胎使用状况检查

（一）备胎使用状况的检查操作

1. 备胎气压检查

用气压表检查备胎气压，一般非全尺寸备胎气压较高，为420kPa左右，如图2-12-11所示。

2. 备胎限速检查

为确保行车安全，车辆更换备胎后，最高行驶速度应不超过80km/h，备胎限速标志如图2-12-12所示。

图2-12-11　备胎气压值指示

图2-12-12　备胎上的限速标志

3. 胎面状况检查

备胎胎面要求无裂纹和鼓包等状况，轮胎钢圈内侧和外侧应无损伤及腐蚀，如图2-12-13

所示，确保发生故障时备胎可用。

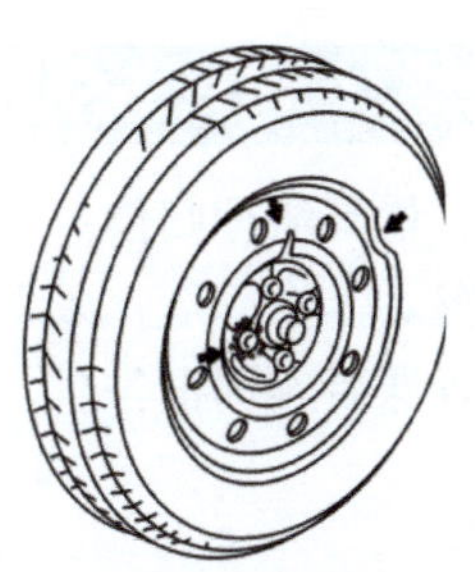

图 2-12-13 备胎钢圈损坏和腐蚀检查

（二）备胎使用的相关知识点

备用轮胎分为全尺寸备胎和非全尺寸备胎两种类型。

1. 全尺寸备胎

1）全尺寸备胎与正常行驶的轮胎型号相同，轮胎换位作业时可将备胎列入其中，如图 2-12-14 所示。

2）由于全尺寸备胎不经常使用，充气时胎压要高出标准值 20% 左右，并将备胎检查列入定期维护作业项目。

2. 非全尺寸备胎

1）非全尺寸备胎为专用小尺寸轮胎，如图 2-12-15 所示。

图 2-12-14 全尺寸备胎

图 2-12-15 非全尺寸备胎

2）由于备胎使用频率低、与地面摩擦系数小等原因，当换上备胎后，使得四条轮胎的摩擦系数会略有不同，因此行车时应谨慎驾驶，并尽快修复故障轮胎以替换备胎。

学生训练

（一）轮胎使用状况检查操作

训练时间：10min。

训练过程：轮胎外观检查，轮胎气压测量，轮胎沟槽深度测量。

（二）备胎使用状况检查操作

训练时间：10min。

训练过程：备胎气压检查，备胎限速检查，胎面状况检查。

安全管理、场地恢复及授课总结（包含5S项目）

1）实习设备断电、清理，工具、量具清理归位。

2）车辆清洁后恢复正常工作状况。

3）指导教师总结实训课题，布置课后实训报告。

扫码看微课

轮胎（含备胎）检查

微课内容：

1. 轮胎使用状况检查

2. 备胎使用状况检查

作业任务13 空调使用性能检查

项目目标

1）掌握空调控制装置操作性能的检查操作。

2）掌握空调综合性能检测的操作。

训练前准备

1）常规准备工作（卫生清扫、场地安全确认、学生考勤等）。

2）车辆防护作业准备，包括翼子板布和前格栅布组件、室内防护三件套等。

3）长城哈弗 M6 PLUS 2021 款 1.5T 7DCT 尊贵智联版 SUV 车一辆。

4）汽车空调综合性能测试仪1台，护目镜和防护手套等1组。

教师示范讲解

一、空调控制装置操作性能的检查

（一）空调控制装置操作性能的检查操作

空调控制装置操作主要包括空调鼓风机转速调节、出风模式调节、出风温度调节、内外循环调节和后窗玻璃除霜控制等几方面的内容。

1. 鼓风机转速调整

起动发动机后，按动中央控制开关上带风扇符号的按键，鼓风机开始工作，通过旋钮转动调节鼓风机转速，实现转速的调节，如图2-13-1所示。

2. 出风模式调整

将鼓风机转速调至最大后，通过触摸中央屏上的出风模式符号，检查“面部出风模式”“前风窗玻璃除霜模式”和“脚部出风模式”等工作状况，如图 2–13–2 所示。

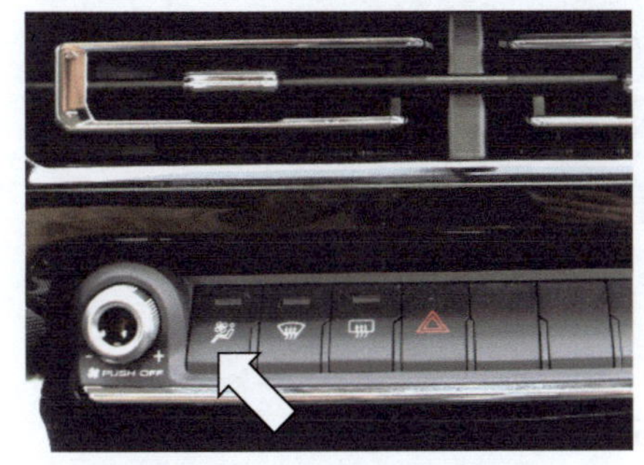
图 2–13–1　鼓风机转速调整

图 2–13–2　出风模式调整

3. 出风温度调节

通过触摸中央屏上的温度调节符号，检查出风温度调节的工作状况，如图 2–13–3 所示。

4. 内外循环转换调节

通过触摸中央屏上的内外循环调节符号，检查内外循环转换调节的工作状况，如图 2–13–4 所示。

图 2–13–3　出风温度调节

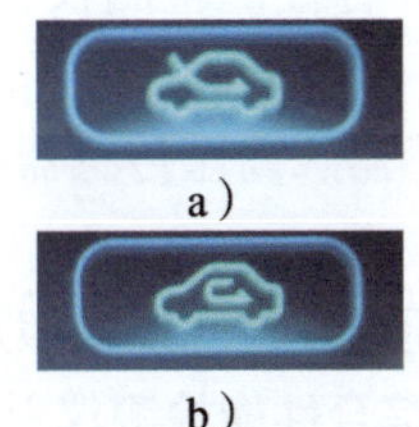
图 2–13–4　内外循环调节

a）外循环模式　b）内循环模式

5. 后窗加热控制检查

通过按动中央控制开关上带后窗加热符号的按键或触摸中央屏上的后窗加热调节符号，实现后窗加热控制，如图 2–13–5 所示。

图 2–13–5　后窗加热控制

（二）空调操控的相关知识点

1）现代汽车空调操控方式发展趋势为：省去了所有的控制开关，全部操控均通过中央显示屏完成，如图 2–13–6 所示。

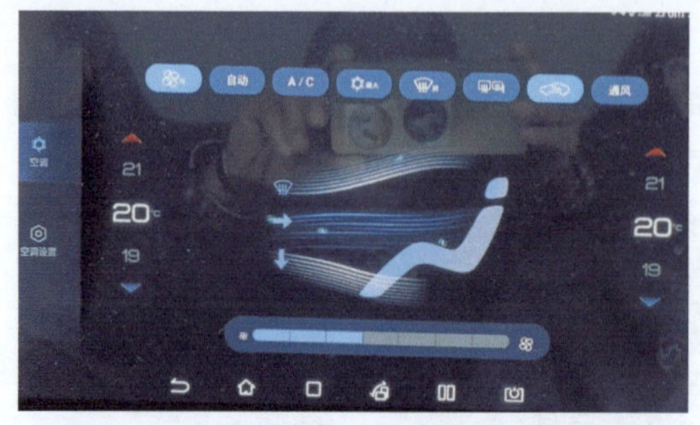

图 2-13-6　现代汽车空调大屏触摸控制方式

2）后窗除霜模式工作的特点如下：

①发动机运行，发电机输出电压（13.5~15.5V 之间）正常。

②后窗除霜装置工作 15min 后，会自动关闭后窗除霜加热模式。

二、空调综合性能检测

（一）空调综合性能检测的操作

通过空调综合性能测试仪，检测空调制冷系统工作时，空调制冷剂循环管路高压侧和低压侧压力、冷凝器和蒸发器出入端管路接口温度和驾驶室内部出风口温度间的变化关系，判断空调制冷系统的工作性能。

1. 汽车空调综合性能检测前准备工作

1）取出空调综合性能检测仪，检查仪表显示屏、开关和连接端口等处状态良好，如图 2-13-7 所示。

2）将低压传感器、高压传感器连接在汽车空调性能检测仪上。

3）将四个热偶温度检测线按照对应的颜色，依次连接到汽车空调综合性能检测仪上。

① TK1：红色探头，接冷凝器制冷剂入口端。

② TK2：黄色探头，接冷凝器制冷剂出口端。

③ TK3：黑色探头，接蒸发器制冷剂入口端。

④ TK4：蓝色探头，接蒸发器制冷剂出口端。

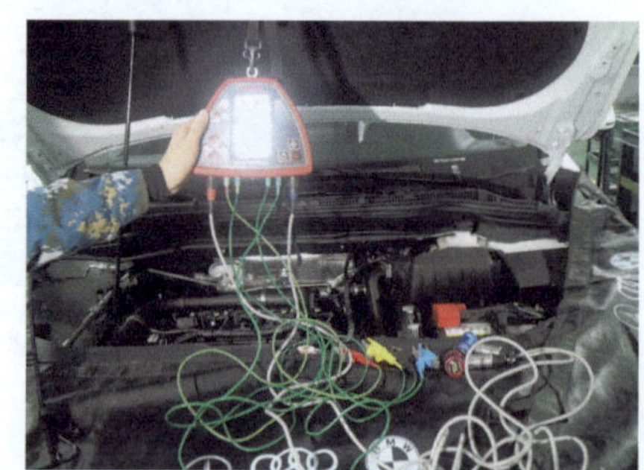

图 2-13-7　空调综合性能检测仪用前检查

4）制冷管路测试端口压力传感器连接。将低压传感器、高压传感器接头处的顶起螺栓退回到最外端，然后分别接在空调低压管路和高压管路检测口上，顺时针转动顶起螺栓，打开制冷剂密封开关，使制冷剂压力作用在传感器上，如图 2-13-8 所示。

5）制冷管路温度传感器连接。按照压力从高至低的顺序，将 TK1、TK2、TK3、TK4 依次连接在制冷剂管路上，确保热偶温度检测线上的感温电阻与制冷剂管路金属部分接触良好。

6）开启空调综合性能检测仪后，在距离其 1.5m 以外启用温度、湿度传感器（避免发动机热量影响环境温度和湿度测量的准确性），如图 2-13-9 所示，将环境温度和湿度记录在表 2-13-1 中。

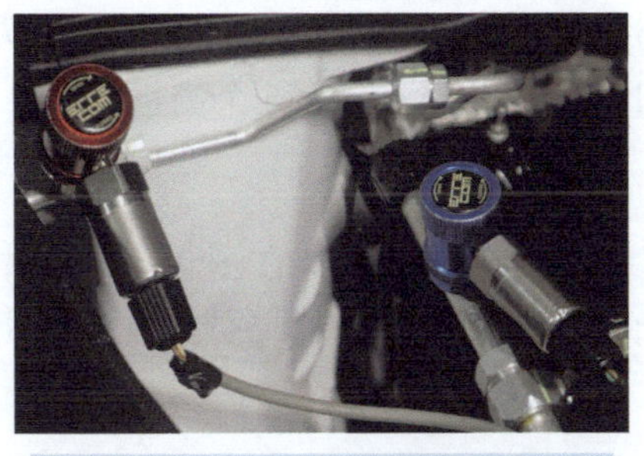
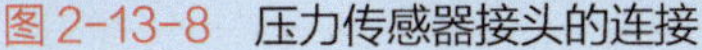
图 2-13-8 压力传感器接头的连接

图 2-13-9 环境温度和湿度的测量

表 2-13-1 空调综合性能测试记录表

项目名称	参数记录	项目名称	参数记录
高压侧压力		低压侧压力	
冷凝器进口温度		冷凝器出口温度	
蒸发器进口温度		蒸发器出口温度	
环境温度		环境湿度	
出风口温度		出风口湿度	
综合性能判断	□合格 □不合格		

7）将温度和湿度传感器安装在室内的面部出风口上，其上的感温电阻要对准出风口位置，如图 2-13-10 所示。

图 2-13-10 驾驶室内温度、湿度传感器安装

2. 汽车空调综合性能测试

1）将车辆所有车门打开，以便室内热量及时散失。

2）起动发动机，开启空调开关 A/C，将鼓风机转速调至最高档、温度调至最低、保持面部吹风位置。

3）调节空调性能检测仪显示，以坐标系的方式显示出风口温度随时间的变化关系，如图 2-13-11 所示。

4）保持发动机转速在 2000r/min 左右，当温度降低至 8℃左右时，记录相关的测量数据，如图 2-13-12 所示。

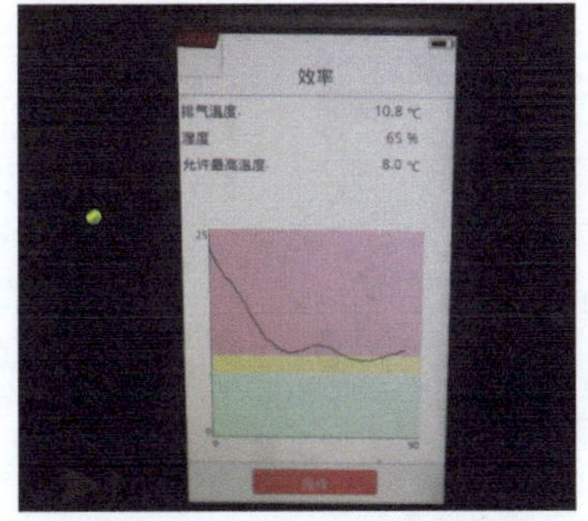

图 2-13-11 空调出风口温度随时间的变化关系

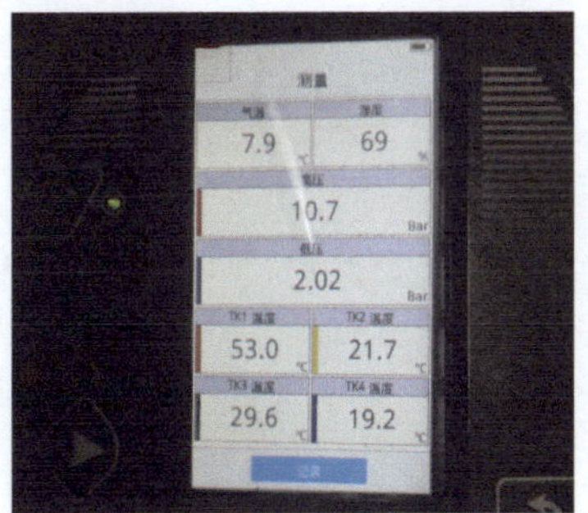

图 2-13-12 汽车空调综合性能测量数据记录

5）定格测量数据后将空调关闭，在表2-13-1中记录高压侧压力、低压侧压力、冷凝器进口温度、冷凝器出口温度、蒸发器进口温度和蒸发器出口温度等6个测量数据。

3. 汽车空调综合性能测试分析

1）空调吸气压力与环境温度对应关系。根据测量记录结果，在图2-13-13中画出空调吸气压力（制冷系统低压端压力）与环境温度的对应关系，若对应交叉点落在阴影区范围内，该项指标性能正常。

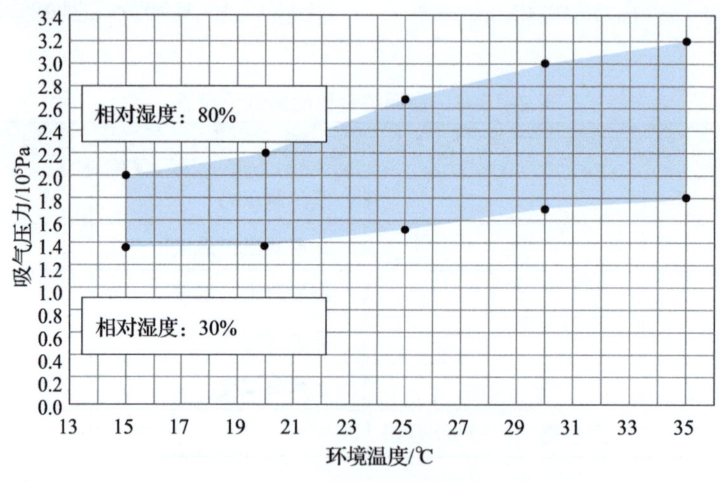

图2-13-13 吸气压力与环境温度对应关系

2）空调出风口温度与环境温度对应关系。根据测量记录结果，在图2-13-14中画出空调出风口温度与环境温度的对应关系，若对应交叉点落在阴影区范围内，该项指标性能正常。

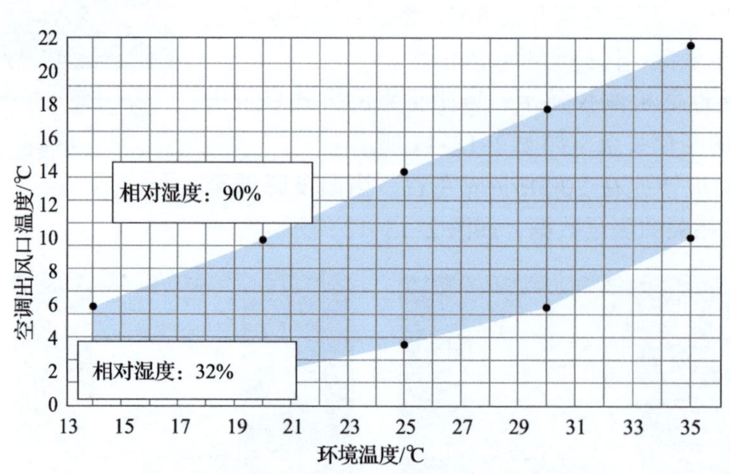

图2-13-14 出风口温度与环境温度对应关系

（二）空调使用的相关知识点

1）在冬季为防止汽车空调压缩机电磁吸盘由于长期不用发生卡滞，至少每个月让汽车空调系统工作5min左右。

2）汽车空调的使用技巧。人体各部位对温度的舒适性感觉有所不同，如图 2-13-15 所示，因此冬季取暖时让热风吹脚部，夏季制冷时让冷气吹面部最为适合。

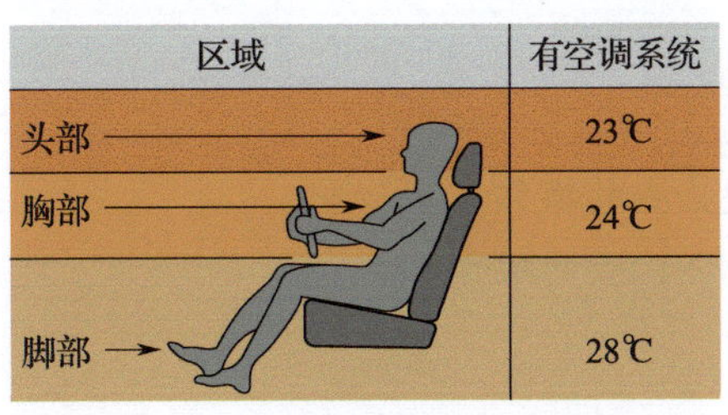

图 2-13-15 人体各部位适宜温度示意图

3）空调停机的使用技巧如下：

①先开启鼓风机开关，再按下空调按钮。

②不要等到发动机停机时才关闭空调按钮，要提前 5min 左右将制冷装置关闭，保持鼓风机继续工作，将积存在蒸发器上的湿气吹干，避免滋生细菌而发出臭味。

③发动机熄火前，先停用鼓风机。

学生训练

（一）空调控制装置操作性能的检查操作

训练时间：10min。

训练过程：鼓风机转速调整，出风模式调整，出风温度调整，内外循环转换调节，后窗加热控制检查。

（二）空调综合性能检测操作

训练时间：10min。

训练过程：汽车空调综合性能检测前准备工作，汽车空调综合性能测试，汽车空调综合性能测试分析。

安全管理、场地恢复及授课总结（包含 5S 项目）

1）实习设备断电、清理，工具、量具清理归位。

2）车辆清洁后恢复正常工作状况。

3）指导教师总结实训课题，布置课后实训报告。

扫码看微课

微课内容：

1. 空调控制装置操作性能检查
2. 空调综合性能检查

作业任务14 空调制冷剂纯度检查

项目目标

1）掌握空调制冷剂纯度检查的操作。

2）掌握空调制冷管路渗漏检查的操作。

训练前准备

1）常规准备工作（卫生清扫、场地安全确认、学生考勤等）。

2）车辆防护作业准备，包括翼子板布和前格栅布组件、室内防护三件套等。

3）长城哈弗 M6 PLUS 2021 款 1.5T 7DCT 尊贵智联版 SUV 车一辆。

4）汽车电子式卤素检漏仪（TIFXP-1A）1台，制冷剂鉴别仪（ROBINAIR 16910）1台，护目镜和防护手套等1套。

教师示范讲解

一、空调制冷剂纯度检查

（一）空调制冷剂纯度检查操作

1. 空调制冷剂纯度检测仪调试

1）外观性能确认。检查纯度仪滤芯是否脏污堵塞，压力表指示是否在零位，连接螺纹处是否正常，如图2-14-1所示。

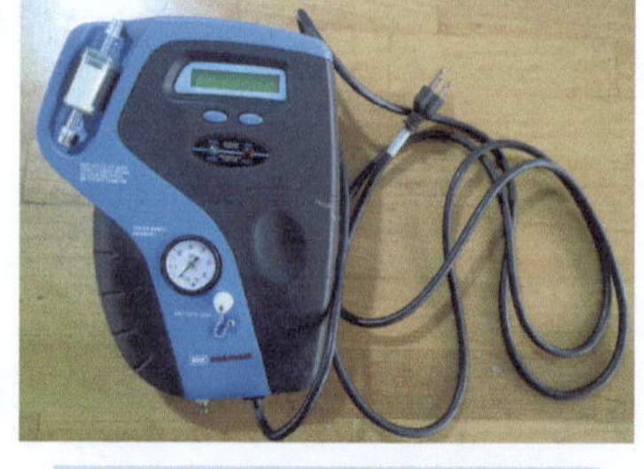

图2-14-1 制冷剂纯度检测仪使用前检查

2）若制冷剂纯度检测仪外观性能正常，打开电源开关，进行作业前预热工作。

3）海拔设定。根据当地所处的位置，设定海拔高度，单位为英尺（ft），如图2-14-2所示。

注释： 不同地域所处的海拔不同，将影响制冷剂纯度的测试结果；查出当地海拔（一般单位为m），换算成英尺（ft），单位换算关系为1ft=0.3048m。

4）制冷剂进入自检状态，若自检完成，红色指示灯熄灭，绿色指示灯闪亮，可以进行空调系统制冷剂纯度检测，如图2-14-3所示。

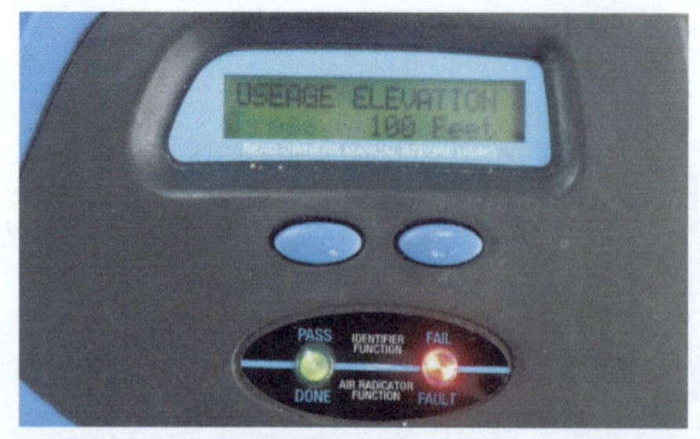

图2-14-2 制冷剂纯度检测仪海拔高度设定

图2-14-3 制冷剂纯度检测仪自检

2. 制冷剂纯度检测仪低压管路连接

1）安全防护：操作者要佩戴护目镜、防滑绝缘手套，如图 2–14–4 所示。

2）对空调低压管路检测口清洁后，拧下防护帽，将纯度仪管路连接到检测口上，同时观察制冷剂压力表指示是否正常，如图 2–14–5 所示。

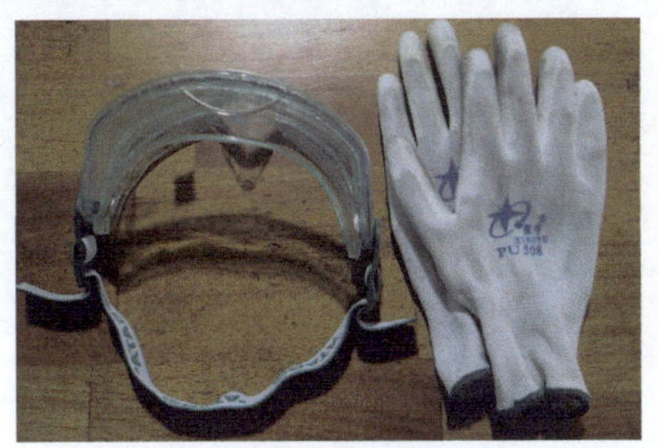

图 2-14-4 作业安全防护

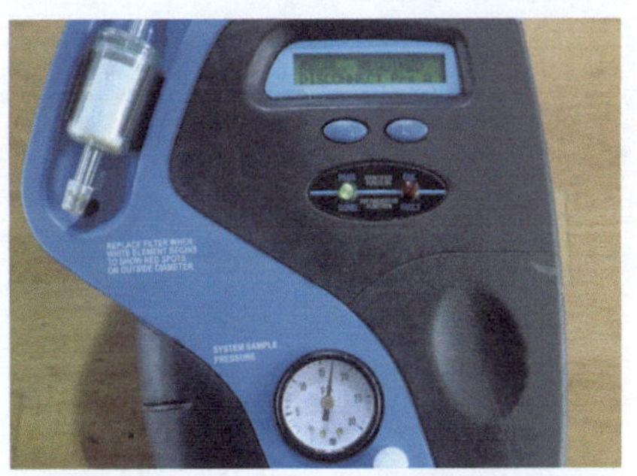

图 2-14-5 空调制冷剂压力表指示检测

3. 空调制冷剂纯度读取及分析

1）通过制冷剂纯度分析仪读取制冷剂纯度时，以制冷剂 R134a 为例，纯度最低标准为 R134a 含量≥ 96%，如图 2–14–6 所示。

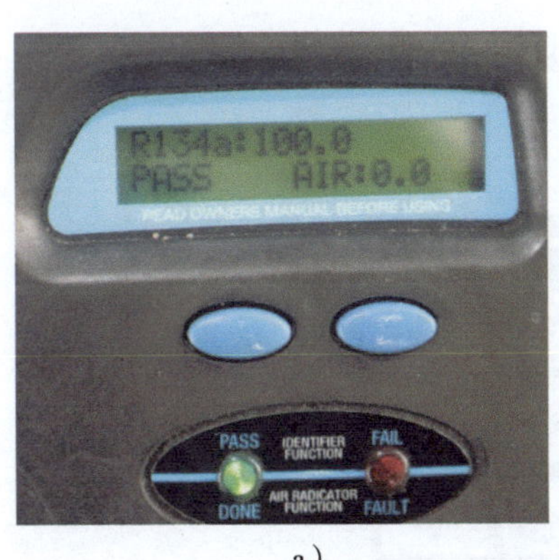

a）

b）

图 2-14-6 制冷剂纯度的读取

a）R134a 和 AIR 含量 b）R12、R22 和 HC 含量

2）当制冷剂合格时诊断仪上的绿色指示灯亮起，当制冷剂不合格时诊断仪上的红色指示灯亮起。

3）制冷剂纯度检验完毕后，拆下检测管路，将低压侧管路检测口上的防尘帽安装到位。

（二）空调制冷剂的相关知识点

1）目前汽车空调使用的制冷剂是对大气层无害的 R134a，因为早先使用的制冷剂 R12 会破坏大气层中的臭氧，自 1995 年起就被禁用，图 2–14–7 所示为常用成品制冷剂 R134a。

注释：为区分制冷剂的种类，10kg 装大罐制冷剂白色罐为 R12、浅蓝色罐为 R134a。

2）在车辆的发动机舱盖内侧或车头前部，贴的标签上写有空调制冷剂种类、加注量和所使用润滑油的名称，如图 2-14-8 所示。

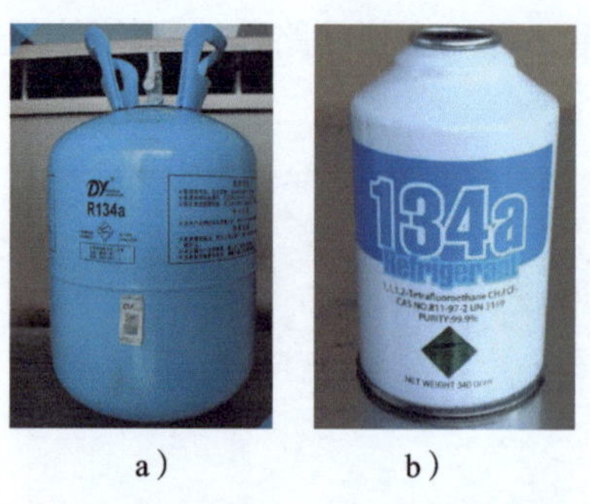

a）　　b）

图 2-14-7　汽车空调常用制冷剂 R134a

a）10kg 装大罐制冷剂　b）300g 装小罐制冷剂

图 2-14-8　空调制冷剂相关信息

二、空调制冷管路渗漏检查

（一）空调制冷管路渗漏检查的操作

1. 空调制冷剂卤素检漏仪的校验

1）空调制冷剂卤素检漏仪操作界面如图 2-14-9 所示。

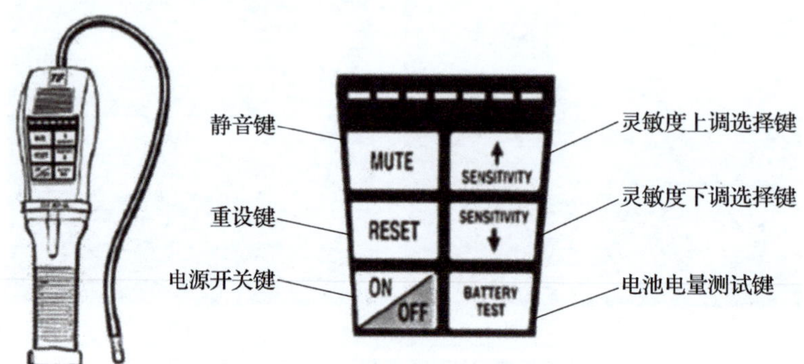

图 2-14-9　空调制冷剂检漏仪使用前调校

2）开启电源开关，检查检漏仪电池存电量是否满足正常工作需求。

3）调整灵敏度，至少有两个“亮格”保持闪烁。

2. 空调制冷剂渗漏检查

1）制冷剂高、低压测试口渗漏检测。打开制冷剂高、低压测试口，将检漏仪探头位于检测口略偏下方 2~4mm 位置处，但不能接触到检测口，如图 2-14-10 所示，若有泄漏，检漏仪会报警。

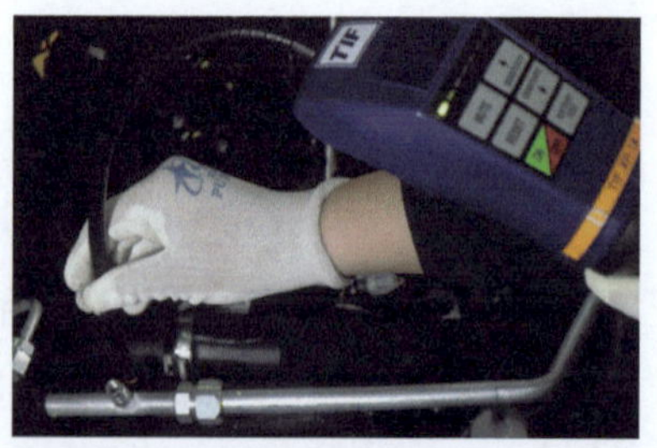

图 2-14-10　高低压管路制冷剂检测口渗漏检测

2）用同样方法检查空调压缩机管路连接端口、冷凝器管路连接端口、蒸发器管路连接端口是否存在制冷剂渗漏。

3）检查完毕后，将高低压测试口防尘帽盖好，关闭制冷剂泄漏测试仪。

（二）空调制冷循环的相关知识点

1. 汽车空调制冷装置组成简介

汽车空调制冷剂循环管路为一套密封系统，通过压缩机带动制冷剂在管路中循环，实现室内外热量的交换，汽车空调制冷装置组成，如图 2-14-11 所示。

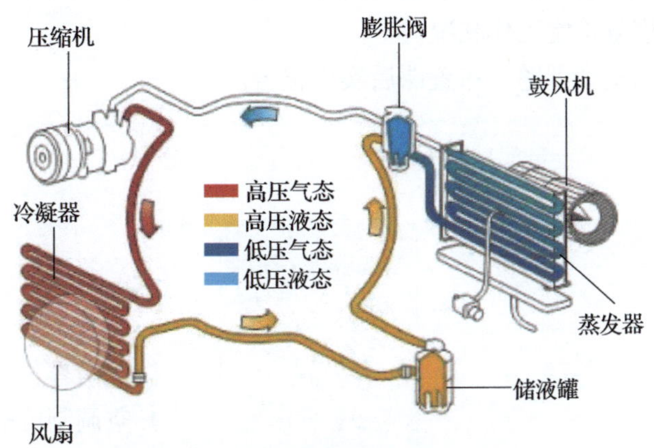

图 2-14-11 空调制冷系统组成示意图

1）压缩机不工作时，空调制冷密封系统压力约为 450kPa 左右，制冷剂为液气共存状态。

2）通过测量密封管路中制冷器的压力，不能确定制冷剂存储量是否充足。

2. 空调制冷系统工作过程

空调制冷系统的压缩机被发动机带动旋转，制冷系统工作，实现制冷剂在密封管路中的循环。

1）压缩机吸入蒸发器出口流出的低温低压制冷剂气体，将其压缩成高温高压气体后排出压缩机，此时压缩机出口压力约为 1.2~1.3MPa。

2）高温高压的制冷剂气体进入冷凝器后，经过冷却风扇散热，制冷剂气体冷凝成高温高压的液体，并排出大量的热量。

3）温度和压力较高的制冷剂液体通过膨胀阀后体积变大，压力和温度急剧下降，以雾状进入蒸发器。

4）雾状制冷剂液体进入蒸发器后，吸收热量变成低压低温的气体流出蒸发器，此时出口压力约为 150~250kPa。

学生训练

（一）空调制冷剂纯度检查操作

训练时间：10min。

训练过程：空调制冷剂纯度检测仪调试，制冷剂纯度检测仪低压管路连接，空调制冷剂纯度数据读取及分析。

（二）空调制冷管路渗漏检查

训练时间：10min。

训练过程：空调制冷剂卤素检漏仪的校验，空调制冷剂渗漏检查。

安全管理、场地恢复及授课总结（包含5S项目）

1）实习设备断电、清理，工具、量具清理归位。

2）车辆清洁后恢复正常工作状况。

3）指导教师总结实训课题，布置课后实训报告。

扫码看微课

微课内容：

1. 空调制冷剂纯度检查

2. 空调制冷管路渗漏检查

作业任务15 车辆底部渗漏和排气管路检查

项目目标

1）掌握发动机、变速器和散热器等部件渗漏检查的操作。

2）掌握排气管路安装和渗漏检查的操作。

训练前准备

1）常规准备工作（卫生清扫、场地安全确认、学生考勤等）。

2）车辆防护作业准备，包括翼子板布和前格栅布组件、室内防护三件套等。

3）长城哈弗M6 PLUS 2021款1.5T 7DCT尊贵智联版SUV车一辆。

教师示范讲解

一、发动机、变速器和散热器等部件渗漏检查

（一）发动机、变速器和散热器等部件渗漏检查操作

对发动机、变速器和散热器等部件进行渗漏检查时，应将车辆通过举升机安全举升到适当高度，借助照明设备从车辆底部进行检查，因此操作者一定要做好安全防护，作业时佩戴安全帽和手套等防护用品，避免发生安全事故。

1. 发动机渗漏检查

1）仔细检查机油滤清器、油底壳上的机油排放螺塞等处是否有油液渗漏，如图2–15–1

所示。

2）从发动机前后、左右四个方位检查是否存在渗漏，重点检查发动机曲轴前油封和后油封处的渗漏情况。

2. 变速器渗漏检查

1）确认变速器底部放油螺塞处是否有渗漏，如图 2–15–2 所示。

图 2–15–1 机油滤清器、排放螺塞等处渗漏检查

图 2–15–2 变速器底部渗漏情况检查

2）检查变速器两端传动轴输出端油封处是否有渗漏，如图 2–15–3 所示。

3）检查变速器上热交换器连接管路是否有油液渗漏，如图 2–15–4 所示。

图 2–15–3 变速器两端传动轴油封检查

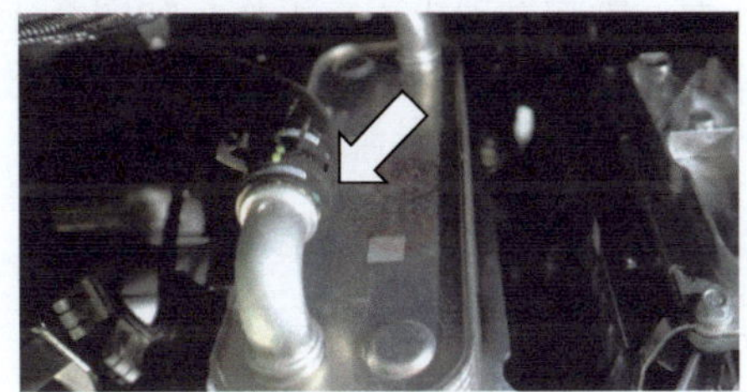

图 2–15–4 变速器连接管路渗漏检查

3. 散热器渗漏检查

1）确认散热器与发动机冷却水道管路接口处（进水管路、出水管路）是否有冷却液渗漏，如图 2–15–5 所示。

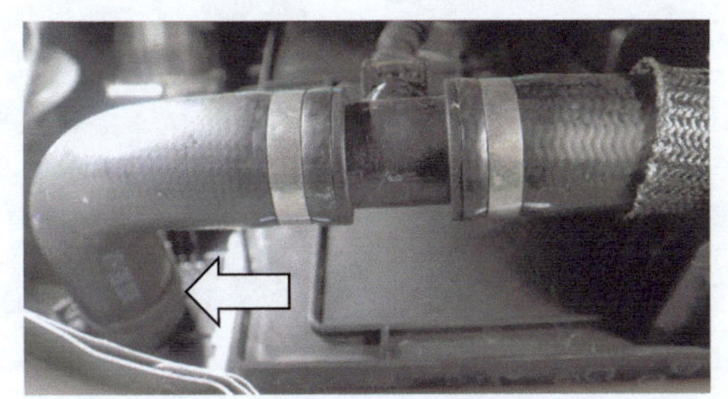

图 2–15–5 散热器管路渗漏检查

2）确认散热器放水开关处有无冷却液渗漏，如图 2–15–6 所示。

3）确认空调冷凝器接管处是否有冷冻机油渗漏痕迹，如图 2–15–7 所示。

图 2-15-6　散热器放水开关处渗漏检查

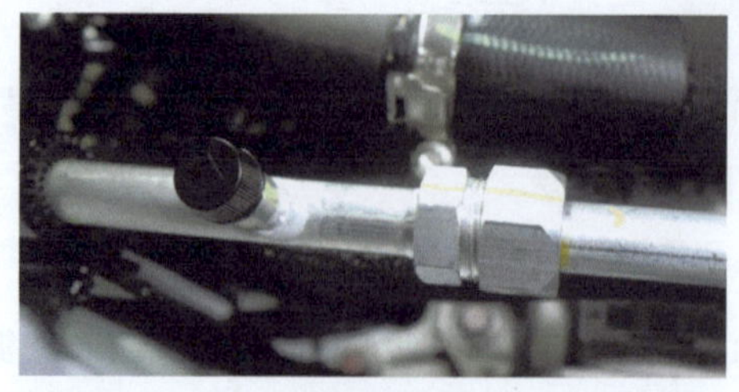

图 2-15-7　冷凝器管道接口渗漏状况检查

（二）汽车总成件渗漏的相关知识点

1）发动机和变速器等总成件润滑油液面高度应在适当范围内，一般用油尺来衡量，总体上液面最高位置不应超过油封下边缘，若液面高出了油封下边缘位置，使用中一定会有油液从油封处渗漏，因此保持润滑液面适当的高度非常必要。

2）发动机废气对渗漏的影响。发动机工作时，不论活塞、活塞环和气缸间密封性再好，也会有部分可燃混合气通过气缸与活塞间的缝隙窜入曲轴箱，在曲轴箱内产生压力，影响发动机正常工作，如图 2-15-8 所示。

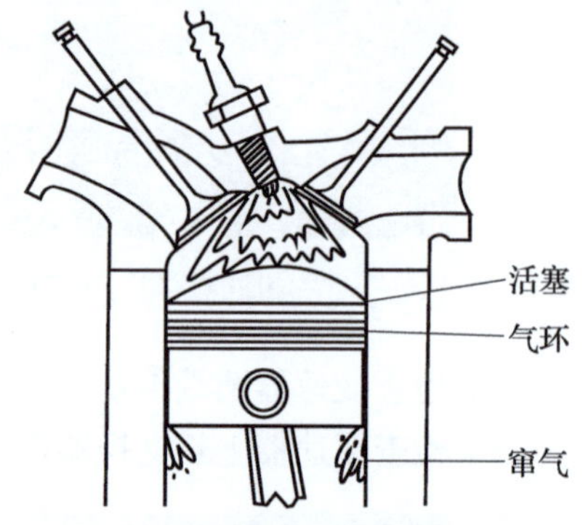

图 2-15-8　曲轴箱窜气产生示意图

二、排气管路安装和渗漏的检查

（一）排气管路安装和渗漏的检查操作

1. 排气管路使用状况检查操作

1）检查三元催化器与排气管接口处是否存在渗漏或损坏，连接螺栓应固定良好，如图 2-15-9 所示。

2）检查颗粒捕集器是否有渗漏、损伤，其两端压力采集管路安装良好、接头处无渗漏，如图 2-15-10 所示。

图 2-15-9　三元催化器与排气管连接状况检查

图 2-15-10　颗粒捕集器检查

3）检查颗粒捕集器与中间消声器连接处有无渗漏，连接螺栓是否固定良好，橡胶吊环有无损伤，吊装情况是否良好，如图 2-15-11 所示。

4）检查中间消声器两端接口处有无渗漏，焊缝连接处应无锈蚀、脱焊等损伤，如图 2-15-12 所示。

图 2-15-11 中间排气管路连接和吊装检查

图 2-15-12 中间消声器检查

5）检查后消声器是否存在渗漏或损坏，消声器下端排水孔应无堵塞，后消声器翻边位置焊点良好，如图 2-15-13 所示。

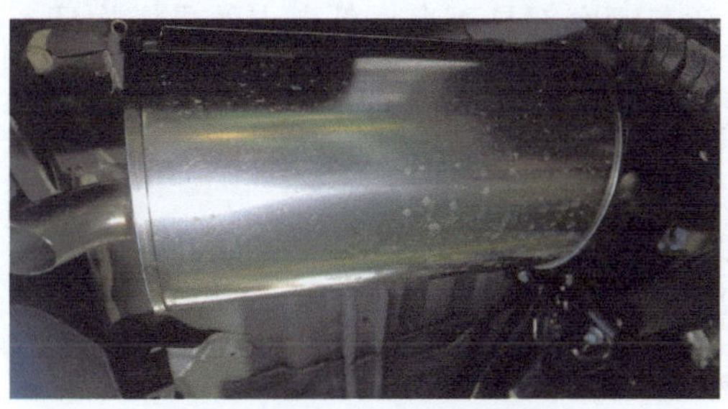
图 2-15-13 后消声器检查

2. 排气管路安装情况检查操作

1）检查前部排气管和消声器吊挂 O 形橡胶圈，是否存在脱离或损坏等损伤，如图 2-15-14 所示。

2）检查后部排气管和消声器吊挂 O 形橡胶圈，是否存在脱离或损坏等损伤，如图 2-15-15 所示。

图 2-15-14 前部排气管和消声器安装情况检查

图 2-15-15 后部排气管和消声器安装情况检查

（二）汽车尾气排放达标的相关知识点

1）发动机工作时，燃料燃烧后主要生成二氧化碳（CO_2）和水（H_2O），当混合气浓度发生变化时，也伴随生成 CH、CO 和 NO_x 等部分有害气体，三元催化器和颗粒捕集器在尾气排放中起净化作用，以上物质会再次发生化学反应，生成 CO_2 和 H_2O，NO_x 被还原成 N_2 和 O_2，以上均为无害气体，将尾气排放控制在国六标准允许的范围内，如图 2-15-16 所示。

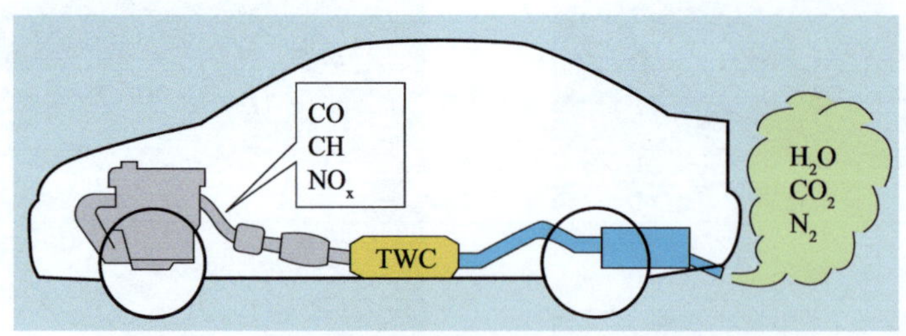

图 2-15-16　三元催化器和颗粒捕集器作用示意图

2）三元催化器和颗粒捕集器在满足一定条件下才会工作，其中条件之一为工作温度。三元催化器正常工作温度为350~450℃，颗粒捕集器为700~800℃，因此该元件外部壳体温度较高，停车时一定要留意车辆底部是否存在低燃点的易燃物品，避免由此引发火灾，尤其秋冬季停车时一定要注意车辆底部是否有枯草或落叶。

学生训练

（一）发动机、变速器和散热器等部件渗漏检查操作

训练时间：10min。

训练过程：发动机渗漏检查，变速器渗漏检查，散热器渗漏检查。

（二）排气管路安装和渗漏的检查操作

训练时间：10min。

训练过程：排气管路使用状况检查操作，排气管路安装情况检查操作。

安全管理、场地恢复及授课总结（包含5S项目）

1）实习设备断电、清理，工具、量具清理归位。

2）车辆清洁后恢复正常工作状况。

3）指导教师总结实训课题，布置课后实训报告。

扫码看微课

微课内容：

1. 发动机、变速器和散热器等部件渗漏检查
2. 排气管路安装和渗漏检查

作业任务 16 制动管路检查

项目目标

1）掌握制动管路使用状况检查的操作。

2）掌握制动系统相关的理论知识点。

训练前准备

1）常规准备工作（卫生清扫、场地安全确认、学生考勤等）。

2）车辆防护作业准备，包括翼子板布和前格栅布组件、室内防护三件套等。

3）长城哈弗 M6 PLUS 2021 款 1.5T 7DCT 尊贵智联版 SUV 车一辆。

教师示范讲解

一、制动管路使用状况的检查

液压油通过制动管路将制动主缸的制动能量传递到制动轮缸上，液压油起到制动力传递介质的作用。

1. 制动总管检查

检查车辆底部制动总管是否安装牢固，制动总管应无压痕和其他损伤，如图 2–16–1 所示。

2. 前部左右两侧制动管路检查

1）前部左右两侧管路渗漏状况检查。确认车辆前部左右两侧制动管和制动软管接头处、制动软管与制动轮缸接头处是否存在渗漏，如图 2–16–2 所示。

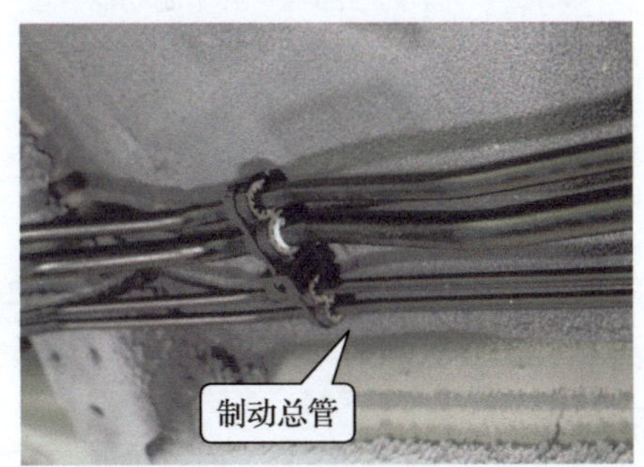

图 2–16–1　制动总管安装和损伤状况检查

图 2–16–2　车辆前部制动管路渗漏状况检查

2）前部左右两侧制动软管使用状况检查。确认车辆前部左右两侧制动软管是否存在扭曲、裂纹、凸起和老化等损伤，如图 2–16–3 所示。

3. 车辆后部制动管路检查

车辆后部制动管路应固定良好，左右两侧至制动轮缸的连接软管应无扭曲、裂纹、凸起和老化等损伤，接头处无渗漏，如图 2–16–4 所示。

图 2-16-3　车辆前部制动软管老化状况检查

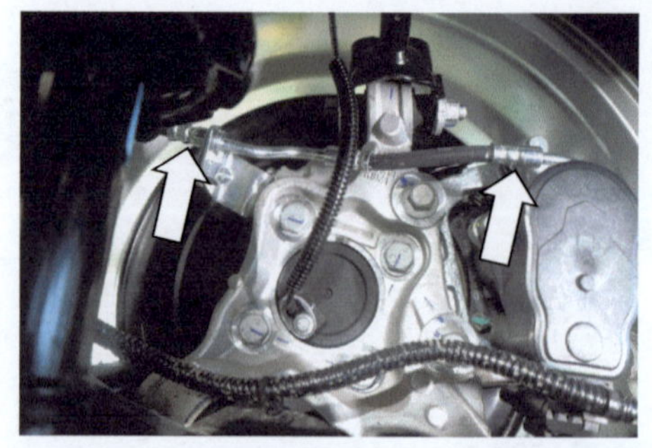

图 2-16-4　车辆后部制动管路渗漏检查

4. 车辆前部制动软管运动干涉检查

将前轮转到两侧转向极限位置，确认车辆左右两侧制动软管不会因振动等原因与车轮或车身发生接触，如图 2–16–5 所示。

5. 车辆后部电子驻车制动器检查

检查电子驻车制动器油管接头是否渗漏、电器插头连接是否到位，电器连线是否与减振器和弹簧间发生运动干涉，如图 2–16–6 所示。

图 2-16-5　车辆前部制动管路运动干涉检查

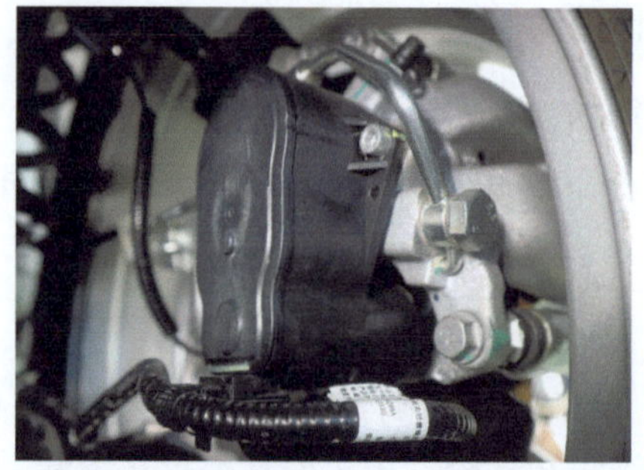

图 2-16-6　车辆后部电子驻车制动器检查

二、制动管路相关知识点

1. 双管路制动系统

为确保车辆行驶安全，目前所有车辆均采用双管路制动系统，即所有车辆必须配备两套独立的制动管路，一般呈对角线布置方式，当一条制动管路失灵或制动效果变差时，另一条制动管路仍产生制动，虽然总体制动性能会变差、制动距离增长，但不至于出现制动失效现象，如图 2–16–7 所示。

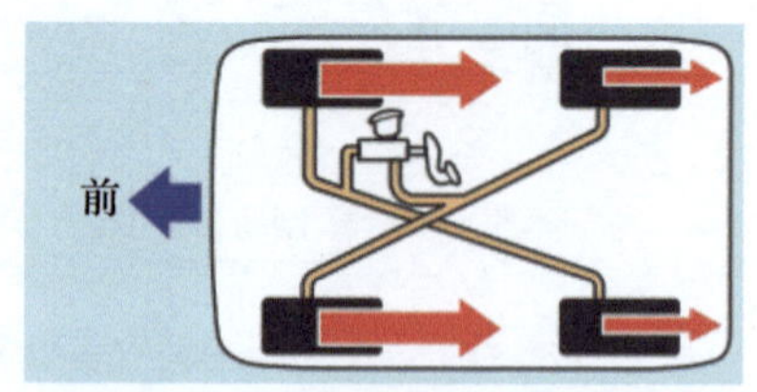

图 2-16-7　双管路制动系统示意图

2. 真空式制动助力器

真空式制动助力器可以提高制动效果，当驾驶员踩下制动踏板时，利用发动机进气歧管产生的真空度与大气压差值，产生与制动踏板行程成正比的辅助力，推动制动主缸活塞动作，如图 2–16–8 所示。

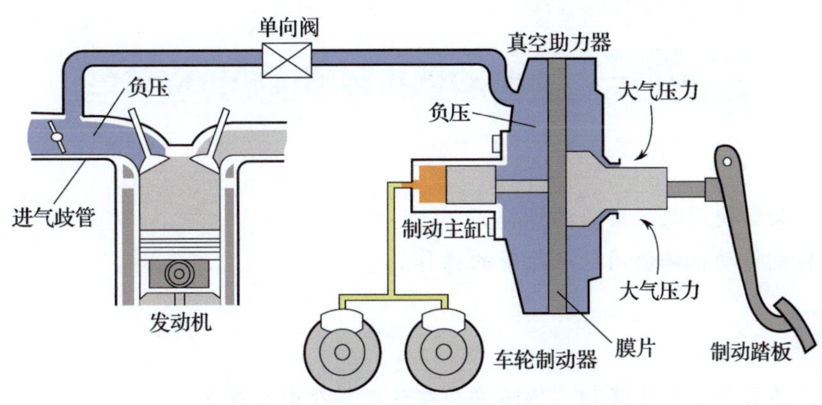

图 2-16-8 真空式制动助力器工作示意图

学生训练

（一）制动管路使用状况的检查操作

训练时间：10min。

训练过程：制动总管路检查，前部左右两侧制动管路检查，车辆后部制动管路检查，制动软管运动干涉状况检查。

（二）燃油管路使用状况的检查操作

训练时间：10min。

训练过程：燃油管路安装和损伤状况检查，燃油管路渗漏状况检查，加油管连接状况检查。

安全管理、场地恢复及授课总结（包含 5S 项目）

1）实习设备断电、清理，工具、量具清理归位。

2）车辆清洁后恢复正常工作状况。

3）指导教师总结实训课题，布置课后实训报告。

扫码看微课

作业任务 17 驱动轴和转向传动机构检查

项目目标

1）掌握驱动轴使用状况检查的操作。

2）掌握转向传动机构使用状况检查的操作。

训练前准备

1）常规准备工作（卫生清扫、场地安全确认、学生考勤等）。

2）车辆防护作业准备，包括翼子板布和前格栅布组件、室内防护三件套等。

3）长城哈弗 M6 PLUS 2021 款 1.5T 7DCT 尊贵智联版 SUV 车一辆。

教师示范讲解

一、驱动轴使用状况的检查

（一）驱动轴使用状况的检查操作

现代轿车前轴一般为转向驱动轴，中间通过等速万向节连接，确保了半轴的等速传递。万向节使用专用高速高温润滑脂润滑，驱动轴护套确保了润滑脂不外泄，起到保护万向节的作用。

1. 车辆右侧驱动轴护套检查

1）用力将右侧车轮向外侧转动到极限位置，用手电筒辅助照明完成检查项目。

2）驱动轴外侧护套检查。转动车轮一周以上，检查驱动轴外侧护套是否有裂纹、破损，润滑油脂有无渗漏，驱动轴护套安装卡箍是否安装到位、有无损伤，如图 2–17–1 所示。

3）驱动轴内侧护套检查。检查驱动轴内侧护套是否有裂纹、破损，润滑油脂是否渗漏，护套卡箍是否安装到位、有无损伤，如图 2–17–2 所示。

图 2–17–1　驱动轴外侧护套检查

图 2–17–2　驱动轴内侧护套检查

2. 车辆左侧驱动轴护套检查

用力将左侧车轮向外侧转动到极限位置，用手电筒辅助照明完成检查项目，检查方法与右侧车轮驱动轴相同，检查完毕后将车轮恢复至车辆直行状态。

（二）驱动轴相关的知识点

1）轿车前轮一般为转向驱动轮，驱动轮毂与差速器之间通过半轴连接，半轴两端为等速万向节，该万向节是通过专用润滑脂实现润滑的，驱动轴护套防止外部灰尘和水分等杂质进入万向节。当护套损坏后，必定引起万向节异常磨损，车辆转向时会发出异响，并影响汽车传动系统的性能。

2）仔细观察左右两侧传动轴，会发现左侧传动轴“细而短”、右侧传动轴“粗而长”，如图 2-17-3 所示。

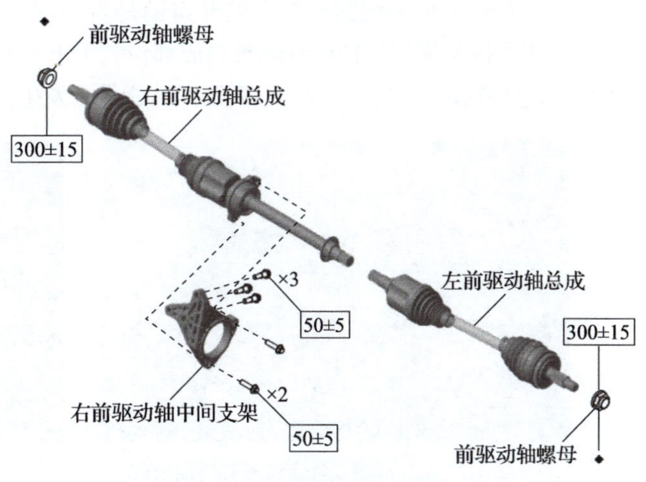

图 2-17-3 长城哈弗 M6 两侧驱动轴

由于车辆设计原因，发动机前置前轮驱动车型变速器和差速器总成一般靠近车辆前端左侧，左侧的传动轴短而右侧的传动轴长。若不采取这种设计，车辆在急加速时由于两侧车轮加速力度不同，会出现车辆突然向右侧“摆头”现象。

二、转向传动机构使用状况的检查

（一）转向传动机构使用状况的检查操作

长城哈弗 M6 转向器及转向传动机构如图 2-17-4 所示。

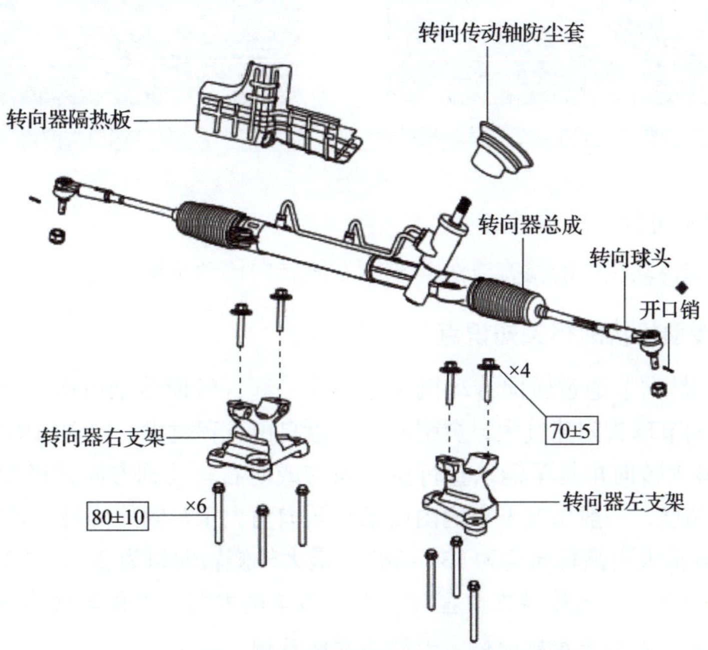

图 2-17-4 长城哈弗 M6 转向传动机构示意图

1. 车辆右侧转向传动机构连接状况检查

1）检查转向球头锁紧螺母上的开口销是否固定良好，如图 2–17–5 所示。

2）用手握紧横向拉杆靠近球头总成部位，上下、左右晃动横拉杆总成，检查是否存在转向传动机构连接松动现象，同时检查横拉杆总成是否发生变形和其他损伤，如图 2–17–6 所示。

图 2–17–5　转向球头锁紧螺母开口销检查

图 2–17–6　转向传动机构连接性能检查

3）检查前束调整锁紧固定螺母是否存在松动状况，如图 2–17–7 所示。

4）检查右侧转向器总成护套是否存在破损、漏油现象，检查右侧转向器端横拉杆总成防尘护套是否存在破损、漏油现象，如图 2–17–8 所示。

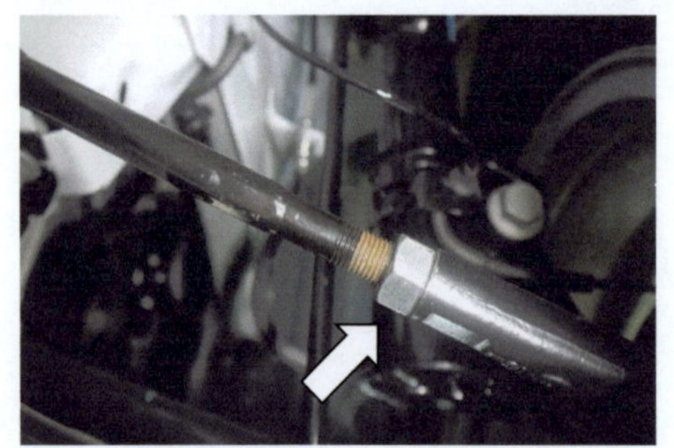

图 2–17–7　前束调整锁紧固定螺母紧固状况检查

图 2–17–8　转向器总成护套及横拉杆护套检查

2. 车辆左侧转向传动机构检查

车辆左侧转向传动机构的检查方法与车辆右侧转向传动机构相同。

（二）转向传动机构的相关知识点

1）转向器和转向节通过转向传动机构连接在一起，转向传动机构的变形，将影响到车轮的定位，若转向节球头间隙过大，会引起方向盘自由行程过大，转向操纵性能变差。

2）车轮的最大转向角是车辆从直行位置向左或向右转动到方向盘极限位置时，与车辆直线行驶方向的角度，一般情况下车辆内侧最大转向角大于车辆外侧最大转向角。

长城哈弗 M6 最大内侧转向角为 33° ~38° ，最大外侧转向角为 28.5° ~33.5° 。

注释：当驾驶员向左侧转动方向盘时，左侧为车辆内侧、右侧车辆为外侧；当驾驶员向右侧转动方向盘时，右侧为车辆内侧、左侧为车辆外侧。

学生训练

（一）驱动轴使用状况的检查操作

训练时间：10min。

训练过程：车辆右侧驱动轴护套检查，车辆左侧驱动轴护套检查。

（二）转向传动机构使用状况的检查

训练时间：10min。

训练过程：车辆右侧转向传动机构连接状况检查，车辆左侧转向传动机构连接状况检查。

安全管理、场地恢复及授课总结（包含 5S 项目）

1）实习设备断电、清理，工具、量具清理归位。

2）车辆清洁后恢复正常工作状况。

3）指导教师总结实训课题，布置课后实训报告。

扫码看微课

微课内容：

1. 驱动轴检查
2. 转向传动机构检查

作业任务 18 前悬架和后悬架检查

项目目标

1）掌握前悬架使用状况检查的操作。

2）掌握后悬架使用状况检查的操作。

训练前准备

1）常规准备工作（卫生清扫、场地安全确认、学生考勤等）。

2）车辆防护作业准备，包括翼子板布和前格栅布组件、室内防护三件套等。

3）长城哈弗 M6 PLUS 2021 款 1.5T 7DCT 尊贵智联版 SUV 车一辆。

教师示范讲解

一、前悬架使用状况的检查

（一）前悬架使用状况的检查操作

长城哈弗 M6 前悬架为麦弗逊式独立悬架，主要总成部件如图 2-18-1 所示。

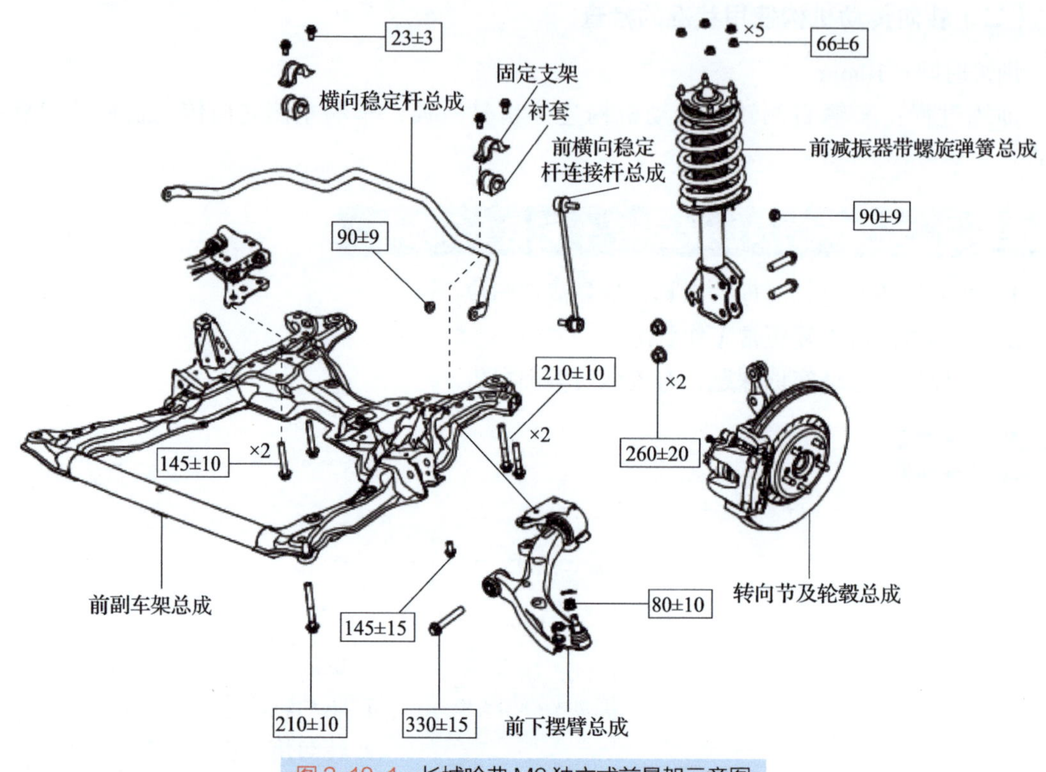

图 2-18-1　长城哈弗 M6 独立式前悬架示意图

1）减振器检查。检查左右两侧减振器是否存在渗漏和损伤，如图 2-18-2 所示。

2）螺旋弹簧检查。检查左右两侧螺旋弹簧是否存在损伤，如图 2-18-3 所示。

3）转向节检查。检查左右两侧转向节是否存在损伤，如图 2-18-4 所示。

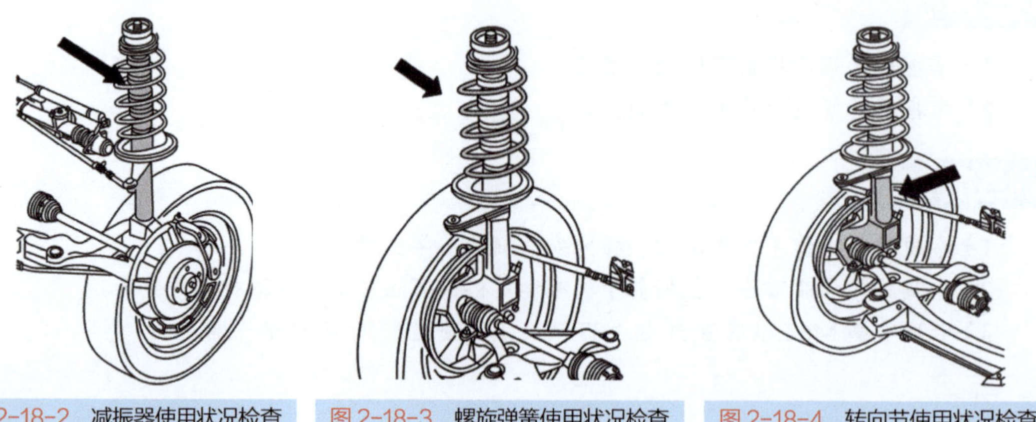

图 2-18-2　减振器使用状况检查　　图 2-18-3　螺旋弹簧使用状况检查　　图 2-18-4　转向节使用状况检查

4）转向节下臂检查。检查转向节下臂是否存在损伤，如图 2–18–5 所示。

5）稳定杆检查。检查稳定杆与左右两端减振器的连接状况，稳定杆是否存在损伤，如图 2–18–6 所示。

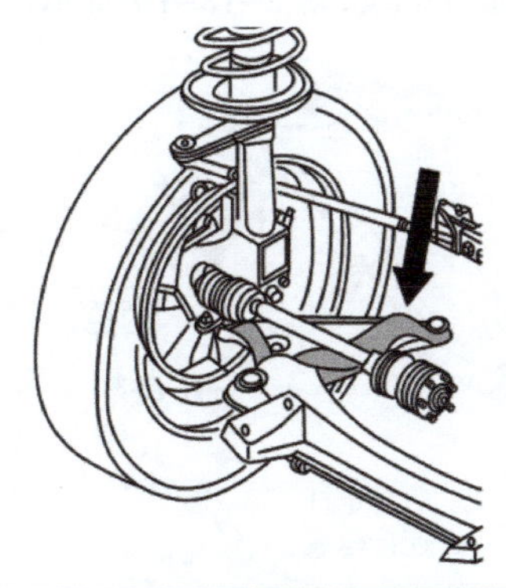

图 2–18–5 转向节下臂使用状况检查

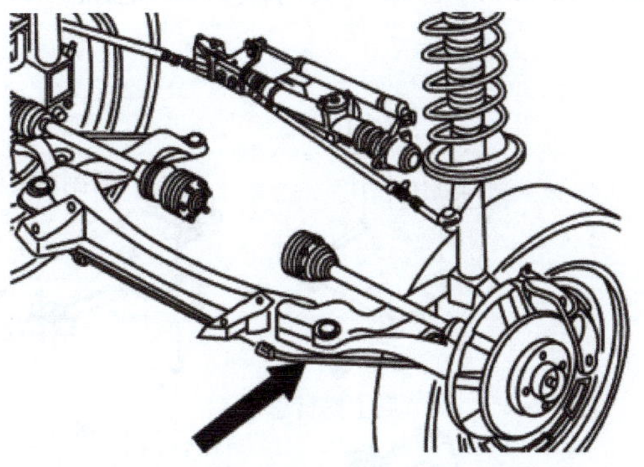

图 2–18–6 稳定杆使用状况检查

（二）前悬架相关知识点

1. 悬架的主要类型

按导向机构的种类，汽车悬架主要分为非独立式悬架和独立式悬架两类，独立式悬架减振效果优于非独立式悬架，如图 2–18–7 所示。

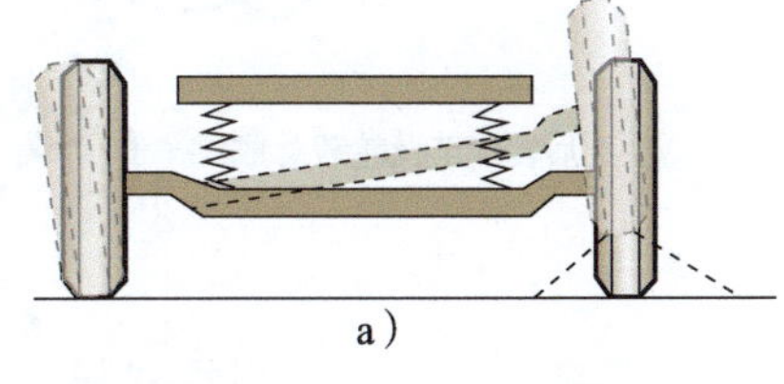

a）

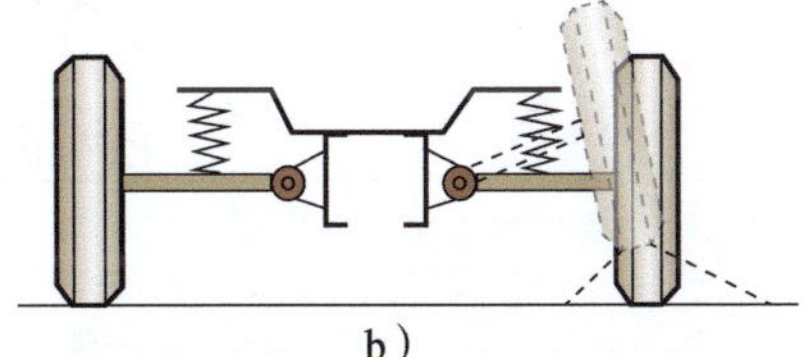

b）

图 2–18–7 汽车悬架的主要类型

a）非独立式悬架 b）独立式悬架

2. 稳定杆的相关知识

（1）稳定杆的作用

稳定杆两端连接到左右悬架弹性零件上，一端连接减振器，另一端连接下摆臂。用于把车辆一侧的受力传送到另一侧，以保持车身的水平状态。

（2）稳定杆的工作过程

1）当车辆直线行驶时，车桥的重心位于车辆前端的中心位置，前桥两端的轮胎通过螺旋弹簧和减振器将其支撑，稳定杆不起作用，如图 2–18–8 所示。

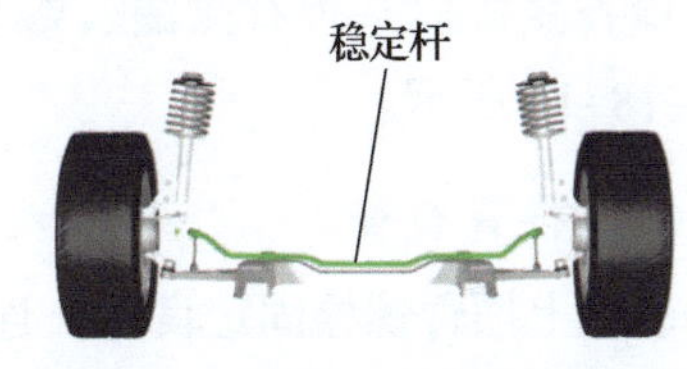

图 2–18–8 稳定杆作用示意图（1）

2）当车辆转弯时，由于离心力的作用，使得车辆重心向外侧沿横向偏移，导致前轮外侧高度下沉、内侧高度提升，出现车辆两端高度不等的状况，车身产生了横向不稳定性，此时整车有发生侧滑的趋势。

3）由于稳定杆的作用，通过扭杆弹簧反过来对压低的悬架向上抬、抬起的悬架向下压，扭杆弹簧施加相反的弹力，使得两端产生保持高度相等的趋势，直到车辆两侧高度相等，稳定杆上产生的反作用力消失，确保了车辆转弯时重心发生更少的偏移，增加了车身横向稳定性，减少了车辆侧滑趋势，如图 2–18–9 所示。

图 2–18–9 稳定杆作用示意图（2）

二、后悬架使用状况的检查

（一）后悬架使用状况的检查操作

长城哈弗 M6 后悬架为横向摆臂式独立悬架，主要总成部件如图 2-18-10 所示。

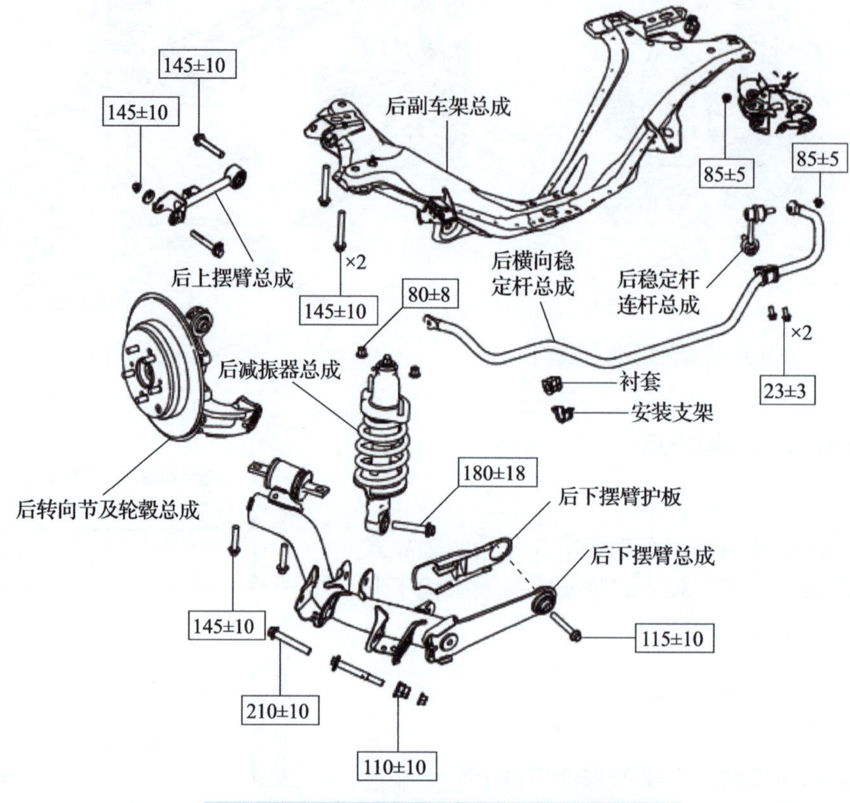

图 2-18-10　长城哈弗 M6 独立式后悬架总成

1. 减振器和螺旋弹簧检查

检查减振器是否有渗漏、螺旋弹簧有无损伤、螺旋弹簧橡胶衬垫是否老化、损坏，如图 2-18-11 所示。

2. 上摆臂检查

确认上摆臂螺栓固定良好，连接衬套无磨损、无损伤，如图 2-18-12 所示。

图 2-18-11　后悬架减振器和螺旋弹簧检查

图 2-18-12　后悬架上摆臂检查

3. 下摆臂检查

确认下摆臂螺栓固定良好，连接衬套无磨损、无损伤，如图 2–18–13 所示。

4. 后稳定杆检查

后稳定杆应固定良好，稳定杆固定衬套无磨损，稳定杆连杆两端连接衬套良好，如图 2–18–14 所示。

图 2–18–13 后悬架下摆臂检查

图 2–18–14 后稳定杆检查

（二）后悬架的相关知识点

后悬架有拖曳式非独立悬架和独立式悬架等几种类型。

1）拖曳式非独立悬架。拖曳式非独立悬架结构简单，后轮定位参数无需调整，如图 2–18–15 所示。

2）独立式后悬架。独立式后悬架有多种类型，多采用横向双摆臂式独立悬架，左右两侧悬架通过横向稳定杆连接，车辆定位作业时可进行后轮外倾角和后轮前束等参数的调整，如图 2–18–16 所示。

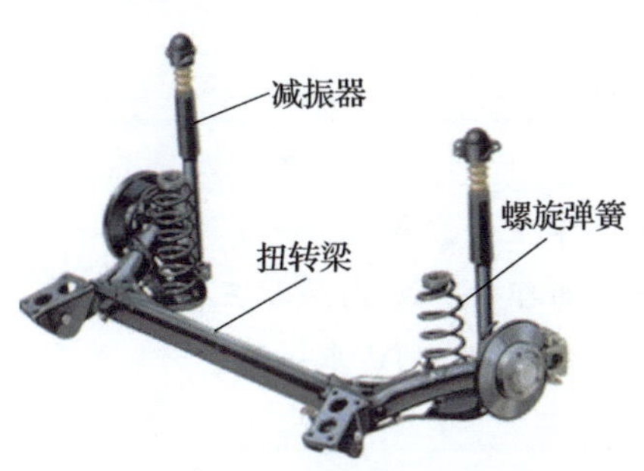

图 2–18–15 拖曳式非独立悬架总成

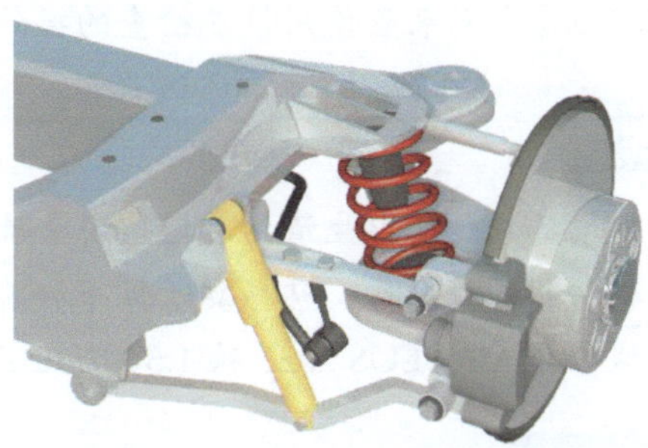

图 2–18–16 横向双摆臂式独立悬架

学生训练

（一）前悬架使用状况的检查操作

训练时间：10min。

训练过程：减振器检查，螺旋弹簧检查，转向节检查，转向节下臂检查，稳定杆检查。

（二）后悬架使用状况的检查操作

训练时间：10min。

训练过程：减振器和螺旋弹簧检查，上摆臂检查，下摆臂检查，后稳定杆检查。

安全管理、场地恢复及授课总结（包含5S项目）

1）实习设备断电、清理，工具、量具清理归位。

2）车辆清洁后恢复正常工作状况。

3）指导教师总结实训课题，布置课后实训报告。

扫码看微课

微课内容：

1. 前悬架使用状况检查
2. 后悬架使用状况检查

作业任务19 制动系统性能检查

项目目标

1）掌握行车制动装置使用状况检查的操作。

2）掌握驻车制动装置使用性能检查的操作。

训练前准备

1）常规准备工作（卫生清扫、场地安全确认、学生考勤等）。

2）车辆防护作业准备，包括翼子板布和前格栅布组件、室内防护三件套等。

3）长城哈弗 M6 PLUS 2021 款 1.5T 7DCT 尊贵智联版 SUV 车一辆。

教师示范讲解

一、行车制动装置使用状况检查

（一）行车制动装置使用状况检查的操作

1. 制动踏板使用性能检查

1）制动踏板基本工作状况检查。踩踏制动踏板时应无噪声、无过度松旷现象，制动踏板高度正常，如图 2-19-1 所示。

2）制动踏板自由行程检查。发动机熄火状态踩踏制动踏板数次，完全释放真空助力，用手轻轻按压制动踏板，使用一把直尺测量制动踏板自由行程，如图 2-19-2 所示。

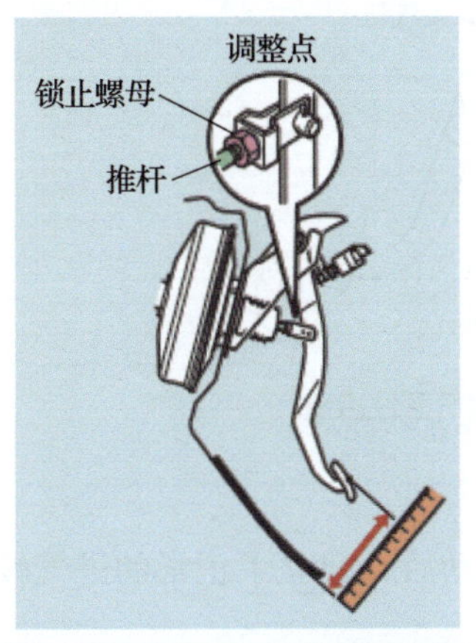

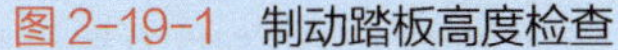
图 2-19-1　制动踏板高度检查

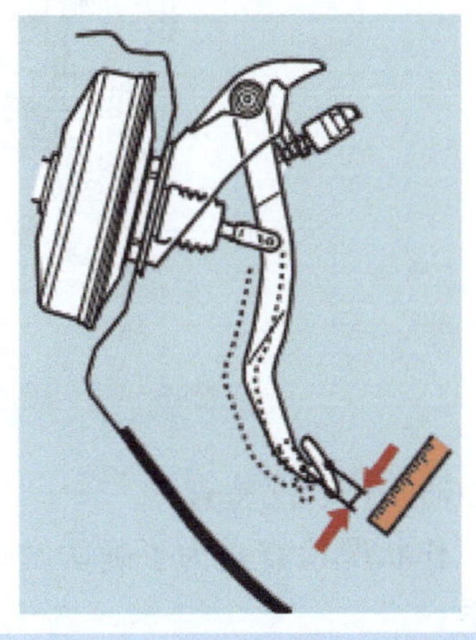
图 2-19-2　制动踏板的自由行程检查

制动踏板的自由行程确保了驾驶员不踩踏制动踏板时，制动主缸处于完成非工作状态，行车制动器不发生制动迟滞，一般制动踏板的自由行程在 10~30mm 范围内。

3）制动踏板余量检查。用力踩下制动踏板时与驾驶室底板留有适当距离，确保紧急制动时的踏板有效行程，如图 2-19-3 所示。

注释：在铺设驾驶员侧脚垫时，应选择适当厚度的脚垫，以确保紧急制动时必要的踏板余量！

4）制动踏板工作行程测量。发动机熄火状态踩踏制动踏板数次，完全释放真空助力，从制动踏板消除自由行程位置用力（约 490N 的力）踩下制动踏板，用直尺测量其移动的距离，如图 2-19-4 所示。

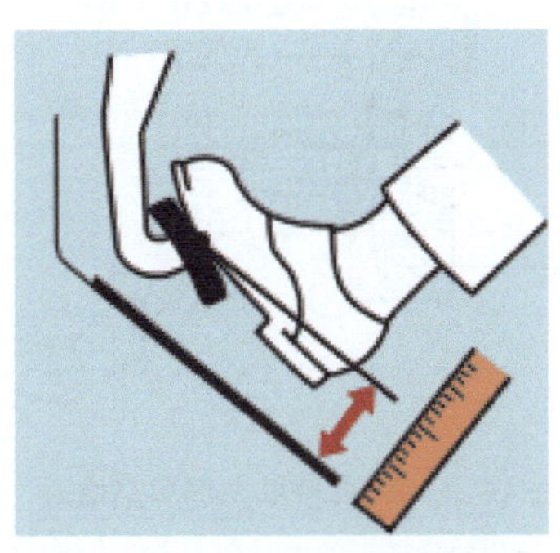
图 2-19-3　制动踏板余量检查

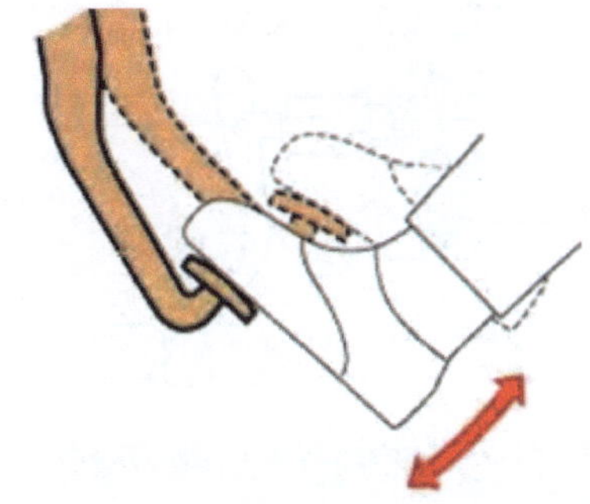
图 2-19-4　制动踏板的工作行程检查

2. 真空助力器工作状况测试

（1）真空助力器气密性检查

真空助力器气密性检查是为了确认“空气阀”工作状况（进气和密封）是否正常。

起动发动机运行 1min 左右后熄火，使真空助力器建立正常的真空度，然后连续地踩踏制动踏板，此时制动踏板会逐渐增高，如图 2-19-5 所示。

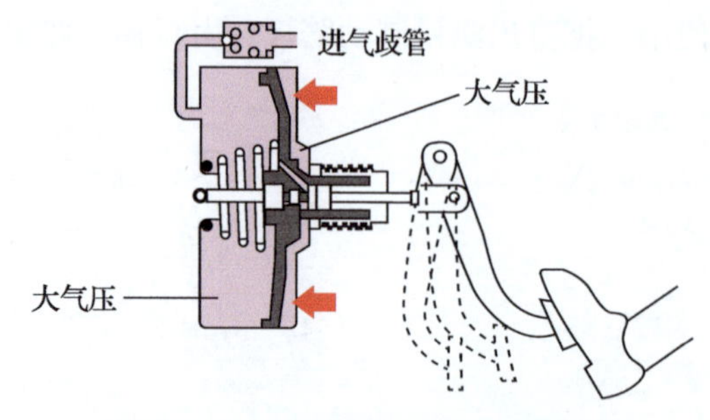

图 2-19-5　真空助力器气密性检查

（2）真空助力器工作状况检查

真空助力器工作状况检查是为了确认发动机起动后，建立了正常的进气歧管真空度对助力状况的影响关系。

1）发动机处于熄火状态，连续踩踏制动踏板，释放储存在真空助力器气室内的真空度，并让空气进入恒压室，保持制动踏板踩下状态。

2）起动车辆，进气歧管重新产生真空度，此时作用在真空助力器的变压室，使恒压室和变压室产生新的压力差，制动踏板会继续下沉，如图 2-19-6 所示。

（3）真空助力器真空检查

真空助力器真空检查是为了确认助力器的“真空阀”工作状况（进气和密封）是否正常。

1）起动车辆运行 1min 左右，确保真空助力器内部建立正常的真空度。

2）踩下制动踏板后，将发动机熄火并保持制动踏板踩下 30s 以上，确认制动踏板的高度没有变化（踏板不会逐渐下沉），如图 2-19-7 所示。

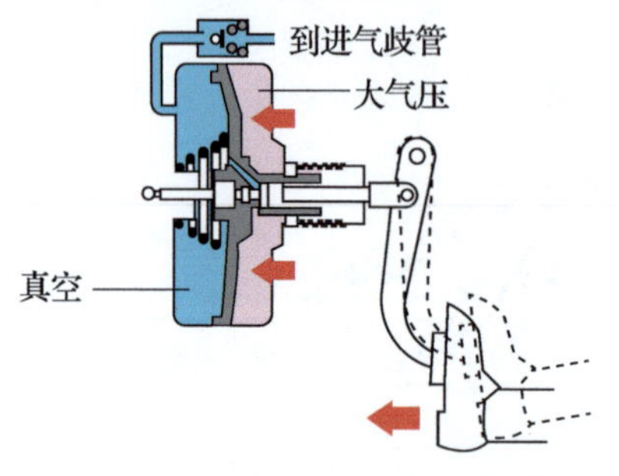

图 2-19-6　真空助力器工作状况检查

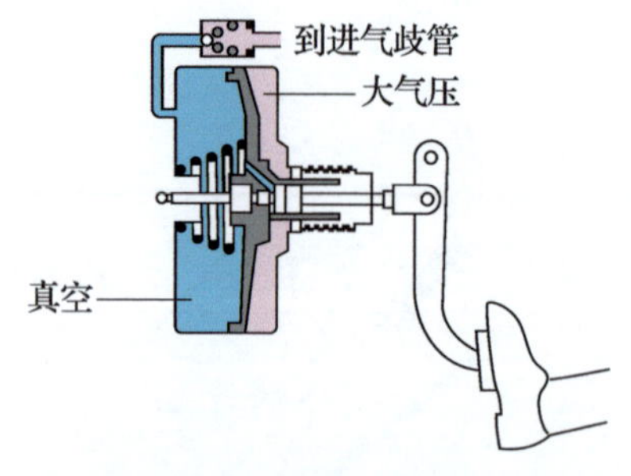

图 2-19-7　真空助力器真空检查

（二）行车制动装置相关知识点

1. 行车制动装置的作用及组成

驾驶员根据道路情况，控制车辆的行驶速度，以实现减速或准确停车控制，如图 2-19-8 所示。

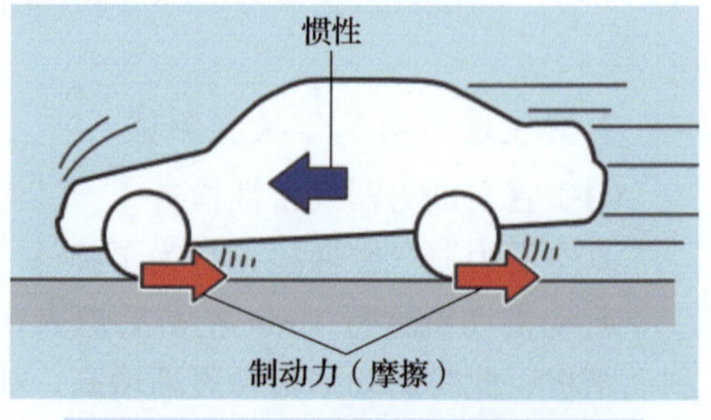

图 2-19-8　行车制动系统作用示意图

行车制动装置主要由制动踏板、带助力器的制动主缸、制动管路和制动器等部件组成，如图 2-19-9 所示。

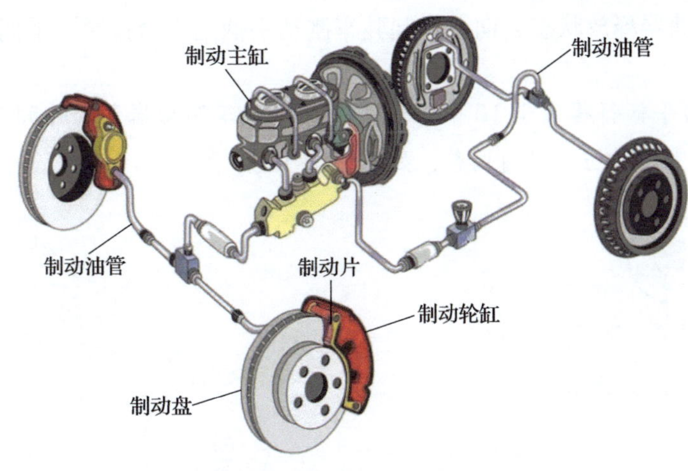

图 2-19-9 行车制动装置组成示意图

2. 行车制动器工作状态

当驾驶员踩下制动踏板时，推动制动主缸工作，将制动液通过制动管路压入制动轮缸，制动器产生制动力，实现车辆的减速或停车，如图 2-19-10 所示。

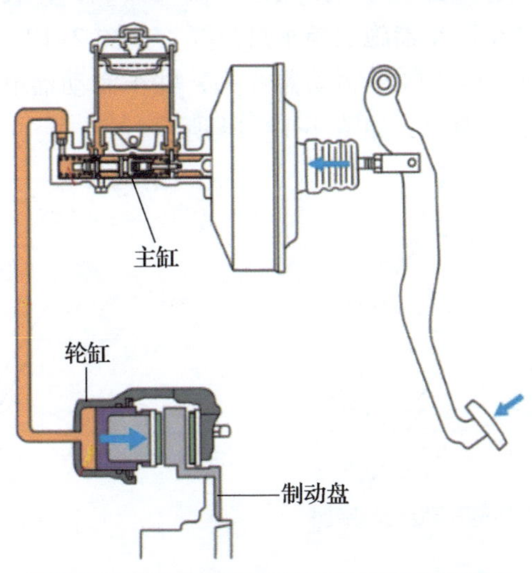

图 2-19-10 行车制动器工作状态示意图

二、驻车制动装置使用性能检查

（一）驻车制动装置使用性能检查的操作

现代汽车驻车制动装置主要有传统拉索式和电子式驻车制动装置两种类型。

1. 传统拉索式驻车制动装置使用性能检查

1）将驻车制动器手柄完全释放，仪表盘上的驻车指示灯应熄灭。

2）将驻车制动器手柄向上拉起一个棘轮响声位置，仪表盘上的驻车指示灯点亮，完全释放驻车制动器手柄后，仪表盘上的驻车指示灯应熄灭，确保行车时驻车制动器处于完全释放状态，否则会有指示灯点亮和声音提示等信号报警，如图 2-19-11 所示。

3）从驻车制动器释放状态，向上拉起驻车制动手柄至完全拉紧，手柄行程应有 6~9 个棘轮响位置。

注释：若制动手柄行程大于 10 个棘轮响，说明驻车制动器制动片和制动盘行程过大，应该通过缩短拉索长度的方法进行调整，如图 2-19-12 所示。

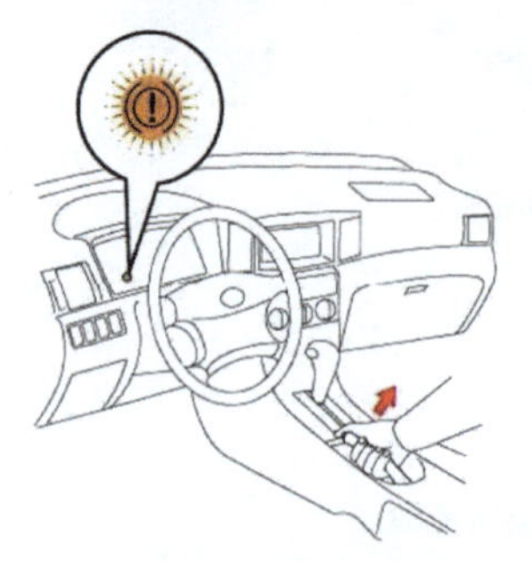

图 2-19-11　驻车制动器指示灯点亮状况检查

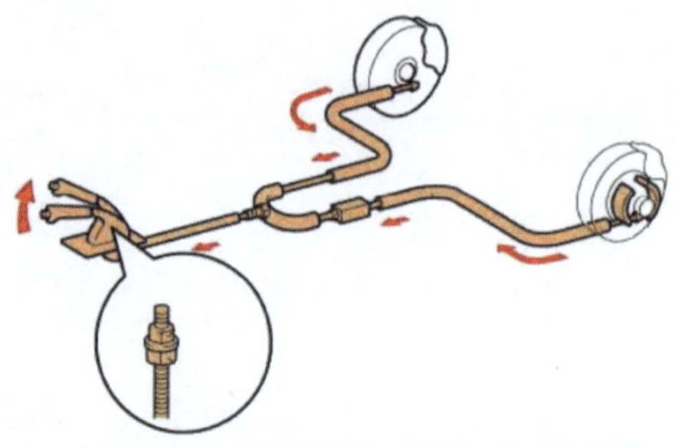

图 2-19-12　拉索式驻车制动器制动行程调整

2. 电子式驻车制动装置使用性能检查

1）驻车制动器处于解除状态，向上拉起驻车制动器开关，驻车制动器电动机应发出工作声音，同时仪表盘上的驻车制动器施加指示灯点亮，如图 2–19–13 所示。

2）踩下制动踏板，向下按压驻车制动器开关，驻车制动器电动机发出工作声音，同时仪表盘上的驻车制动器指示灯熄灭，如图 2–19–14 所示。

图 2–19–13　电子式驻车制动器施加

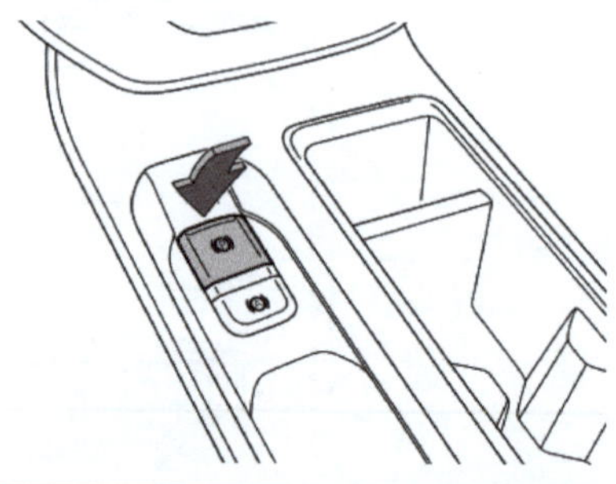

图 2–19–14　电子式驻车制动器释放

（二）驻车制动装置相关知识点

1. 驻车制动装置作用

在停车后施加驻车制动器是为了防止停车后溜车，并配合传动系统顺利实现车辆坡道起步。

2. 驻车制动器的结构

目前常用的驻车制动器有传统拉索式和电子操纵式两种类型。

（1）传统拉索式驻车制动器

由驻车制动器手柄、拉索和驻车制动器等组成，如图 2–19–15 所示。

1）完全松开操纵手柄时，驻车制动器不起作用。

2）向上拉起驻车制动器手柄后，通过拉索带动集成在后轮上的驻车制动器动作，施加驻车制动力。

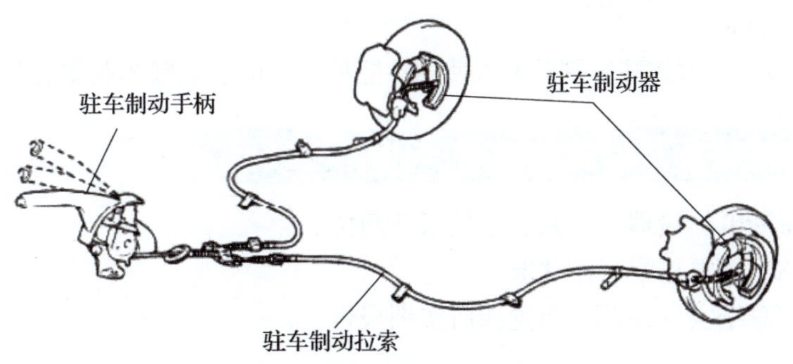

图 2-19-15 传统拉索式驻车制动器组成示意图

（2）电子式驻车制动器

现代汽车常用电子式驻车制动器，该驻车制动器省去了传统式拉索，与两后轮制动器集成于一体，由驱动电动机、减速机构和活动轮缸等组成。通过操控驻车开关，控制安装在后轮制动器上的驱动电动机带动制动卡钳动作，实现驻车制动器的施加和释放，如图 2-19-16 所示。

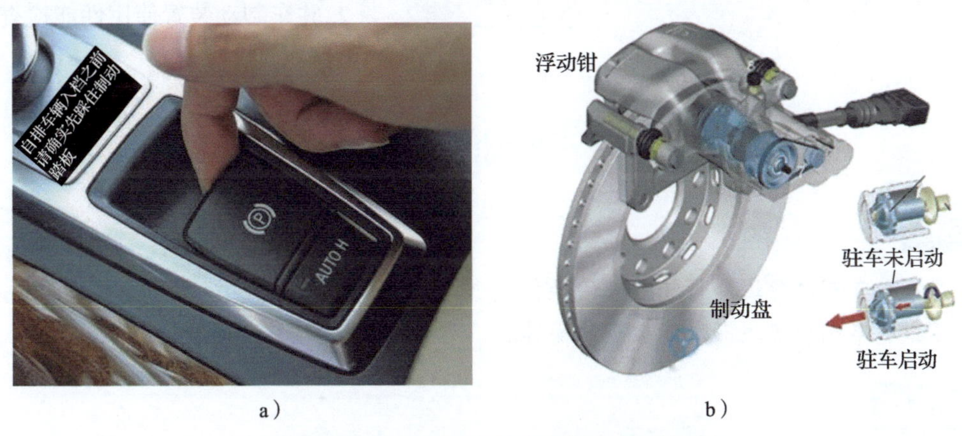

图 2-19-16 电子驻车制动器结构示意图

a）电子驻车制动器开关 b）与后轮制动器集成于一体的驻车制动装置

1）当向上拉起电子驻车器开关时，控制单元使驻车器电动机动作，通过减速机构带动轮缸运动，推动后轮制动器活塞移动，施加后轮制动力。

2）当向下按压电子驻车器开关时，控制单元使驻车器电动机反向动作，通过减速机构带动轮缸向回运动，后轮制动器活塞回弹，解除后轮制动。

学生训练

（一）行车制动装置使用状况检查操作

训练时间：10min。

训练过程：制动踏板使用性能检查，真空助力器工作状况测试。

（二）驻车制动装置使用性能检查操作

训练时间：10min。

训练过程：传统拉索式驻车制动装置使用性能检查，电子式驻车制动装置使用性能检查。

安全管理、场地恢复及授课总结（包含 5S 项目）

1）实习设备断电、清理，工具、量具清理归位。

2）车辆清洁后恢复正常工作状况。

3）指导教师总结实训课题，布置课后实训报告。

扫码看微课

微课内容：

1. 行车制动装置使用性能检查
2. 驻车制动装置使用性能检查

作业任务 20 制动器迟滞性能检查

项目目标

1）掌握行车制动器迟滞性能检查的操作。

2）掌握驻车制动器迟滞性能检查的操作。

训练前准备

1）常规准备工作（卫生清扫、场地安全确认、学生考勤等）。

2）车辆防护作业准备，包括翼子板布和前格栅布组件、室内防护三件套等。

3）长城哈弗 M6 PLUS 2021 款 1.5T 7DCT 尊贵智联版 SUV 车一辆。

教师示范讲解

一、行车制动器迟滞性能检查

（一）行车制动器迟滞性能检查的操作

1. 行车制动器迟滞状态检查准备工作

1）起动发动机预热后熄火，将车辆举升至车轮距地面约 0.5m 的高度位置，如图 2-20-1 所示。

图 2-20-1 制动迟滞检查时车辆的举升位置

2）用力踏下制动踏板数次，以便使制动间隙自动调整装置起作用。

2. 行车制动器迟滞状况检查

该项目操作由两人配合完成，一人在室内踩踏制动踏板，另一人在车外前后轮胎处进行制动器迟滞性检查。

1）起动发动机，完全松开驻车制动器。

2）左前轮驻车制动器迟滞检查。踩下制动踏板，车轮不能转动；完全松开制动踏板的瞬间转动车轮，判断是否能及时解除了制动，如图 2-20-2 所示。

3）按照此方法完成右前轮、右后轮和左后轮行车制动器迟滞状况的检查。

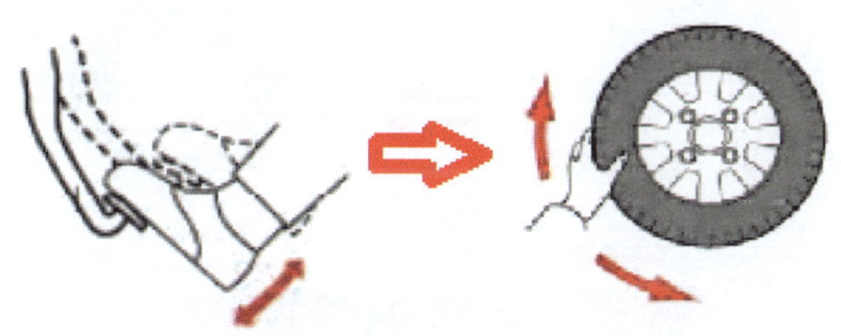

图 2-20-2 行车制动器迟滞状况检查

（二）行车制动器迟滞的相关知识点

1. 制动迟滞现象

制动迟滞是指驾驶员在完全松开制动踏板时，制动器不能及时解除或完全解除制动，导致运动阻力过大，造成制动器过热、异常磨损，增大了车辆行驶阻力，引起车辆加速迟缓、油耗增大等现象。

2. 制动迟滞原因分析

导致制动迟滞的原因很多，不同类型的制动系统故障部位也不同，现以常见的液压制动系统为例进行分析。

1）制动踏板没有自由行程，制动踏板回位弹簧折断或丢失。

2）制动主缸故障、制动轮缸锈蚀或卡滞。

3）制动片与制动盘间隙调整过小、制动片回位弹簧折断。

4）制动液过脏导致黏度过大，使得油液回流困难。

二、驻车制动器迟滞性能检查

（一）驻车制动器迟滞性能检查操作

驻车制动器一般安装在后轮，与后轮制动器组合成一个整体，有传统拉索式和电子式驻车制动器两种类型。

1. 传统拉索式驻车制动器迟滞性能检查

（1）驻车制动器迟滞状态检查准备工作

1）起动发动机预热后熄火，将车辆举升至车轮距离地面约0.5m的高度位置。

2）用力踏下制动踏板数次，以便使制动间隙自动调整装置起作用。

（2）驻车制动器迟滞性检查

该项目操作由两人配合完成，一人在室内拉动驻车制动器操控手柄，另一人在后车轮处检查驻车制动器迟滞性。

1）左后轮驻车制动器迟滞检查。拉紧驻车制动器手柄后，左后车轮不能转动；完全松开驻车制动器操控手柄的瞬间转动车轮，判断是否能及时解除制动，如图2-20-3所示。

2）右后轮驻车制动器迟滞检查，与左后车轮步骤相同。

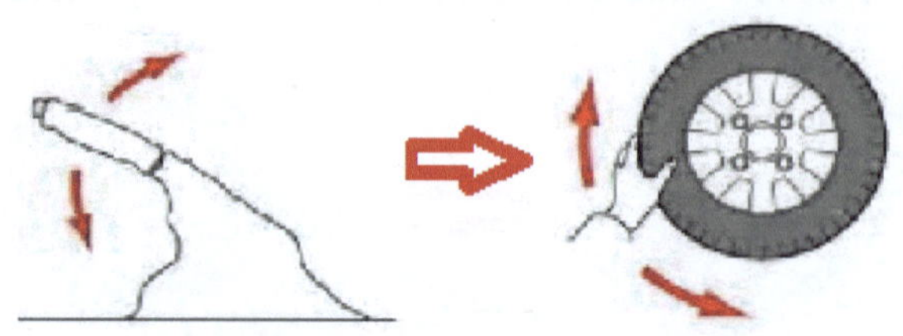

图2-20-3 驻车制动器迟滞状况检查

2. 电子式驻车制动器迟滞性能检查

（1）驻车制动器迟滞状态检查准备工作

1）起动发动机预热后熄火，将车辆举升至车轮距离地面约0.5m的高度位置。

2）用力踏下制动踏板数次，以便使制动间隙自动调整装置起作用。

（2）驻车制动器迟滞性检查

该项目操作由两人配合完成，一人在室内操纵电子驻车制动器操控开关，另一人在后车轮处检查驻车制动器迟滞性。

1）后轮驻车制动器迟滞检查。向上拉动驻车制动施加开关，能听到后面两车轮处驻车电动机工作声，车轮不能转动。

2）踩下制动踏板，向下按下驻车制动器释放开关，能听到后部车轮处驻车电动机工作声，完全松开制动器的瞬间，检查车轮是否及时解除制动，判断车轮有无制动迟滞存在。

（3）车辆施加驻车制动状态下起步时的驻车制动自动解除检查

1）车辆停在路面上，保持驻车制动器施加状态。

2）起动车辆后将档位由P位挂入除N位之外的任何档位。

3）轻踩加速踏板，此时会听到解除驻车制动发出的电动机工作声，车辆随即平顺起步。

（二）驻车制动器迟滞的相关知识点

1. 驻车制动器迟滞的原因

1）驻车制动器迟滞是指释放驻车制动手柄的瞬间，制动盘与制动片（制动鼓与制动蹄片）间没有迅速脱离接触，两者仍处于接触状态，车辆行驶时会导致制动器过热、能耗增加，影响制动安全性能。

2）驻车制动器迟滞的原因：后轮驻车制动器摩擦元件间隙过小，制动片回位不良，制动轮缸卡滞等。

2. 电子式驻车制动器使用要点

1）对于安装电子式驻车制动器的车辆，当施加驻车制动器后，车辆起步时应缓踩加速踏板，使车辆自动解除施加在后轮上的驻车制动，无需通过操纵控制开关提前解除驻车制动。

2）车辆在没有自动解除驻车制动前动作，若加速踏板加速过激，会引起驻车制动器的异常磨损。

学生训练

（一）行车制动器迟滞性能检查操作

训练时间：10min。

训练过程：行车制动器迟滞状态检查准备工作，行车制动器迟滞状况检查。

（二）驻车制动器迟滞性能检查操作

训练时间：10min。

训练过程：传统拉索式驻车制动器迟滞性能检查，电子式驻车制动器迟滞性能检查。

安全管理、场地恢复及授课总结（包含 5S 项目）

1）实习设备断电、清理，工具、量具清理归位。

2）车辆清洁后恢复正常工作状况。

3）指导教师总结实训课题，布置课后实训报告。

扫码看微课

微课内容：

1. 行车制动器迟滞性检查
2. 驻车制动器迟滞性检查

第三单元 汽车维护与保养作业中的重要操作项目

内容简介

本单元包括 17 个作业任务，主要内容是汽车 10000km 定期维护作业流程之外的其他重要操作项目，这些项目在汽车日常的维护与保养作业中经常使用，对学生全面掌握汽车维护操作流程是非常必要的。

主要实训器材、设备

1）成套常用工具、量具、专用工具及新能源汽车维修工具等。

2）与车辆维护与保养配套的举升机两台，车辆室内、室外防护用品若干。

3）长城哈弗 M6 PLUS 2021 款 1.5T 7DCT 尊贵智联版 SUV 车一辆。

4）大众速腾 1.8T（BPL）汽油发动机一台。

5）大众迈腾 1.8T（TSI）缸内直喷汽油发动机一台。

6）解放牌 CA1041 型货车 6102 型汽油发动机一台。

7）长城哈弗 M6 PLUS 1.5T GW4G15F 型汽油发动机一台。

8）一汽大众捷达 2006 款轿车一辆。

实训教学目的

1）发动机气缸密封性能测试。

2）进气歧管真空度及曲轴箱通风检测。

3）发动机正时带（链）更换作业。

4）发动机气门间隙检查及调整。

5）冷却液更换及冷却系统重要部件检查。

6）进气系统维护与保养。

7）发动机润滑系统检查及机油定期更换。

8）动力传动系统性能检查。

9）电控液力自动变速器维护。

10）盘式制动器检修。

11）鼓式制动器检修。

12）制动液更换操作。

13）车辆四轮定位操作。

14）车轮动平衡和轮胎换位操作。

15）蓄电池使用状况检查。

16）火花塞检查及更换操作。

17）新车走合保养。

教学组织

（一）教师职责

1）根据各课题的特点设计教学进程，力争做到各项目有序实施。

2）在教学过程中详细讲解操作任务的作业流程、操作步骤、技术规范及注意事项，让学生在完成实训任务的同时，掌握与之相关联的理论知识，形成一套完善的理论与实践结合的新体系。

3）及时解决学生实训操作过程中遇到的相关问题，对共性疑惑集中讲解，个别问题单独处理，实现分层次教学目标。

4）老师根据学生操作过程中存在的优、缺点予以点评，促进学生基础理论和基本技能的巩固及提升。

5）指导学生完成课后实训报告。

（二）学生安排

1）学生分组训练，每组 4 人，一名学生操作，另一名学生进行操作前的准备工作，其他两名学生检查点评。

2）操作完成后，角色相互交换，另一名学生完成实训操作训练。

3）每组同学全部完成实训任务后，由小组长组织讨论，将实训中的主要收获、存在问题认真总结并记录，写出心得体会。

4）完成实训报告，将实训过程中存在的问题及时反馈给指导教师。

作业任务 1 发动机气缸密封性能测试

项目目标

1）掌握发动机气缸压力检测的操作。

2）掌握发动机气缸漏气率检测的操作。

训练前准备

1）常规准备工作（卫生清扫、场地安全确认、学生考勤等）。

2）车辆防护作业准备，包括翼子板布和前格栅布组件、室内防护三件套等。

3）长城哈弗 M6 PLUS 2021 款 1.5T 7DCT 尊贵智联版 SUV 车一辆。

4）长城哈弗 M6 PLUS 1.5T GW4G15F 型汽油发动机一台。

5）气缸压力检测表一套，气缸漏气率检测仪一台。

教师示范讲解

发动机气缸密封性是车辆动力性能的一项决定性指标，其检测方法有两种，一是气缸压

力检测法，二是气缸漏气率检测法。

一、发动机气缸压力的检测

（一）发动机气缸压力的检测操作

1. 气缸压力表

目前燃油车辆主要有汽油机和柴油机两种类型，一般情况下汽油机的压缩比相对于柴油机要小，因此气缸压力表分为汽油机和柴油机两种类型，两者的区别主要在汽油机气缸压力表量程较小，而柴油机气缸压力表量程较大。

1）汽油机气缸压力表量程一般在 0~3.0MPa 范围内，如图 3–1–1 所示。

2）柴油机气缸压力表量程一般在 0~6.0MPa 范围内，如图 3–1–2 所示。

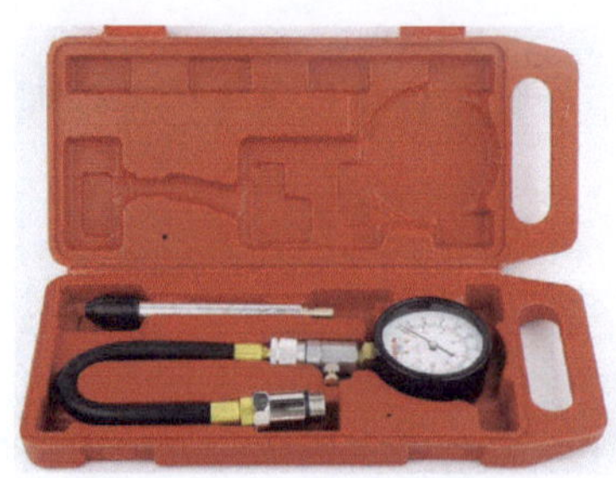

图 3–1–1　汽油机气缸压力表

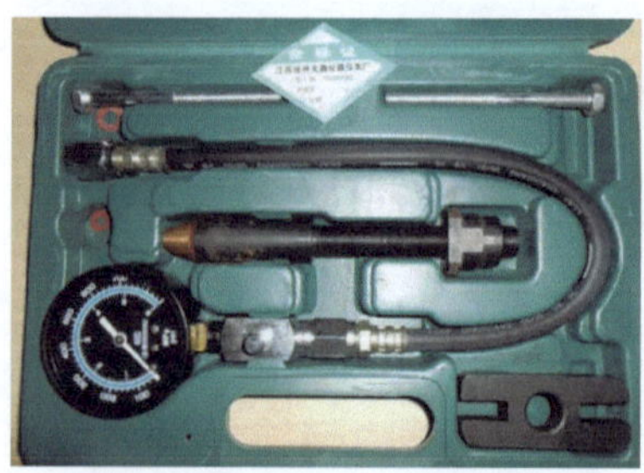

图 3–1–2　柴油机气缸压力表

2. 发动机气缸压力的检测

现以长城哈弗 M6 用 GW4G15F 汽油发动机为例，进行气缸压力的测试。

1）起动发动机运行到正常工作温度后，将发动机熄火。

2）气缸压力测试前用万用表测量蓄电池的起动电压，确保蓄电池处于良好的使用状态，如图 3–1–3 所示。

注释： 发动机做气缸压力测试时，蓄电池的使用状况会影响测试结果的准确性。

3）断开所有与火花塞和喷油器相连接的电气插头后，再拆下火花塞，用压缩空气吹净气缸盖上火花塞周围的灰尘，如图 3–1–4 所示。

图 3–1–3　气缸压力测试时蓄电池状况良好

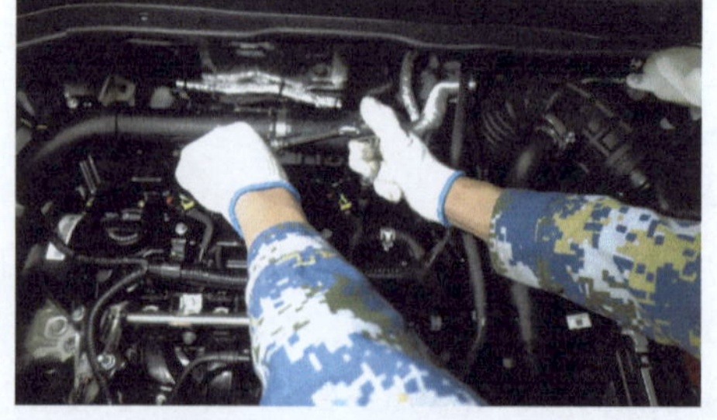

图 3–1–4　气缸压力测试准备工作——拆卸火花塞

4）用火花塞专用工具拆下所有火花塞，将气缸压力表的测试头与火花塞螺纹比较，确保气缸压力表接入气缸盖上的火花塞安装孔，如图 3–1–5 所示。

5）气缸压力测试需两人配合完成，一人将气缸压力表测量杆按压在被测量气缸的火花塞安装孔处，并确保气缸压力表测试接口与火花塞安装口间密封性良好；另一人在驾驶室内操纵点火开关，为确保节气门处于全开状态，将加速踏板踩到底。

6）发动机在起动机带动下运行，记录测试气缸的压力值，每个气缸测试三次，三次测试结果的平均值记录为该缸的气缸压力值，如图 3-1-6 所示。

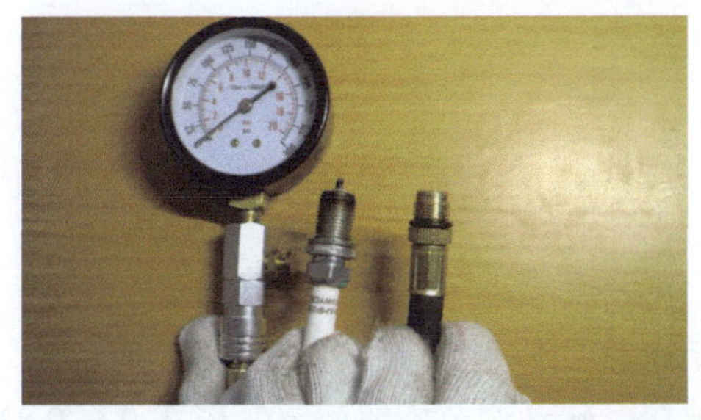
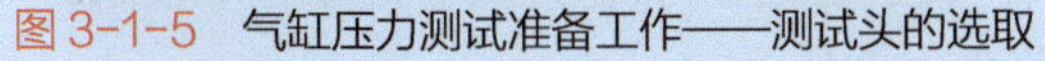
图 3-1-5 气缸压力测试准备工作——测试头的选取

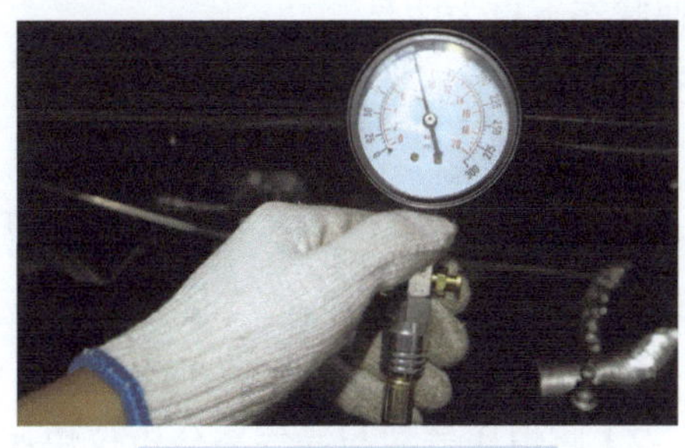
图 3-1-6 气缸压力测试

7）用上述测量方法测量其他各缸，并将各缸测试结果记录在表 3-1-1 中。

表 3-1-1 发动机气缸压力测试记录表

发动机型号		车辆 VIN		
测试气缸	第一缸	第二缸	第三缸	第四缸
第一次测量				
第二次测量				
第三次测量				
气缸压力值				
测试结果分析				

3. 发动机气缸压力测试结果分析

1）发动机气缸压力标准：

①一般情况下汽油机气缸压力在 0.9~1.2MPa 之间，且各缸的气缸压力差值≤ 5%。

②一般情况下柴油机气缸压力在 1.7~2.2MPa 之间，且各缸的气缸压力差值≤ 5%。

2）若某一气缸压力值较小时，应在该气缸中加入 20~30mL 的机油，重新测量气缸压力，若气缸压力有明显的升高，说明气缸压力不足是由该缸活塞、活塞环和气缸密封性不良引起的；若气缸压力没有明显提升，说明气缸压力不足是由气门与气门座圈密封性不良引起的。

3）若相邻两气缸压力明显偏低，表明相邻缸间气缸垫发生窜气损坏。

4）起动机性能和蓄电池状况对气缸压力测试结果影响较大，因此气缸压力测试结果仅为发动机密封性能的一项参考选项。

（二）发动机气缸压力测试相关知识点

1）气缸密封性是发动机性能的主要指标之一，气缸密封性好坏直接关系到发动机的动

力性、经济性和排放达标性能。气缸密封性主要是由气门与气门座圈的密封性和活塞、活塞环、气缸的密封性决定的，无论哪一方面性能变差，都会引起气缸密封性能的降低。

2）对同一台发动机而言，除要求各缸的气缸压力在规定的范围值内，同时要求各缸的气缸压差不大于 5%，若差值过大会引起发动机曲轴转动不平稳，导致发动机抖动，特别是怠速状态下更为明显。

二、发动机气缸漏气率的检测

（一）发动机气缸漏气率的检测操作

1. 气缸漏气率分析仪的检查

1）观察分析仪上仪表的指针位置，应该指向“0”位置刻度，如图 3-1-7 所示。

2）将恒压气源与漏气率分析仪快速插头连接，转动调节旋钮调节气压在 0.6~0.8MPa 之间，此时左、右两侧压力表指示应相等，如图 3-1-8 所示。

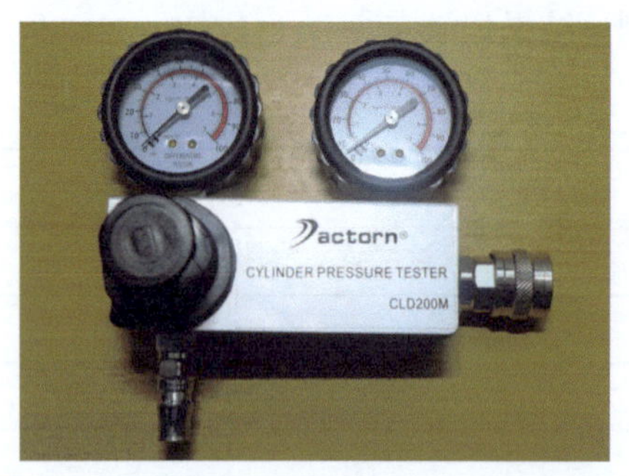

图 3-1-7　气缸漏气率分析仪检查——仪表校准

图 3-1-8　气缸漏气率分析仪检查——仪表检验

2. 气缸漏气率检测操作

1）起动车辆运行到正常的工作温度后，将发动机熄火。

2）用专用工具拆下所有火花塞，将气缸漏气率测试头与火花塞螺纹比对，选择适当的测试头，如图 3-1-9 所示。

图 3-1-9　气缸漏气率测试头比对选择

3）转动发动机曲轴，找到某缸上止点位置，确认为压缩上止点后，将带测试头的管路与该缸火花塞螺纹孔连接好（确保不漏气），如图 3-1-10 所示。

4）用专用工具固定飞轮确保曲轴不能转动，然后进行该缸漏气率检测，如图 3-1-11 所示。

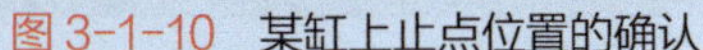
图 3-1-10 某缸上止点位置的确认

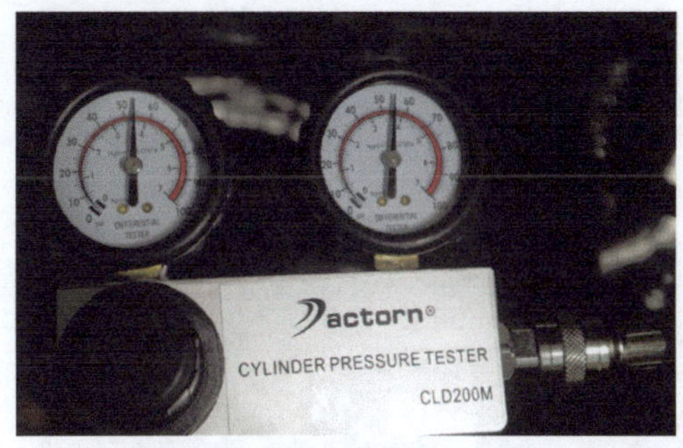

图 3-1-11 气缸漏气率检测

5）转动气压调节旋钮，将供压端气压调至 0.6~0.8MPa，观察与气缸相连的压力表端压力，测量数据及时填入表 3-1-2 中。

表 3-1-2 发动机漏气率分析表

发动机型号		车辆 VIN		
测试气缸	第一缸	第二缸	第三缸	第四缸
供气端压力				
气缸端压力				
漏气量				
漏气率				
漏气部位	节气门部位 □ 排气管部位 □ 机油加注口 □ 散热器盖口 □	节气门部位 □ 排气管部位 □ 机油加注口 □ 散热器盖口 □	节气门部位 □ 排气管部位 □ 机油加注口 □ 散热器盖口 □	节气门部位 □ 排气管部位 □ 机油加注口 □ 散热器盖口 □
测试结果分析				

注：漏气量 = 供气端压力 − 气缸端压力；漏气率 = 漏气量 / 供气端压力。

6）按照发动机工作顺序（如 1–3–4–2），确定各缸压缩上止点，完成气缸漏气率检测，及时记录测量值，根据测量值完成发动机漏气率计算。

3. 发动机漏气率分析

1）发动机各缸漏气率不大于 15% 即为正常，此时无需查找具体的漏气部位。

2）若漏气率大于 15% 就要查找漏气部分，分析气缸密封性差的原因，根据漏气部位采取不同的维修措施，恢复发动机正常的密封性能。具体方法如下：

①保持气缸漏气率分析仪接通状态，检查排气管端是否有气体泄漏（仔细听是否有漏气声），如图 3-1-12 所示，泄漏是由排气门与排气门座圈密封不良引起的。

②拆下节气门体进气软管，保持气缸漏气率分析仪接通状态，检查节气门体入口位置是否有气体泄漏，如图 3-1-13 所示，泄漏是由于进气门与进气门座圈密封不良引起的。

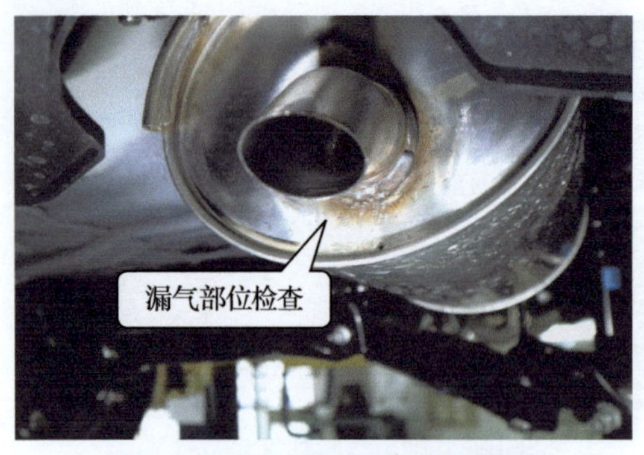

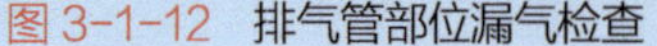
图 3-1-12　排气管部位漏气检查

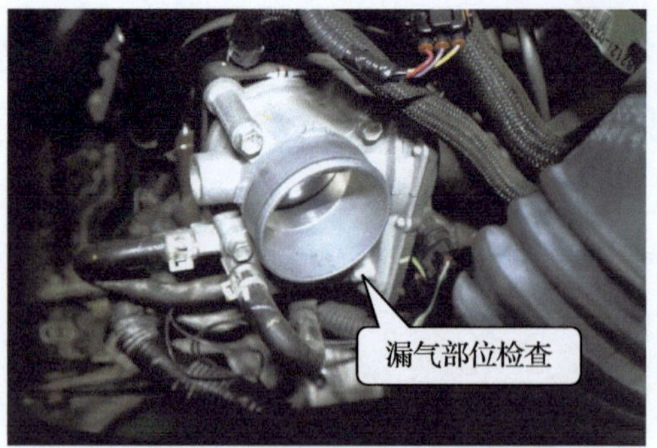

图 3-1-13　节气门体位置漏气检查

③拆下机油加注口盖，保持气缸漏气率分析仪接通状态，检查机油加注口位置是否有气体泄漏，如图 3-1-14 所示，泄漏是由气缸、活塞和活塞环密封不良引起的。

④拆下散热器盖，保持气缸漏气率分析仪接通状态，检查散热器盖加注口位置是否有气体泄漏，如图 3-1-15 所示，泄漏是由气缸垫上水套位置损坏引起的。

图 3-1-14　机油加注口位置漏气检查

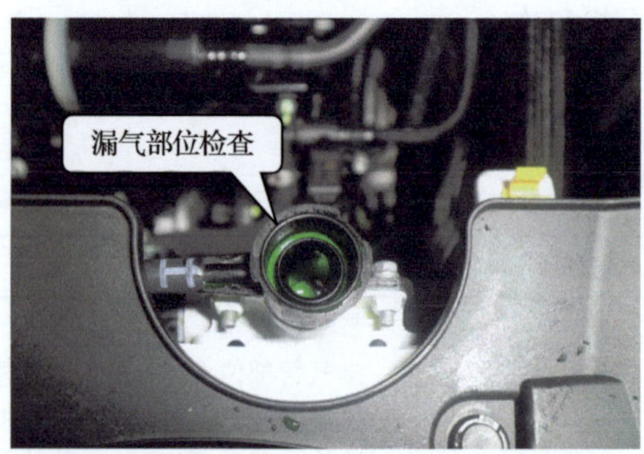

图 3-1-15　散热器盖加注口位置漏气检查

（二）发动机气缸漏气率相关知识点

1）在检测发动机气缸密封性时，气缸漏气率分析仪与气缸压力表检测相比，前者不受曲轴转速的影响，测试结果更为精准。

2）当气缸漏气率测量值较低时，可以准确找到漏气部位，目前使用较为广泛。

学生训练

（一）发动机气缸压力的检测操作

训练时间：20min。

训练过程：认识气缸压力表，发动机气缸压力的检测，发动机气缸压力测试结果分析。

（二）发动机气缸漏气率的检测操作

训练时间：20min。

训练过程：气缸漏气率分析仪的检查，气缸漏气率检测操作，发动机漏气率测试结果分析。

安全管理、场地恢复及授课总结（包含 5S 项目）

1）实习设备断电、清理，工具、量具清理归位。

2）车辆清洁后恢复正常工作状况。

3）指导教师总结实训课题，布置课后实训报告。

扫码看微课

微课内容：

1. 发动机气缸压力检测
2. 发动机气缸漏气率检测

作业任务 2 进气歧管真空度及曲轴箱通风检测

项目目标

1）掌握进气歧管真空度检查的操作。

2）掌握曲轴箱通风装置检查的操作。

训练前准备

1）常规准备工作（卫生清扫、场地安全确认、学生考勤等）。

2）车辆防护作业准备，包括翼子板布和前格栅布组件、室内防护三件套等。

3）长城哈弗 M6 PLUS 2021 款 1.5T 7DCT 尊贵智联版 SUV 车一辆。

4）进气歧管检测用真空压力表一套。

教师示范讲解

一、进气歧管真空度的检查

（一）进气歧管真空度的检查操作

1. 发动机进气歧管真空度检查

1）检查发动机真空压力表，指针应指在零位，如图 3–2–1 所示。

2）发动机预热到正常工作温度后熄火，在节气门后方进气歧管的适当位置连接真空压力表，如图 3–2–2 所示。

3）起动车辆怠速运行，真空压力表的真空度应该在 50~55kPa 之间，真空压力表指针波动量比较小，一般波动值≤ 5%，如图 3–2–3 所示。

4）提高发动机转速，使节气门缓慢打开，节气门后方真空度会逐渐减小，随着节气门处

于全开（发动机空载转速＞3000r/min）状态时，真空度应下降到45~50kPa，如图3–2–4所示。

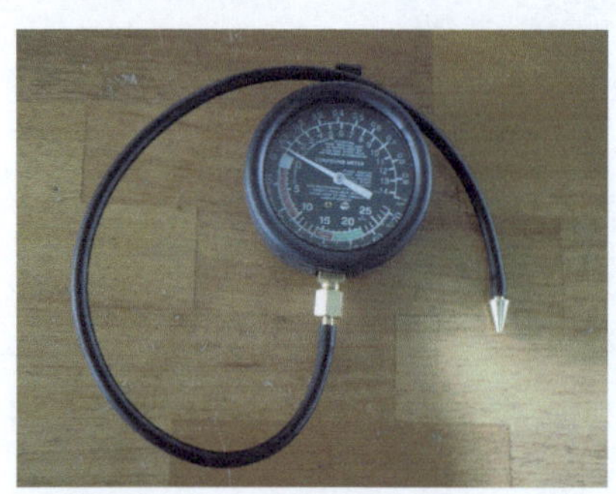

图3-2-1　检查真空压力表的性能

图3-2-2　进气歧管真空压力表连接

图3-2-3　发动机怠速运行时真空度测试

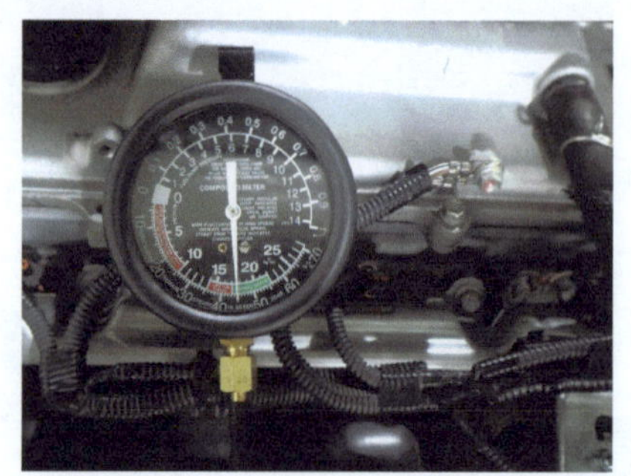

图3-2-4　发动机节气门全开运行时真空度测试

5）发动机恢复到怠速状态，突然踩下加速踏板，曲轴转速会迅速提升，再松开加速踏板恢复至怠速运行状态，此时真空度的变化为：50~55kPa（怠速正常值）→0kPa→70kPa→50~55kPa（怠速正常值）。

6）发动机熄火后，进气歧管真空度指向零位，进气歧管真空度测试完毕。

2. 发动机进气歧管真空度标准

1）发动机怠速运转时，节气门后方的真空度为50~55kPa，真空压力表波动范围≤5%。

2）随着发动机转速提升，节气门后方的真空度会逐渐减小，当加速踏板踩到底时，节气门后方的真空度最小为45kPa左右。

3. 发动机进气歧管真空度结果分析

1）发动机怠速运行时，若真空度过小且摆动不大，说明气缸密封不良或进气歧管有漏气部位。

2）发动机怠速运行时，真空表指针摆动量较大，说明有些进气门密封不良。

3）点火时间过早或迟后、混合气过稀或过浓、排气管路堵塞等因素，都会引起节气门后方真空度过小，应查找相关故障原因。

（二）进气歧管真空度的相关知识点

（1）发动机进气歧管真空度产生的原因

汽油发动机进气行程活塞下移，进气门打开将气体吸入气缸，由于节气门处于非完全打开状态，阻碍了气体进入，会在节气门后方的进气歧管内产生真空度，如图3–2–5所示。

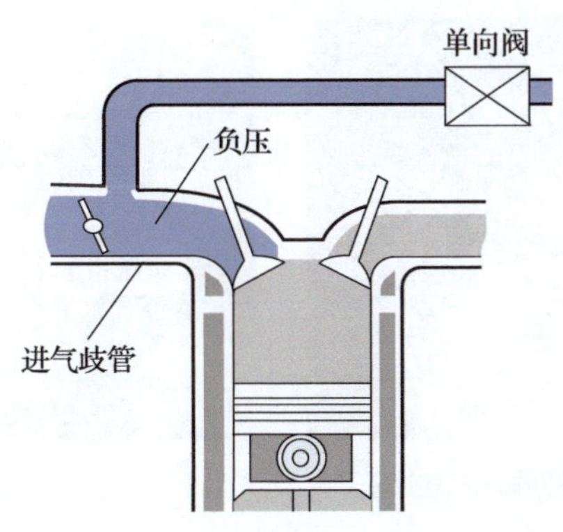

图 3-2-5　节气门后方产生真空度示意图

（2）节气门后方真空应用

1）有些发动机进气歧管上安装有压力传感器，通过测量进气歧管压力的大小，转化为发动机进气量多少的信号。

2）将进气歧管产生的真空度引入真空助力制动装置，提升制动器的助力性能。

3）将分析节气门后方的真空度，作为发动机运行状况的一种辅助诊断方式。

二、曲轴箱通风装置的检查

（一）曲轴箱通风装置的检查操作

1. 曲轴箱通风的检查

1）发动机预热到正常工作温度后熄火，拔下机油尺，将带软管的真空压力表接在机油尺接口处，确保连接软管与机油尺接口密封良好，如图 3-2-6 所示。

2）起动发动机怠速工作，观察真空压力表指针的显示，此时真空压力表指示不变（与外界压力相同），如图 3-2-7 所示。

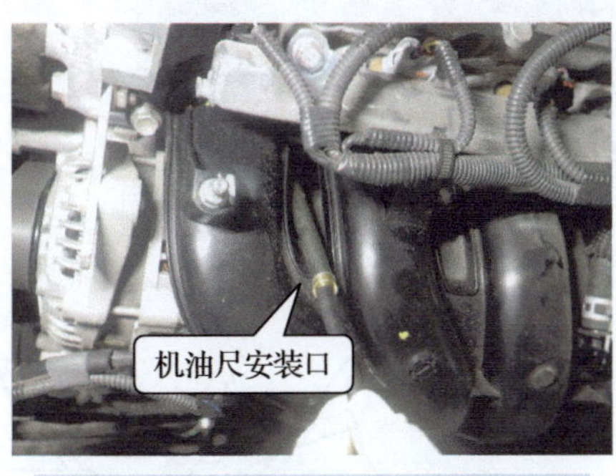

图 3-2-6　曲轴箱通风检查准备工作

图 3-2-7　曲轴箱内压力检测

3）发动机熄火后，将进入曲轴箱的新鲜空气软管拔下，用手堵住曲轴箱上的进气口，如图 3-2-8 所示。

4）再次起动发动机后怠速运转，此时真空压力表产生负压，说明曲轴箱通风装置（PCV 阀）工作正常，如图 3-2-9 所示。

图 3-2-8　拔下曲轴箱新鲜空气软管

图 3-2-9　曲轴箱通风状况检查

2. 曲轴箱通风检查结果分析

1）发动机正常运行时，若测试真空压力表指示为“0”，说明曲轴箱通气阀 PCV 工作状况良好。

2）若发动机运行时曲轴箱内有正压或负压，说明曲轴箱通风装置工作不良，应进一步对通风软管和通风阀 PCV 进行检修。

3. 曲轴箱通风装置的维护

1）曲轴通风软管连接状况应良好，不得有破损和泄漏，通风软管接头牢固，如图 3-2-10 所示。

2）若曲轴箱通风装置出现正压，应拆下 PCV 通气阀进行清洗，如图 3-2-11 所示。

图 3-2-10　曲轴箱通风软管检查

图 3-2-11　曲轴箱通风阀清洗

（二）曲轴箱通风装置相关的知识点

1. 曲轴箱通风的必要性

1）发动机工作时，活塞、活塞环和气缸的密封处会有部分可燃混合气通过气缸与活塞间的缝隙窜入曲轴箱，在曲轴箱内产生压力，影响发动机的正常工作，如图 3-2-12 所示。通过曲轴箱强制通风装置将其内的气体导入进气歧管，使这些气体继续参与燃烧，可确保曲轴箱内外压力平衡，实现尾气排放达标。

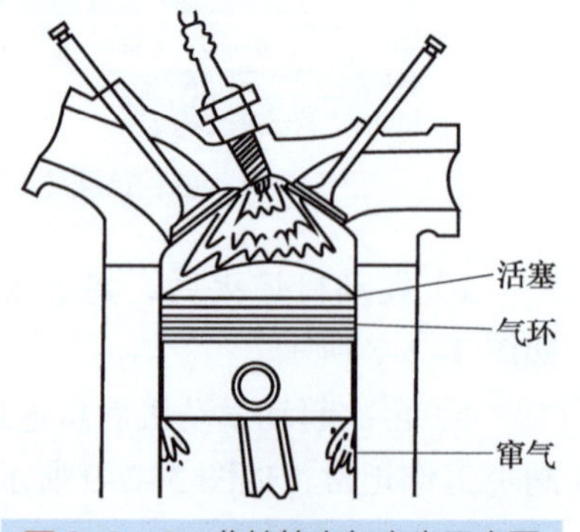

图 3-2-12　曲轴箱窜气产生示意图

2）曲轴箱积存“窜气”的危害如下：

①大量气体在曲轴箱内积存会产生压力，减小发动机的做功压力，污染机油，同时还会引起发动机油封和密封垫等部位渗漏机油。

②该气体含有大量的 CH 等有机成分，若直接排入大气，会造成空气污染和燃料浪费，因此必须采取措施对曲轴箱窜气进行处理。

2. 曲轴箱窜气处理的方式

曲轴箱窜气处理的方式有两种，分别为自然通风法和强制循环通风法。

1）自然通风法。在曲轴箱侧壁上连接通气孔，直接将曲轴箱内的废气排到大气中，通过上端机油加注口上的滤清器过滤进入曲轴箱的空气，确保了曲轴箱内外间气压的平衡，如图 3-2-13 所示，现代汽车基本上不采用这种曲轴箱通风方式。

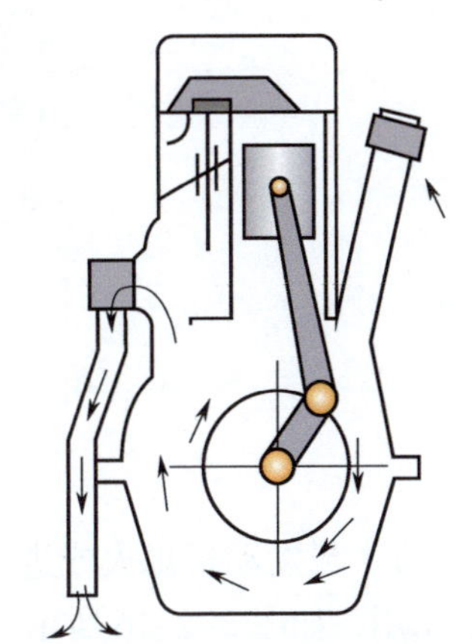
图 3-2-13 曲轴箱自然通风法

2）曲轴箱强制循环通风法。发动机工作时，通过与进气歧管相连接的曲轴箱通气阀（PCV 阀）与曲轴箱相连接，将曲轴箱内产生的窜气吸入进气系统重新燃烧，避免了曲轴箱内的气体排入大气产生污染，同时节气门前方的新鲜空气进入曲轴箱，实现了曲轴箱内外气压的平衡，如图 3-2-14 所示。

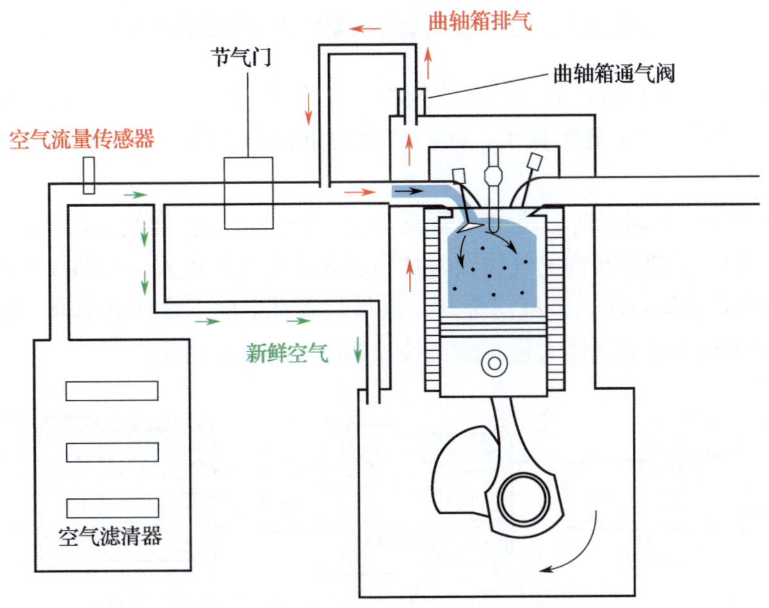

图 3-2-14 曲轴箱强制循环式通风装置示意图

拓展提升 ——曲轴箱强制通风装置的工作过程

发动机工作时，节气门后方产生真空度，根据发动机不同工况曲轴箱通气阀（PCV 阀）开度将发生变化，确保了曲轴箱内部通风状况良好，如图 3-2-15 所示。

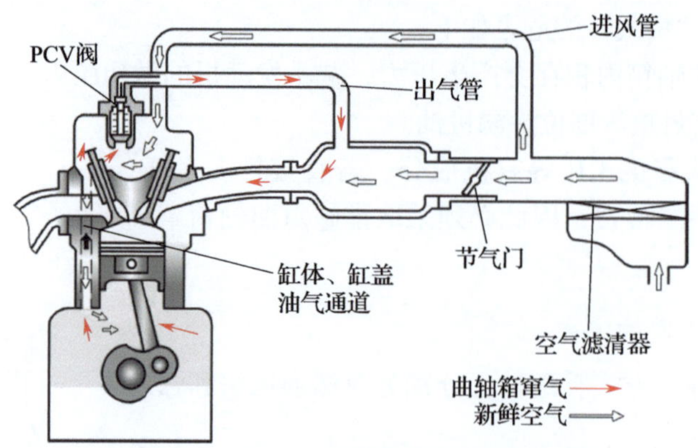

图 3-2-15　曲轴箱强制通风装置工作示意图

1）当发动机熄火或进气歧管回火时，PCV 阀被回位弹簧关闭，曲轴箱强制通风装置不起作用，如图 3-2-16 所示。

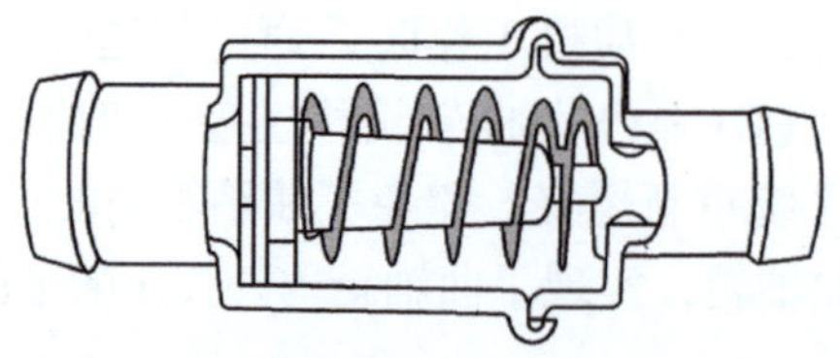

图 3-2-16　发动机停机或回火状态 PCV 阀工作状态

2）当发动机怠速运行时，节气门开度较小，进气歧管真空度较大，阀芯被吸靠向阀座，曲轴箱内窜气只能通过阀的缝隙流出，此时气体流量较小，确保了发动机怠速运行的稳定，如图 3-2-17a 所示。

3）发动机中等负荷运行时，进气歧管真空度下降，阀芯在弹簧作用下离开阀座，使通风量适当加大，确保了曲轴箱内的气体及时抽出和新鲜空气的进入，如图 3-2-17b 所示。

4）发动机全负荷运行时，节气门全开，进气歧管真空度下降到最小值，阀芯完全打开，通气量最大，曲轴箱内新旧气体大量对流交换，如图 3-2-17c 所示。

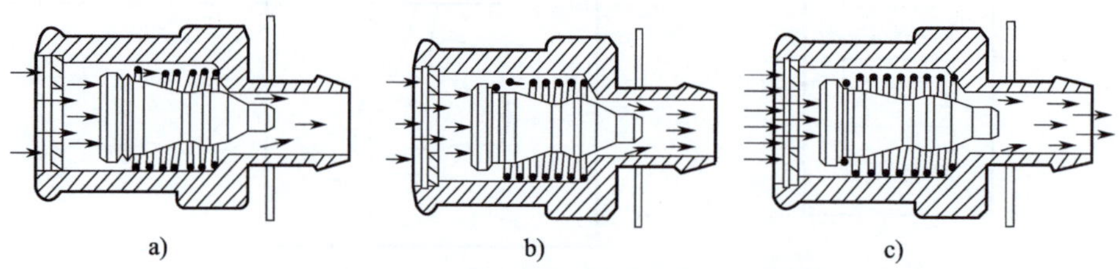

图 3-2-17　发动机工作时 PCV 阀工作状态

a）怠速运行　b）中等负荷运行　c）全负荷运行

学生训练

（一）进气歧管真空度的检查操作

训练时间：20min。

训练过程：发动机进气歧管真空度检查，发动机进气歧管真空度标准，发动机进气歧管真空度结果分析。

（二）曲轴箱通风装置的检查操作

训练时间：20min。

训练过程：曲轴箱通风的检查，曲轴箱通风检查结果分析，曲轴箱通风装置维护。

安全管理、场地恢复及授课总结（包含5S项目）

1）实习设备断电、清理，工具、量具清理归位。

2）车辆清洁后恢复正常工作状况。

3）指导教师总结实训课题，布置课后实训报告。

扫码看微课

微课内容：

1. 进气歧管真空度检查
2. 曲轴箱通风装置检查

作业任务3 发动机正时带（链）更换作业

【项目目标】

1）掌握发动机正时带维护及更换操作。

2）掌握发动机正时链检查及更换操作。

【训练前准备】

1）常规准备工作（卫生清扫、场地安全确认、学生考勤等）。

2）车辆防护作业准备，包括翼子板布和前格栅布组件、室内防护三件套等。

3）大众速腾1.8T（BPL）汽油发动机一台。

4）大众迈腾1.8T（TSI）缸内直喷汽油发动机一台。

【教师示范讲解】

汽油发动机一般为四冲程顶置凸轮轴式结构，曲轴和进、排气凸轮轴之间靠正时带或正时链传递运动，两者间有着严格的对应关系，即曲轴旋转两圈、凸轮轴转动一圈，确保了发动机有正确的配气相位，图3-3-1所示为正时带式配气传动机构，图3-3-2所示为正时链式配气传动机构。

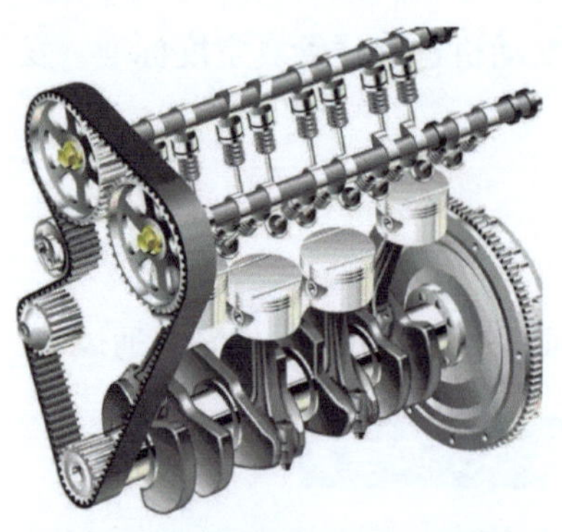

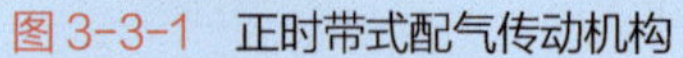

图3-3-1 正时带式配气传动机构

图3-3-2 正时链式配气传动机构

一、发动机正时带维护及更换

（一）发动机正时带维护及更换操作

1. 正时带维护作业

（1）正时带使用状况检查

1）拆下发动机正时带护罩。

2）观察正时带是否存在裂纹、掉齿、齿部脱开和齿侧磨损等现象，如图3–3–3所示。

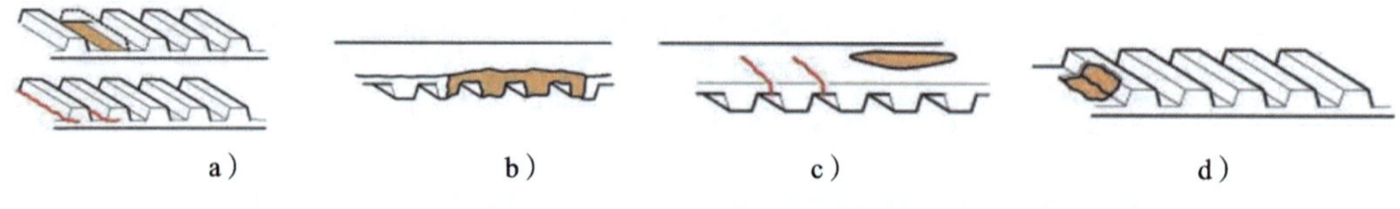

图3-3-3 正时带主要损伤形式

a）掉齿或齿根断裂 b）齿侧磨损 c）背部裂纹 d）根部脱开或裂纹

（2）正时带预紧度检查与调整

1）正时带预紧度检查。用拇指和食指捏住凸轮轴齿轮和中间齿轮间的正时带，以刚好转动正时带90°为宜，如图3–3–4所示。

2）正时带预紧度调整。松开锁紧螺母后旋紧正时带调整装置，当正时带达到适当预紧度后（90°转角紧度为宜），固定锁紧螺母，如图3–3–5所示。

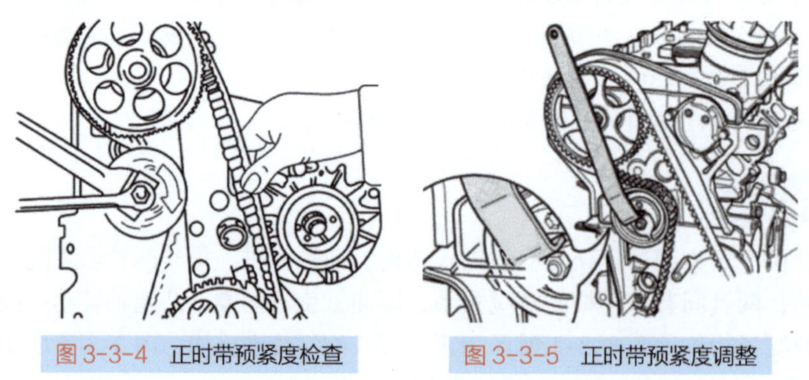

图3-3-4 正时带预紧度检查

图3-3-5 正时带预紧度调整

2. 发动机正时带更换

1）取下发动机正时带护罩。

2）转动发动机曲轴，使凸轮轴正时齿轮上的记号对准气缸盖上第一缸压缩上止点记号，如图 3–3–6 所示。

3）确认曲轴前端带轮处第一缸上止点记号与机体上的记号对准，如图 3–3–7 所示。

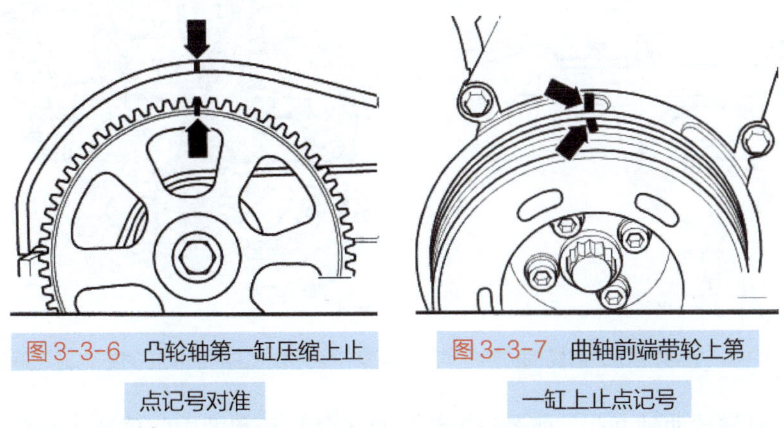

图 3-3-6　凸轮轴第一缸压缩上止点记号对准

图 3-3-7　曲轴前端带轮上第一缸上止点记号

4）松开正时带预紧装置，取下旧的正时带，再更换新的正时带预紧装置。

5）安装新正时带后，将正时带调整至规定预紧度（要比旧的正时带稍紧些）。

6）顺时针转动发动机曲轴至少 720°，确认第一缸压缩上止点记号和凸轮轴齿轮上记号均对准标记，检查正时带的预紧度。

7）确认正时带预紧装置安装情况良好，装上正时带护罩。

（二）发动机正时带的相关知识点

1）发动机正时带检查周期一般为 20000km，具体检查时间以维修手册规定为准。

2）发动机正时带更换周期一般为 80000~100000km，具体更换时间以维修手册规定为准。

二、发动机正时链检查及更换

（一）发动机正时链检查及更换操作

1. 发动机正时链的检查

1）在正时链上施加 150N 左右的力，用游标卡尺测量 15 个节长度，测量两次后取平均值，判断正时链长度是否超过使用极限值，如图 3–3–8 所示。

2）将正时链放在凸轮轴正时链轮上，测量带上正时链后链轮的直径，依此判断正时链轮的使用情况，如图 3–3–9 所示。

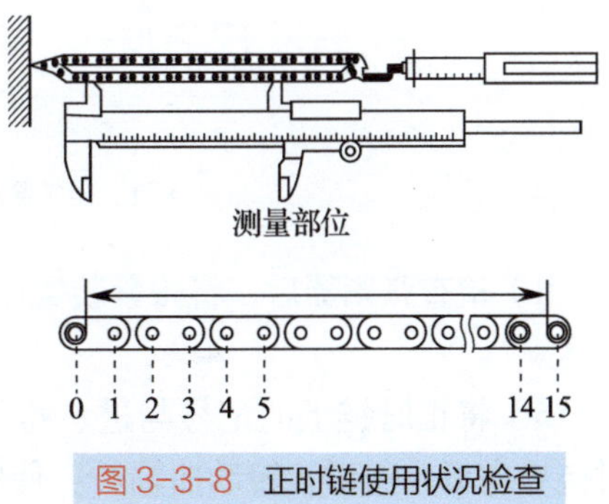

图 3-3-8　正时链使用状况检查

2. 发动机正时链的更换

1）顺时针转动发动机曲轴数圈后，确认曲轴正时齿轮、进气侧凸轮轴正时齿轮和排气侧凸轮轴正时

齿轮与正时链上的记号完全对齐，如图 3–3–10 所示。

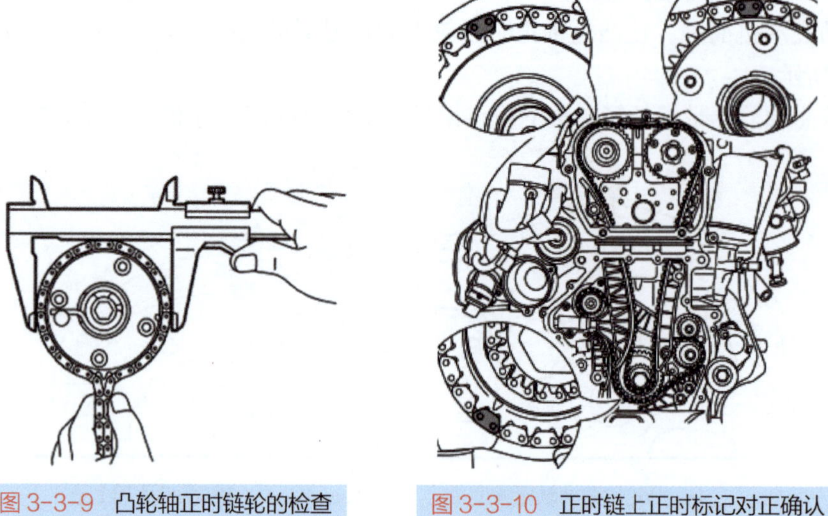

图 3-3-9 凸轮轴正时链轮的检查　　图 3-3-10 正时链上正时标记对正确认

2）再顺时针转动曲轴 90°，使各缸的活塞处于气缸行程的中间位置（避免对准正时过程中发生误操作，使气门与活塞发生顶撞），拆下正时链预紧装置、两侧正时链导板和正时链。

3）用专用工具固定进气侧凸轮轴和排气侧凸轮轴，使进、排气凸轮轴链轮上的记号接近上方位置，如图 3–3–11 所示。

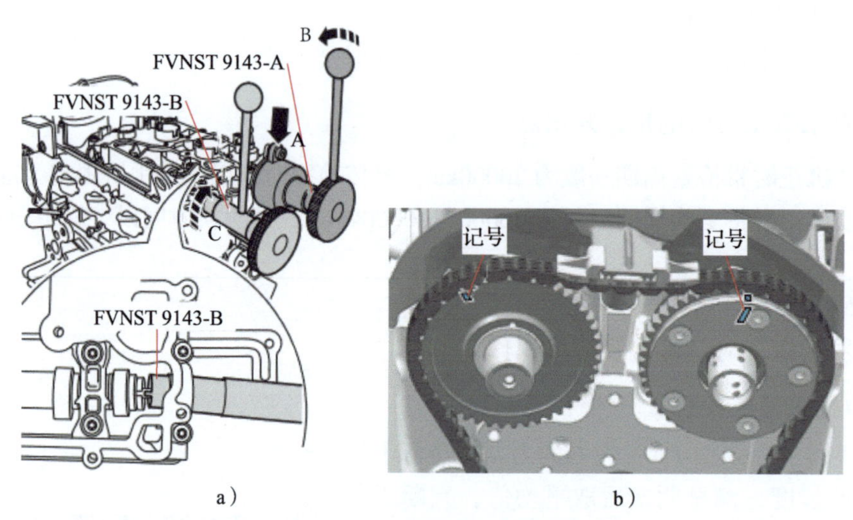

图 3-3-11 进排气侧凸轮轴正时确认

a）进、排气侧凸轮轴位置的固定　b）正时记号的对正

4）检查张紧器后，将张紧装置压至最短位置，用专用工具锁住正时张紧器，如图 3–3–12 所示。

5）将正时链上的记号与进、排气凸轮轴链轮上的记号对齐后装入正时链，安装右侧正时链导向板，逆时针转动曲轴后，使曲轴正时链轮和正时链上的记号对齐。

6）安装左侧正时链导向板和张紧器，将张紧器上的弹簧压紧工具拔出压紧导向板，此时整个正时链会绷紧，如图3–3–13所示。

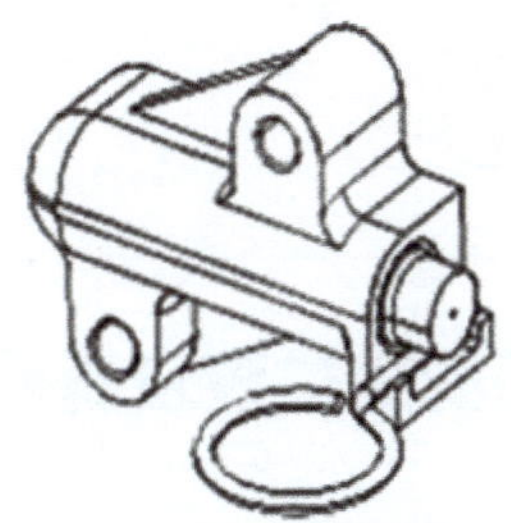

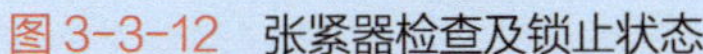
图3-3-12　张紧器检查及锁止状态

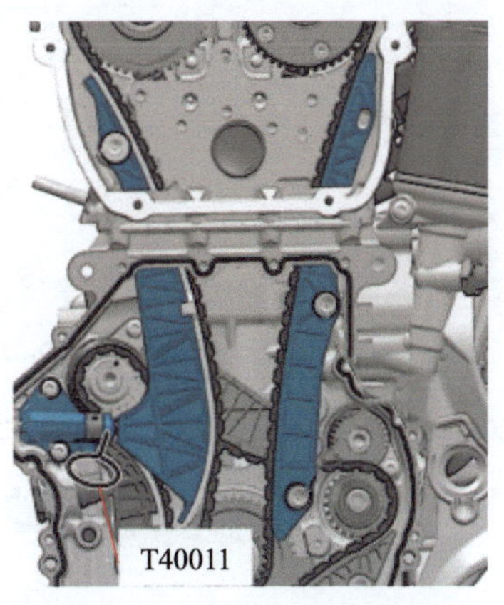

图3-3-13　正时链的安装

7）顺时针转动曲轴多圈（25~30圈），使正时链上的正时记号与曲轴正时链轮，进、排气凸轮轴正时链轮记号再次对齐，确认配气正时正确。

8）在转动曲轴过程中，张紧器始终压紧导向板，且柱塞能上下浮动。

（二）发动机正时链的相关知识点

1）正时链的更换周期一般为200000~220000km，具体更换时间以维修手册规定为准。

2）正时链、正时链轮和张紧器一般要同时更换，否则会产生传动噪声。

3）对于自动调整式预紧装置，当曲轴顺时针转动时该装置会自动预紧正时链，而逆时针转动不起作用，因此在维修作业时严禁逆时针转动发动机曲轴，否则会增加正时链跳齿的可能性。

【学生训练】

（一）发动机正时带维护及更换操作

训练时间：10min。

训练过程：正时带维护作业，发动机正时带更换。

（二）发动机正时链检查及更换操作

训练时间：10min。

训练过程：发动机正时链的检查，发动机正时链的更换。

【安全管理、场地恢复及授课总结】（包含5S项目）

1）实习设备断电、清理，工具、量具清理归位。

2）车辆清洁后恢复正常工作状况。

3）指导教师总结实训课题，布置课后实训报告。

扫码看微课

作业任务 4 发动机气门间隙检查及调整

项目目标

1）掌握传统式发动机气门间隙的检查与调整。

2）掌握现代轿车用汽油发动机气门间隙的检查与调整。

训练前准备

1）常规准备工作（卫生清扫、场地安全确认、学生考勤等）。

2）车辆防护作业准备，包括翼子板布和前格栅布组件、室内防护三件套等。

3）解放牌 CA1041 货车 6102 型汽油发动机一台。

4）长城哈弗 M6 PLUS 1.5T GW4G15F 型汽油发动机一台。

教师示范讲解

一、传统式发动机气门间隙的检查与调整

（一）传统式发动机气门间隙的检查与调整操作

1. 传统式发动机气门间隙的检查

1）转动发动机曲轴，使被测气缸的进气门和排气门处于完全关闭状态。

2）用塞尺测量气门杆头部与气门摇臂头部的间隙，标准为抽动塞尺以稍有阻力为宜，如图 3-4-1 所示。一般情况下发动机冷态时进气门间隙为 0.20~0.25mm、排气门间隙为 0.25~0.30mm。

2. 传统式发动机气门间隙的调整

气门间隙的调整有逐缸调整法和二次调整法两种类型。

（1）气门间隙的逐缸调整法

1）转动曲轴，找到该缸的压缩上止点。

2）松开该缸进、排气门调整锁紧螺母，再旋松调整螺钉。

3）将符合该气门间隙厚度标准的塞尺插入气门杆头部与气门摇臂头部之间，旋紧调整螺钉，抽动塞尺感觉有适当阻力为宜，然后将锁紧螺母锁死，如图 3-4-2 所示。

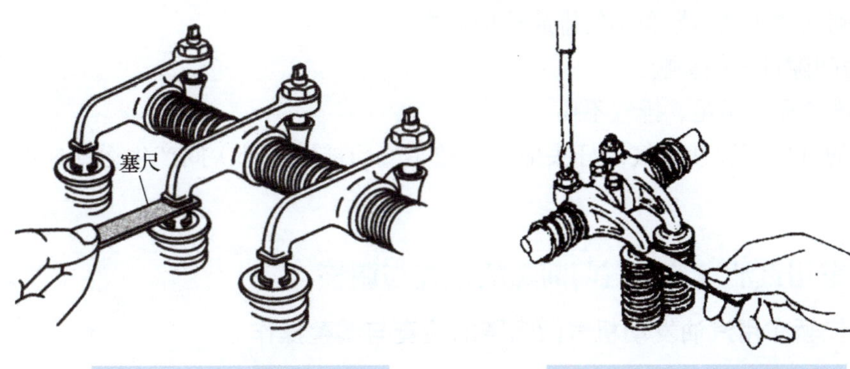

图 3-4-1 气门间隙的检查　　图 3-4-2 气门间隙的调整

4）转动发动机曲轴 720° 后，重新检测气门间隙值调整的准确性。

5）用同样方法对其他各缸的进、排气门间隙进行调整。

（2）气门间隙的二次调整法

气门间隙的二次调整法是指调整气门间隙的顺序，在发动机的一个工作循环内（曲轴转动 720°），通过两次转动发动机曲轴，完成所有气缸气门间隙的调整，现以四缸发动机为例来说明。

1）转动发动机至第一缸压缩上止点，按照点火顺序 1-3-4-2 从前向后数起，调整顺序为"双排不进"，即第一缸调整进气门、排气门，第三缸调整排气门，第四缸不调整，第二缸调整进气门。

2）转动发动机至第四缸压缩上止点，按照点火顺序 1-3-4-2 从后向前数起，调整顺序为"双排不进"，即第四缸调整进气门、排气门，第二缸调整排气门，第一缸不调整，第三缸调整进气门。

3）在发动机一个工作循环内经过两次的调整作业，所有气缸的进气门、排气门均完成了气门间隙的检查和调整。

（二）气门间隙相关知识点

1. 发动机保留适当气门间隙的必要性

1）为确保气门与气门座圈间良好的密封性，避免发动机工作温度升高到正常值（90~100℃）后，由于气门传动机构和气门组的受热膨胀，引起气门与气门座圈密封不良，因此气门杆尾部与摇臂（挺柱）间应留有适当的间隙值。

2）气门间隙值标准如下：

①进气门气门间隙一般为 0.20~0.25mm，调整作业时冷态间隙值略大于热态间隙值。

②排气门气门间隙一般为 0.25~0.35mm，调整作业时冷态间隙值略大于热态间隙值。

注释：由于排气门工作环境温度较高，所以排气门的气门间隙较进气门大些。

2. 气门间隙对发动机工作性能的影响

（1）气门间隙过小的影响

1）发动机在正常工作温度下，由于气门传动机构和气门杆身受热膨胀，使得气门与气门座圈关闭不严，引起气缸密封不良。

2）影响到发动机动力性和尾气排放达标性能。

（2）气门间隙过大的影响

1）造成进气充气不足、排气不畅。

2）过大的气门间隙使得气门杆头部与挺柱（气门摇臂头部）间产生运动冲击，造成配气机构异响。

二、现代轿车用汽油发动机气门间隙的检查与调整

（一）现代轿车用汽油发动机气门间隙的检查与调整操作

1. 现代轿车用汽油发动机气门间隙的检查

1）发动机冷态时，打开气门室上罩盖，露出进、排气凸轮轴总成，如图 3-4-3 所示。

2）顺时针转动发动机找到第一缸压缩上止点（通过观察进、排气凸轮轴的凸轮位置确认），然后用塞尺分别测量进气门和排气门的气门间隙，如图 3-4-4 所示，将测量的间隙值填入表 3-4-1 中。

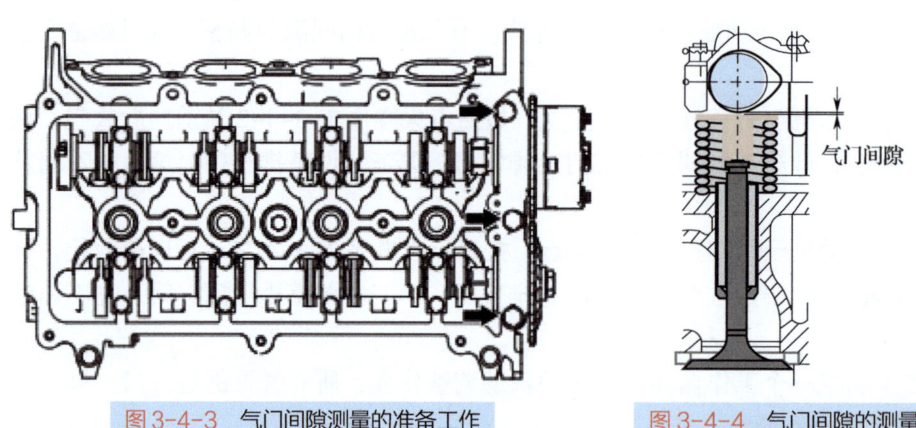

图 3-4-3 气门间隙测量的准备工作

图 3-4-4 气门间隙的测量

表 3-4-1 发动机气门间隙值记录表

发动机型号		车辆 VIN		
测试气缸	第一缸	第二缸	第三缸	第四缸
进气门 1 测量值				
进气门 2 测量值				
排气门 1 测量值				
排气门 2 测量值				
进气门标准间隙				
排气门标准间隙				
测试结果分析				

3）按照发动机工作顺序 1–3–4–2，用二次调整法完成所有气缸的气门间隙测量，并记录测量结果。

4）与标准值进行比对，标出气门间隙值不符合标准的气门序号。

2. 现代轿车用汽油发动机气门间隙的调整

1）现代发动机气门间隙调整是通过选择不同型号挺柱实现的，通过挺柱厚度尺寸的选择，确保进气门和排气门有适当的气门间隙，如图 3–4–5 所示。

2）标出气门间隙不符合标准的进气门和排气门序号，通过选择挺柱的型号来调整气门间隙，使进、排气门的间隙值均在允许范围内。

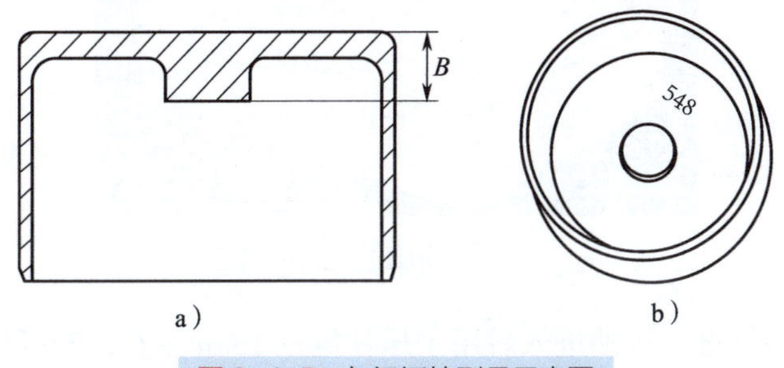

图 3-4-5　气门挺柱型号示意图

a）挺柱剖视图　b）挺柱型号（B=5.48mm）

3）挺柱型号的选择。现以 2021 款长城哈弗 M6 用 GW4G15F 发动机为例，气门间隙调整通过挺柱型号选择实现，挺柱型号选择对照见表 3–4–2，计算公式如下：

①进气侧挺柱选择：$A=B+(C-0.21)$。

②排气侧挺柱选择：$A=B+(C-0.31)$。

注释： A 为新选择的挺柱型号；B 为原挺柱型号；C 为用塞尺测量的气门间隙值；进气门标准间隙选 0.21mm，排气门标准间隙选 0.31mm。

表 3–4–2　气门间隙调整挺柱型号对照表

（单位：mm）

分组号	厚度尺寸	分组号	厚度尺寸	分组号	厚度尺寸	分组号	厚度尺寸
4	5.04	24	5.24	44	5.44	64	5.64
6	5.06	26	5.26	46	5.46	66	5.66
8	5.08	28	5.28	48	5.48	68	5.68
10	5.10	30	5.30	50	5.50	70	5.70
12	5.12	32	5.32	52	5.52	72	5.72
14	5.14	34	5.34	54	5.54	74	5.74
16	5.16	36	5.36	56	5.56	76	5.76
18	2.18	38	5.38	58	5.58	78	5.78
20	5.20	40	5.40	60	5.60	80	5.80
22	5.22	42	5.42	62	5.62	—	—

4）计算出需更换的挺柱型号，通过选取不同型号的挺柱以满足气门间隙调整的需求。

3. 液压挺柱的检查

液压挺柱式进气系统在维护作业中无需进行气门间隙调整，但发生故障时需检查气门挺柱的性能。

1）将液压挺柱放入干净的机油盆中，上下按动挺柱，使机油进入挺柱内部，如图 3-4-6 所示。

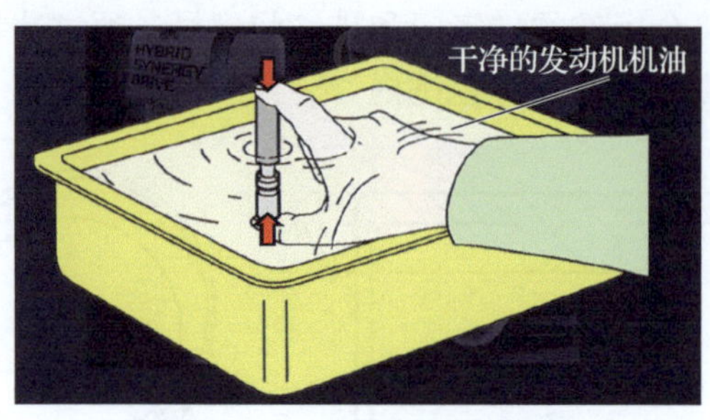

图 3-4-6 液压挺柱性能检查

2）液压挺柱检验标准，机油进入后用手压住挺柱 1min 左右，若挺柱高度没有改变，为挺柱密封性能良好；若挺柱高度降低，说明挺柱密封性不良，如图 3-4-7 所示。

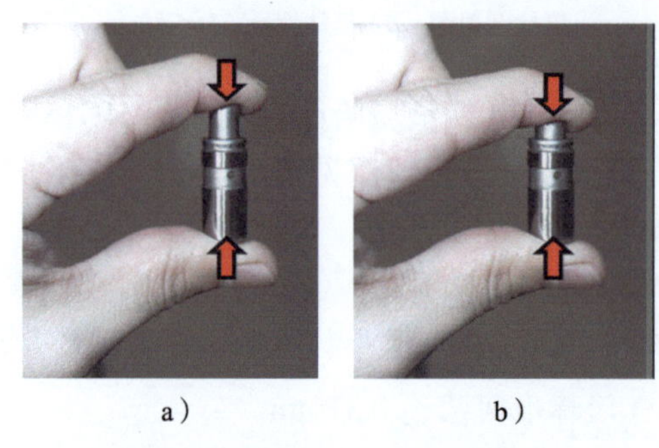

a） b）

图 3-4-7 液压挺柱的检验标准

a）性能良好的液压挺柱 b）密封性不良的液压挺柱

（二）液压挺柱式配气机构的相关知识点

有些发动机采用液压挺柱式气门间隙调整结构，气门与挺柱间几乎没有间隙，降低了配气机构工作时的噪声，并确保了气门关闭时良好的密封性。

1）当凸轮转动向下压紧滚轮摇臂时，液压挺柱下油室中压力上升，封闭其内部的机油，挺柱无法被压缩，成为一个刚性元件，支撑滚轮摇臂将气门顶开，如图 3-4-8 所示。

2）当凸轮转动使滚轮摇臂上升时，气门和液压挺柱同时上移，柱塞内的单向阀打开，机油进入使其上升至最高位置，随着气门升高至最大位置，液压挺柱顶部仍然和摇臂表面接触，从而补偿了气门间隙，但气门与气门座圈间仍保持了良好的密封性，如图 3-4-9 所示。

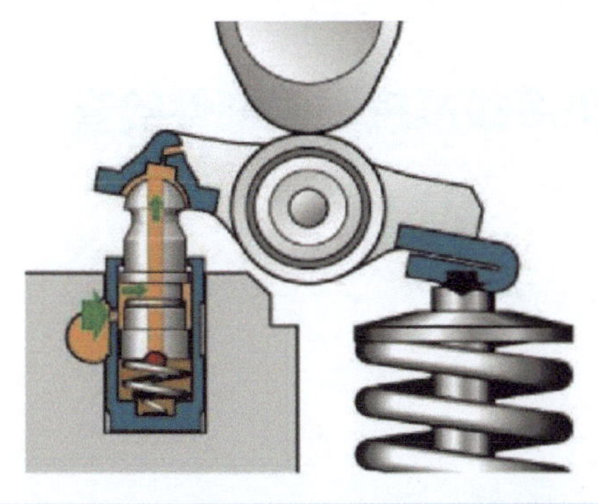
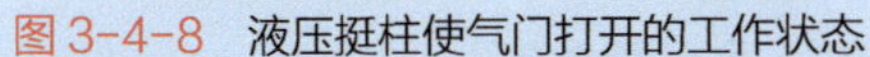
图 3-4-8 液压挺柱使气门打开的工作状态

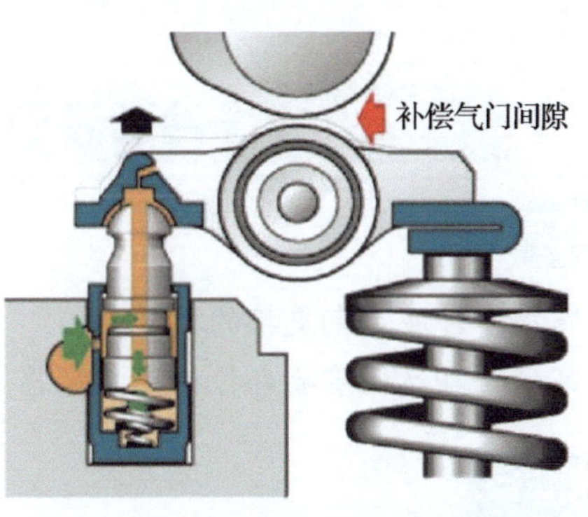

图 3-4-9 气门间隙补偿工作状态

学生训练

（一）传统式发动机气门间隙的检查与调整

训练时间：10min。

训练过程：传统式发动机气门间隙的检查，传统式发动机气门间隙的调整。

（二）现代轿车用汽油发动机气门间隙的检查与调整

训练时间：10min。

训练过程：现代轿车用汽油发动机气门间隙的检查，现代轿车用汽油发动机气门间隙的调整，液压挺柱的检查。

安全管理、场地恢复及授课总结（包含 5S 项目）

1）实习设备断电、清理，工具、量具清理归位。

2）车辆清洁后恢复正常工作状况。

3）指导教师总结实训课题，布置课后实训报告。

扫码看微课

作业任务5 冷却液更换和冷却系统重要部件检查

项目目标

1）掌握冷却液定期更换的操作。

2）掌握冷却系统重要部件检查的操作。

训练前准备

1）常规准备工作（卫生清扫、场地安全确认、学生考勤等）。

2）车辆防护作业准备，包括翼子板布和前格栅布组件、室内防护三件套等。

3）长城哈弗 M6 PLUS 2021 款 1.5T 7DCT 尊贵智联版 SUV 车一辆。

4）废液收集器1台，成品冷却液2桶（4L/桶），器皿加热器1套，温度计1个、节温器1个。

教师示范讲解

一、冷却液定期更换

（一）冷却液定期更换操作

1. 冷却系统的卸压处理

1）发动机停止运行至少10min以上，以降低冷却液温度。

2）用厚的垫布压在散热器盖上，先用手逆时针转动散热器盖45°，释放冷却系统内部压力后，再旋转45°将散热器盖拧下，如图3-5-1所示。

2. 冷却液的加注

1）打开冷却液膨胀水箱盖板，将膨胀水箱内的冷却液全部抽出，如图3-5-2所示，然后按照标尺要求加注新的冷却液。

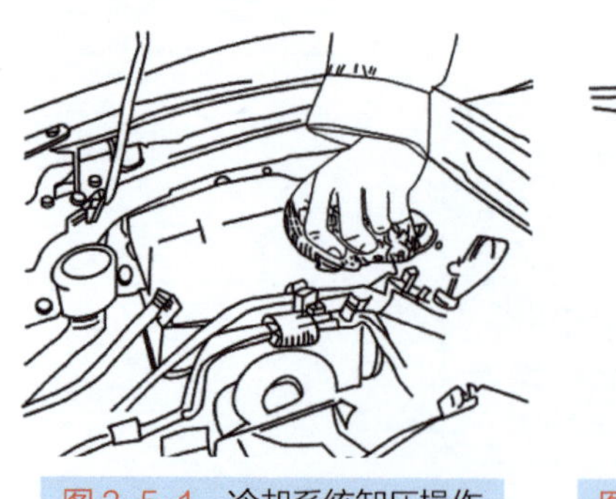

图3-5-1 冷却系统卸压操作

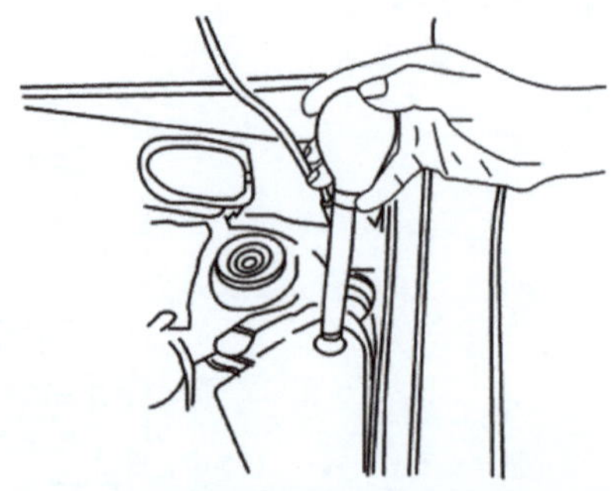

图3-5-2 膨胀水箱中冷却液的更换

2）将车辆提升至适当高度，拧松散热器上的放水开关，用废液收集器收集放出的液体。

注释：按照环保要求，冷却液必须按工业废水处理！

3）若放出的废液比较浑浊，可将清水加入冷却水道中，至少清洗冷却系统水道1~2次，每次运行时间5~10min，当冷却系统清洁干净后，将系统内的所有液体排出。

4）拧紧散热器上的放水开关，车辆下降至地面位置，加注符合该车维修手册要求的冷却液，如图 3–5–3 所示。

5）向冷却液膨胀水箱加注冷却液至规定位置，如图 3–5–4 所示。

图 3-5-3 冷却液的加注

图 3-5-4 添加冷却液至膨胀水箱

3. 冷却系统排空操作

每次更换冷却液后，冷却系统中将渗入部分空气，会引起发动机工作时冷却系统温度过高，因此作业完成后须将冷却系统中空气排净。

1）起动发动机反复循环冷却液，并不断补充膨胀水箱内冷却液量，以便冷却系统内的空气自动排空。

2）车辆停止运行 2h 以上，以便发动机冷却液温度降到常温，此时可打开散热器盖或膨胀水箱加液盖添加冷却液，补充因空气排出后的液体量。

（二）冷却液更换的知识点

1. 冷却液定期更换的原因

1）随着使用时间的增长，冷却液出现冰点升高、沸点降低、浑浊等现象，且冷却液的腐蚀性增强，会在冷却系统循环通道内产生水垢，引起散热性能变差，因此需定期更换冷却液。

2）冷却液更换周期为 40000km 或 2 年。

2. 新能源汽车专用冷却液

通过冷却液的循环，实现新能源汽车动力电池、电机驱动装置和空调系统的热能管理，使其各自工作在适度的温度范围内。由于新能源汽车属于高压用电范畴，对冷却液的绝缘性和腐蚀性要求更为严格，因此新能源汽车不能使用普通的冷却液，要使用专用冷却液——去离子水。成品新能源汽车专用冷却液如图 3–5–5 所示。其优点如下：

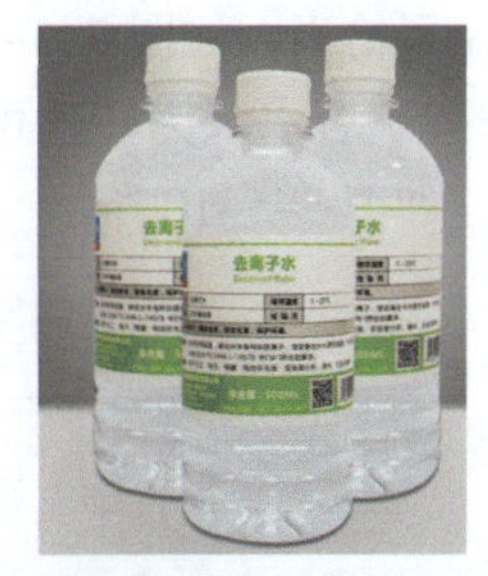

图 3-5-5 新能源汽车专用冷却液——去离子水

1）良好的防冻效果。去离子水的冰点在 –45~–20℃之间，可根据不同地域的实际情况合理选择，以满足使用需求。

2）较高的防沸性能。一般情况下去离子水沸点为 104~108℃，当该液加入冷却系统产生压力后，沸点会更高。

3）优异的防腐性能。去离子水严格控制了对冷却系统有腐蚀作用的钙、镁等无机离子的含量，从而降低了冷却系统被锈蚀，导致“漏水”的可能性。

二、冷却系统重要部件检查

（一）冷却系统重要部件检查操作

1. 节温器检查

节温器在冷却系统中起到控制冷却液循环通道作用，最大限度优化冷却液的循环模式，确保冷却系统处于良好的工作状态。

1）拆下节温器将其放置在盛有冷水的器皿中，然后逐渐加温，检测节温器阀门的开启温度，如图 3-5-6 所示。

2）当加热到一定温度后，节温器阀门开始动作，记录此时的温度点是否与节温器上标注的温度吻合，如图 3-5-7 所示。

3）继续加热节温器至 95℃左右，当其阀门全程开启时，迅速取出节温器测量阀门的工作行程，标准为有效行程 > 8mm，如图 3-5-8 所示。

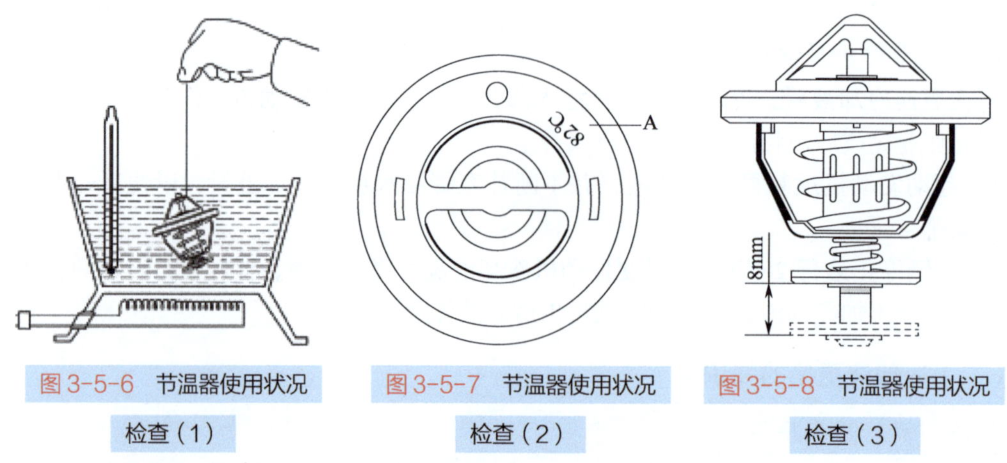

图 3-5-6 节温器使用状况检查（1）　图 3-5-7 节温器使用状况检查（2）　图 3-5-8 节温器使用状况检查（3）

4）当节温器冷却到常温后，检查节温器阀门是否处于良好的关闭状态。

2. 水泵使用性能检查

1）检查与水泵连接的进水管、出水管是否有渗漏、腐蚀、老化、裂纹等损伤，固定卡扣位置恰当，如图 3-5-9 所示。

2）若水泵为转速可调式结构，应确认调节线束插头固定良好，线路无老化、断裂等现象，如图 3-5-10 所示。

图 3-5-9 水泵使用性能检查（1）

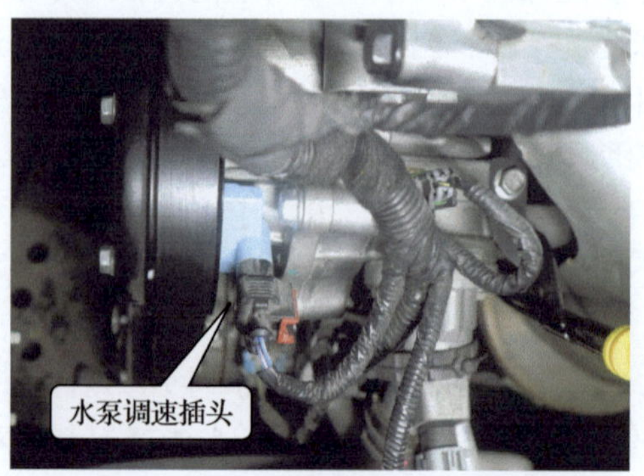

图 3-5-10 水泵使用性能检查（2）

（二）冷却系统循环控制和智能热管理等相关知识点

1. 冷却系统的循环控制

发动机冷却系统通过控制冷却液循环通道的变化，实现了发动机在冷态起动时冷却液温度快速升高，避免了低温状态下工作时间过长，引起机件异常磨损和尾气排放较长时间不达标的问题；当温度升高到 80℃以上时，又能调节冷却液循环通道的变化，以维持发动机工作在正常的温度范围内。

1）冷却系统“小循环”模式。发动机冷态工作时，节温器处于关闭状态，冷却水泵工作使得冷却液建立了以下小循环通道：水泵出口→机体水道→热交换器入水管→热交换器→热交换器出水管→水泵入口→水泵，使得发动机升温迅速，如图 3-5-11 所示。

2）冷却系统“小循环”+“大循环”模式。当机体出水口温度达到 80℃时，节温器逐渐打开，冷却系统保持“小循环”模式的同时，逐渐建立了流经车辆前端散热器的“大循环”通道：水泵出口→机体水道→散热器入水管→散热器→散热器出水管→节温器→水泵入口→水泵。随着温度的升高，节温器阀门行程逐渐增大，调节流经散热器液体的流量，使发动机冷却系统稳定在正常工作范围内，如图 3-5-12 所示。

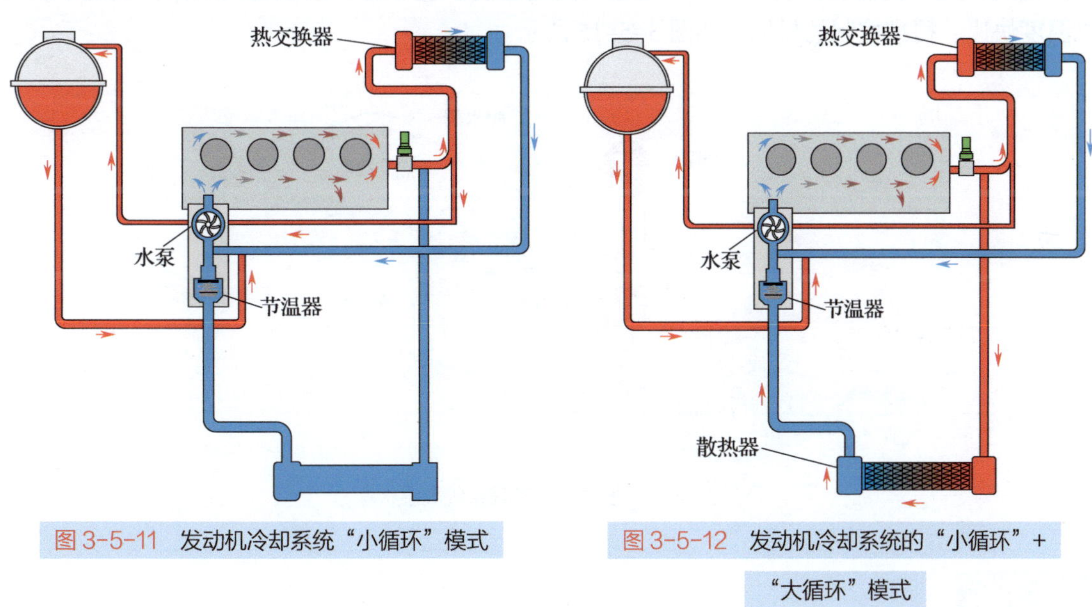

图 3-5-11　发动机冷却系统“小循环”模式

图 3-5-12　发动机冷却系统的“小循环”+“大循环”模式

2. 发动机智能热管理系统

发动机智能热管理系统通过对冷却液液流进行目标控制，精准调节发动机的温度，提升燃油利用率和排放达标控制，延长发动机使用寿命。

1）发动机冷态工作时，若机体内冷却液低于 60℃，发动机模块控制水泵电磁阀，使得水泵带轮空转而水泵不工作，这样利于气缸周围的冷却液迅速升温，如图 3-5-13 所示。

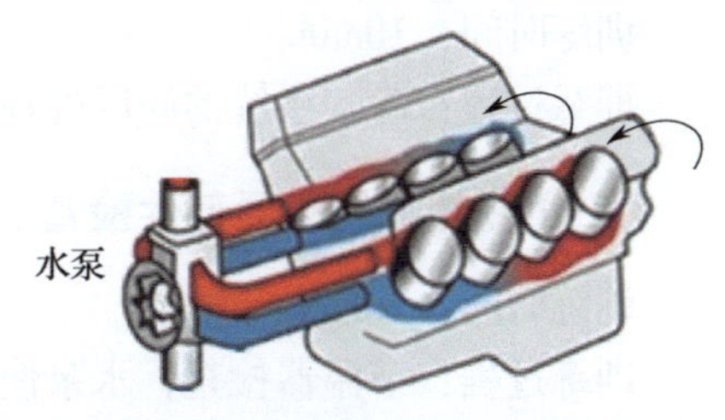

图 3-5-13　发动机热管理系统低温状态

2）发动机继续运行，若机体内液体温度在 60~80℃之间，发动机模块控制水泵电磁阀让其低速运转，此时暖风阀打开，开启了“小循环”模式，冷却液流经室内热交换器，提升了室内温度，如图 3-5-14 所示。

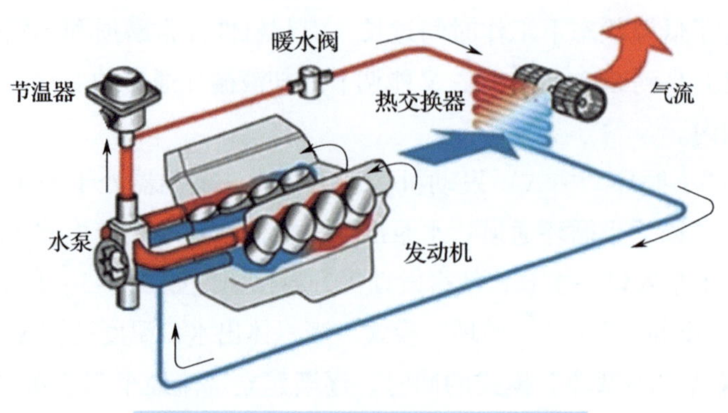

图 3-5-14　发动机热管理系统升温状态

3）若机体内冷却液温度 > 80℃，节温器逐渐打开，冷却系统进入了“大循环”+“小循环”模式，发动机模块控制水泵电磁阀让其高速运转，整个冷却系统投入工作，实现了发动机温度快速、精准控制的目标，如图 3-5-15 所示。

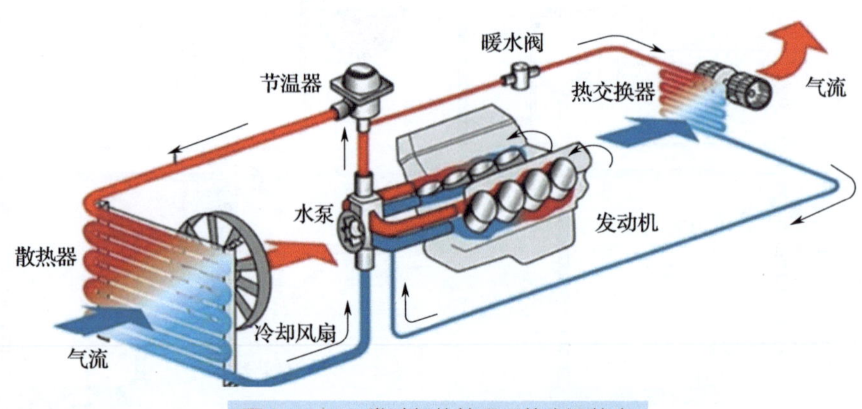

图 3-5-15　发动机热管理系统高温状态

学生训练

（一）冷却液定期更换操作

训练时间：10min。

训练过程：冷却系统的卸压处理，冷却液的加注及排空操作。

（二）冷却系统重要部件检查

训练时间：10min。

训练过程：节温器检查，水泵使用性能检查。

安全管理、场地恢复及授课总结（包含 5S 项目）

1）实习设备断电、清理，工具、量具清理归位。

2）车辆清洁后恢复正常工作状况。

3）指导教师总结实训课题，布置课后实训报告。

扫码看微课

作业任务 6 进气系统维护与保养

项目目标

1）掌握空气滤清器定期维护与更换的操作。

2）掌握废气涡轮增压装置检查与维护的操作。

训练前准备

1）常规准备工作（卫生清扫、场地安全确认、学生考勤等）。

2）车辆防护作业准备，包括翼子板布和前格栅布组件、室内防护三件套等。

3）长城哈弗 M6 PLUS 2021 款 1.5T 7DCT 尊贵智联版 SUV 车一辆。

教师示范讲解

一、空气滤清器定期维护与更换

（一）空气滤清器定期维护与更换操作

1. 空气滤清器定期维护操作

空气滤清器维护周期为 5000~7500km，更换周期为 10000~15000km，即在两个机油更换周期内，一次维护作业、一次更换作业。

1）拆下空气滤清器上盖的固定螺栓，取出空气滤清器滤芯。

2）检查维修记录，确定上次空气滤清器更换的时间，若在第一个机油更换周期内，空气滤清器可以进行维护作业（但空气滤芯严重脏污时需更换）。

3）用空气喷枪按照空气滤芯进气反方向清理其上的污垢，直到空气滤芯干净为止，如图 3-6-1 所示。

4）清洁空气滤清器上下壳体内的灰尘，将其装入并固定好空气滤清器上盖。

5）检查空气滤清器连接管路的密封情况，在下一个机油更换周期时必须更换新的空气滤芯。

2. 空气滤清器定期更换操作

1）用十字螺丝刀分两次将空气滤清器总成上盖固定螺栓松开，取下空气滤清器上盖，如图 3–6–2 所示。

图 3-6-1 空气滤清器保养

图 3-6-2 空气滤清器上盖的拆卸

2）取下空气滤清器后，将空气滤清器内部上盖、下盖和进气软管接口等处灰尘清洁干净，如图 3–6–3 所示。

3）进行新旧滤芯比对，确保新更换的滤芯型号和规格完全满足需求，如图 3–6–4 所示。

4）将新的空气滤芯安装在空气滤清器上，再次确认滤芯安装到位后，扣合空气滤清器上盖。

5）用十字螺丝刀分两次将空气滤清器总成上盖固定螺栓拧紧，确保空气通道密封良好。

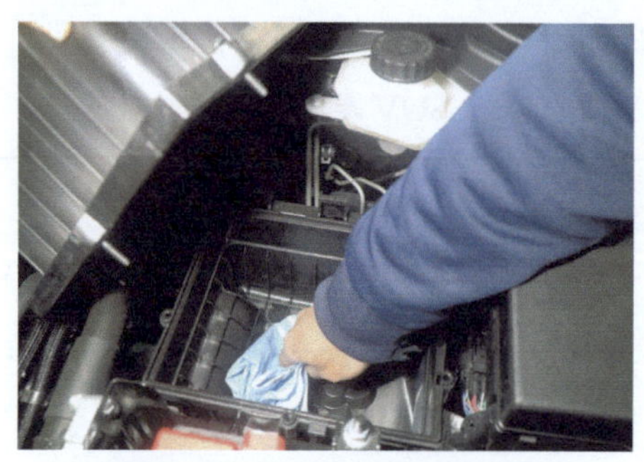

图 3-6-3 空气滤清器内部清洁

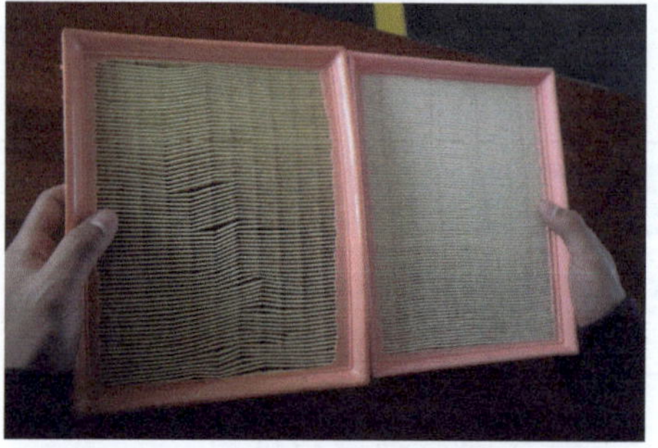

图 3-6-4 空气滤芯更换前的新旧比对

（二）进气供给装置的相关知识点

空气供给装置为发动机可燃混合气形成提供了清洁空气，并计量和控制燃油燃烧时所需的空气量。气体经过空气滤清器、空气计量装置、节气门体总成和进气歧管等部件进入气缸盖上的各缸进气道，最终实现空气和燃油的混合，形成燃烧所需要的一定比例和数量的可燃混合气，如图 3–6–5 所示。

1. 空气滤清器

空气滤清器过滤了空气中的尘土，以减少气缸、活塞和活塞环的磨损，延长发动机的使用寿命。空气滤清器种类较多，目前轿车上多采用干式纸质滤芯空气滤清器，如图 3–6–6 所示。

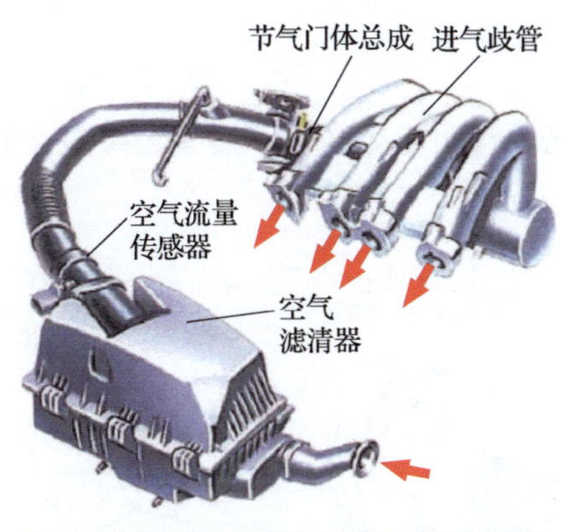

图 3-6-5 空气供给系统组成示意图

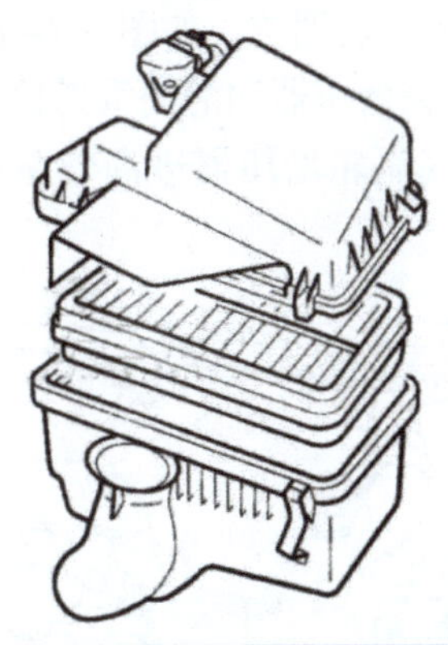
图 3-6-6 空气滤清器总成示意图

2. 节气门体总成

节气门体总成控制进入气缸空气量的多少，同时检测节气门的开度，将此信号反馈给发动机控制单元，如图 3–6–7 所示。

3. 进气歧管

进气歧管一端连接在节气门体后方，另一端连接在气缸盖上，其上还安装喷油器。有些发动机采用进气道长度可调式结构，如图 3–6–8 所示。

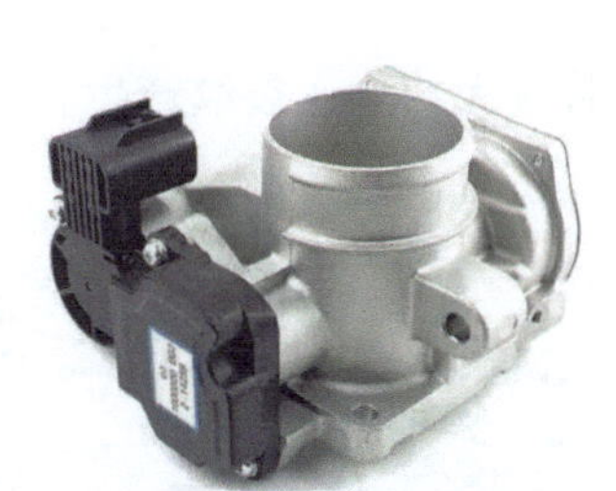
图 3-6-7 节气门体总成示意图

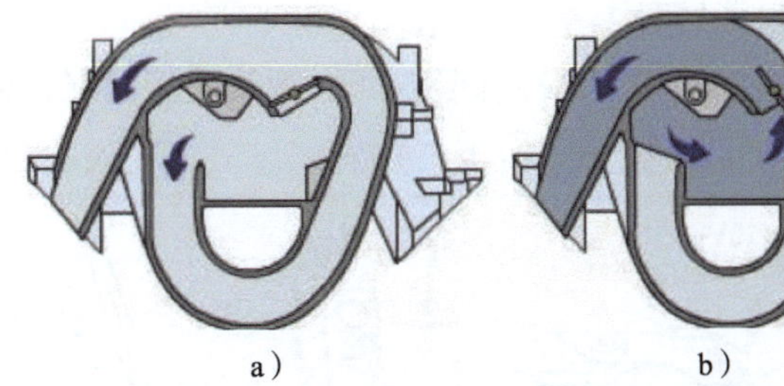
a） b）

图 3-6-8 进气道长度可调式进气歧管

a）长进气道（低速时） b）短进气道（高速时）

1）低速时使用长进气道以增大发动机输出转矩。

2）高速时使用短进气道提高进气量，增加发动机输出功率。

4. 空气流量传感器

空气流量传感器安装在空气滤清器和节气门体之间，用来测量进入发动机的空气量，是发动机控制单元确定基本喷油量的主要依据之一，目前常用热膜式空气流量传感器，如图 3–6–9 所示。

图 3-6-9 热膜式空气流量传感器安装位置

二、废气涡轮增压装置检查与维护

1. 废气涡轮增压装置使用状况检查

1）检查废气涡轮增压器与排气歧管、排气管路的连接情况，固定卡箍应连接良好，增压器上的隔热板固定到位，如图 3–6–10 所示。

2）废气涡轮增压器润滑油管道检查。

①检查废气涡轮增压器进油管路连接状况，管路应无老化、接头无渗漏，如图 3–6–11 所示。

图 3-6-10　增压器隔热板固定情况检查

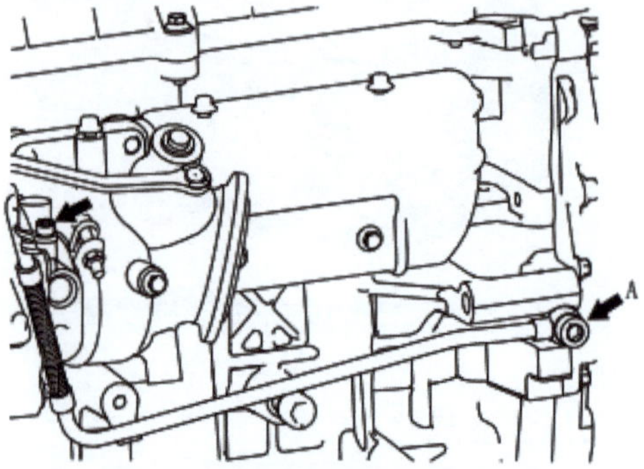

图 3-6-11　增压器进油管路检查

②检查废气涡轮增压器回油管路连接状况，回油管应无老化、裂纹产生，接头无渗漏，如图 3–6–12 所示。

3）废气涡轮增压器冷却管道检查。

①检查废气涡轮增压器冷却装置进水管路连接状况，进水管无老化、卡扣固定良好，接头无冷却液渗漏，如图 3–6–13 所示。

②检查废气涡轮增压器冷却装置回水管路连接状况，回水管应无老化、裂纹产生，接头无冷却液渗漏，如图 3–6–14 所示。

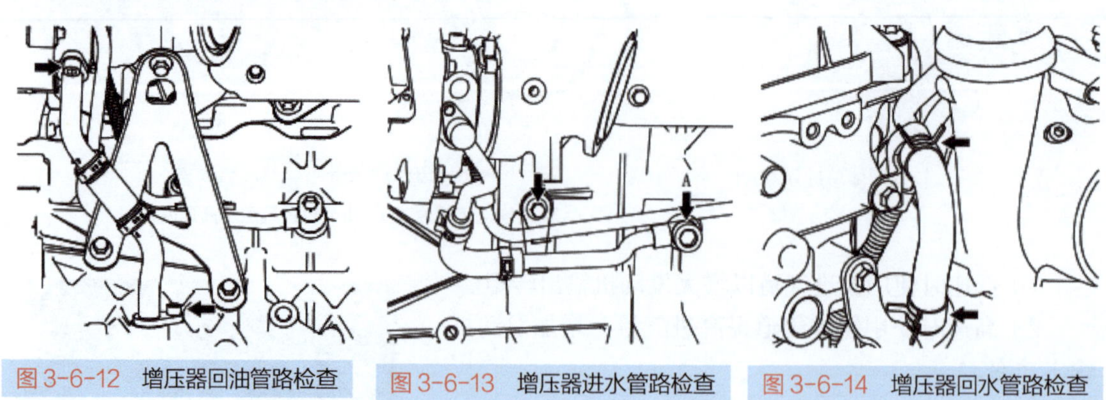

图 3-6-12　增压器回油管路检查

图 3-6-13　增压器进水管路检查

图 3-6-14　增压器回水管路检查

2. 中冷器使用状况检查

1）确认中冷器两端进气软管卡扣固定到位，进气软管无老化、裂纹等状况，如图 3–6–15 所示。

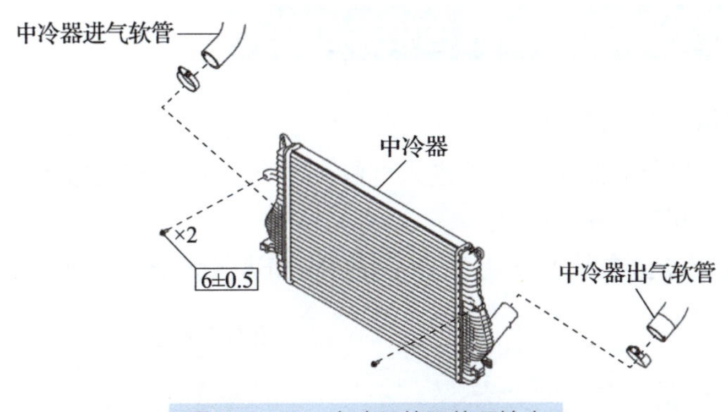

图 3-6-15 中冷器使用状况检查

2）确认中冷器无破损、漏气，散热格无堵塞。

3. 废气涡轮增压控制阀检查

废气涡轮增压器上安装有排气旁通阀和进气旁通阀，通过控制涡轮的转速，确保进气增压装置满足发动机工作需求，以获得良好的动力性、经济性和排放性能。

1）排气旁通阀检查。确认排气旁通阀线束插头在增压器上固定良好，线束与增压器等高温部件无接触，如图 3-6-16 所示。

图 3-6-16 排气旁通阀线束连接状况检查

2）进气旁通阀检查。确认进气阀线束插头在进气增压管道上固定良好，线束与增压器等高温部件无接触，如图 3-6-17 所示。

3）增压进气管路检查。确认进气管路无老化，卡箍固定良好，进气管路无漏气，如图 3-6-18 所示。

图 3-6-17 进气阀线束连接状况检查

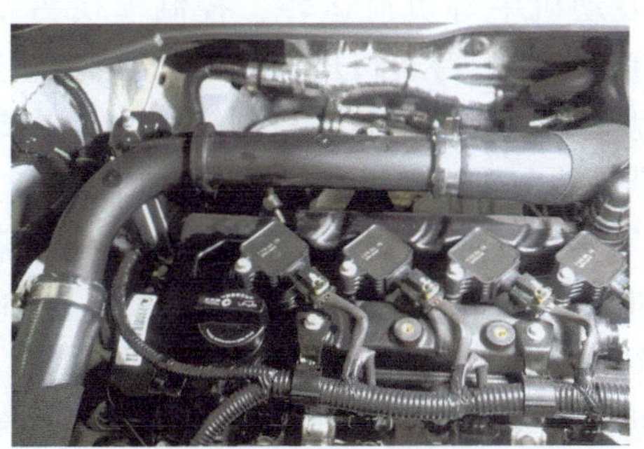

图 3-6-18 增压进气管路密封性检查

拓展提升 ——废气涡轮增压装置的相关知识点

1. 废气涡轮增压器控制原理

利用发动机排气剩余的能量来压缩进入气缸的空气，提高充气效率，从而满足提升发动机输出功率的需求，如图 3–6–19 所示。

1）废气涡轮增压器，在其上安装有排气旁通阀和进气旁通阀，如图 3–6–20 所示。

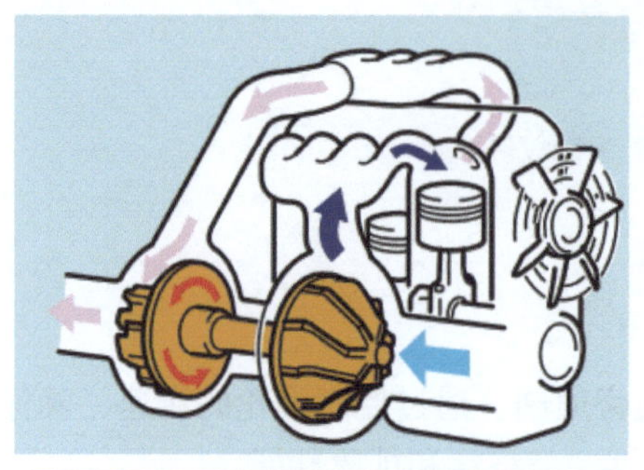

图 3–6–19 废气涡轮增压的工作原理

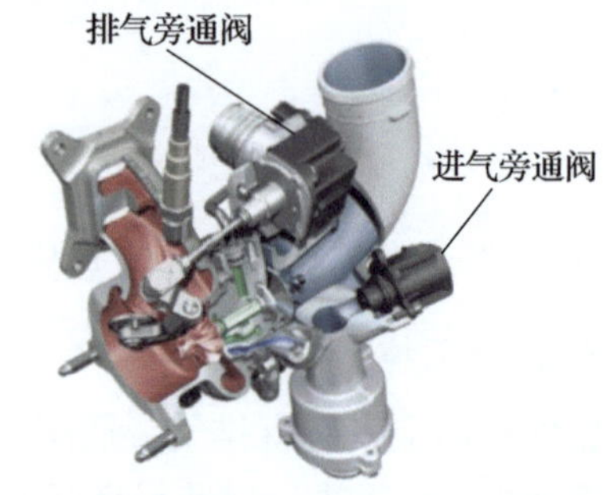

图 3–6–20 废气涡轮增压器结构示意图

2）排气旁通阀控制过程。排气旁通控制是通过改变旁通阀门的开度，调节涡轮的转速，以实现进气压力增压控制，如图 3–6–21 所示。具体控制过程如下：

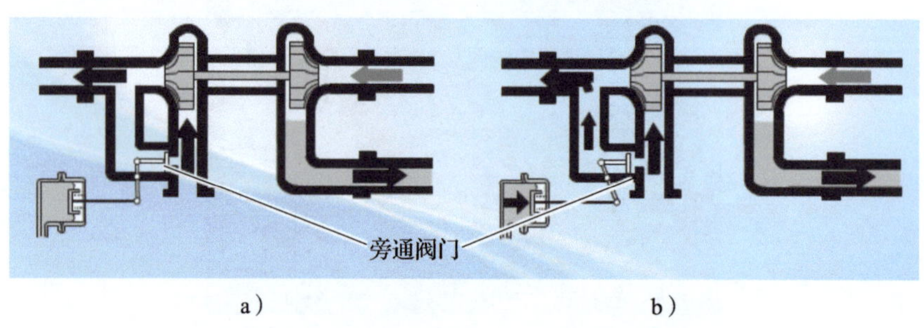

a） b）

图 3–6–21 废气涡轮增压旁通阀控制示意图

a）排气旁通阀关闭状态 b）排气旁通阀打开状态

①发动机怠速状态下，控制模块以 100% 的占空比指令控制该电磁阀，排气旁通道打开较大，经涡轮的排气量减小，进气增压作用最弱。

②发动机中等负荷运转，控制模块占空比指令在 65%~80% 之间，歧管压力可达 220~240kPa，此时旁通阀开度可调，以确保适当的进气增压程度。

③发动机高转速运行，控制模块占空比指令为 0%，旁通阀完全关闭，进气增压效果最大，确保了良好的进气增压效果。

3）进气旁通阀控制过程。发动机高速运行、加速踏板突然抬起时，进气旁通阀接通进气管通道高、低压侧间的阀门（即隔离了废气涡轮增压器），此时无进气增压作用，但涡轮增压器转轴仍保持高速空转，当再次提速时，由于涡轮增压器速度没有降低，避免了出现加速迟滞现象，其控制过程如图 3–6–22 所示。具体控制过程如下：

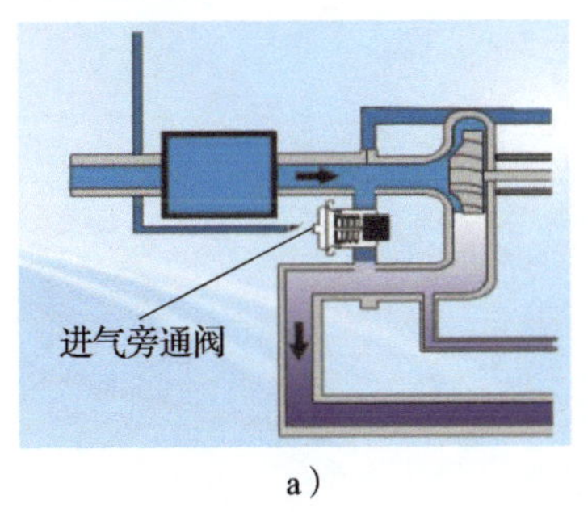

a）

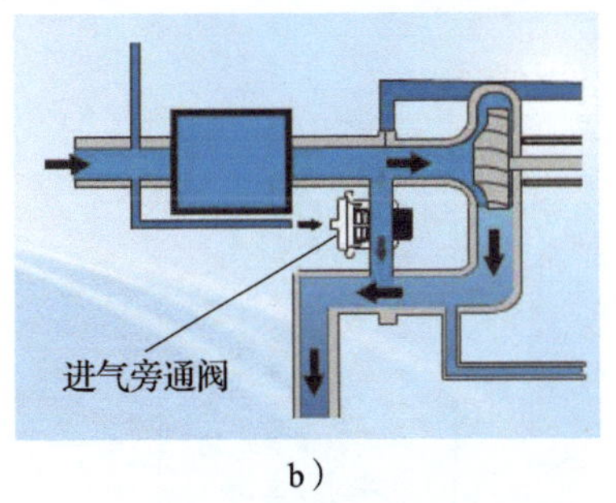

b）

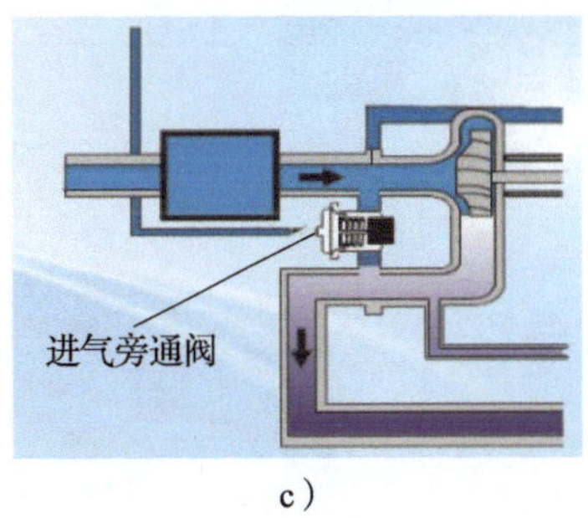

c）

图 3-6-22 进气旁通阀控制示意图

a）正常行驶状态 b）突然减速状态 c）重新加速状态

①正常行驶。车辆高速运行，进气旁通阀关闭，空气被增压后进入进气歧管，进气管道保持较高压力。

②突然减速。进气旁通阀打开，空气通过进气旁通阀形成内循环，此时涡轮增压器转轴将继续维持高速旋转，减小了对进气泵轮和转轴的冲击。

③重新加速。进气旁通阀关闭，因泵轮维持高速运转，避免了重新加速时涡轮增压器出现迟滞现象。

2. 带废气涡轮增压装置的发动机使用注意事项

1）严格按照维修手册要求选用润滑油，因涡轮增压装置工作温度高、转速大等原因，对润滑要求特别苛刻，一般选用 SN、SP 级别的全合成机油。

2）发动机长时间高速运行后，停车时应怠速运转几分钟后再熄火，让润滑油和冷却液带走涡轮增压器更多的热量，延长其使用寿命。

学生训练

（一）空气滤清器定期维护与更换操作

训练时间：10min。

训练过程：空气滤清器定期维护操作，空气滤清器定期更换操作。

（二）废气涡轮增压装置检查与维护操作

训练时间：10min。

训练过程：废气涡轮增压装置使用状况检查，中冷器使用状况检查，废气涡轮增压控制阀检查。

安全管理、场地恢复及授课总结（包含 5S 项目）

1）实习设备断电、清理，工具、量具清理归位。

2）车辆清洁后恢复正常工作状况。

3）指导教师总结实训课题，布置课后实训报告。

扫码看微课

作业任务 7 发动机润滑系统检查和机油定期更换

项目目标

1）掌握发动机润滑系统检查的操作。

2）掌握发动机机油定期更换的操作。

训练前准备

1）常规准备工作（卫生清扫、场地安全确认、学生考勤等）。

2）车辆防护作业准备，包括翼子板布和前格栅布组件、室内防护三件套等。

3）长城哈弗 M6 PLUS 2021 款 1.5T 7DCT 尊贵智联版 SUV 车一辆。

4）上汽通用威朗 2017 款 15S 自动进取型轿车一辆。

教师示范讲解

一、发动机润滑系统的检查

（一）发动机润滑系统的检查操作

1. 保养周期内机油质量的检查

发动机在一个保养周期内，机油质量的检查方法有经验法和滤纸检验法两种。

（1）机油质量检查——经验法

1）机油消耗量检查。发动机更换机油时，机油加注量一般在机油尺的 3/4~4/4 刻度位置，确保一个机油更换周期内无需添加机油，如图 3–7–1 所示。若出现机油因消耗接近机油尺的 1/4 以下位置，但还没有达到最低刻度线时，应分析引起机油液面变低的原因。

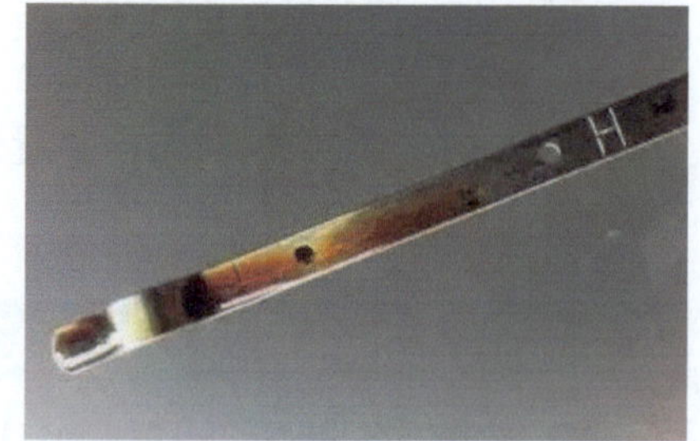

图 3–7–1　机油消耗量检查

2）机油品质检查。将机油尺上的机油滴在手上，仔细观察机油的颜色是否变浑浊、有无金属微粒和褐色沉积物等，用手指感觉机油的黏度，正常应有“滑顺”感，再嗅一下是否有“烧焦”的气味，如图 3–7–2 所示。

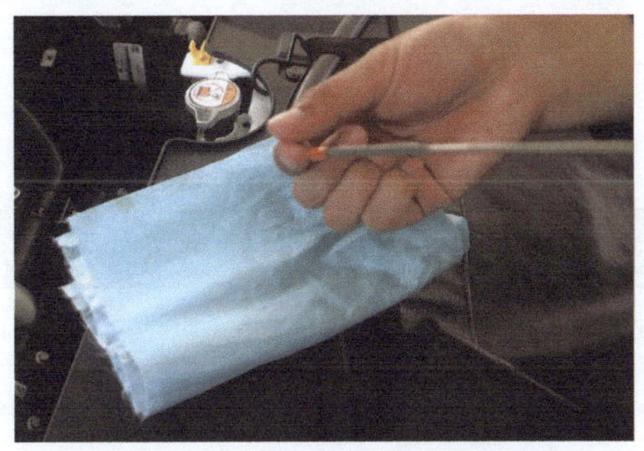

图 3-7-2 发动机机油品质检查

（2）机油质量检查——滤纸检验法

1）将机油滴在滤纸中心，观察油滴扩散和油斑中心的颜色等状况，判断机油的质量。

2）正常情况下油滴中心部位呈浅褐色，扩散圈中层、外层透明，表明机油质量正常，可继续使用，否则应更换机油，如图 3-7-3 所示。

图 3-7-3 机油质量检验——滤纸检验法

注释：机油为淡色透明、有黏性的液体，随着使用时间的增长，颜色会逐渐变深；若冷却液等水性材料混入机油，机油数量会增多，颜色变为乳白色。

2. 发动机机油压力测试

1）发动机处于停机状态，将带软管的机油压力表接在发动机机体的主油道上，如图 3-7-4 所示。

2）点火开关置于 ON 位置，发动机未起动，此时仪表盘上的机油压力指示灯应点亮，如图 3-7-5 所示。

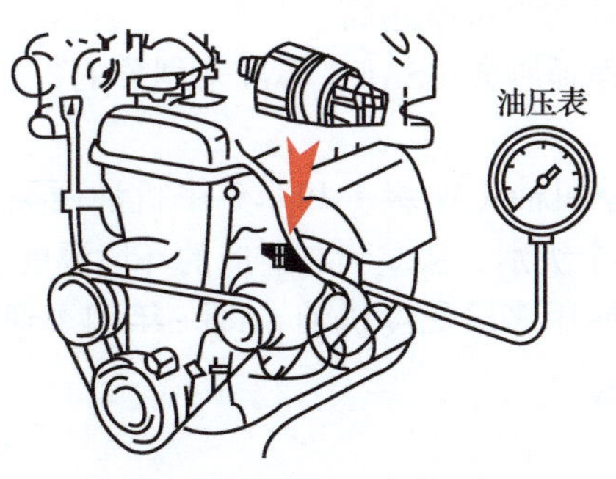

图 3-7-4 机油压力测试示意图

图 3-7-5 仪表盘上的机油压力过低指示灯

3）发动机起动后，仪表盘上机油压力过低指示灯应熄灭，否则应迅速停机检查润滑系统的工作情况。

4）发动机在不同转速下观察机油压力表的指示情况，不同转速下机油压力规范值见表 3–7–1。

表 3–7–1　机油压力测试对照表

发动机工作状态	机油压力对应值
发动机怠速运转	0.15~0.20MPa
发动机低速、中速运转	0.20~0.45MPa
发动机高速运转	≤ 0.50MPa

5）检查完毕后发动机熄火，卸下机油压力测试表，将主油道测试口螺栓拧紧，确保机油油道正常的密封性能。

（二）发动机机油的相关知识点

目前车用机油主要有汽油机机油和柴油机机油两种类型，其主要指标有使用等级和型号（黏度）两项指标，成品机油如图 3–7–6 所示。

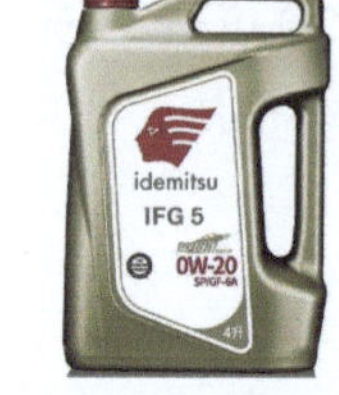

图 3–7–6　汽车发动机用成品机油

1）机油的使用等级是按照美国石油协会（API）标准来划分的，见表 3–7–2。

表 3–7–2　汽车发动机机油的等级标准（API）

汽油机机油		SA	SB	SC	SF	SG	SH	SJ	SL	SM	SN	SP	
质量等级	低	→											高
柴油机机油		CA	CB	CC	CD	CE	CF	CF–2	CF–4	CG–4	CH–4	CI–4	

①汽油机机油按照使用等级划分，有 SA、SB、SC、SF、SG、SH、SJ、SL、SM、SN、SP 等多个级别。级别越靠后，使用等级标准越高，其中 SA、SB、SC、SF、SG、SH、SJ、SL 为矿物机油，SM 为半合成机油，SN、SP 为全合成机油，目前 SP 级为在用产品中最高级别。

②柴油机机油按照使用等级划分，有 CA、CB、CC、CD、CE、CF、CF–2、CF–4、CG–4、CH–4、CI–4 多个级别。级别越靠后，使用等级标准越高。

2）机油的型号（黏度）是按照美国汽车工程师协会（SAE）标准来划分的，如图 3–7–7 所示。

①单级黏度机油。按照黏度等级划分为冬季机油（W 级）和非冬季机油两类，有 0W、5W、15W、20W、25W、20、30、40、50、60 等多个级别，从左到右适应的环境温度逐渐增高。

②多级黏度机油。现代汽油机、柴油机均使用多级黏度机油，即一年四季通用型，如 5W/40 黏度的机油适用环境温度在 –30~40℃之间。

3）机油更换周期。具体如下：

①矿物机油更换周期为 5000km 或 6 个月。

②半合成机油（SM）和全合成机油（SN）更换周期为 7500km 或 6 个月。

③全合成机油（SP）更换周期为 10000km 或 6 个月。

④不同车型使用的机油型号不同，但同一类车型有相同的机油更换周期，因此要以车辆维修手册规定的保养周期为准。

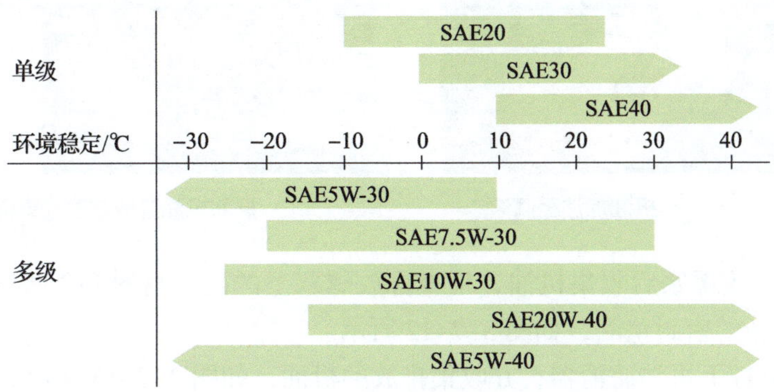

图 3-7-7 多级黏度机油使用范围示意图

二、发动机机油的定期更换

（一）机油的定期更换操作

1. 机油排放及机油滤清器拆卸

（1）准备工作

1）根据维修手册的要求，准备相应型号的机油和机油滤清器，如图 3-7-8 所示。

发动机一般信息（GW4G15F）

发动机机油油品推荐

参考下表可以选择合适的API（美国石油协会）标准的油品（质量级别+黏度级别）。

例如：在−30℃以上地区，可以选择SN/GF-5 5W-30全合成机油。

如果所在的地区没有推荐的油品，可参考油品的黏度级别选择更高质量级别的全合成机油。

环境温度	质量级别	黏度级别
−30℃以上	SN/GF-5	5W-30
更低温度	SN/GF-5	0W-30

如果选用ACEA（欧洲汽车制造商协会）标准的油品时，建议在−30℃以上环境稳定地区应用C1/C2 5W-30的全合成油品。

当所在的地区温度更低时，建议使用C1/C2 0W-30的全合成油品。

图 3-7-8 维修手册上推荐的机油级别和黏度

2）机油收集器工作状态检查。确认机油收集器上的液位刻度是否在正常值范围内，所有开关均处于打开状态，如图 3-7-9 所示。

图 3-7-9 机油收集器使用状况检查

（2）机油排放及滤芯拆卸

1）打开发动机机油加注盖，清洁后再盖到加油口（机油盖未拧紧状态）上，避免异物进入，如图 3-7-10 所示。

2）将车辆安全举升到适当高度后锁止举升机，检查发动机油底壳处是否有漏油，拧松机油排放螺塞和机油滤清器，如图 3-7-11 所示。

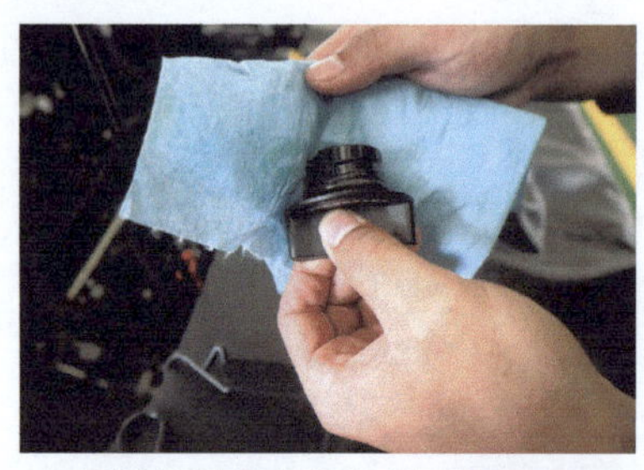

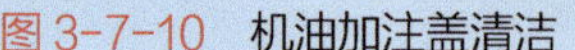

图 3-7-10　机油加注盖清洁

图 3-7-11　拆卸机油排放螺塞收集机油

3）卸下机油排放螺塞后收集机油，检查排放螺塞上的磁性材料是否吸附了金属屑，清理排放螺塞后更换新的密封垫圈，如图 3–7–12 所示。

4）用专用工具拧下机油滤清器，并收集排放的机油，如图 3–7–13 所示。

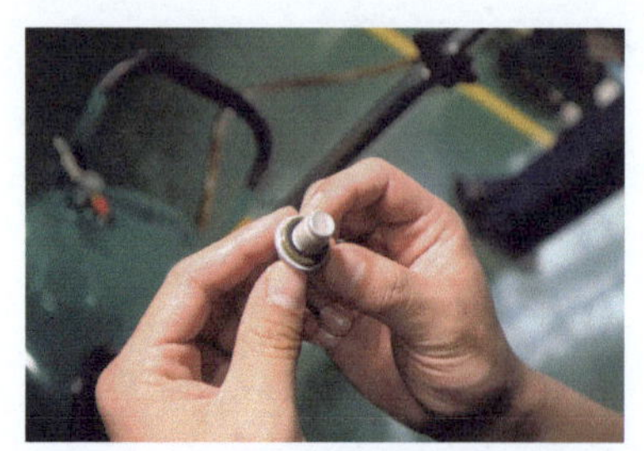

图 3-7-12　机油排放螺塞清洁及检查

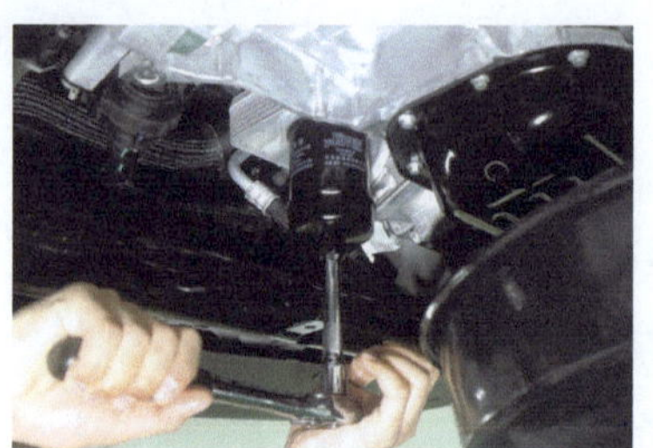

图 3-7-13　拆卸机油滤清器

注释：热车排放机油时，机油温度达 90~110℃，拧下机油排放螺塞或滤清器时一定要特别小心，避免烫伤！不能佩戴手套进行机油排放作业，避免发生烫伤！

2. 机油的更换操作

1）进行新旧滤芯比对，确保型号和规格完全一致，检查橡胶密封垫状况后，在密封垫上涂抹机油，如图 3–7–14 所示。

图 3-7-14　机油滤清器更换时新旧滤芯比对

注释：有些机油滤清器的橡胶密封垫出厂时已经涂抹了专用润滑脂，该类型滤清器橡胶密封垫圈上不用再涂抹机油。

2）安装机油排放螺塞。对油底壳上放油口位置进行清洁，按规定力矩拧紧排放螺塞后，再次清洁排放螺塞，如图 3–7–15 所示。

3）安装机油滤清器。清洁机体上机油滤清器安装底座部位，徒手拧紧机油滤清器后，然后用专用工具紧固 3/4 圈，再次清洁机油滤清器，如图 3–7–16 所示。

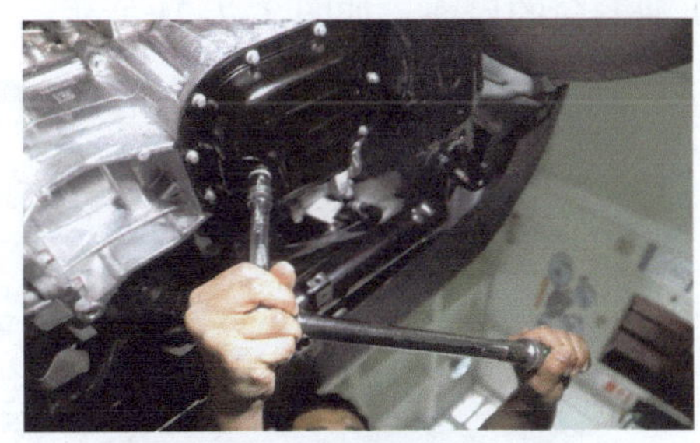
图 3-7-15 机油排放螺塞安装

图 3-7-16 机油滤清器安装

注释：机油排放螺塞、机油滤清器安装完毕后，一定要将其外表清洁干净，以便检查机油更换作业后是否存在泄漏，如图 3–7–17 所示。

4）将车辆安全降至最低位置，施加车轮挡块，再次确认机油型号和级别是否满足发动机工作需求，按规定量加注发动机机油，如图 3–7–18 所示。

5）发动机运行 3min 左右后熄火，检查机油滤清器和排放螺塞处是否漏油，10min 后再次检查机油液面高度是否在机油尺刻度的 3/4~4/4 位置，必要时进行机油液面的调整。

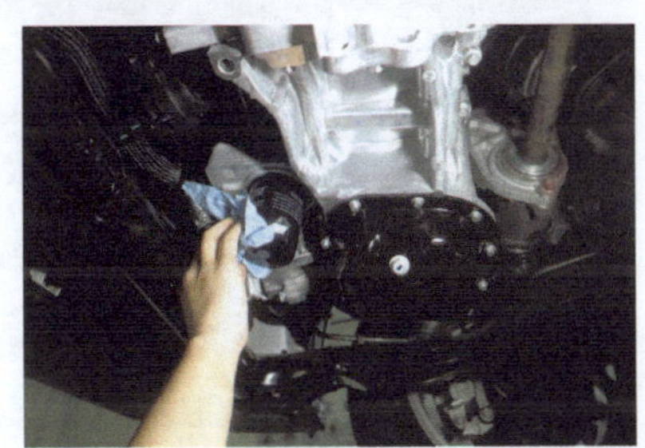
图 3-7-17 机油排放螺塞及滤清器更换后的清洁

图 3-7-18 发动机机油加注

（二）机油寿命提醒装置复位操作的相关知识点

为更好地提醒驾驶员及时对车辆进行维护与保养，现代汽车上设有机油寿命提醒装置，当达到更换机油周期时（一般为 5000km），在仪表盘信息屏上会以文字方式提醒驾驶员更换机油。现以 2017 款通用别克威朗 15S 自动进取型轿车为例说明对机油寿命提醒装置复位的操作过程。

1）仪表盘信息屏上显示“请速更换机油”提醒，如图 3–7–19 所示。

图 3-7-19 机油寿命提醒装置复位操作（1）

2）选择多功能方向盘上的复位功能键，进行相关操作，如图 3–7–20 所示。

3）调整多功能仪表盘显示屏，出现显示机油寿命的界面，如图 3–7–21 所示。

图 3-7-20　机油寿命提醒装置复位操作（2）

图 3-7-21　机油寿命提醒装置复位操作（3）

4）继续调整多功能仪表盘显示屏，出现“确定要复位吗？”的界面，如图 3–7–22 所示。

5）机油寿命提醒装置复位后，仪表盘上信息屏显示机油寿命为 100%，机油寿命提醒装置复位操作完毕，如图 3–7–23 所示。

图 3-7-22　机油寿命提醒装置复位操作（4）

图 3-7-23　机油寿命提醒装置复位操作（5）

注释：机油寿命提醒装置复位的方法有多种，除上述操作外，也可用故障诊断仪对其进行复位操作。

学生训练

（一）发动机润滑系统的检查操作

训练时间：10min。

训练过程：保养周期内机油质量的检查，发动机机油压力测试。

（二）发动机机油的定期更换操作

训练时间：10min。

训练过程：机油排放及机油滤清器拆卸，机油的更换操作。

安全管理、场地恢复及授课总结（包含 5S 项目）

1）实习设备断电、清理，工具、量具清理归位。

2）车辆清洁后恢复正常工作状况。

3）指导教师总结实训课题，布置课后实训报告。

扫码看微课

作业任务 8 动力传动系统性能检查

项目目标

1）掌握离合器总成使用性能检查的操作。

2）掌握手动变速器维护的操作。

3）掌握传动轴总成使用性能检查的操作。

训练前准备

1）常规准备工作（卫生清扫、场地安全确认、学生考勤等）。

2）车辆防护作业准备，包括翼子板布和前格栅布组件、室内防护三件套等。

3）长城哈弗 M6 PLUS 2021 款 1.5T 7DCT 尊贵智联版 SUV 车一辆。

教师示范讲解

一、离合器总成使用性能检查

（一）离合器总成使用性能检查操作

1. 离合器踏板自由行程的检查

用手压动离合器踏板，直到感觉分离轴承与分离杠杆接触产生阻力，用直尺测量踏板间的活动距离，即为离合器踏板的自由行程，如图 3–8–1 所示。

2. 离合器踏板有效行程的检查

在消除离合器踏板自由行程后，继续压动离合器踏板至最低位置，使得离合器总成完全分离后，用直尺测量踏板间的距离，为离合器踏板的有效行程，如图 3–8–2 所示。

3. 离合器总成使用性能检查

1）分离轴承异响检查。将离合器踏板踩到最低位置起动发动机，此时离合器轴承随发动机飞轮一起转动，应无异响。

2）离合器分离状况检查。保持发动机怠速运转，将离合器踏板踩到最低位置，挂入各

档时变速器均无打齿异响。

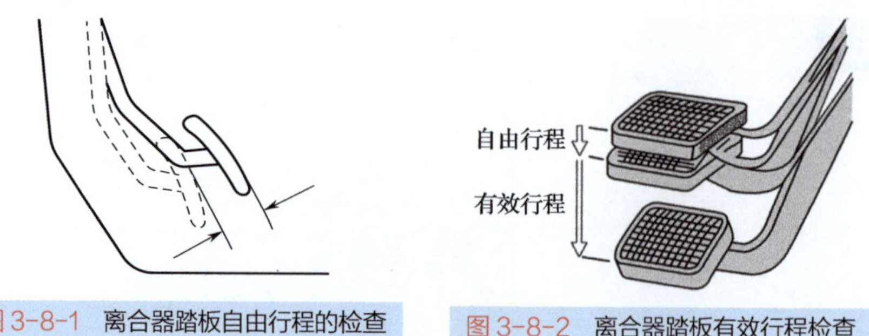

图 3-8-1　离合器踏板自由行程的检查　　图 3-8-2　离合器踏板有效行程检查

3）离合器接合能力检查。缓慢松开离合器踏板，车辆能够平顺起步。

4）离合器打滑状况检查。车辆处于高速行驶状态，在突然深踩加速踏板的情况下，发动机转速没有快速提升，而车速能正常提高。

（二）离合器自由行程的相关知识点

离合器自由行程是指离合器膜片弹簧内端和分离轴承两者间的缝隙，一般为 2~3mm，反应在离合器踏板上就是离合器踏板的自由行程，一般为 10~20mm。该行程确保分离轴承和离合器膜片之间有适当的间隙，防止发动机运行时离合器分离轴承随之转动而造成异常磨损，并确保发动机动力的传递效能，如图 3-8-3 所示。

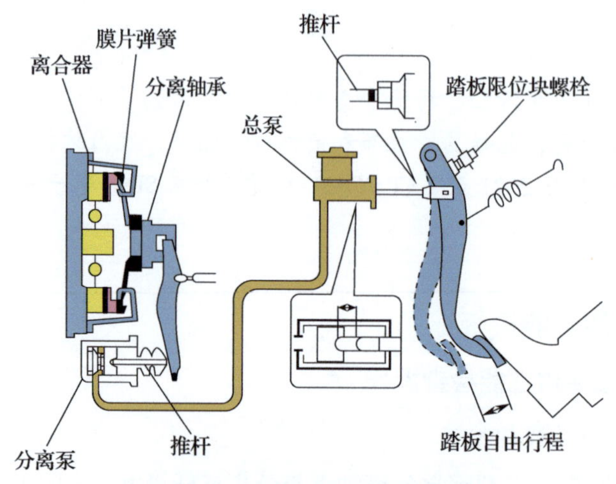

图 3-8-3　离合器总成控制示意图

二、手动变速器维护

（一）手动变速器维护操作

1. 手动变速器油液检查

1）将车辆举升至适当高度。

2）清除齿轮油加注口周围的污渍，拧下加油塞，要求齿轮油液面与加油口下边缘齐平或将手指插入加油口，能探到油面为准，如图 3-8-4 所示。

3）取出少许齿轮油，观察油液是否出现颜色变深、浑浊、混有金属屑等现象，闻一下齿轮油气味，要求其不得有烧焦的异味，否则应立即更换齿轮油，如图 3-8-5 所示。

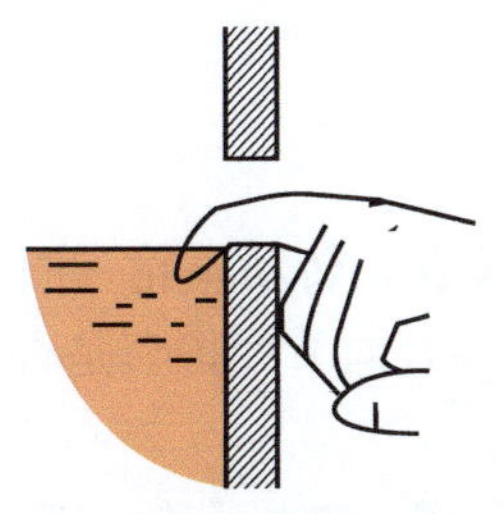

图 3-8-4 手动变速器齿轮油液面检查

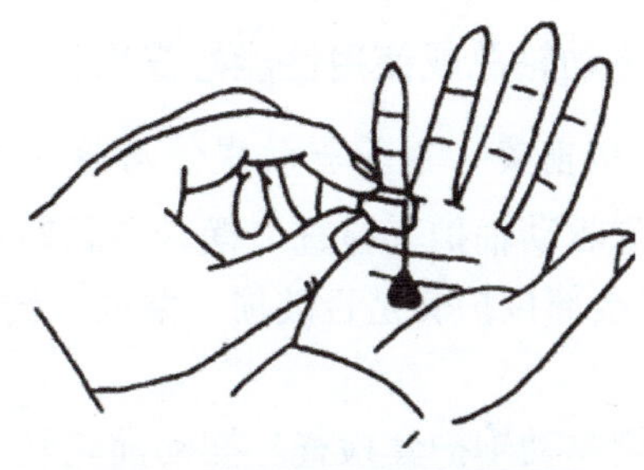

图 3-8-5 齿轮油质量的检查

4）更换加油塞密封垫，按规定力矩紧固加油塞。

2. 手动变速器油液更换

1）将车辆举升至适当高度。

2）清除齿轮油加注口周围的污渍，拧下加油塞，再拆下放油螺塞，及时用油液收集器回收放出的齿轮油。

3）检查放油塞上是否有金属屑吸附，待油液排放干净后将变速器壳体放油塞周围清理干净。

4）更换放油塞上的密封垫，按规定力矩紧固好放油塞，再次清洁放油塞及壳体。

5）用专用加注机将齿轮油从变速器加油口注入，直到油面与加油口齐平为止，如图 3-8-6 所示。

6）更换加油塞密封垫，按规定的力矩紧固加油塞，再次清洁放油塞及壳体。

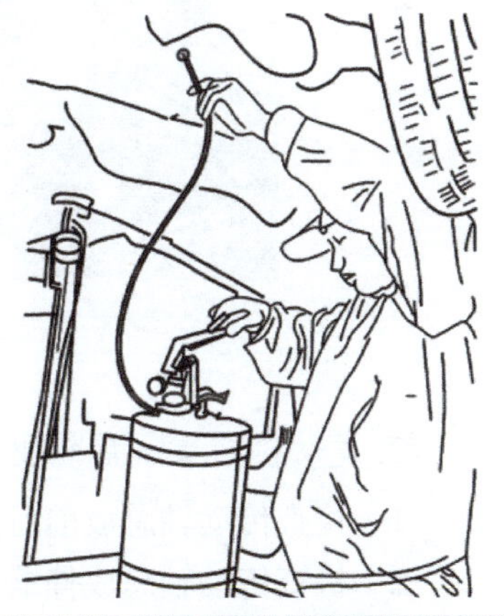

图 3-8-6 手动变速器齿轮油加注

（二）齿轮油相关知识点

齿轮油常用于变速器、差速器和手动转向机等总成件的润滑，为石油润滑油或合成润滑油中加入极压抗磨剂和油性剂后，调制而成的一种润滑油。其具有良好的抗磨性、耐负荷性和合适的黏度，且热氧化安定性、抗泡性和防锈性能稳定，成品齿轮油如图 3-8-7 所示，齿轮油有质量等级和使用黏度两项主要指标。

图 3-8-7 成品齿轮油

1）齿轮油的质量等级。齿轮油按照 API 质量等级分为：GL—1、GL—2、GL—3（低等负荷用油）、GL—4（中等负荷用油）、GL—5（高等负荷用油）和 GL—6（特等负荷用油）等几个级别，目前常用后四种。

2）齿轮油的黏度等级。齿轮油按 SAE 黏度等级分为 75W、80W、85W、90W 和 140W 等多种，分别适用的最低温度为 -40℃、-20℃、-12℃、-10℃和 10℃的地区，其中号数越大黏度越高。现代汽车常用多黏度级别齿轮油，即一年四季通用型，有 75W/90、80W/90、90、85W/140 等几种型号。

3）齿轮油的更换周期一般为 40000~60000km 或两年，具体以车辆维修手册规定的更换

周期为准。

三、传动轴总成使用性能的检查

（一）传动轴总成使用性能检查操作

1. 发动机前置、前轮驱动式传动轴检查

1）左侧驱动轴护套检查。摆动前轮转向至极限位置，转动车轮一圈左右，检查变速器与传动轴连接部位护套是否破损、漏油，转向节端等速万向节处护套是否破损、漏油，如图3-8-8所示。

2）右侧驱动轴护套检查。摆动前轮转向至极限位置，转动车轮一圈左右，检查变速器与传动轴连接部位护套是否破损、漏油，转向节端等速万向节处护套是否破损、漏油，如图3-8-9所示。

图3-8-8 左侧驱动轴护套检查

图3-8-9 右侧驱动轴护套检查

2. 发动机前置、后轮驱动式传动轴检查

1）检查传动轴总成前后两端十字轴万向节处是否存在漏油、损坏。

2）检查传动轴总成伸缩节处橡胶衬套是否破损、漏油。

3）检查传动轴总成前后两端十字轴万向节凸缘处是否按记号对准，以确保传动轴总成的等速传递，如图3-8-10所示。

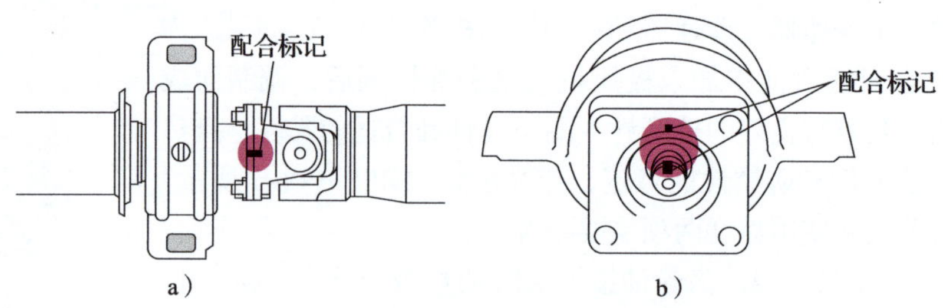

图3-8-10 传动轴总成等速传递安装记号

a）前后轴之间的连接记号 b）凸缘总成的安装记号

（二）传动装置的相关知识点

1. 轿车常见的驱动方式

轿车常见的驱动方式主要有发动机前置前轮驱动、发动机前置后轮驱动和发动机前置四轮驱动等几种类型。

1）发动机前置前轮驱动方式（FF），常用于现代轿车的驱动，如图 3–8–11 所示。

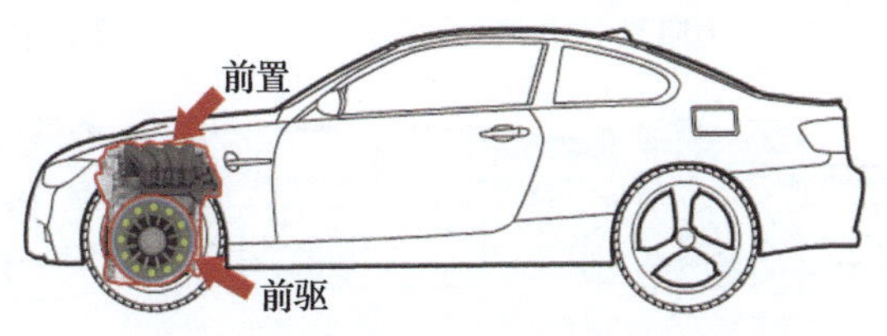

图 3–8–11　发动机前置前轮驱动方式（FF）

2）发动机前置后轮驱动方式（FR），常用于现代长轴距高档轿车的驱动，如图 3–8–12 所示。

3）发动机前置四轮驱动方式（4WD），常用于越野车或现代 SUV 车型的驱动，如图 3–8–13 所示。

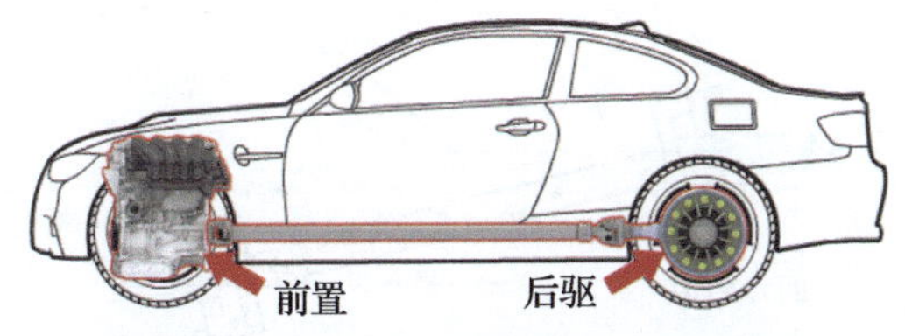

图 3–8–12　发动机前置后轮驱动方式（FR）

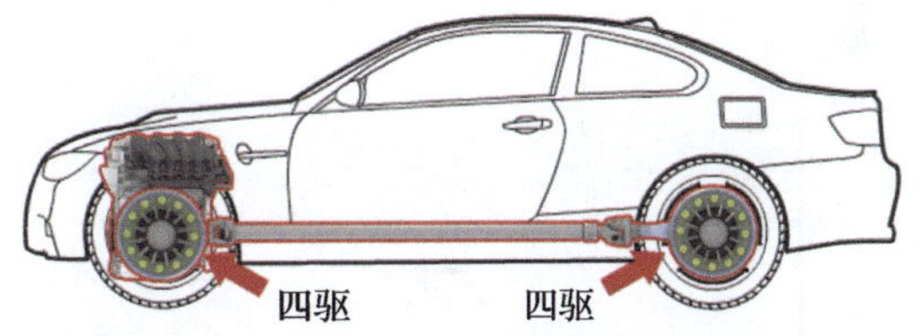

图 3–8–13　发动机前置四轮驱动（4WD）

2. 传动轴和万向节的主要特性

车辆运行使悬架上下跳动时，传动轴也会随之动作，其长度和位置会发生变化，因此传动轴两端必须通过万向装置与驱动桥和驱动轮（或变速器与主减速器）相连接，目前常用的万向节有等速万向节和不等速万向节两种类型。

1）驱动转向桥使用的等速万向节。驱动转向桥常使用球笼式等速万向节，由于内外滚道凹槽的曲线始终保证驱动轴与从动轴的中心线交点在各钢球的中心连线上，使驱动轴和从动轴角速度始终保持相等，如图 3–8–14 所示。

2）后轮驱动传动轴上的十字轴万向节。对于发动机前置、后轮驱动车辆，由于变速器和驱动桥之间距离较远，需通过传动轴总成将其连接到一起。传动轴为空心碳钢管件，有足够的抗扭曲和弯曲能力，如图 3–8–15 所示。

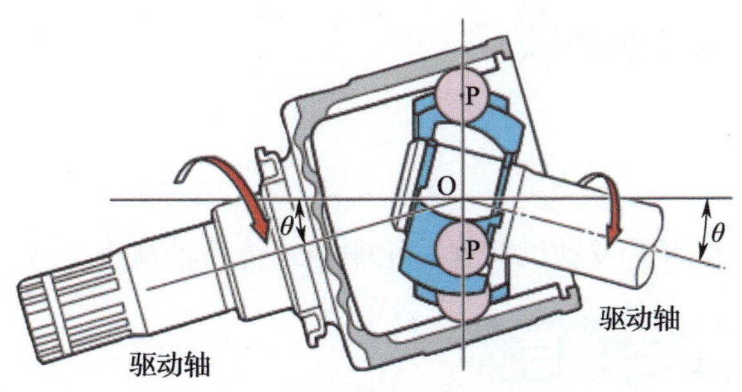

图 3–8–14　等速万向节工作原理示意图

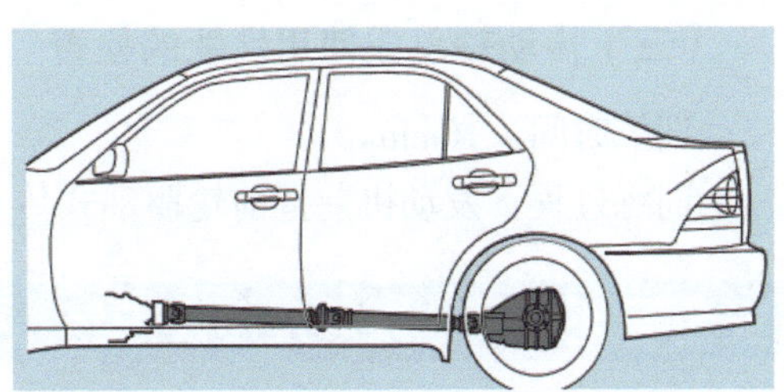

图 3–8–15　后轮驱动车辆上使用的传动轴总成

由于后桥安装在悬架上，当车辆运动时车桥会上下跳动，此时传动轴的长度和位置是变化的，传动轴的两端必须采取万向节结构方式，以满足上述变化需求，如图 3-8-16 所示。

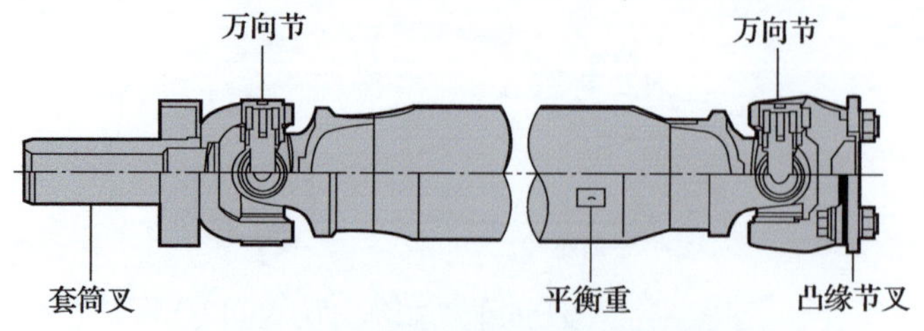

图 3-8-16　带十字轴万向节的传动轴总成

十字轴式万向节属于不等速万向节，当传动轴总成前后两端具备一定角度传递时，会产生周期性的不等速波动，因此传动轴两端须使用一对十字轴万向节，按照规定记号安装，确保传动轴总成实现等角速度传递，如图 3-8-17 所示。

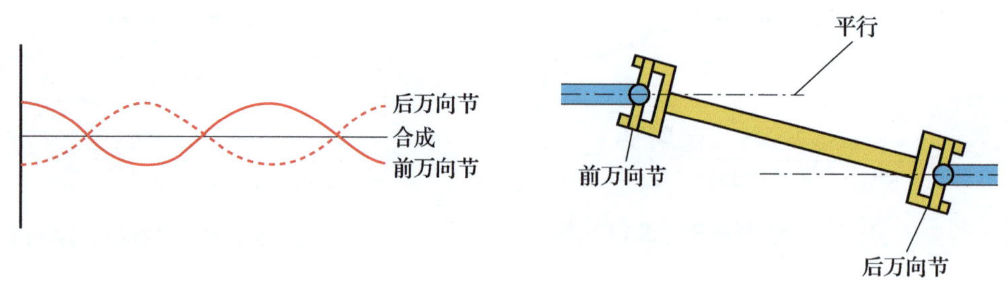

图 3-8-17　传动轴等速传递示意图

学生训练

（一）离合器总成使用性能检查操作

训练时间：10min。

训练过程：离合器踏板自由行程的检查，离合器踏板有效行程的检查，离合器总成使用性能检查。

（二）手动变速器维护操作

训练时间：10min。

训练过程：手动变速器油液检查，手动变速器油液更换。

（三）传动轴总成使用性能的检查

训练时间：10min。

训练过程：发动机前置前轮驱动式传动轴检查，发动机前置后轮驱动式传动轴检查。

安全管理、场地恢复及授课总结（包含 5S 项目）

1）实习设备断电、清理，工具、量具清理归位。

2）车辆清洁后恢复正常工作状况。

3）指导教师总结实训课题，布置课后实训报告。

扫码看微课

作业任务 9 电控液力自动变速器维护

项目目标

1）掌握电控液力自动变速器使用性能检查的操作。

2）掌握电控液力自动变速器油液更换的操作。

训练前准备

1）常规准备工作（卫生清扫、场地安全确认、学生考勤等）。

2）车辆防护作业准备，包括翼子板布和前格栅布组件、室内防护三件套等。

3）上汽通用威朗 2017 款 15S 自动进取型轿车一辆。

4）一汽丰田 2010 款 1.6L 自动变速器轿车一辆。

教师示范讲解

一、电控液力自动变速器使用性能检查

1. 自动变速器变速杆及档位指示灯检查

（1）自动变速器自检检查

1）变速器处于停车档（P 位）状态，点火开关置于 ON 档，仪表盘上显示档位指示信息，并与变速杆座上的档位指示一致，如图 3-9-1 所示。

图 3-9-1 仪表盘上的自动变速器档位指示信息

2）保持点火开关置于 ON 档，当自动变速器控制单元完成自检后，仪表盘上的动力传递装置指示灯应熄灭，否则自动变速器存在故障，应及时组织检修，如图 3-9-2 所示。

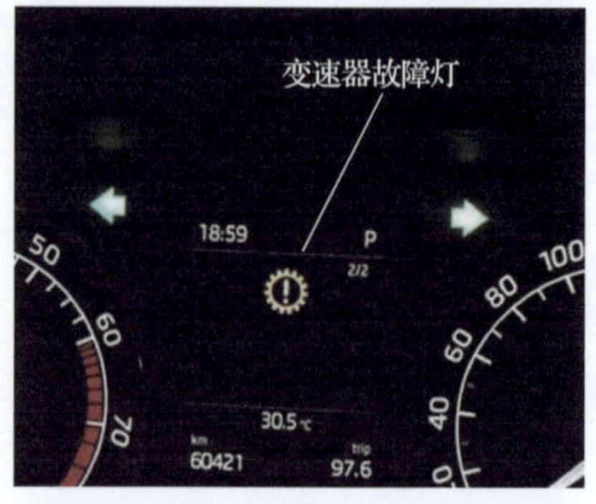

图 3-9-2　自动变速器故障指示灯

（2）自动变速器换档锁止安全检查

现以上汽通用威朗 2017 款 15S 自动进取型轿车为例来说明其操作过程。

1）档位处于 P 位，踏下制动踏板，未按下变速杆手柄上的锁止按钮时，不能挂入前进档（D）或倒档（R），防止误换档操作，如图 3-9-3 所示。

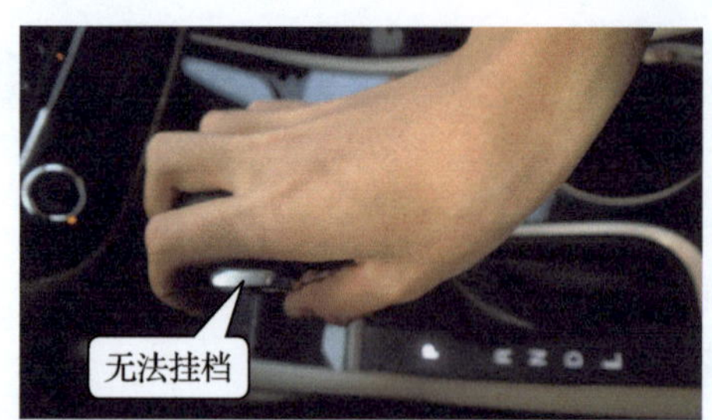

图 3-9-3　变速杆锁止状态检查（锁止状态）

2）档位处于 P 位，踏下制动踏板，按下变速杆档手柄上的锁止按钮，能挂入倒档（R）或前进档（D），如图 3-9-4 所示。

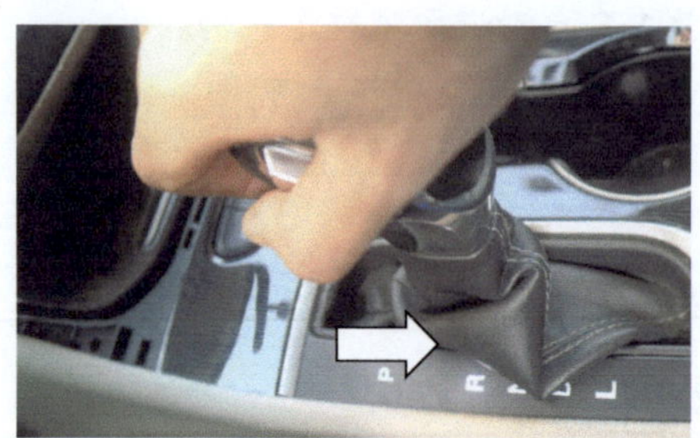
图 3-9-4　变速杆锁止状况检查（解除锁止状态）

（3）档位指示状况检查

1）保持点火开关于 ON 位置，踩下制动踏板，按住变速杆手柄上的锁止按钮，将变速杆位置按照“P→R→N→D→L”循环，仪表盘信息屏上应显示相应的档位指示，如图 3-9-5 所示。

2）将变速杆处于 L 位，用手按动“+/-”档位按钮，观察仪表盘上的档位指示，应能显示“1”→“6”，然后再从“6”→“1”，如图 3-9-6 所示。

图 3-9-5　仪表盘上的档位显示检查

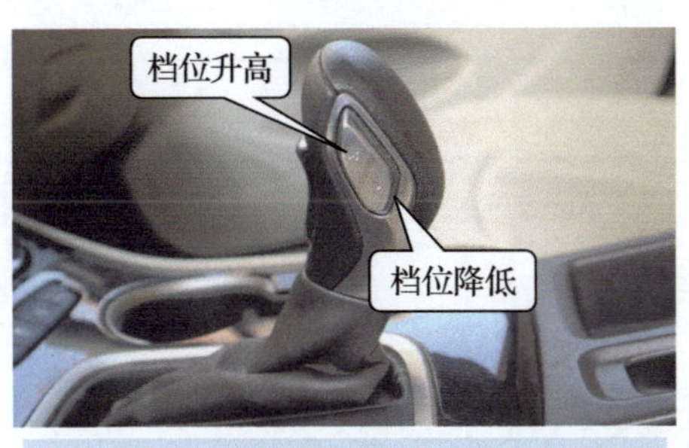

图 3-9-6 变速杆 L 位“+/-”档位检查

2. 电控液力自动变速器油液检查操作

电控液力自动变速器（AT）油液检查包括液面高度检查和油液质量检查两个方面。

1）车辆行驶一段距离后，使自动变速器油达到正常温度（70~80℃）。

2）将车辆停在水平的路面上，施加驻车制动，发动机继续运行，踩下制动踏板，将变速杆在各位置停留片刻，使得油液能到达各执行器和润滑部位，然后将变速杆置于 P 位，如图 3–9–7 所示。

3）保持发动机继续运转，从自动变速器加油口处抽出油尺，用干净的棉纱擦净，然后再次插入和拔出油尺，液面应在热态线（HOT）上下刻度范围内，如图 3–9–8 所示。

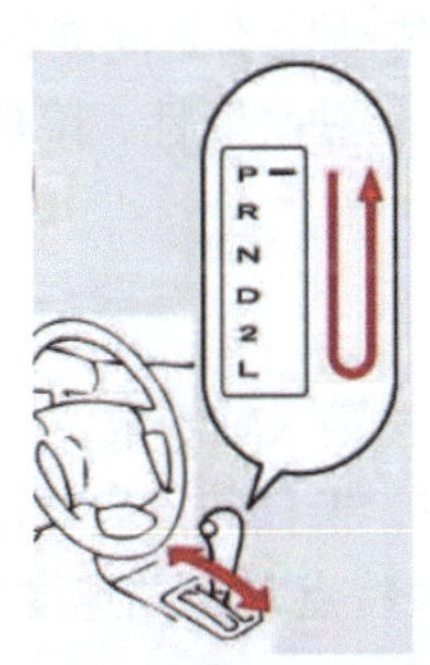

图 3-9-7 自动变速器油液检查的准备工作

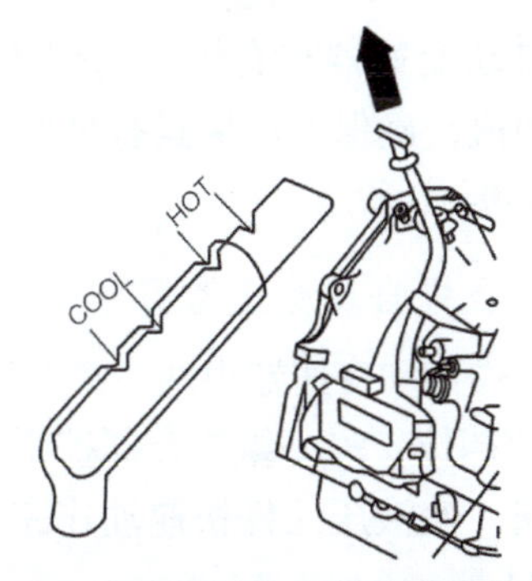

图 3-9-8 自动变速器油液面高度检查

4）将油尺上的油液沾少许涂在手指上捻搓，检查是否有渣粒存在，并感觉其黏度是否正常。

5）嗅一下油液是否有烧焦的异味，颜色应为浅红色透明状液体，否则应更换。

拓展提升——自动变速器的相关知识点

目前轿车使用的自动变速器主要有电控液力自动变速器（AT）、无级自动变速器（CVT）和双离合式自动变速器（DCT）等几种类型，同手动变速器相比，驾驶员不再需要根据道路情况和车辆行驶速度频繁换档，改善了驱动性能，提高了驾驶舒适性。

1. 电控液力自动变速器简介

电控液力自动变速器主要由液力变矩器、齿轮变速机构、液压控制装置、换档执行机构和控制单元等组成，控制单元接收变速杆位置、发动机负荷和车速等信号，将档位自动升高或降低，以获得适当的传动比和驱动转矩，如图 3–9–9 所示。

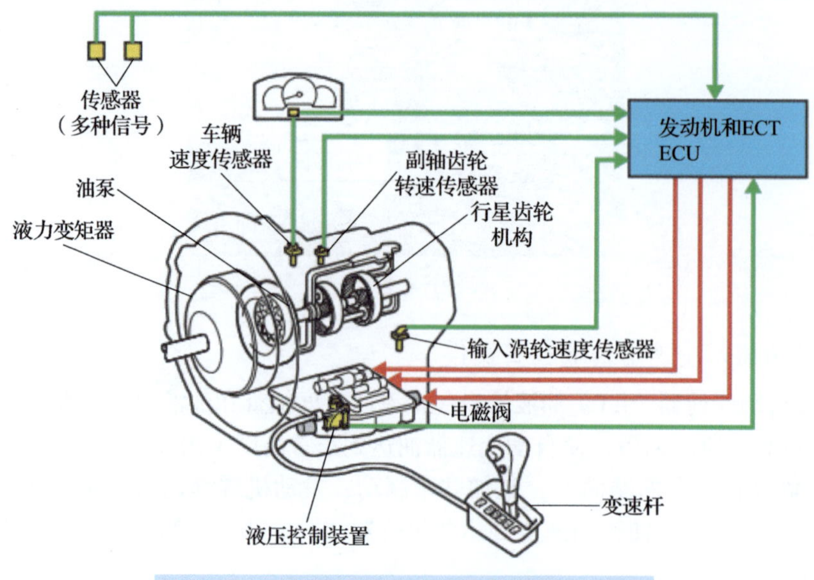

图3-9-9 电控液力自动变速器控制原理示意图

2. 无级自动变速器简介

无级自动变速器与有级自动变速器的区别，在于其传动比不是间断的点，而是一系列连续变化的值，确保了车辆具有良好的经济性、动力性和驾驶平顺性，降低了变速器制造成本，如图3-9-10所示。

3. 双离合式自动变速器简介

双离合式自动变速器由两个离合器和与之相关联的两根输入轴组成，一组离合器控制1、3、5等奇数档位，另一组离合器控制2、4、6等偶数档位，换档和离合器操纵通过动力模块控制电磁阀，使液压元件快速动作完成换档操作，其最大特点是换档速度快、传递效率高，如图3-9-11所示。

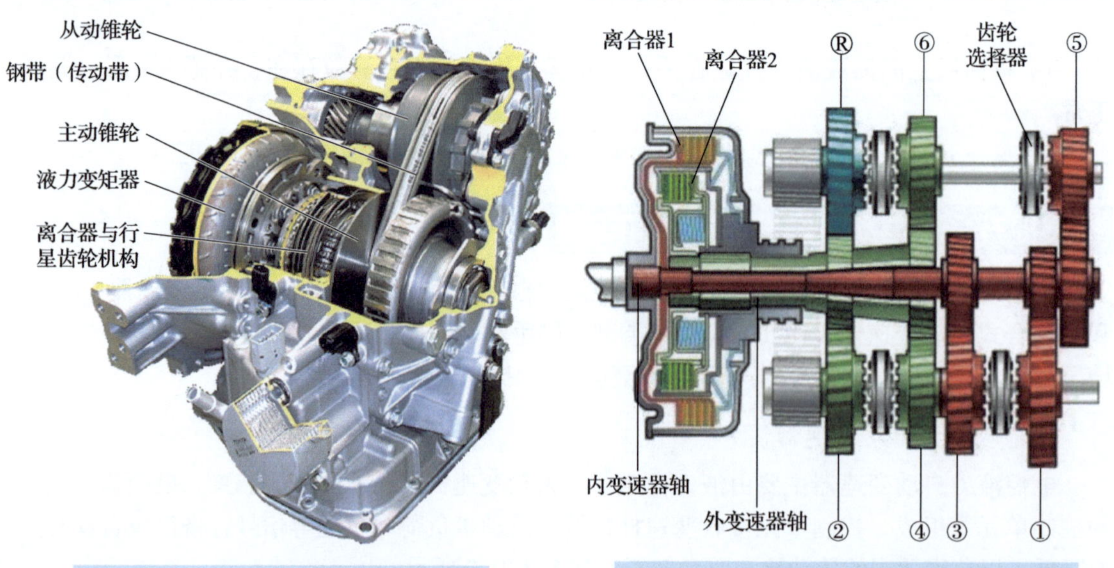

图3-9-10 无级自动变速器结构示意图

图3-9-11 双离合式自动变速器结构示意图

二、电控液力自动变速器油液更换

（一）电控液力自动变速器油液更换操作

1）车辆举升至适当高度，将自动变速器放油螺塞拧下，放出油液后，再将放油螺塞拧紧。

2）车辆下降到最低位置，通过自动变速器加注口加入与放出油量相当的新油液（ATF），然后起动车辆运行 10min 左右，期间不断拉动变速杆位置，使油液得到充分循环。

3）车辆再次升至适当高度，放出油液后再次加入新油液，重复上述操作 2~3 次，直到放出的油液与新加入的油液颜色相近。如此多次加注与更换操作的目的是将储存在液力变矩器、离合器分泵、制动器分泵及阀体内的油液循环出来。

4）预热自动变速器油至正常温度（70~80℃）后，保持发动机运行，检查并调整液面高度至正常位置。

注释：若自动变速器放出的油液过脏，应拆下变速器油底壳，清洗安装在阀体底部的滤清器后，再进行变速器油液的更换操作，如图 3-9-12 所示。

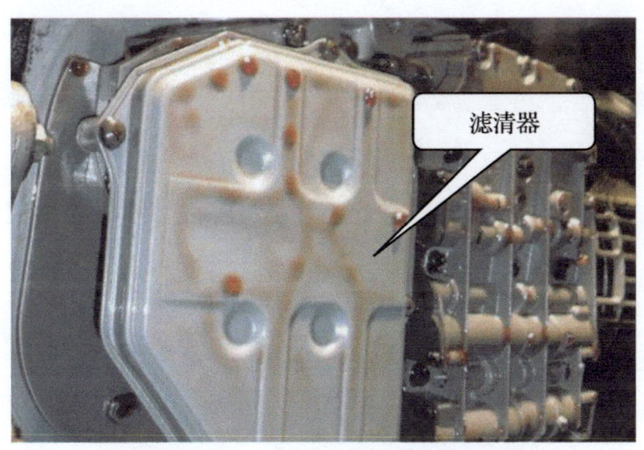

图 3-9-12 变速器油滤清器的清洗

（二）自动变速器油的相关知识点

自动变速器油（ATF）是指专门用于电控液力自动变速器（AT）的油液，其实现了自动变速器润滑、动力传输和冷却清洗等功能。

1）用于 AT 自动变速器的油液主要有 D-Ⅱ、T-Ⅳ两种型号，颜色为浅红色透明液体，如图 3-9-13 所示。

2）电控液力自动变速器油液检查周期为 40000km 或两年，更换周期为 80000km 或四年，具体以车辆维修手册规定的周期为准。

注释：无级自动变速器（CVT）和双离合式自动变速器（DCT）所用的变速器油为专用长效型，无须定期更换，可长期使用。

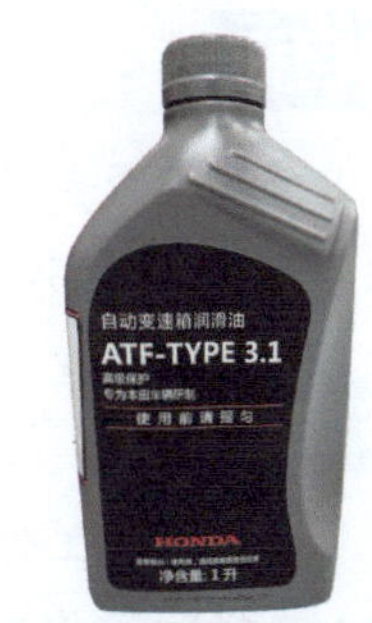

图 3-9-13 电控液力自动变速器用润滑油（ATF）

学生训练

（一）电控液力自动变速器使用性能检查操作

训练时间：10min。

训练过程：自动变速器变速杆及档位指示灯检查，电控液力自动变速器油液检查操作。

（二）电控液力自动变速器油液更换操作

训练时间：10min。

训练过程：电控液力自动变速器油液更换操作。

安全管理、场地恢复及授课总结（包含5S项目）

1）实习设备断电、清理，工具、量具清理归位。

2）车辆清洁后恢复正常工作状况。

3）指导教师总结实训课题，布置课后实训报告。

扫码看微课

电控液力自动变速器使用性能检查

作业任务10 盘式制动器检修

项目目标

1）掌握盘式制动器制动片使用状况检查的操作。

2）掌握盘式制动器制动盘使用状况检查的操作。

训练前准备

1）常规准备工作（卫生清扫、场地安全确认、学生考勤等）。

2）车辆防护作业准备，包括翼子板布和前格栅布组件、室内防护三件套等。

3）长城哈弗 M6 PLUS 2021 款 1.5T 7DCT 尊贵智联版 SUV 一辆。

4）千分尺、百分表、磁力表座和钢板直尺等量具一套。

教师示范讲解

一、盘式制动器制动片使用状况的检查

（一）盘式制动器制动片使用状况的检查操作

盘式制动器结构简单、散热性好、制动性能稳定，在中小型汽车上得到广泛的应用，一般前轮使用盘式制动器。

1. 制动器摩擦片不拆下时的检查

1）通过制动片厚度测量规，检查内外摩擦片厚度，如图 3–10–1 所示。

2）通过制动钳上的观察孔目测两侧制动片的厚度，要求内、外摩擦片厚度没有明显的偏差，如图 3–10–2 所示。

图 3–10–1　用于测量制动片厚度的测量规

图 3–10–2　制动器摩擦片厚度检查

3）一般情况下内、外侧摩擦片厚度偏差应在 10%~15% 之间，摩擦片厚度使用限度为不小于新片厚度的 1/3。

2. 制动器摩擦片拆下时的检查

1）拆下制动卡钳上的导销固定螺栓，取下制动卡钳后用专用工具将制动卡钳挂住，如图 3–10–3 所示。

2）取下两侧的制动摩擦片后，再拆下制动片卡簧片，观察卡簧片是否有磨损和断裂，如图 3–10–4 所示。

图 3–10–3　制动卡钳总成的拆下

图 3–10–4　制动片卡簧片检查

3）清洁两侧制动片摩擦材料后，检查摩擦材料表面是否有沟槽和异常磨损，如图 3–10–5 所示。

4）用直尺测量制动片摩擦材料厚度，内外两侧厚度磨损应均匀，如图 3–10–6 所示。

图 3-10-5　制动片磨损状况检查

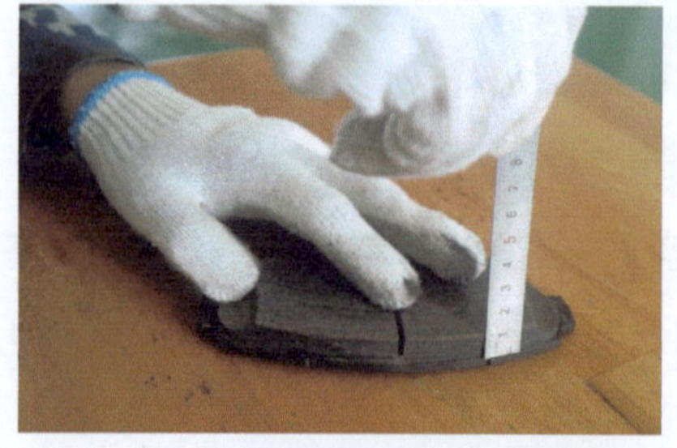

图 3-10-6　制动片摩擦材料厚度检查

3. 制动卡钳总成检查

1）检查轮缸活塞、制动软管连接处等部位是否有制动液渗漏，如图 3-10-7 所示。

2）检查制动卡钳上的导销衬套是否破损、漏油，确认导销活动无卡滞，如图 3-10-8 所示。

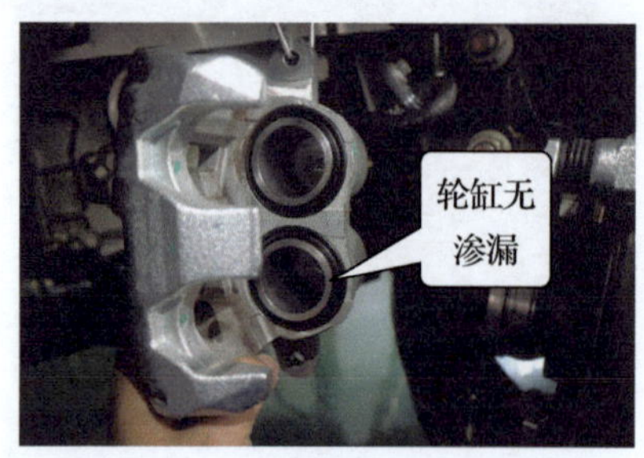

图 3-10-7　制动轮缸泄漏状况检查

图 3-10-8　制动卡钳上的导销及衬套检查

3）用专用工具将制动轮缸活塞回位，为新制动片安装做好准备，如图 3-10-9 所示。

图 3-10-9　制动轮缸活塞回位操作

注释：在进行制动片更换操作时，在完成一个车轮作业后，再进行另一个车轮的更换操作。若两个车轮一起拆开，进行制动轮缸回位操作时，有可能把同时拆下的轮缸活塞顶出！

（二）盘式制动器相关知识点

盘式制动器有固定钳盘式和浮动钳盘式两种类型，目前轿车上常采用浮动钳盘式制动器。

1. 固定钳盘式制动器

固定钳盘式制动器的制动钳盘是固定的，在其上安装有两个制动轮缸，当施加制动时，制动盘两侧轮缸同时动作，推动两侧活塞向中间移动，使得制动片和制动盘摩擦产生制动力，如图 3-10-10 所示。

2. 浮动钳盘式制动器

浮动钳盘式制动器特点是制动钳盘是浮动的，在其上安装有一个制动轮缸，当施加制动时，轮缸活塞动作推动一侧的制动片移动，当与制动盘接触时，以此为支点使浮动钳动作，带动固定在浮动钳上的另一侧制动片靠近制动盘，最终两侧的制动片与制动盘因摩擦产生制动力，如图 3-10-11 所示。

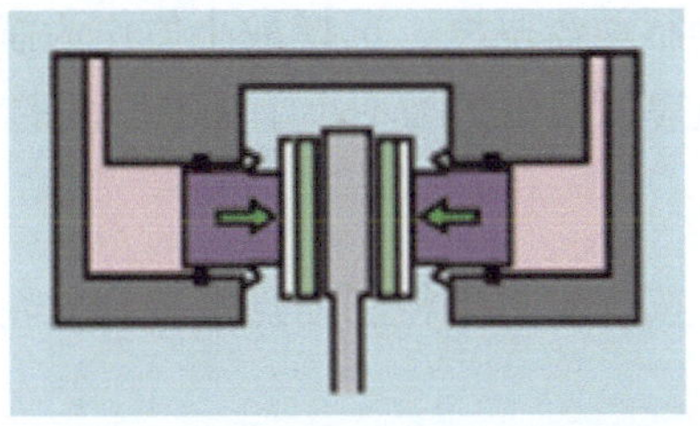
图 3-10-10 固定钳盘式制动器工作状况示意图

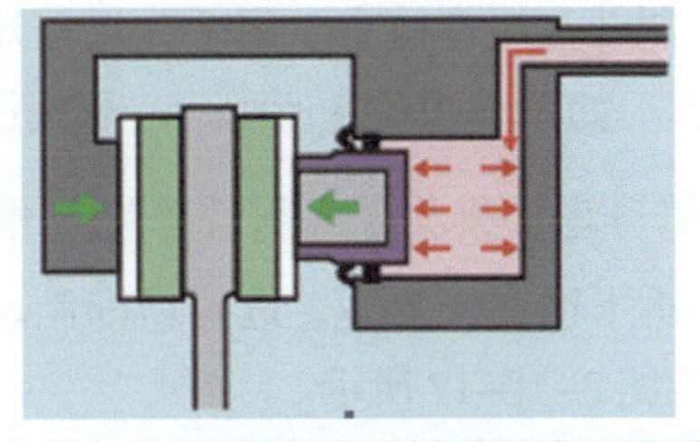
图 3-10-11 浮动钳盘式制动器工作状况示意图

二、盘式制动器制动盘使用状况的检查

（一）盘式制动器制动盘使用状况的检查

1. 盘式制动器制动盘使用状况的检查

1）制动盘损状况检查。要求制动盘两侧沟槽深度不大于 0.5mm，表面无裂纹、硬点等，如图 3-10-12 所示。

2）制动盘摆动量检查。具体方法如下：

①在轮胎螺栓处垫上锥形垫片，将轮胎螺母拧紧，避免在测量作业时制动盘摆动，如图 3-10-13 所示。

图 3-10-12 制动盘摩擦表面状况检查

图 3-10-13 测量制动盘摆动量前的预紧固

注释： 四个轮胎螺母结构式制动盘需对称固定 2 个轮胎螺母；五个轮胎螺母结构式制动盘需要对称固定 3 个轮胎螺母。

②根据车辆维修手册要求，在距离制动盘上表面 10mm 处间隔 120° 范围内，均匀标记三个测量点，如图 3-10-14 所示。

③将磁力表座和百分表组装好后固定在减振器上，百分表指针垂直于制动盘 10mm 处，将百分表调零，然后缓慢转动制动盘一圈以上，要求制动盘摆动量不大于 0.06mm，如图 3-10-15 所示。

图 3-10-14 制动盘测量准备工作

图 3-10-15 制动盘摆动量测量

3）制动盘厚度检查。用千分尺在规定位置测量制动盘厚度，选择最小值作为制动盘厚度测量值，如图 3-10-16 所示，一般情况下，制动盘厚度极限值为不小于标准厚度的 2mm。

2. 制动盘更换及盘式制动器安装作业

1）拆下旧制动盘后，进行新旧制动盘比对后，按规定力矩将制动盘安装到前轮毂法兰盘上，如图 3-10-17 所示。

图 3-10-16 制动盘厚度测量

图 3-10-17 新旧制动盘的比对

2）按规定力矩安装制动钳架，如图 3-10-18 所示。

3）在制动钳架的制动块卡簧片安装处涂抹高温润滑脂，并安装制动块卡簧片，如图 3-10-19 所示。

图 3-10-18 制动钳架的安装

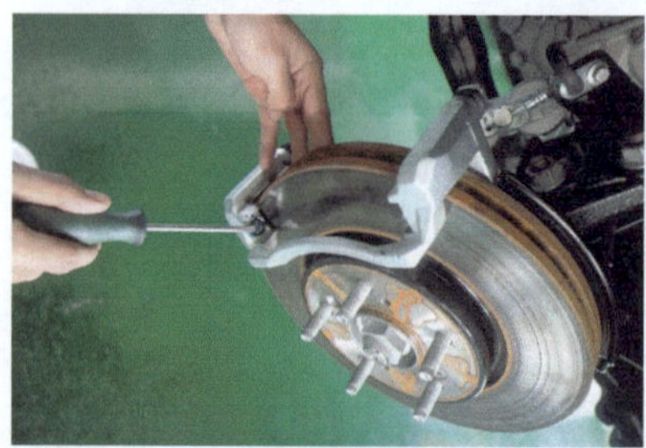

图 3-10-19 制动块卡簧片的安装

4）将制动盘两侧的制动片总成安装到位，如图 3-10-20 所示。

5）将制动卡钳总成安装到位，按规定力矩紧固导向销，如图 3-10-21 所示。

图 3-10-20 制动片的安装

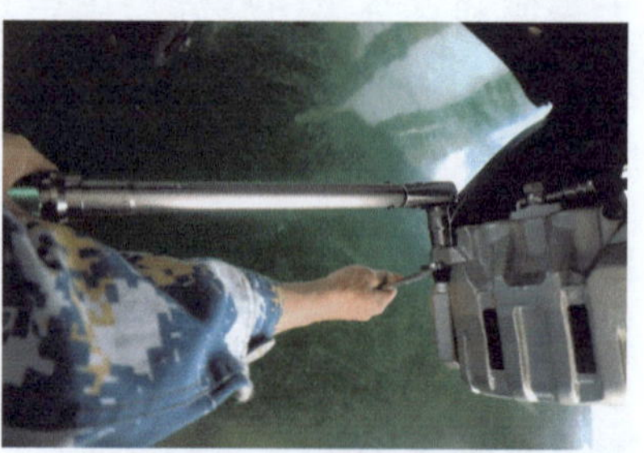

图 3-10-21 导向销的安装

6）安装轮胎总成，落下车辆后按规定力矩紧固轮胎螺栓，如图 3-10-22 所示。

7）用力踩下制动踏板数次，以恢复制动片和制动盘间的正常间隙。

8）举升车辆至车轮离开地面适当位置，转动车轮检查制动器是否存在制动迟滞现象，如图 3-10-23 所示。

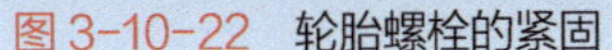
图 3-10-22 轮胎螺栓的紧固

图 3-10-23 制动器安装后制动迟滞检查

（二）前后制动器的相关知识

1. 前后制动器的区别

现代轿车前后车轮一般使用浮动钳盘式制动器，车辆前端制动盘大、制动片厚，制动时制动盘与制动片间接触面积大；车辆后端制动盘小、制动片薄，制动时制动盘与制动片接触面积小。原因是车辆在制动时前后车桥承担的载荷不同，前端承担约 60% 的制动载荷、后端承担 40% 的制动载荷，如图 3-10-24 所示。

2. 制动器维护周期的确定

车辆在进行定期维护时，制动片使用状况检查是一项重要内容，若存在一个保养周期内（5000km）制动片厚度可能达到使用极限状况时，维修技师就要主动与用户沟通，应提前更换制动片，图 3-10-25 所示为制动片磨损极限报警装置。

图 3-10-24 车辆制动时前后制动器载荷分配状况示意图

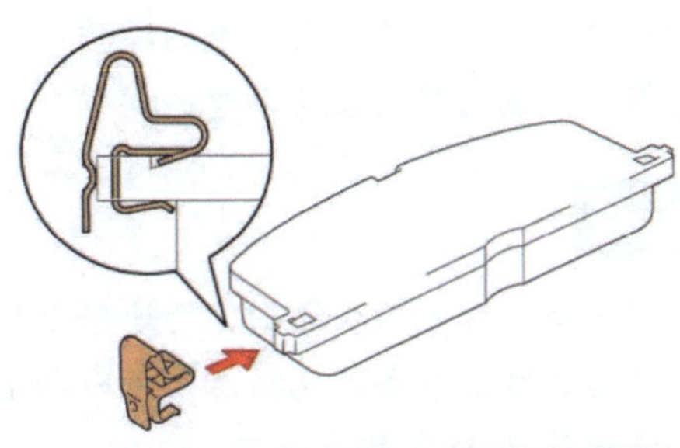
图 3-10-25 制动片磨损极限报警装置

学生训练

（一）盘式制动器制动片使用状况的检查操作

训练时间：10min。

训练过程：制动器摩擦片不拆下时的检查，制动器摩擦片拆下时的检查，制动卡钳总成检查。

（二）盘式制动器制动盘使用状况的检查操作

训练时间：10min。

训练过程：盘式制动器制动盘使用状况的检查，制动盘更换及盘式制动器安装作业。

安全管理、场地恢复及授课总结（包含5S项目）

1）实习设备断电、清理，工具、量具清理归位。

2）车辆清洁后恢复正常工作状况。

3）指导教师总结实训课题，布置课后实训报告。

扫码看微课

微课内容：

1. 盘式制动器制动片、制动盘使用状况检查

2. 盘式制动器制动盘、制动片更换

作业任务11 鼓式制动器检修

项目目标

1）掌握鼓式制动器拆卸及检查的操作。

2）掌握鼓式制动器安装及调整的操作。

训练前准备

1）常规准备工作（卫生清扫、场地安全确认、学生考勤等）。

2）车辆防护作业准备，包括翼子板布和前格栅布组件、室内防护三件套等。

3）一汽捷达2006款轿车一辆。

教师示范讲解

一、鼓式制动器的拆卸及检查

（一）鼓式制动器的拆卸及检查操作

1. 鼓式制动器的拆卸

1）将车辆举升至距地面0.5m左右的位置，拆下车轮。

2）在制动鼓与轮毂法兰盘间做好标记，按此记号装配制动鼓，能确保原有的平衡位置，如图3-11-1所

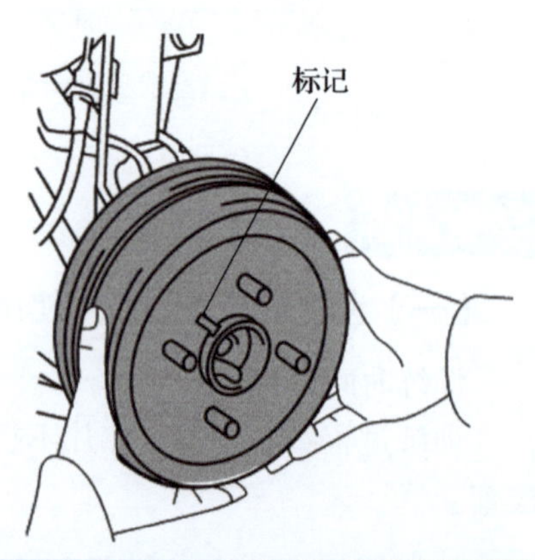

图3-11-1 制动鼓拆下前平衡记号标记

示，再把制动鼓拆下。

3）若制动器使用时间过长，在制动鼓内侧由于制动蹄片摩擦出现沟槽，对拆卸制动鼓造成困难，因此在拆卸制动鼓前先把制动蹄调回到最小位置，使制动鼓和制动蹄片之间的间隙变大，如图 3–11–2 所示。

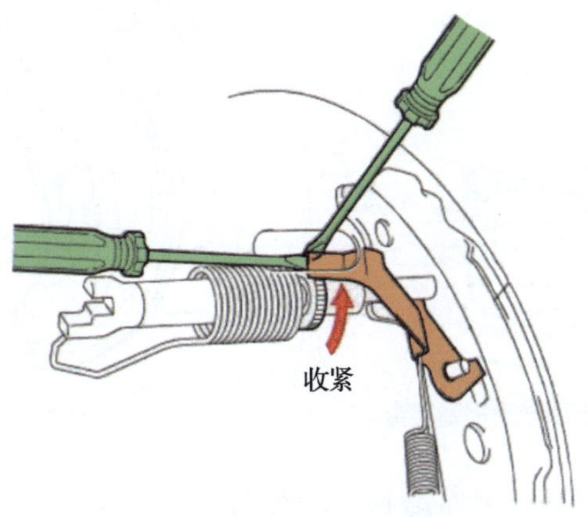

图 3–11–2 制动鼓拆下前的准备工作

4）若制动鼓与轮毂法兰盘间配合的过紧，不能用锤子敲打制动鼓表面，可用两个螺栓拧入制动鼓上的螺栓孔，两边均匀紧固螺栓，将制动鼓顶出，如图 3–11–3 所示。

5）取下制动鼓后，清理制动鼓和制动蹄片总成上的灰尘。

2. 鼓式制动器部件的检查

（1）制动鼓的检查

1）检查制动鼓内表面磨损状况，表面不应有裂纹、烧蚀，沟槽深度≤ 1mm，如图 3–11–4 所示。

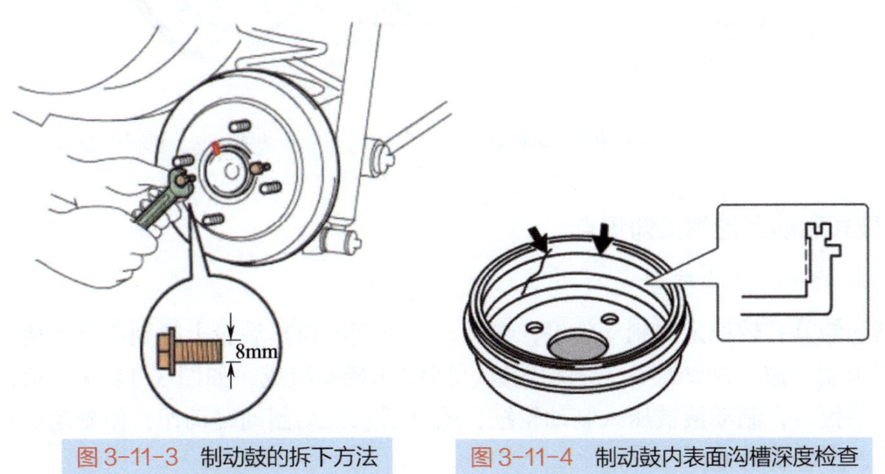

图 3–11–3 制动鼓的拆下方法　　图 3–11–4 制动鼓内表面沟槽深度检查

2）用专用游标卡尺测量制动鼓内表面尺寸，要求磨损最大直径不超过标准直径的 2mm，且圆度误差符合要求，如图 3–11–5 所示。

（2）制动蹄片及轮缸检查

1）检查制动轮缸有无制动液渗漏，如图 3-11-6 所示。

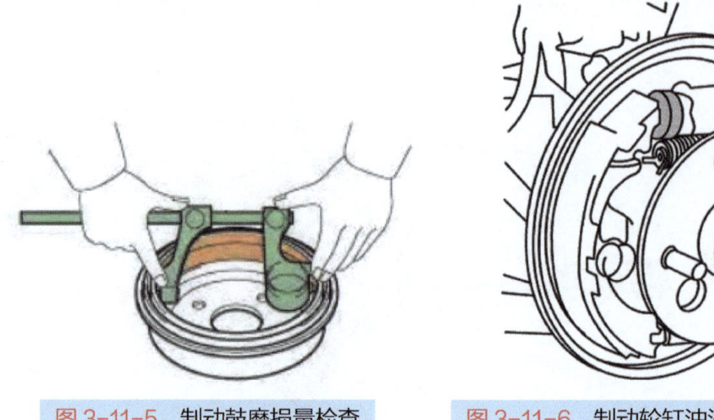

图 3-11-5　制动鼓磨损量检查　　图 3-11-6　制动轮缸油液渗漏状况检查

2）检查制动蹄片是否存在异常磨损、摩擦材料与制动蹄脱开和摩擦材料缺损等损伤，制动蹄上摩擦材料厚度不小于新片摩擦材料厚度的 1/3，如图 3-11-7 所示。

3）检查制动片和回位弹簧情况。用手沿轮缸运动方向推动两侧制动蹄片，松手后在回位弹簧的作用下，制动蹄片能够自动回位，如图 3-11-8 所示。

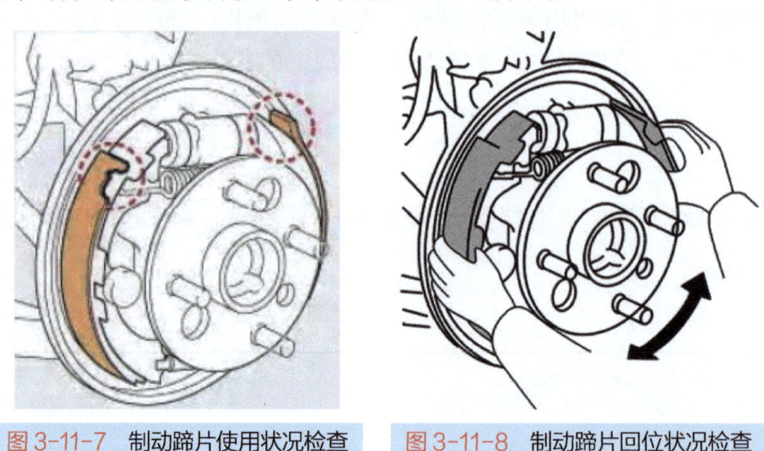

图 3-11-7　制动蹄片使用状况检查　　图 3-11-8　制动蹄片回位状况检查

（二）鼓式制动器的相关知识点

1. 鼓式制动器的结构特点

鼓式制动器具有较稳定的制动效果，在货车或早期的轿车后轮上得到广泛的使用。鼓式制动器主要由制动鼓、制动蹄片、制动轮缸、回位弹簧等组成，如图 3-11-9 所示，当驾驶员踩踏制动踏板时，制动液被压入制动轮缸，轮缸活塞推动制动蹄动作，使制动蹄片和制动鼓发生摩擦，产生制动力。

2. 鼓式制动器作业安全要求

1）由于鼓式制动器的结构特点，制动过程中由于摩擦产生的粉尘会积存在鼓式制动器的内部。

2）制动蹄片摩擦材料中含有石棉，若维修人员在作业过程中吸入了石棉粉尘，会对呼吸系统造成一定伤害，因此在拆装鼓式制动器时，要做好个人防护，应佩戴专业防尘口罩，如图 3-11-10 所示。

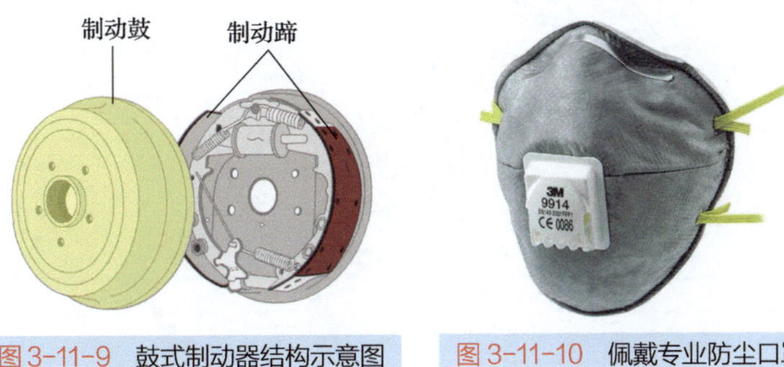

图 3-11-9 鼓式制动器结构示意图　　图 3-11-10 佩戴专业防尘口罩

二、鼓式制动器的安装及调整

（一）鼓式制动器的安装及调整操作

1. 鼓式制动器安装

1）在制动背板与制动蹄片接触处、制动间隙调节拉杆螺栓等部位涂上高温润滑脂，如图 3-11-11 所示。

2）组装后侧制动蹄。把驻车制动拉线安装到制动蹄上，检查驻车制动杆是否能顺利移动，如图 3-11-12 所示。

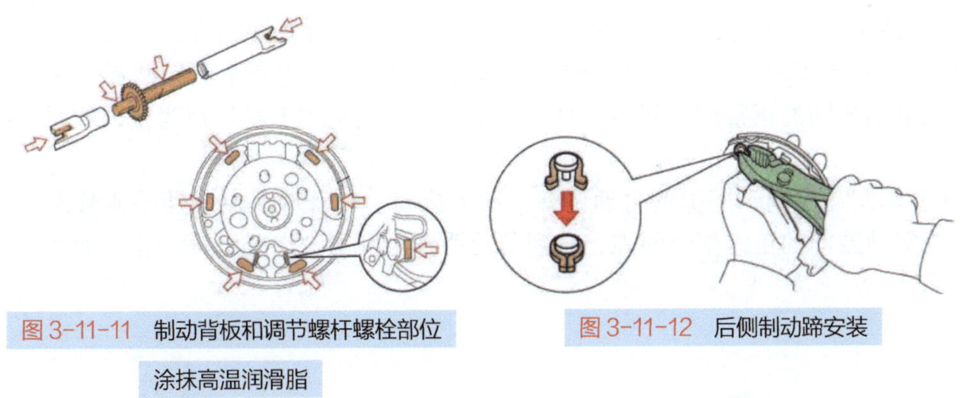

图 3-11-11 制动背板和调节螺杆螺栓部位涂抹高温润滑脂　　图 3-11-12 后侧制动蹄安装

3）组装前侧制动蹄。将自动调节杆安装到前制动蹄上，用尖嘴钳把调节杆弹簧安装到自动调节杆和前制动蹄上，如图 3-11-13 所示。

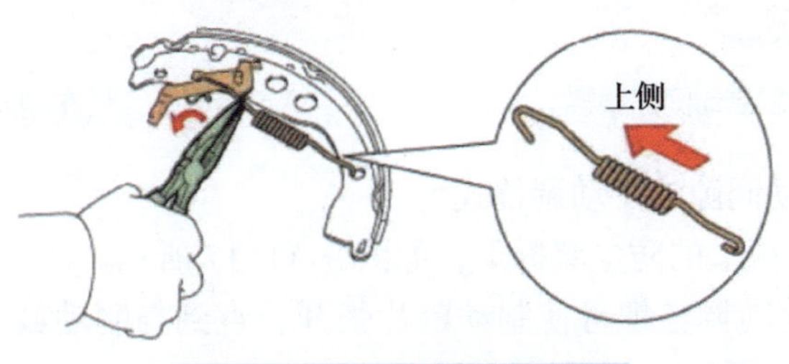

图 3-11-13 前侧制动蹄安装

4）用专用工具将回位弹簧挂在前后制动蹄片上，如图 3–11–14 所示，将制动蹄片调到半径最小位置后，安装制动鼓。

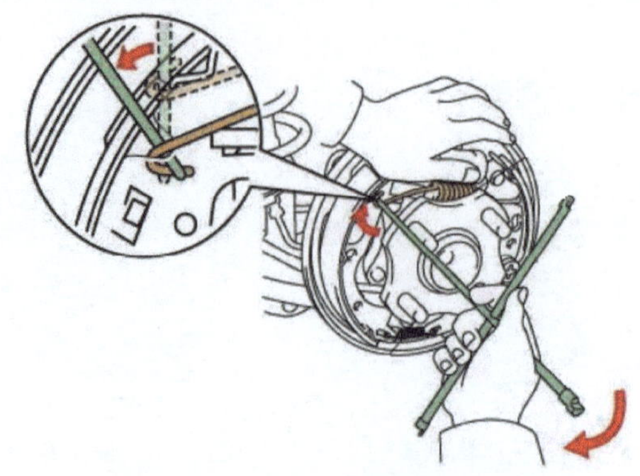

图 3–11–14　安装制动蹄片回位弹簧

5）安装轮胎后降下车辆，用力踩下制动踏板数次，使制动系统恢复正常的制动间隙。

6）确认驻车制动器和行车制动器不存在制动迟滞现象。

2. 鼓式制动器制动间隙的调整

新安装或长时间使用的制动器，制动鼓和制动蹄片之间的间隙过大，导致制动踏板的有效行程增大，因此需定期调整制动器的制动间隙。鼓式制动器制动间隙的调整按照结构方式，主要有制动间隙自动调整式和手动调整式两种类型。

（1）制动间隙自动调整式

制动间隙自动调整包括行车制动器和驻车制动器自动调整两项内容。

1）行车制动器制动间隙的自动调整。起动发动机，用力踩下制动踏板数次，恢复制动蹄片与制动鼓间的正常配合间隙，直到制动器不再发出“卡嗒”声为止，如图 3–11–15 所示。

2）驻车制动器制动间隙的自动调整。用力拉动、松开驻车制动器手柄数次，恢复制动蹄片与制动鼓间的正常配合间隙，直到制动器不再发出“卡嗒”声为止，如图 3–11–16 所示。

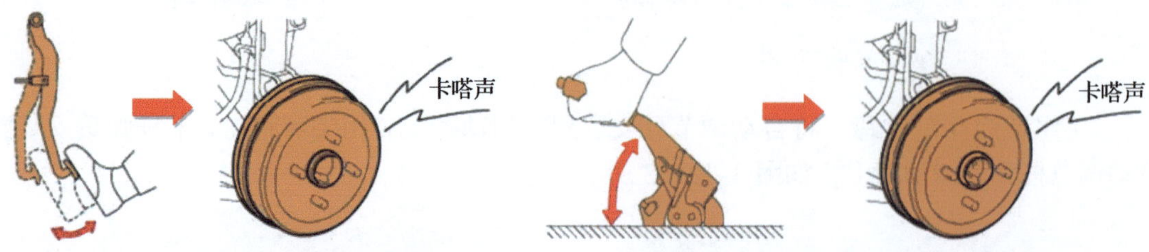

图 3–11–15　行车制动器制动间隙调整　　图 3–11–16　驻车制动器制动间隙调整

（2）鼓式制动器制动间隙的手动调整式

1）将制动蹄安装背板上的防尘套拆下，如图 3–11–17 所示。

2）用平口螺丝刀旋转调整螺母使制动蹄片张开，直到与制动鼓完全接触，制动鼓无法转动为止，如图 3–11–18 所示。

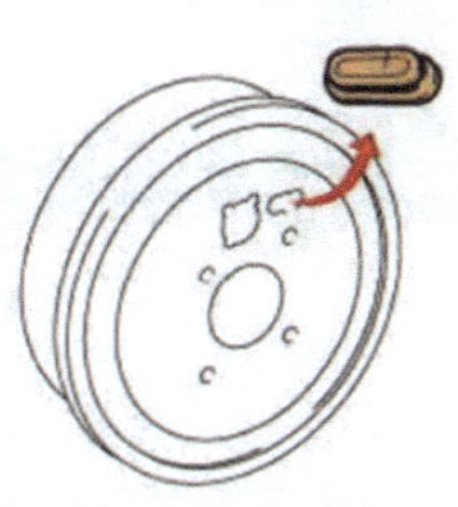

图 3-11-17　鼓式制动器调整的准备工作

3）再用平口螺丝刀向制动蹄片回位方向退回 6~9 响（约 1mm 的制动间隙），制动鼓能较轻松转动，且与制动蹄片少有摩擦为宜，如图 3-11-19 所示。

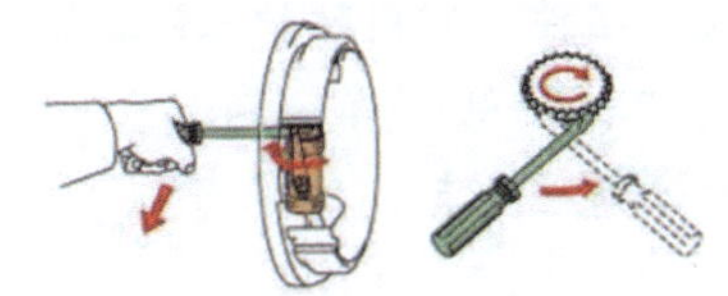

图 3-11-18　鼓式制动间隙调整（1）

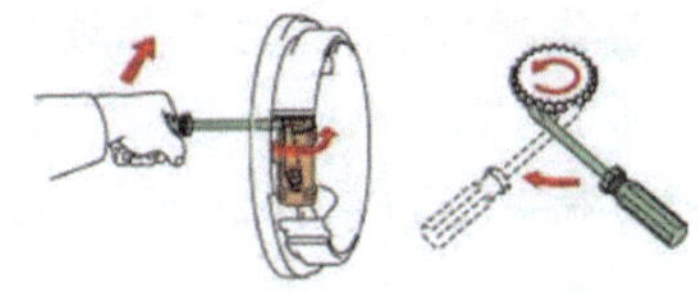

图 3-11-19　鼓式制动间隙调整（2）

4）制动系统应无制动迟滞现象存在。

（二）鼓式制动器主要类型的相关知识点

1）鼓式制动器的用途。当制动传动机构动作时，鼓式制动器的制动蹄片被压紧在制动鼓的内侧，从而产生制动力，根据需要使车轮减速或在最短的距离内停车，以确保行车安全。

2）常用的鼓式制动器类型。鼓式制动器类型较多，目前常用双向自增力式制动器，该制动器前后制动蹄片是对称分布的，如图 3-11-20 所示。

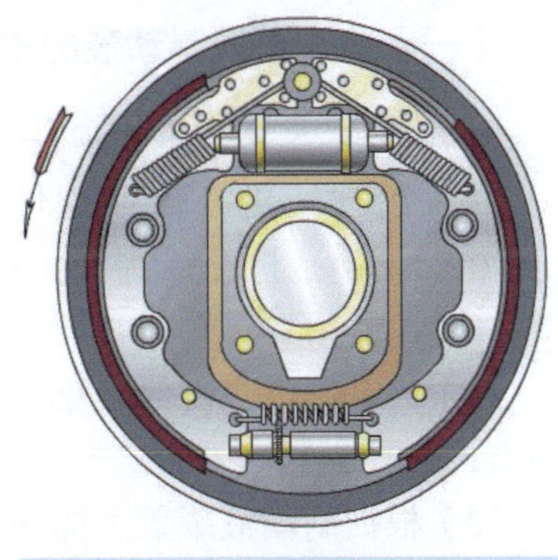

图 3-11-20　双向自增力式制动器

学生训练

（一）鼓式制动器的拆卸及检查操作

训练时间：20min。

训练过程：鼓式制动器的拆卸，鼓式制动器部件的检查。

（二）鼓式制动器的安装及调整操作

训练时间：20min。

训练过程：鼓式制动器安装，鼓式制动器制动间隙的调整。

安全管理、场地恢复及授课总结（包含 5S 项目）

1）实习设备断电、清理，工具、量具清理归位。

2）车辆清洁后恢复正常工作状况。

3）指导教师总结实训课题，布置课后实训报告。

作业任务12 制动液更换操作

项目目标

1）掌握单人更换制动液的操作。

2）掌握双人更换制动液的操作。

训练前准备

1）常规准备工作（卫生清扫、场地安全确认、学生考勤等）。

2）车辆防护作业准备，包括翼子板布和前格栅布组件、室内防护三件套等。

3）长城哈弗M6 PLUS 2021款1.5T 7DCT尊贵智联版SUV车一辆。

4）制动液2桶（DOT4、1L/瓶），制动液性能分析笔1支。

教师示范讲解

一、单人更换制动液

（一）单人更换制动液的操作

1. 制动液更换前的准备工作

1）制动液更换器使用性能的检查。接上恒压气源（约0.8MPa），打开控制开关后吸油管能够产生吸力，如图3-12-1所示。

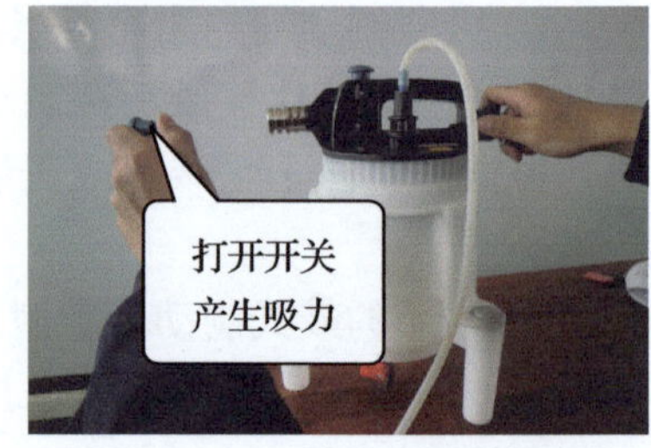

图3-12-1 制动液更换器使用性能的检查

2）打开制动主缸储液罐盖，将储液罐内的制动液全部抽出，如图3-12-2所示。

3）根据制动液罐盖上标注的型号，选取满足需求的制动液，如图3-12-3所示，将新制动液加入储液罐中，加注量以贴近上线为准。

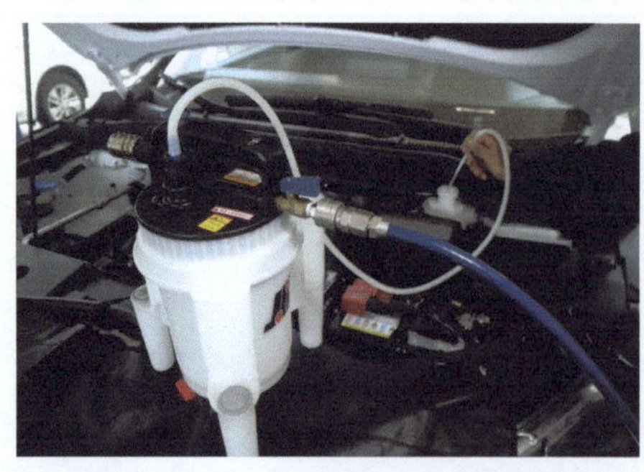

图3-12-2 制动主缸储液罐内制动液的抽出

图3-12-3 制动液型号的选取

2. 制动液更换作业

1）将车辆举升至适当高度，在车下各车轮制动轮缸处进行制动液更换操作，将积存在管路和轮缸内的旧制动液完全排出，作业顺序为从远至近进行，即右后轮→左后轮→右前轮→左前轮。

2）取下轮缸排气螺塞防尘帽，清洁排气塞周围的灰尘，将制动液更换器吸油软管接到排气螺塞上，如图 3-12-4 所示。

3）打开制动液更换器控制开关，拧松轮缸上的制动液排气螺塞 1/4 圈，抽出旧的制动液，如图 3-12-5 所示。

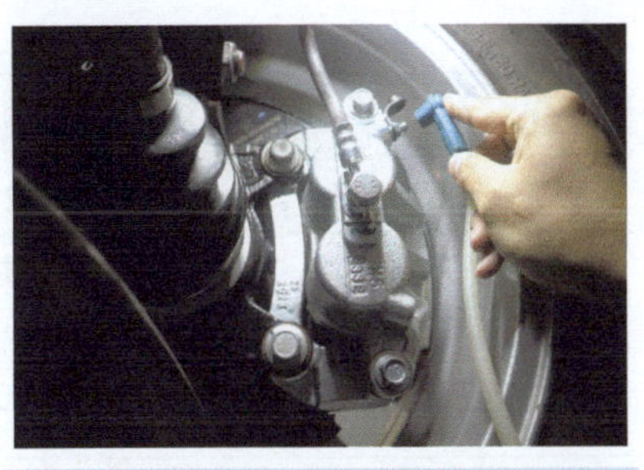
图 3-12-4 连接制动液更换排放软管

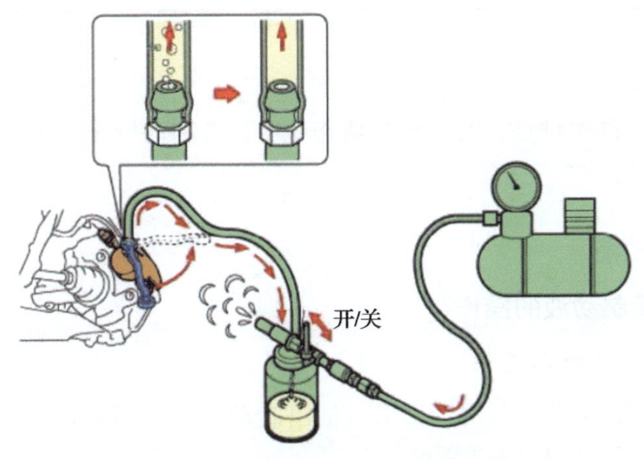

图 3-12-5 制动液更换单人操作示意图

4）排放中注意观察吸油软管内制动液的颜色，当有新的制动液抽出时，应先拧紧制动轮缸上的排气螺塞，再关掉制动液更换器操控开关。

5）清洁制动轮缸上的放气螺塞后，将防尘帽扣好。

注释：在制动液更换作业过程中，应随时观察制动液储液罐的液面高度，只要液面接近下线就要添加制动液至上线位置。

（二）制动液的相关知识点

制动液是液压制动系统传递制动能量的液态介质，从制动主缸输出的油液通过制动管路传至各制动轮缸处，系统内产生 2MPa 左右的压力，最高压力达 4~5MPa。

1. 制动液的主要类型

制动液主要有三种类型，分别为醇型制动液、矿油型制动液和合成制动液，其中合成制动液具有凝点低、沸点高、不易产生气阻、抗腐蚀等优点，目前被广泛应用于高速、大负荷的车辆上。

2. 制动液的主要型号

目前常用的制动液为合成型制动液，成品制动液如图 3-12-6 所示，现有 DOT3、DOT4、DOT5 等多种型号，沸点和吸水性是制动液的重要指标，综合性能对照见表 3-12-1。

图 3-12-6 成品制动液

表 3-12-1　常用制动液性能对照表

制动液型号	DOT3	DOT4	DOT5
干沸点	210℃	250℃	260℃
颜色	琥铂色	琥铂色	琥铂色
主要特性	吸湿性强	吸湿性强	吸湿性强
主要成分	聚乙二醇	硅酮基、聚乙二醇	聚乙二醇基
更换周期	两年或 4 万 km	两年或 4 万 km	两年或 4 万 km
适用车型	低速货车	轿车	跑车

3. 制动液的特性

制动液具有较强的腐蚀性，在车辆检修作业中，若制动液飞溅到皮肤上或车身油漆表面时，应及时清理干净。

二、双人更换制动液

（一）双人更换制动液的操作

1. 制动液更换前的准备工作

1）打开制动液储油罐盖，用专用工具抽出制动液，然后添加制动液至上线位置，如图 3-12-7 所示。

2）选择符合车辆使用性能的制动液加入储液罐，加注量应贴近上刻度线。

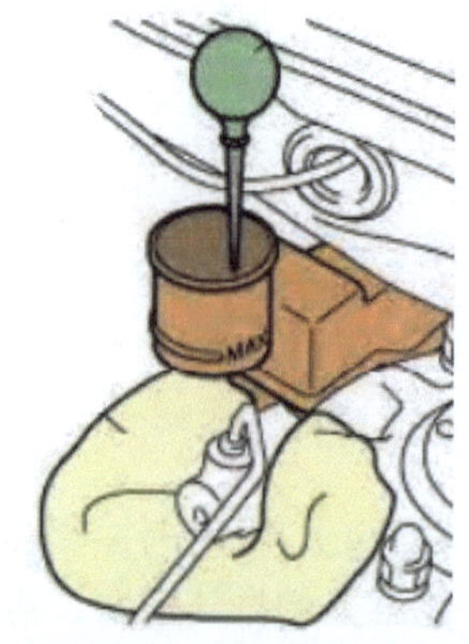

图 3-12-7　抽出制动主缸储油罐内的制动液

2. 制动液更换作业

1）车辆举升至适当位置，一人位于驾驶室内踩踏制动踏板，另一人位于车下各轮制动轮缸处排放制动液，如图 3-12-8 所示。

图 3-12-8　双人制动液更换操作

2）车下人员将软管接到制动轮缸排放螺塞上后发出作业信号，车上人员连续踏压制动踏板数次，并保持踏紧状态，车下人员拧松排放螺塞 1/4 圈，放出旧的制动液后，拧紧排放螺塞完成一次放气操作，如图 3–12–9 所示。

3）每个车轮重复上述操作 3~5 次，直到排出新制动液为止，操作顺序为从远至近进行，即右后轮→左后轮→右前轮→左前轮。

4）其他流程与单人制动液更换操作相同。

注释：该项目为传统双人作业模式，需要两人密切配合、动作协调一致。

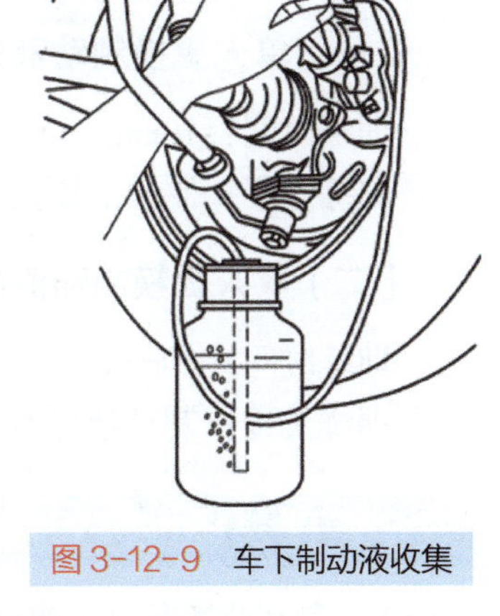
图 3–12–9　车下制动液收集

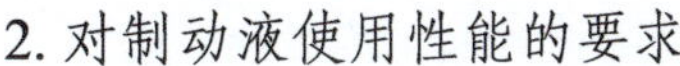

（二）制动液使用性能的检查

1. 含有水分或空气的制动液对制动性能的影响

车辆制动时由于制动片与制动鼓间摩擦，会产生大量的热能，导致制动液温度升高。若制动液吸收了空气中的水分，当温度超过 100℃时，混在制动液中的水分会汽化，踩制动踏板时气体被压缩，使得制动踏板行程变长、发软，引起制动性能变差或失效，如图 3–12–10 所示。

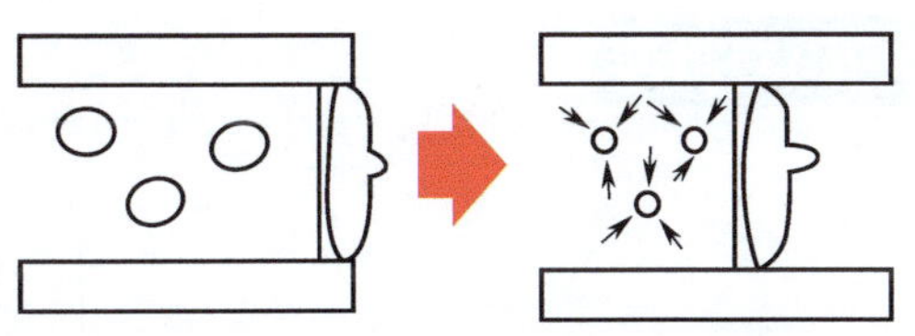
图 3–12–10　制动液产生气阻示意图

2. 对制动液使用性能的要求

1）较低的蒸发性，较高的沸点，要求不低于 205℃。

2）对制动系统金属零件防锈性能好。

3）低温流动性好，–40℃不能出现凝固现象。

4）对各种橡胶件应无腐蚀。

5）长期使用无沉淀物、不变质。

6）制动液的更换周期一般为 40000km 或 2 年。

3. 制动液水分的检测方法

1）制动液性能分析笔的用前校对。按下制动液性能分析笔开关，制动液性能分析笔完成自检后显示绿灯，如图 3–12–11 所示。

2）打开制动主缸上的储液罐盖，将分析笔测试头插入制动液中，如图 3–12–12 所示，红灯亮起，该制动液含水分超标，应该更换制动液。具体指标如下：

①绿灯亮起，制动液含水分小于 1%，合格。

②黄灯亮起，制动液含水分在 1%~2% 之间，可以使用到下一个保养周期。

③红灯亮起，制动液含水分大于 3%，必须更换新的制动液。

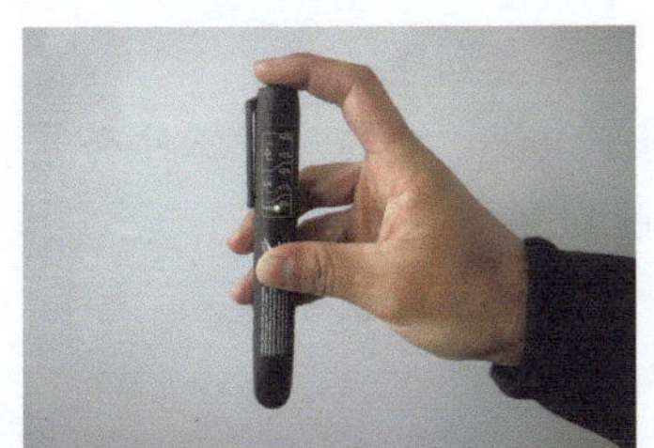
图 3–12–11　制动液水分检测笔的校对

图 3–12–12　制动液水分测试结果分析

学生训练

（一）单人更换制动液的操作

训练时间：10min。

训练过程：制动液更换前的准备工作，制动液更换作业。

（二）双人更换制动液的操作

训练时间：10min。

训练过程：制动液更换前的准备工作，制动液更换作业。

安全管理、场地恢复及授课总结（包含5S项目）

1）实习设备断电、清理，工具、量具清理归位。

2）车辆清洁后恢复正常工作状况。

3）指导教师总结实训课题，布置课后实训报告。

扫码看微课

微课内容：

1. 单人更换制动液操作
2. 双人更换制动液操作

作业任务13 车辆四轮定位操作

项目目标

1）掌握车辆定位作业前底盘检查的操作。

2）掌握车辆定位流程和定位调整的操作。

训练前准备

1）常规准备工作（卫生清扫、场地安全确认、学生考勤等）。

2）车辆防护作业准备，包括翼子板布和前格栅布组件、室内防护三件套等。

3）上汽通用2016款雪佛兰科沃兹1.5L自动欣悦版轿车一辆。

4）亨特RX35定位设备及配套四轮定位专用子母剪式举升机一套。

教师示范讲解

一、车辆定位作业前的底盘检查

（一）车辆定位作业前的底盘检查操作

车辆在定位检测前，一定要确保悬架系统和转向系统处于良好的工作状态，否则需进行必要维修作业后，再进行车辆的定位检查。

1. 车辆相关信息记录

查找车辆的 VIN、发动机型号、轮胎型号及轮胎气压标准等信息，如图 3–13–1 所示，将该类信息记录在表 3–13–1 中。

图 3–13–1　车辆轮胎型号信息

表 3–13–1　车辆主要信息记录表

车辆重要信息	记录内容	注释
车辆识别代码 VIN		
发动机型号		
车辆生产日期		
轮胎满载时气压		
轮胎型号		
轮胎生产日期		

2. 方向盘对正和车身载荷检查

1）点火开关 ON，记录仪表盘上的燃油量、行驶里程等信息，降下左前车窗玻璃，松开驻车制动器，确认方向盘对正状态，关闭点火开关。

2）检查车辆载荷，调整至空载状态，以满足四轮定位作业条件。

3）打开行李舱检查备胎及随车工具等，如图 3–13–2 所示。

图 3–13–2　行李舱内备胎及随车工具检查

3. 轮胎及轮毂状况检查

（1）轮胎轮毂表面状况检查

检查轮胎表面是否存在异常磨损、扎钉、老化等损伤，胎侧应无鼓包，轮毂表面是否存在异常刮碰等损伤，如图 3–13–3 所示。

（2）轮毂轴向间隙和径向摆动量检查

1）转动车轮检查轮毂轴承是否有异常噪声。

2）上下摆动车轮，检查轮毂轴承间隙是否正常，如图3–13–4所示。

图3-13-3　轮胎磨损及轮毂损伤检查

图3-13-4　轮毂轴承间隙检查

3）左右摆动车轮，检查车轮径向摆动量，如图3–13–5所示，径向摆动量过大主要是由转向传动机构间隙过大引起的。

（3）轮胎气压测量

1）检查轮胎气压表的使用状态，选择气压单位。

2）将测量值记录在表3–13–2中，同时调整轮胎气压至标准值；若有个别车轮轮胎气压过低，应查明气压过低的原因，如图3–13–6所示。

图3-13-5　车辆径向摆动量检查

图3-13-6　测量轮胎气压及调整

表3–13–2　轮胎气压测量记录表

序号	轮胎位置	测量值 /kPa	标准值 /kPa
1	左前轮		
2	左后轮		
3	右后轮		
4	右前轮		

（4）轮胎花纹深度测量

1）检查轮胎花纹尺的使用状态，合理选择数据单位。

2）将测量值记录在表3–13–3中，并做出轮胎使用状况的判断，如图3–13–7所示。

注释：轿车轮胎花纹深度最小值一般为1.6mm，此时轮胎花纹深度与最低警戒线齐平，轮胎花纹将断开为不连续状态。

表 3-13-3 轮胎花纹深度测量记录表

序号	轮胎位置	测量值 /mm	标准值 /mm
1	左前轮		
2	左后轮		
3	右后轮		
4	右前轮		

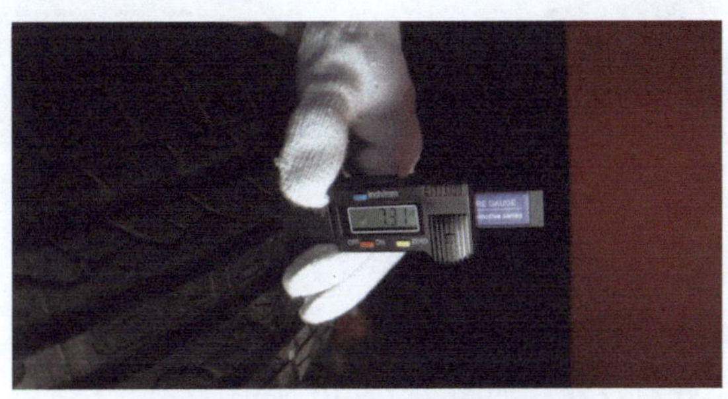

图 3-13-7 轮胎花纹深度的测量

4. 前部悬架检查

1）减振器、螺旋弹簧、稳定杆连杆和转向节检查，如图 3-13-8 所示。具体项目包括：

①检查减振器是否漏油、防尘套有无破损。

②螺旋弹簧应无断裂、裂纹等损伤。

③转向节与减振器连接良好，转向节下端球头总成无渗漏、无磨损。

④稳定杆连杆上下端球节防尘套无破损、渗漏。

2）转向传动机构检查，如图 3-13-9 所示。具体项目包括：

图 3-13-8 减振器、螺旋弹簧和转向节等检查

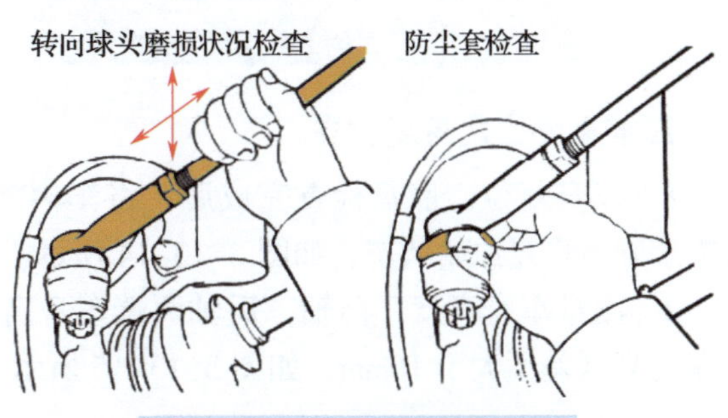

图 3-13-9 转向传动机构检查

①检查转向节球头总成防尘套是否破损、漏油，转向节球头是否存在异常磨损。

②检查转向传动装置横拉杆锁紧螺母是否固定良好。

③检查齿轮齿条式转向机总成衬套有无破损。

5. 后部悬架检查

1）减振器检查。检查减振器胶套是否有损伤，减振器是否漏油，如图 3-13-10 所示。

2）螺旋弹簧检查。检查螺旋弹簧有无损伤，上下两端橡胶垫块是否破损、缺失，如图 3-13-11 所示。

图 3-13-10　减振器使用状况检查

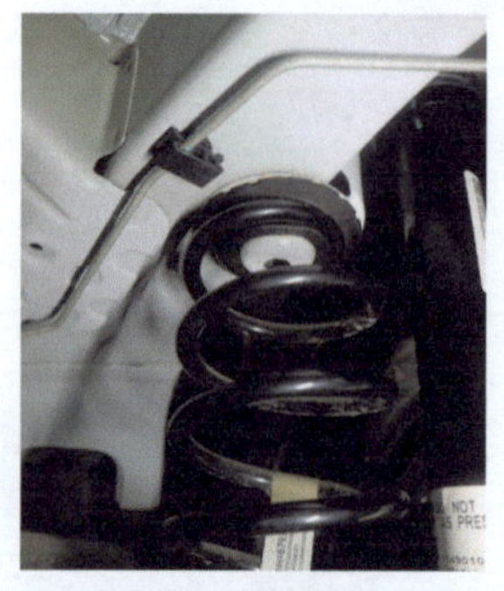

图 3-13-11　后部车轮螺旋弹簧及减振器检查

6. 车辆定位用专用举升机检查

1）前部转角盘检查。将车辆前轮推离转角盘，拔下转角盘插销，检查其工作状况，应无间隙过大或转动卡滞等状况存在，如图 3-13-12 所示。

2）后部滑板检查。车辆在举起状态下，拔下滑板插销，检查其工作状况，滑板纵向、横向活动灵活，无卡滞和间隙过大状况存在，如图 3-13-13 所示。

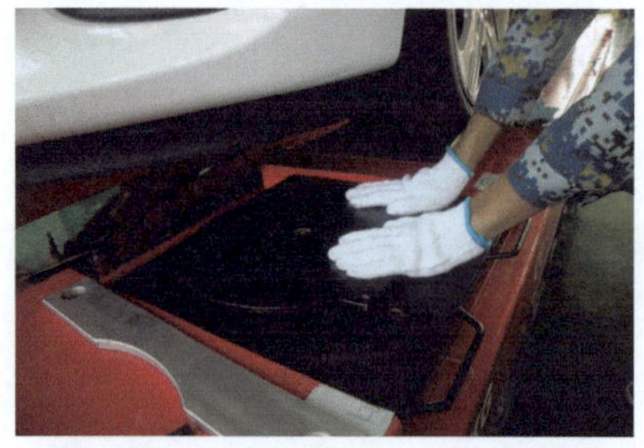

图 3-13-12　台架上前部转角盘检查

图 3-13-13　台架后部滑板检查

7. 车身复位及高度检查

1）车身复位。底盘检查完成后，将车辆落至定位举升机上，用力按压车辆前后两端，使螺旋弹簧恢复原始状态，如图 3-13-14 所示。

2）测量车身高度，前轴、后轴两端车身高度均在规定值范围内，一般情况下同轴间两侧车轮高度差不大于 10mm，如图 3-13-15 所示。

图 3-13-14　车辆定位前的按压复位

图 3-13-15　车身高度的测量

（二）车轮定位的相关知识点

为确保车辆直线行驶的稳定性，延长轮胎使用寿命，提高驾驶安全性和舒适感，降低底盘悬架部件的损伤，车轮需保持正确的定位关系。车轮的定位参数主要有主销内倾角、主销后倾角、车轮外倾角和车轮前束等四项指标。

1. 主销内倾角

主销安装到前轴上，其上部略向内倾，一般为 5° ~8°，目的是保持车辆直线行驶的稳定性，转向后利于车轮自动回正，如图 3-13-16 所示。

2. 主销后倾角

主销后倾角是从车辆侧面观察，主销上端有略向后倾斜的角度，一般为 2° ~3°，目的是保持车辆直线行驶的稳定性，如图 3-13-17 所示。

3. 车轮外倾角

车轮外倾角为车轮在旋转平面上略向外倾斜，一般为 1° 左右，目的是保持车辆转向操纵的轻便性和车轮行驶的安全性，如图 3-13-18 所示。

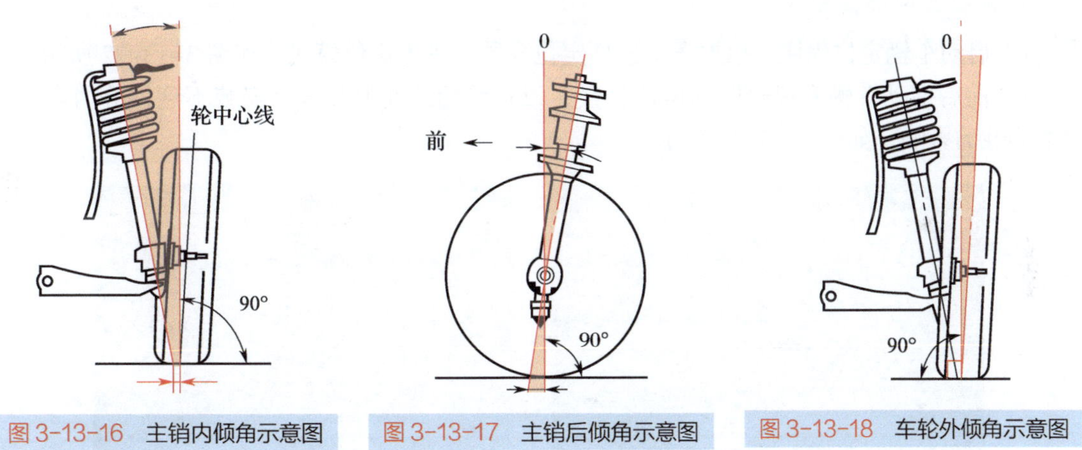

图 3-13-16 主销内倾角示意图　图 3-13-17 主销后倾角示意图　图 3-13-18 车轮外倾角示意图

4. 车轮前束

车轮前束为俯视车轮时，同轴间两车轮的旋转平面并不完全平行，而是稍微带一些角度，一般为 1° ~2° 的前小后大状态，目的是消除车轮外倾引起的前轮“滚锥效应”，如图 3-13-19 所示。

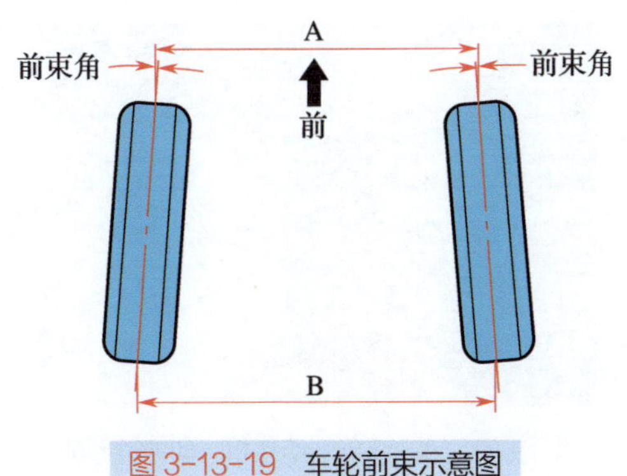

图 3-13-19 车轮前束示意图

二、车辆定位流程和定位调整

（一）车辆定位流程和定位调整操作

1. 安装各车轮定位标靶

1）推动车辆使前轮停在转角盘的中心位置，如图 3-13-20 所示。

2）在车辆轮毂上安装标靶及卡具，如图 3-13-21 所示。

图 3-13-20　作业前车轮位置确定

图 3-13-21　定位标靶及卡具的安装

2. 轮胎偏位补偿操作

1）启动车辆定位程序，根据车型选择定位参数，进入定位模式，如图 3-13-22 所示。

2）前后推动车辆完成轮胎的偏位补偿，以补偿轮毂变形和卡具安装不到位等因素对定位准确性的影响，如图 3-13-23 所示。

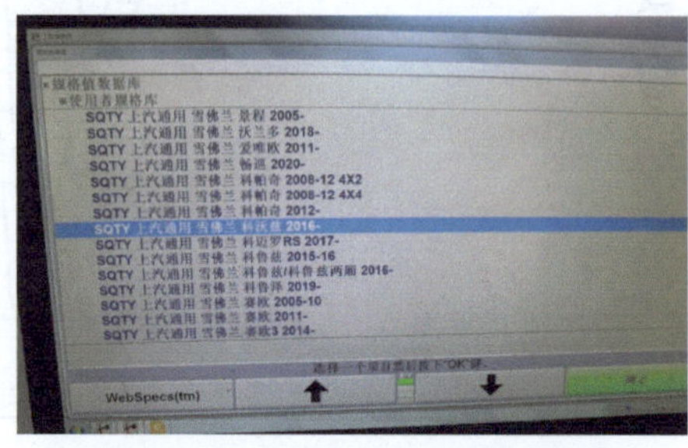

图 3-13-22　车辆定位程序的启动

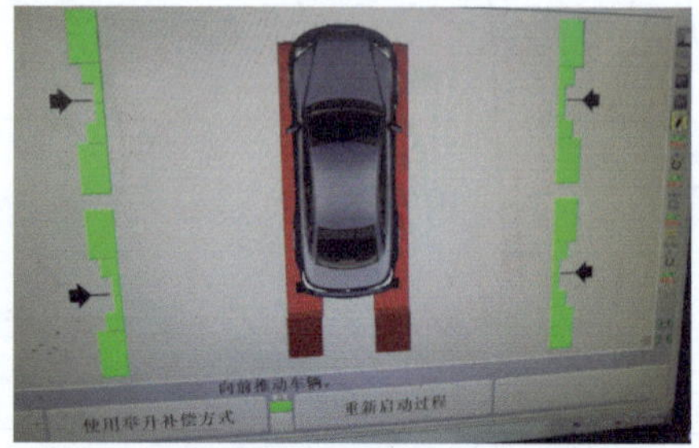

图 3-13-23　轮胎偏位补偿操作

3. 定位参数测量

1）施加手制动和制动锁。按屏幕提示，在定位测量前施加制动锁和驻车制动器，如图 3-13-24 所示。

图 3-13-24　驻车制动器和制动锁的施加

2）按照屏幕的提示，完成相关定位参数的测量操作，如图 3–13–25 所示。

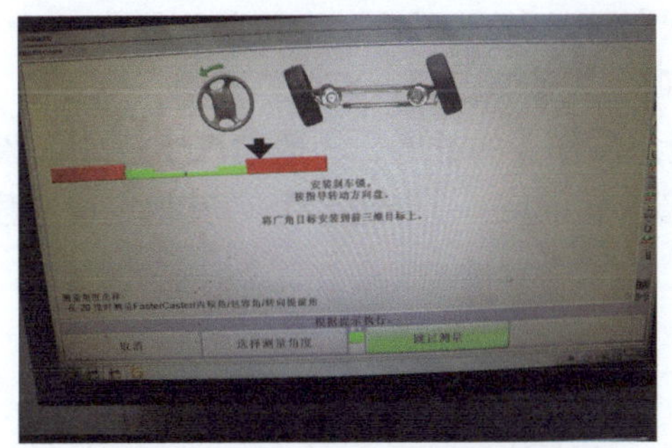

图 3–13–25　车辆定位参数的测量

3）完成所有测试操作后，显示前后车轮定位参数，如图 3–13–26 所示。

4）若定位参数需要调整，需对正方向盘后施加方向盘锁，确保调整作业时方向盘不能转动，如图 3–13–27 所示。

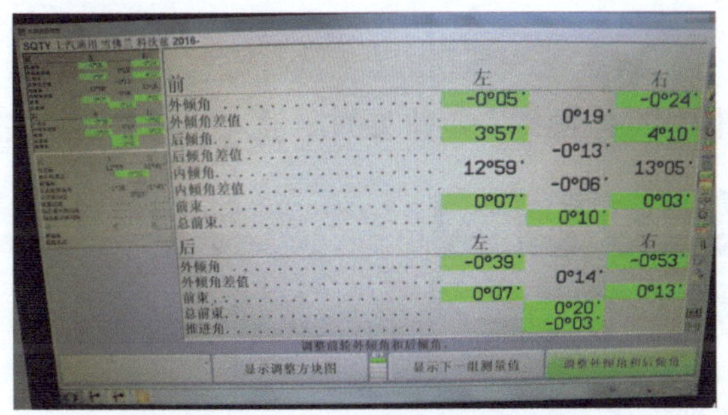

图 3–13–26　车辆定位参数的测量

图 3–13–27　定位调整作业时方向盘的固定

注释：方向盘对正操作在定位调整作业中特别重要，即使车辆定位参数正确，也可能出现车辆直线行驶时方向盘“不正”的现象。

4. 车辆定位调整

1）举升车辆至适当位置，根据显示屏的提示进行定位调整。

2）车轮定位调整。车辆定位调整包括车轮外倾和车轮前束等多个参数的调校，一般车轮前束是通过改变横拉杆长度实现的，如图 3–13–28 所示。

3）确认所有连接螺栓等部位紧固到位。

4）作业完成后的整理。具体内容包括：

①回收制动卡具、方向盘锁等。

②回收轮胎测量标靶和标靶卡具。

③将车辆恢复至定位前的状态。

5）路试检验。验证定位作业调整情况，车辆直线行驶稳定，无跑偏、异响等状况存在。

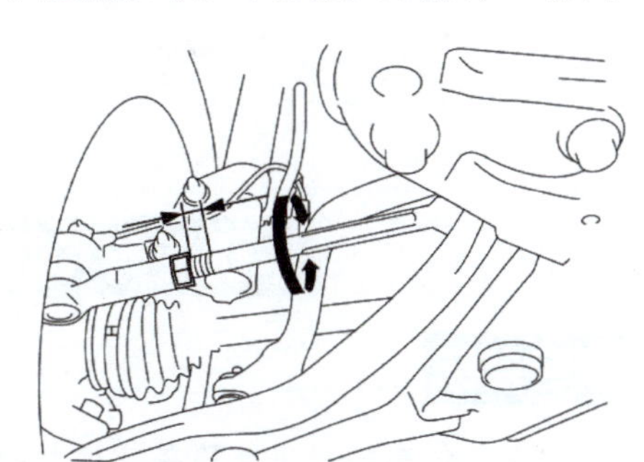

图 3–13–28　车轮前束的调整

（二）车辆定位的相关知识点

1）车辆在定位测量时，是以后轮为基准，定位前轮参数。

2）车辆进行定位调整时，先调整后轮，再调整前轮。

3）现代车辆为了降低定位作业的难度，一般情况下后轮保留了车轮外倾角和后轮前束两个调整参数，前轮只保留车轮前束一个调整参数，其他定位参数是通过提高车辆加工制造精度来保证的。

学生训练

（一）车辆定位作业前的底盘检查

训练时间：20min。

训练过程：车辆相关信息记录，方向盘对正和车身载荷检查，轮胎及轮毂状况检查，前部及后部悬架检查，车辆定位专用举升机检查，车身复位及高度检查。

（二）车辆定位流程和定位调整

训练时间：20min。

训练过程：安装各车轮定位标靶，轮胎偏位补偿操作，定位参数测量，车辆定位调整。

安全管理、场地恢复及授课总结（包含 5S 项目）

1）实习设备断电、清理，工具、量具清理归位。

2）车辆清洁后恢复正常工作状况。

3）指导教师总结实训课题，布置课后实训报告。

扫码看微课

作业任务 14 车轮动平衡和轮胎换位操作

项目目标

1）掌握车轮动平衡检查及调整的操作。

2）掌握轮胎定期换位调整的操作。

训练前准备

1）常规准备工作（卫生清扫、场地安全确认、学生考勤等）。

2）车辆防护作业准备，包括翼子板布和前格栅布组件、室内防护三件套等。

3）长城哈弗 M6 PLUS 2021 款 1.5T 7DCT 尊贵智联版 SUV 车一辆。

教师示范讲解

一、车轮动平衡的检查及调整

车轮在使用过程中，由于轮毂受力变形、胎面异常磨损和轮胎维修作业等原因，会造成车轮产生周期性的振动和噪声，影响车辆行驶的舒适性和安全性，需定期进行车轮动平衡作业。

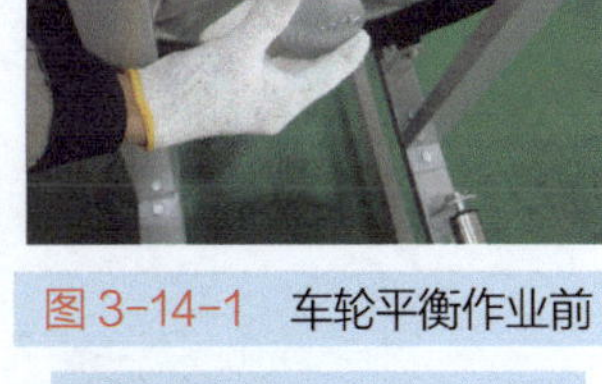

图 3-14-1 车轮平衡作业前的准备工作——取下车标

（一）车轮动平衡的检查及调整操作

1. 作业前的准备工作

1）拆下车轮，将轮毂中心的车标从内侧用螺丝刀把顶出，如图 3-14-1 所示。

2）清除轮胎表面的泥土和镶嵌在轮胎沟槽内的异物，仔细检查轮胎表面是否有扎钉等异物损伤，并拆除安装在轮毂内表面的平衡块，如图 3-14-2 所示。

3）检查轮胎气压，并将轮胎气压调整至标准值。

4）拆下轮辋上原粘贴的平衡块，如图 3-14-3 所示。

图 3-14-2 车轮平衡作业前的准备工作——胎面检查

图 3-14-3 车轮平衡作业前的准备工作——拆下原平衡块

2. 车轮动平衡操作

1）开启轮胎平衡机电源开关，预热主机并检查轮胎平衡机上的显示屏幕工作状态是否正常。

2）选择适当的锥形垫块，放在平衡机主轴上，将车轮紧固在上面，如图 3-14-4 所示。

3）将车轮安装在轮胎平衡机上，如图 3-14-5 所示。

4）根据车轮的型号输入轮辋直径信息，如图 3-14-6 所示。

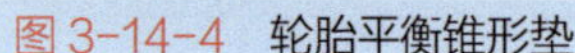

图 3-14-4　轮胎平衡锥形垫块的选择

图 3-14-5　车轮在平衡机上的安装

图 3-14-6　轮辋直径信息的输入

5）测量轮辋的宽度，输入该宽度信息，如图 3–14–7 所示。

6）测量轮胎平衡机距车轮内侧轮辋间的距离，并将此信息输入，如图 3–14–8 所示。

图 3-14-7　车轮轮辋宽度信息输入

图 3-14-8　轮胎内侧轮辋至平衡机距离测量

7）按下运行键，进行车轮动平衡测量。

8）当车轮缓慢停转后，从屏幕上读出内、外两侧的动不平衡量，再缓慢转动车轮，找到内、外两侧车轮上的不平衡位置，如图 3–14–9 所示。

9）在相应位置处，按照屏幕显示的不平衡量施加相应的平衡块。

10）重新做动平衡测试，直到车轮两边的动不平衡量小于 5g，轮胎平衡机上显示动平衡合格为止，如图 3–14–10 所示。

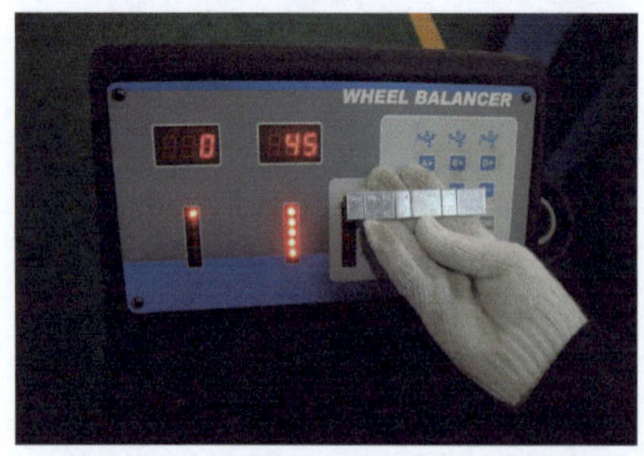

图 3-14-9　车轮的不平衡量及配重选择

图 3-14-10　车轮平衡的动态显示

11）打开防护罩，取下车轮并安装轮毂上的车标，关闭平衡机电源开关，车轮动平衡操作完毕。

（二）车轮动平衡的相关知识点

1. 车轮动平衡超限的特征

1）车轮动不平衡的原因是其旋转中心与质量中心产生了偏移，转动时引起车轮在轴向产生了摆振，速度越大摆振越严重，在方向盘上会感觉到车身抖动。

2）车轮动不平衡属于二阶振动，即轮胎转动一圈，车轮在轴向位置周期性的产生两次振动，如图 3–14–11 所示。

2. 轮胎的“平点”

1）轮胎“平点”是指由于车辆长时间停驻，轮胎和地面接触处变成扁平状，轮胎失去圆度，导致车辆行驶时车身及转向盘抖动。随着行驶里程的增加，轮胎变热并恢复原状，抖动现象会逐渐消失，如图 3–14–12 所示。

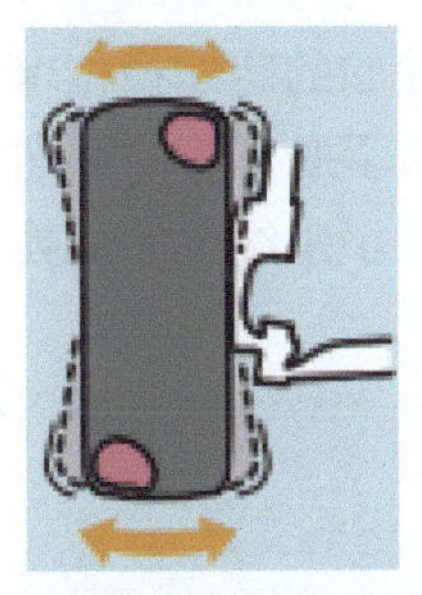

图 3–14–11　车轮动平衡超限产生摆振示意图

图 3–14–12　轮胎“平点”产生示意图

2）减轻轮胎“平点”的措施如下：

①对于长期停放的车辆，可将轮胎气压增大（约 300kPa），该气压不能用于正常行驶，行车前须将气压恢复至推荐的轮胎气压标准。

②长期停放的车辆至少每 30 天左右移动一次，轮胎位置须使原受力点至少旋转 90°，但不能回到轮胎产生“平点”的初始位置。

二、轮胎定期换位调整

为提高行车安全系数，延长轮胎使用寿命，防止个别轮胎出现异常磨损，确保所有轮胎磨损程度接近，需定期对轮胎进行换位调整。

（一）轮胎定期换位调整的操作

由于车辆驱动方式、轮胎型号等多种因素，轮胎换位方法有多种，其中交叉换位法和同侧换位法是目前常用的两种类型。

1. 斜交轮胎的交叉换位法

由于斜交轮胎花纹无方向性，使用中前轮磨损比后轮重，同轴间轮胎内侧磨损比外侧重，为使所有轮胎磨损程度接近，应定期采用交叉换位法进行轮胎换位，如图 3–14–13 所示。

2. 子午线轮胎的同侧换位法

由于子午线轮胎具有方向性，其轮胎的旋转走向是固定的，否则会降低车辆的操纵性能，并产生轮胎振动现象。为使所有轮胎磨损程度接近，应定期采用同侧换位法进行轮胎换

位，如图 3-14-14 所示。

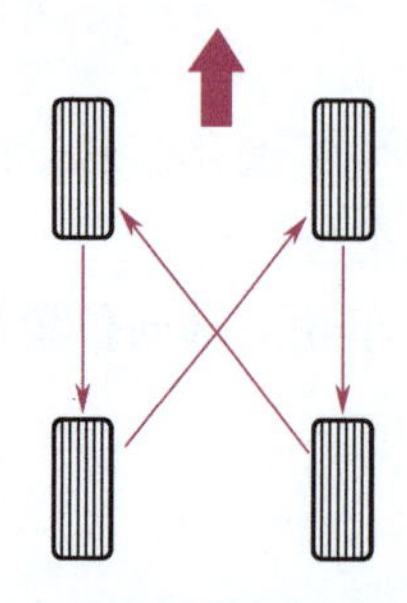

图 3-14-13　轮胎的交叉换位法

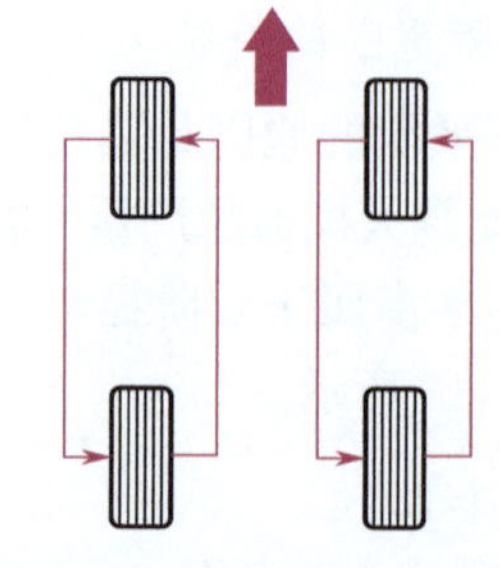

图 3-14-14　轮胎的同侧换位法

（二）轮胎定期换位的相关知识点

1）由于轿车多采用非全尺寸备胎，因此备胎不参与轮胎的定期换位保养。
2）轮胎换位操作的周期一般为 10000km，以车辆维修手册推荐的周期为准。
3）轮胎换位作业前，需明确轮胎的型号，斜交轮胎和子午线轮胎的换位方式是不同的。

学生训练

（一）车轮动平衡的检查及调整操作

训练时间：10min
训练过程：作业前的准备工作、车轮动平衡操作。

（二）轮胎定期换位调整的操作

训练时间：10min
训练内容：斜交轮胎的交叉换位法、子午线轮胎的同侧换位法。

安全管理、场地恢复及授课总结（包含 5S 项目）

1）实习设备断电、清理，工具、量具清理归位。
2）车辆清洁后恢复正常工作状况。
3）指导教师总结实训课题，布置课后实训报告。

扫码看微课

轮胎动平衡检查及调整

作业任务 15 蓄电池使用状况检查

项目目标

1）掌握蓄电池基本维护与保养的操作。

2）蓄电池使用寿命及寄生电流检查的操作。

训练前准备

1）常规准备工作（卫生清扫、场地安全确认、学生考勤等）。

2）车辆防护作业准备，包括翼子板布和前格栅布组件、室内防护三件套等。

3）长城哈弗 M6 PLUS 2021 款 1.5T 7DCT 尊贵智联版 SUV 车一辆。

教师示范讲解

一、蓄电池基本的维护与保养

（一）蓄电池基本的维护与保养操作

1. 干荷式蓄电池液面高度检查及调整

1）观察蓄电池电解液液面高度，应该在上限与下限之间，如图 3–15–1 所示。

2）蓄电池在使用过程中，由于水分蒸发和电解反应，液面会降低，应定期添加蒸馏水进行补偿，并调整至适当液面位置，如图 3–15–2 所示。

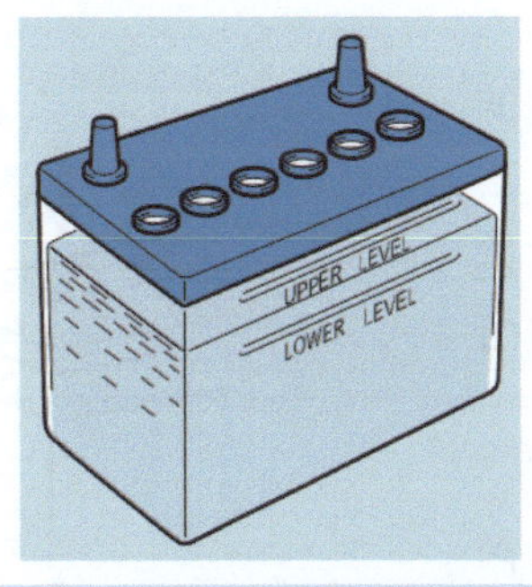

图 3–15–1 蓄电池电解液液面高度检查

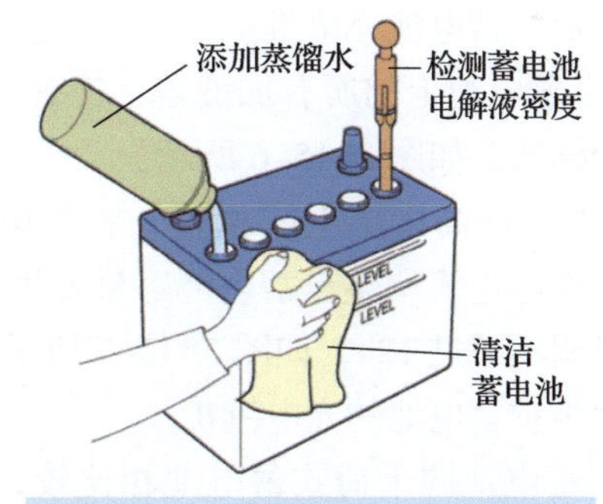

图 3–15–2 干荷式蓄电池定期保养

2. 蓄电池充放电程度的检查

（1）干荷式蓄电池充放电程度检查

干荷式蓄电池充放电程度可用电解液密度计和多用途液体检测仪进行测量。

1）电解液密度计检测法。对于干荷式蓄电池，可通过电解液密度计测量其充放电程度，如图 3–15–3 所示。

注释： 蓄电池充放电程度可用电解液密度计测量，电解液密度越高，蓄电池的存电量越大，电量充足的蓄电池电解液密度一般在 1.25~1.28 g/cm^3，若电解液密度低于 1.25 g/cm^3 时，需对蓄电池进行补充充电。

2）多用途液体检测仪检测法。使用多用途液体检测仪检测蓄电池的充放电程度，如图 3–15–4 所示。

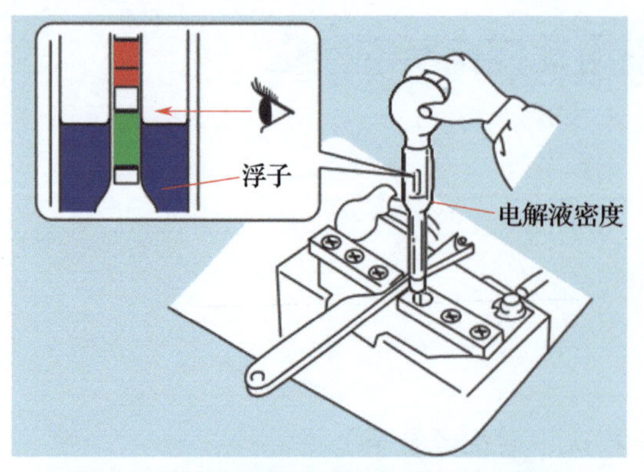

图 3-15-3　蓄电池充放电程度检查（1）

图 3-15-4　蓄电池充放电程度检查（2）

（2）免维护式蓄电池充放电程度检查

在免维护蓄电池上盖处设有电量观察孔，如图 3-15-5 所示。

1）当蓄电池存电状况正常时显示“绿色”。

2）当蓄电池亏电时显示“黑色”，需及时组织补充充电。

3）当蓄电池损坏时显示“白色”，需更换蓄电池。

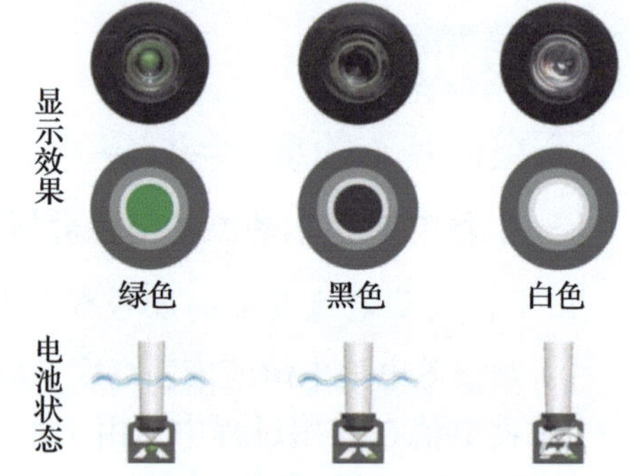

图 3-15-5　免维护式蓄电池充放电程度检查

3. 蓄电池的充电维护

（1）干荷式蓄电池充电维护

1）拧下蓄电池上的所有加液盖，检查加液盖上的通风口是否畅通，如图 3-15-6 所示。

2）调整液面高度至上线位置，将蓄电池极柱连接充电线，充电电流调整至蓄电池容量安培数的 1/10，连续充电时间不超过 12h，如图 3-15-7 所示。

（2）免维护蓄电池的充电维护

免维护蓄电池同干荷式蓄电池相比较，充电时产生气体少、电解液蒸发量少，无需拆下通风孔塞，如图 3-15-8 所示。

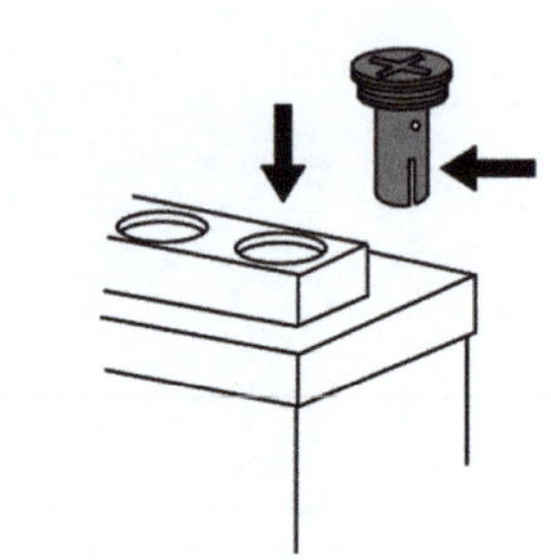

图 3-15-6　蓄电池上加液盖通风孔检查

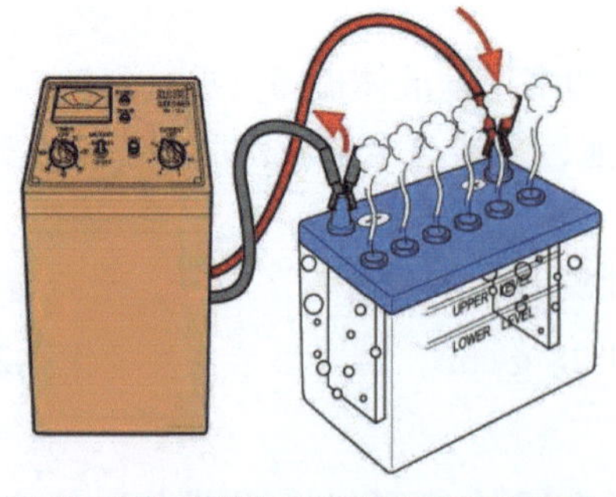

图 3-15-7　干荷式蓄电池充电维护

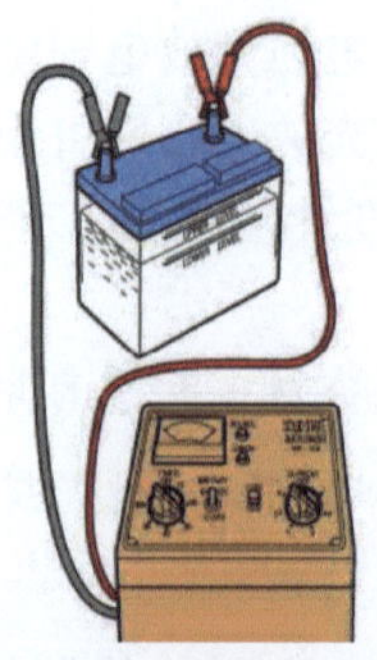

图 3-15-8　免维护蓄电池的充电维护

注释：

1）蓄电池电解液具有强烈的腐蚀性，操作过程中应特别小心。当电解液喷溅到皮肤或衣服上时，应用大量清水清洗；若眼睛不小心接触了电解液，应马上用清水或肥皂水清洗，并及时就医。

2）干荷式蓄电池充电作业时，要将所有加液盖拧下，以便产生的气体能顺利排出。

3）充电场所要保持良好的通风，严禁明火或产生电火花作业，避免蓄电池爆炸。

4）充电过程中，若蓄电池温度超过45℃，应暂停充电作业，待降温后继续进行。

（二）蓄电池类型的相关知识点

目前汽车上常用的起动型蓄电池有干荷式蓄电池、免维护式蓄电池和玻璃纤维棉隔板式蓄电池（AGM）等多种类型。

1. 干荷式铅酸蓄电池

丰田车系常用干荷式铅酸蓄电池，该类蓄电池需定期检查和调整电解液液面高度，如图 3–15–9 所示。

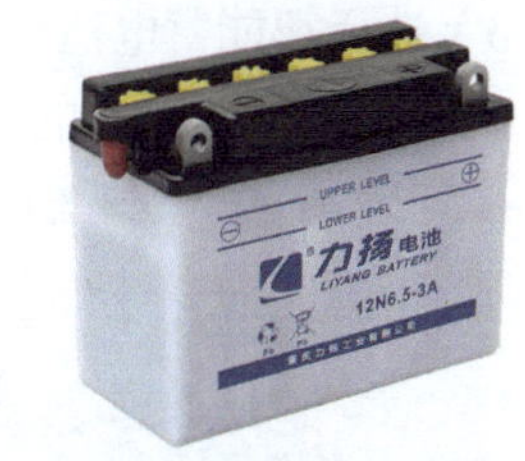

图 3-15-9　干荷式铅酸蓄电池

2. 免维护式蓄电池

目前多数汽车采用免维护式蓄电池，该蓄电池使用中无需检查和调整电解液液面高度，如图 3–15–10 所示。

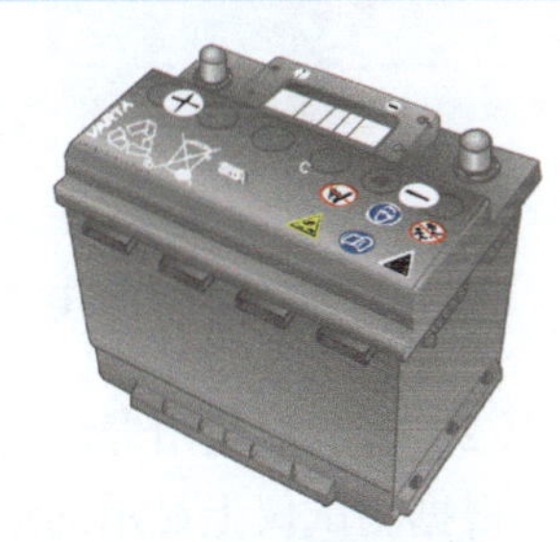
图 3-15-10　免维护式起动型铅酸蓄电池

3. 玻璃纤维棉隔板式蓄电池（AGM）

该型蓄电池为免维护式蓄电池，其特点为电解液吸附在玻璃纤维内，该蓄电池充放电循环次数高，且无电解液流出，常用于配备能量回收、驻车加热和发动机起动 / 停止系统功能的车辆上，如图 3–15–11 所示。

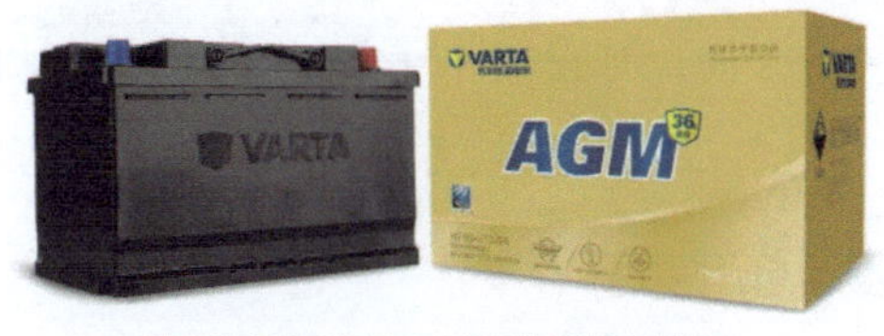

图 3-15-11　AGM 型蓄电池

二、蓄电池使用寿命和寄生电流的检查

（一）蓄电池使用寿命和寄生电流的检查操作

1. 蓄电池使用寿命的检查

（1）蓄电池使用寿命检查的准备工作

1）将蓄电池性能分析仪测试线的“+”“–”端，分别与蓄电池正极柱和负极柱连接，如图 3–15–12 所示。

2）选择智能蓄电池性能分析仪“汽车电池”界面，如图 3–15–13 所示。

图 3-15-12 蓄电池性能分析仪测试连接

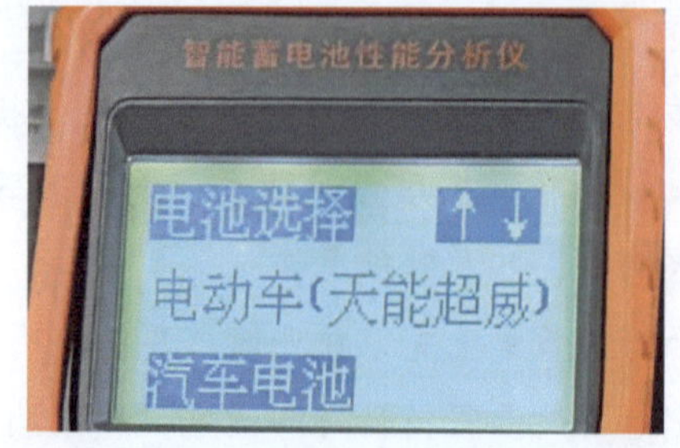

图 3-15-13 蓄电池性能测试步骤（1）

3）选择智能蓄电池性能分析仪上“12V”系统，如图 3-15-14 所示。

4）将蓄电池标注的 -18℃起动电流 CCA 值，输入到测试仪的性能参数设定中，如图 3-15-15 所示，按下输入键后，进入检测程序。

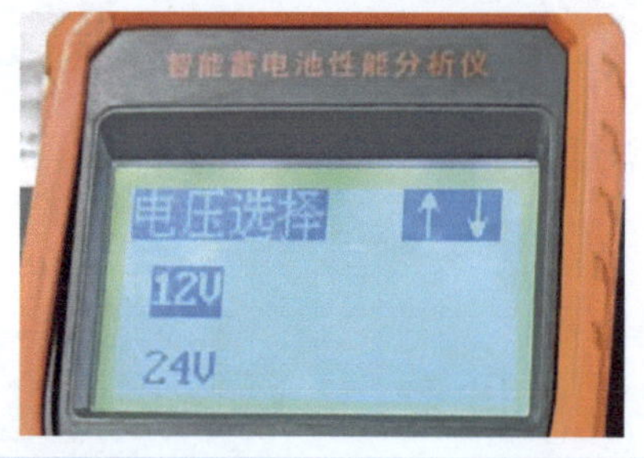

图 3-15-14 蓄电池性能测试步骤（2）

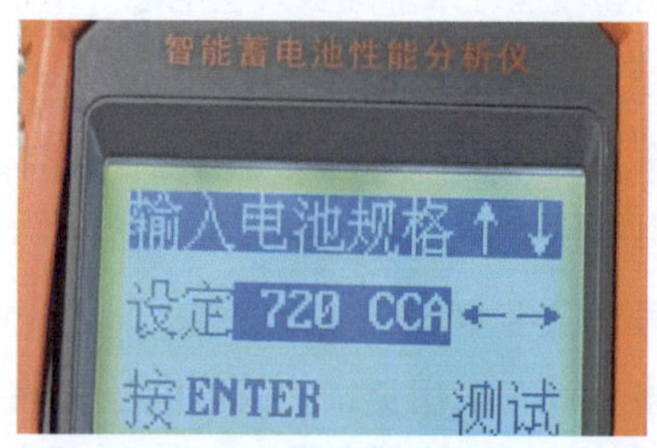

图 3-15-15 蓄电池性能测试步骤（3）

（2）蓄电池使用寿命判断

根据测试仪上显示的结果，做出蓄电池使用状况的判断，如图 3-15-16 所示，该蓄电池使用寿命为 46%，测量结果为更换蓄电池。

注释：

1）蓄电池寿命大于 70% 以上可以继续使用。

2）蓄电池寿命在 50%~70% 间，可以使用一段时间，但在冬季到来前必须更换蓄电池。

3）当寿命小于 50% 以下时，应及时更换蓄电池。

2. 蓄电池寄生电流的检测操作

1）车辆停车后，断开蓄电池负极，在蓄电池负极与负极电缆之间串接电流表，如图 3-15-17 所示。

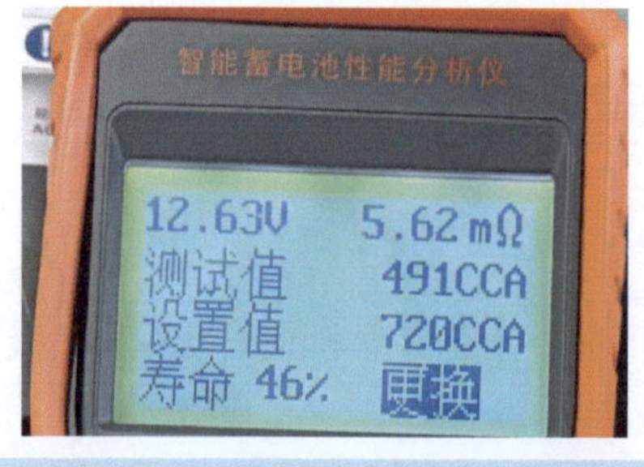

图 3-15-16 蓄电池性能测试步骤（4）

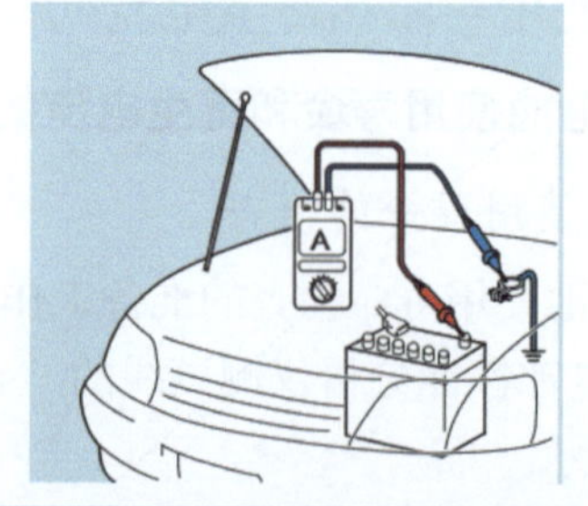

图 3-15-17 测量蓄电池寄生电流值

2）车辆施加防盗后，控制单元会逐渐进入休眠状态，万用表上的电流值缓慢减小，停车 1h 后测得的电流值，即为该车蓄电池的寄生电流。

（二）蓄电池内阻和寄生电流的相关知识点

1. 蓄电池的内阻

1）蓄电池内阻由极板、隔板、连接条、电解液、接线柱等电阻串联生成，与电池的标准电压和容量有关，标准电压高、容量大的蓄电池内阻小；标准电压低、容量小的蓄电池内阻大；随着使用时间的增长，蓄电池内阻会增大，因此可用专用仪器测量蓄电池的内阻值，以判断其使用寿命，部分蓄电池内阻标准见表 3–15–1。

表 3–15–1　新蓄电池内阻标准

序号	标准电压	电池容量	最大内阻值
1	12V	24A · h	9.8mΩ
2	12V	38A · h	8.2mΩ
3	12V	65A · h	5.8mΩ
4	12V	100A · h	4.5mΩ

2）蓄电池寿命一般为 4~5 年，当寿命测量值在 50% 以下时，车辆会突发蓄电池失效故障，起动机无法运转，尤其是使用在具有自动起停功能车辆上的蓄电池，应定期检测蓄电池寿命，必要时更换蓄电池。

2. 蓄电池寄生电流

1）蓄电池寄生电流。蓄电池寄生电流是指车上所有用电设备均关闭，车辆停止运行，为维持车身防盗装置和电控单元记忆等功能，仍有部分模块处于工作状态，电流在 10~30mA 内，一般不会影响蓄电池的起动功能。表 3–15–2 列出了部分用电设备寄生电流值。

表 3–15–2　车辆上部分用电设备寄生电流值

序号	部件名称	寄生电流值	注释
1	防盗系统模块	约 2mA	
2	发动机模块 ECM	约 3mA	
3	车身模块 BCM	约 5mA	
4	安全气囊模块	约 1mA	
5	时钟	约 2mA	

2）若寄生电流大于 50mA，车辆长时间停放时蓄电池耗电量过大，造成起动困难。

3）对于经常出现蓄电池亏电的车辆，需检测蓄电池寄生电流值的大小，并查明引起寄生电流过大的原因。

4）对于长期停放的车辆，每 1 个月左右对蓄电池进行一次补充充电。

学生训练

（一）蓄电池基本的维护与保养操作

训练时间：10min。

训练过程：干荷式蓄电池液面高度检查及调整，蓄电池充放电程度的检查，蓄电池的充电维护。

（二）蓄电池使用寿命及寄生电流的检查操作

训练时间：10min。

训练过程：蓄电池使用寿命的检查，蓄电池寄生电流的检测操作。

安全管理、场地恢复及授课总结（包含5S项目）

1）实习设备断电、清理，工具、量具清理归位。

2）车辆清洁后恢复正常工作状况。

3）指导教师总结实训课题，布置课后实训报告。

扫码看微课

作业任务16 火花塞检查及更换操作

项目目标

1）掌握火花塞使用状况检查的操作。

2）掌握火花塞定期更换的操作。

训练前准备

1）常规准备工作（卫生清扫、场地安全确认、学生考勤等）。

2）车辆防护作业准备，包括翼子板布和前格栅布组件、室内防护三件套等。

3）长城哈弗 M6 PLUS 2021 款 1.5T 7DCT 尊贵智联版 SUV 车一辆。

教师示范讲解

一、火花塞使用状况检查

（一）火花塞使用状况检查操作

1. 火花塞的检查

1）关闭点火开关，拆下点火器，用专用工具卸下火花塞。

2）检查火花塞电极处自洁情况，若不正常会引起火花塞电极间出现积炭或过热等现象，表3-16-1列出了火花塞电极工作状况。

表 3–16–1 火花塞电极工作状况对照表

火花塞工作正常	火花塞过热	火花塞过冷	火花塞机油污染

3）检查火花塞电极，正、负电极边缘处是否因磨损，使得该位置出现变薄的情况，如图 3–16–1 所示。

4）检查火花塞绝缘体是否存在裂纹、端子腐蚀和安装螺纹损坏等状况，如图 3–16–2 所示。

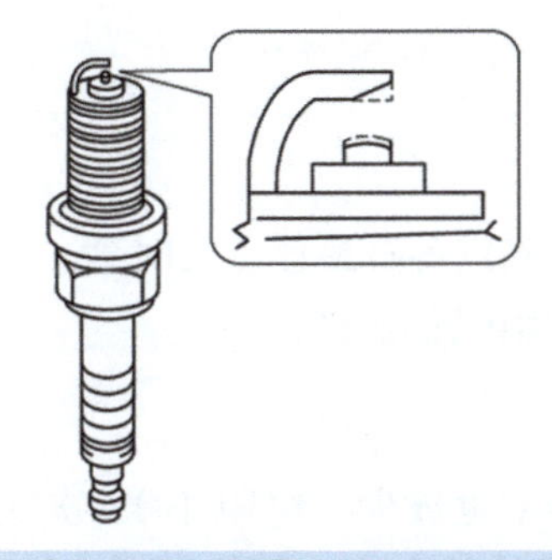

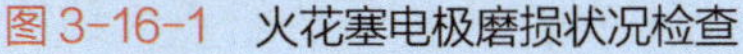

图 3–16–1 火花塞电极磨损状况检查

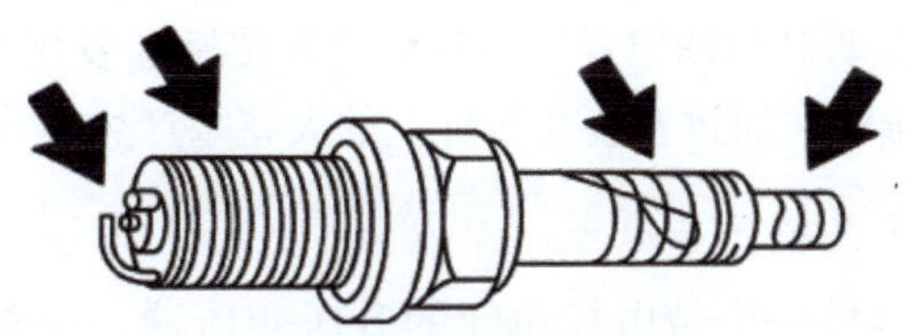

图 3–16–2 火花塞绝缘体、安装螺纹处等检查

2. 火花塞间隙的检查和调整

若为普通型火花塞，中心电极磨损不严重，可用火花塞间隙规，测量中心电极与侧电极的间隙（正常间隙值在 0.8~1.2mm 之间），调整后可继续使用，如图 3–16–3 所示。

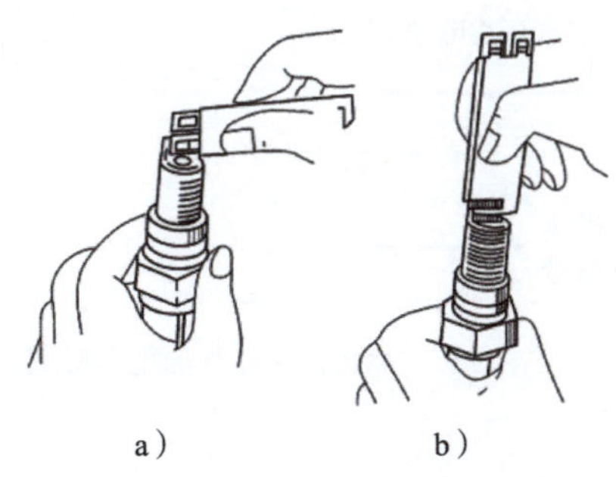

图 3–16–3 火花塞间隙的测量和调整

a）火花塞间隙测量 b）火花塞间隙调整

3. 火花塞跳火实验

断开喷油器熔丝，将拆下的火花塞安装在点火器上，火花塞负极接在气缸盖上，转动点火开关置于 STA 位置，使曲轴转动观察火花塞跳火情况，此时电火花应位于中心电极和侧电极之间，且较明亮，如图 3–16–4 所示。

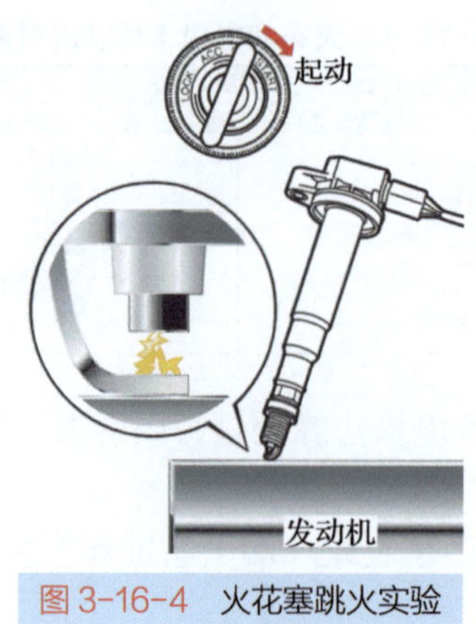

图 3-16-4　火花塞跳火实验

（二）点火系统相关知识点

1. 点火系统功能简介

根据发动机曲轴位置、凸轮轴位置传感器发出的信号，确定各缸最佳点火时刻，点火线圈产生高压电，通过安装在各缸上的火花塞产生电火花，点燃可燃混合气。

2. 点火系统工作原理

点火器是一个带电控单元的升压变压器，由初级线圈（匝数少、电阻小）、次级线圈（匝数多、电阻大）、点火控制装置等组成。当来自发动机模块的点火信号传给点火线圈时，其内的点火控制装置，让初级线圈接通储存能量，断开初级电路瞬间释放能量，在次级线圈上感应出了高压电，使安装在其上的火花塞产生击穿电极的电火花，如图 3-16-5 所示。

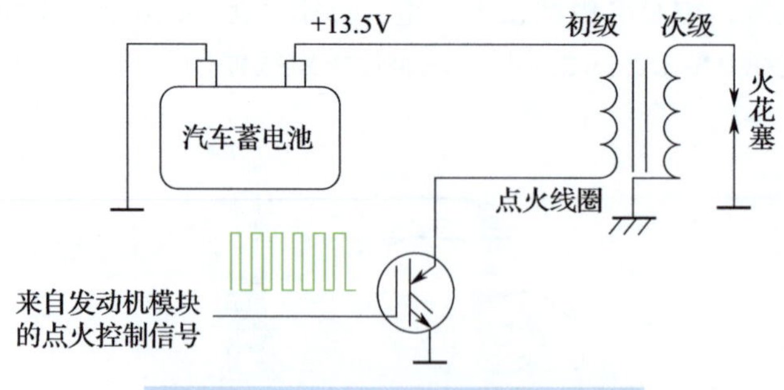

图 3-16-5　点火系统工作原理示意图

二、火花塞定期更换

（一）火花塞定期更换的操作

1. 火花塞更换前的准备工作

1）根据车辆维修资料，选用符合该发动机型号的一组正品火花塞。

2）关闭点火开关，断开蓄电池负极。

2. 火花塞更换操作

1）拆下各缸点火器，然后按顺序摆放，如图 3-16-6 所示。

2）用压缩空气吹净火花塞周围的灰尘，避免拆卸作业时灰尘进入气缸，如图 3–16–7 所示。

图 3–16–6 拆下各缸点火器

图 3–16–7 火花塞周围灰尘清洁

3）用专用工具拆下火花塞，并及时用点火器遮蔽火花塞安装孔，避免异物进入气缸内，如图 3–16–8 所示。

4）进行新旧火花塞比对，确认新安装火花塞型号、规格均满足使用要求，如图 3–16–9 所示。

图 3–16–8 拆下各缸火花塞的保护措施

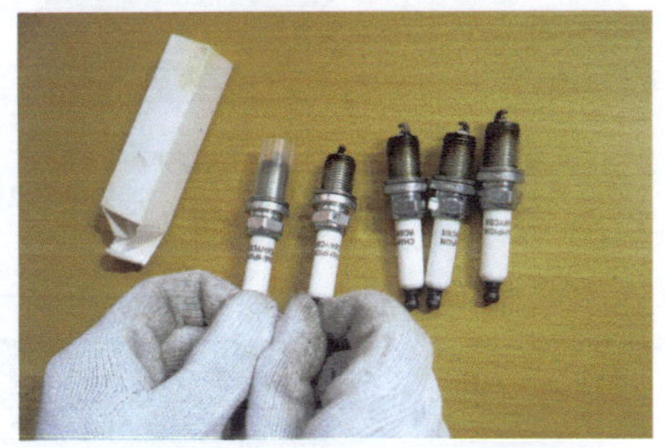
图 3–16–9 新旧火花塞比对

5）安装火花塞至规定力矩，如图 3–16–10 所示。

6）在点火器下端与火花塞绝缘体接触位置的胶套内侧，涂抹绝缘润滑脂，以便下次拆卸点火器，如图 3–16–11 所示。

连接蓄电池负极，起动发动机，确认发动机工作状况是否正常。

图 3–16–10 火花塞的安装

图 3–16–11 点火器胶套位置涂抹绝缘润滑脂

（二）火花塞相关知识点

火花塞是点火系统的重要部件，主要有普通型、铂金型和铱金型等几种不同型号的火花塞，表 3-16-2 列出了各种类型火花塞的主要特性。

表 3-16-2 各类火花塞使用性能对照表

火花塞名称	特征图形	电极调整	更换周期
普通型火花塞		电极间隙 0.8~1.2mm，每 10000km 调整一次	20000km
铂金型火花塞	铂金电极	无需调整	100000km
铱金型火花塞	铱电极 铂金电极	无需调整	100000~120000km

学生训练

（一）火花塞使用状况检查操作

训练时间：10min。

训练过程：火花塞的检查，火花塞间隙的检查和调整，火花塞跳火实验。

（二）火花塞定期更换的操作

训练时间：10min。

训练过程：火花塞更换前的准备工作，火花塞更换操作。

安全管理、场地恢复及授课总结（包含 5S 项目）

1）实习设备断电、清理，工具、量具清理归位。

2）车辆清洁后恢复正常工作状况。

3）指导教师总结实训课题，布置课后实训报告。

扫码看微课

作业任务 17 新车走合保养

项目目标

1）掌握新车走合期使用的注意事项。

2）掌握新车走合结束后维护与保养的操作。

训练前准备

1）常规准备工作（卫生清扫、场地安全确认、学生考勤等）。

2）车辆防护作业准备，包括翼子板布和前格栅布组件、室内防护三件套等。

3）长城哈弗 M6 PLUS 2021 款 1.5T 7DCT 尊贵智联版 SUV 车一辆。

教师示范讲解

一、新车走合期使用的注意事项

走合期的车辆还没有达到最佳使用状态，做好车辆的走合保养，对延长汽车使用寿命至关重要。

（一）熟悉车辆的各项操作

1. 仪表的显示状态

仪表是用来显示车辆运行参数和工作状况的重要装置，其上设有警告指示灯和工作状况指示灯，驾驶员要尽快熟悉这些指示灯的含义，见表 3-17-1，长城哈弗 M6 仪表盘如图 3-17-1 所示。

图 3-17-1　长城哈弗 M6 仪表盘

表 3-17-1　仪表盘上的主要指示灯

序号	名称	图形符合	主要功能	注释
1	充电指示灯		1）发电机运行时不发电 2）充电系统电压过低或充电系统电压过高	停车检修
2	机油压力指示灯		1）发动机运行时机油压力过低或过高 2）机油压力不随发动机转速变化而调节	停车检修
3	冷却系统故障指示灯		1）冷却系统温度过高 2）冷却液液面过低	停车检修
4	发动机故障指示灯		1）发动机电控系统有故障时点亮 2）发动机缺火时闪亮	及时到维修站检修
5	制动防抱死系统故障指示灯	ABS	制动防抱死系统有故障时点亮	及时到维修站检修
6	安全气囊系统故障指示灯		安全气囊系统有故障时点亮	及时到维修站检修
7	燃油量过少指示灯		1）燃油量过少 2）刚点亮时仍存有行驶 50km 左右的燃油量	及时到附近加油站加油
8	示廓灯指示灯		指示灯光总开关处于示廓灯位置	
9	转向灯和危险警告指示灯		1）指示左转向灯工作 2）指示右转向灯工作 3）同时闪烁指示危险警告灯工作	
10	前照灯远光指示灯		1）指示前照灯远光灯工作 2）指示前照灯闪光灯工作	

2. 多功能方向盘的应用

多功能方向盘是现代汽车常见配置，常用于定速巡航和影音等装置的控制。

1）多功能方向盘上的定速巡航控制键如图 3–17–2 所示。

图 3–17–2 方向盘上的定速巡航控制键

2）多功能方向盘上的影音控制键如图 3–17–3 所示。

图 3–17–3 方向盘上的影音控制键

3. 中央信息屏的检查

中央信息屏可用图形或文字的方式显示车辆车门开启状态、发动机舱盖、行李舱盖和胎压指示等信息，如图 3–17–4 所示。

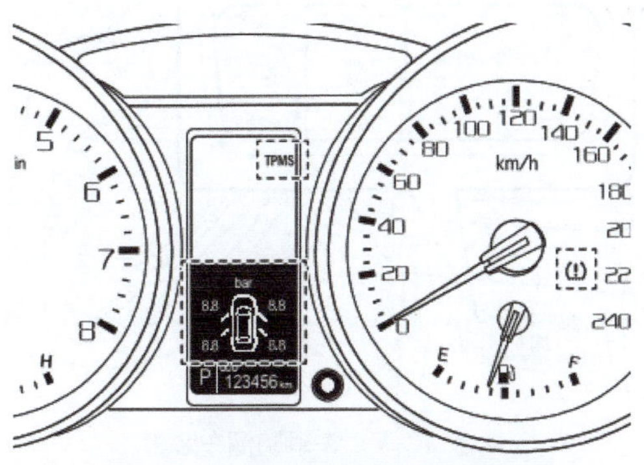

图 3–17–4 仪表盘上的中央信息屏

4. 电子驻车制动装置

现代汽车很多配置了电子驻车制动器，向上拉起开关时，后轮施加驻车制动，如图 3–17–5 所示。

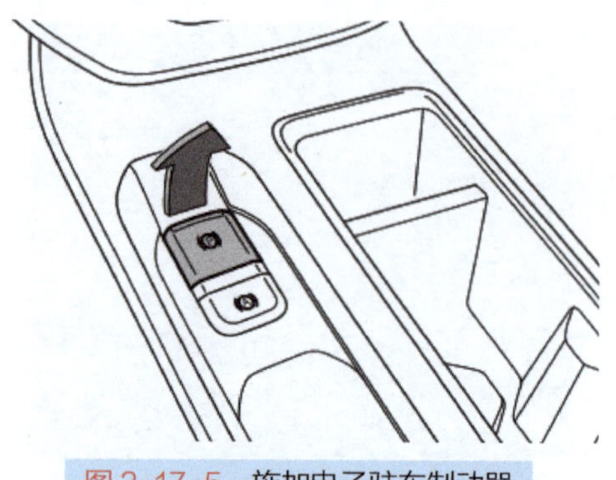

图 3-17-5　施加电子驻车制动器

当踩下制动踏板，向下按压驻车制动开关时，后轮释放驻车制动器，如图 3–17–6 所示。

图 3-17-6　解除电子驻车制动器

5. 坡道防溜车装置

按动坡道防溜车装置开关，车辆处于斜坡状态时，行车制动器会自动施加制动力，防止溜车，如图 3–17–7 所示。

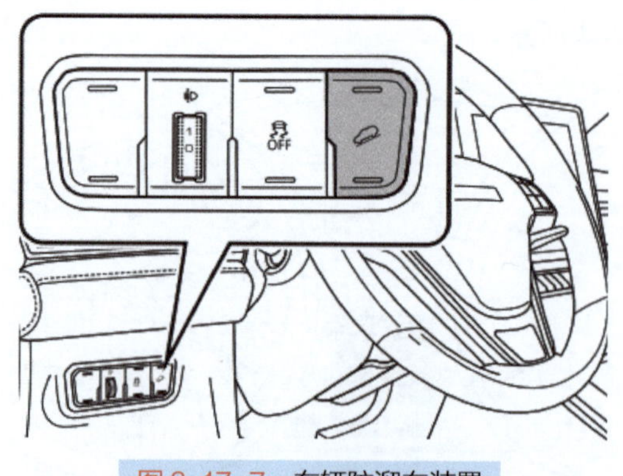

图 3-17-7　车辆防溜车装置

6. 发动机自动起停功能的开启与关闭

每一次起动车辆后，发动机自动打开起停系统，当按下自动起停开关后，发动机自动起停功能解除，此时该开关上的指示灯亮起，如图 3-17-8 所示。

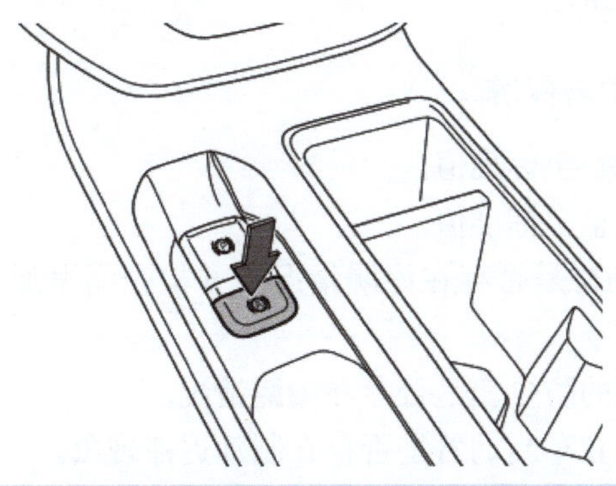

图 3-17-8 发动机自动起停装置的启用 / 解除

（二）新车走合期间的驾驶技巧

1. 轮胎的使用

新轮胎在 500km 内，与路面尚未形成最佳的附着力，需小心驾驶。

2. 制动器的使用

新制动摩擦片在车辆行驶 400km 内，还没有达到最佳的制动效果。新制动摩擦片必须先“磨一磨”，才能达到正常状态，制动时可通过用力踩制动踏板来缩短磨合时间。

3. 发动机的使用

为延长发动机的使用寿命，新购或大修后的发动机在正常使用前，必须经过从无负荷逐渐增加负荷的磨合过程，建议遵守下列注意事项：

1）最初 300km 内，避免紧急制动。

2）最初 1000km 内，要做好以下几项内容：

①避免车辆高速行驶。

②不要将加速踏板踩到底，避免发动机高速运转。

③不要长时间恒速驾驶，应经常变换车速和档位。

④不要使用高档位低速行驶或低档位高速行驶，应根据行车条件适时换档。

⑤不要拖拽挂车或牵引其他车辆。

3）从 1000~3000km，在保证安全的前提下，可逐渐提高车速。

二、新车走合结束后的维护与保养作业

新车走合期一般控制在 3000km 以内，走合期的车辆要限速（90~110km）、限载，走合期结束后，到特约维修站完成免费的走合保养项目。

（一）发动机舱的维护与保养

1）检查发动机是否存在油液渗漏情况。

2）检查制动液、冷却液、玻璃洗涤液的液面，必要时进行调整。

3）检查水泵、发动机传动带的张紧情况。

4）保养空气滤清器。

5）更换机油滤清器和机油。

（二）汽车底盘的维护与保养

1）检查轮胎气压并调整至标准值。

2）检查备胎气压并调整至标准值。

3）检查变速器、传动桥是否存在渗漏情况，并检查润滑油及润滑脂的状况，必要时进行调整。

4）检查转向传动机构的防尘套是否存在渗漏情况。

5）检查行车制动器和驻车制动器是否存在制动迟滞现象。

6）检查底盘各部位螺栓的紧固情况，注意观察各螺栓紧固后的标线，若标线位置没有变动，可不用扭力扳手进行螺栓紧固，如图 3-17-9 所示。

图 3-17-9　底盘紧固件的螺栓（螺母）紧固标记

（三）电器设备的维护与保养

1）确认外部照明及信号工作状况是否正常。

2）确认内部照明及信号工作状况是否正常。

3）确认各车门玻璃升降器工作状况是否正常。

4）确认前、后刮水器工作状况是否正常。

5）确认各车门开锁和闭锁状况是否正常。

6）确认空调系统工作状况是否正常。

学生训练

（一）新车走合期使用的注意事项

训练时间：10min。

训练过程：仪表显示状态的检查，多功能方向盘应用状况的检查，中央信息屏的检查，电子驻车制动装置的检查，坡道防溜车装置的检查，发动机自动起停功能开启与关闭的检查。

（二）新车走合结束后的维护与保养操作

训练时间：10min。

训练过程：发动机舱的维护与保养，汽车底盘的维护与保养，电器设备的维护与保养。

安全管理、场地恢复及授课总结（包含5S项目）

1）实习设备断电、清理，工具、量具清理归位。

2）车辆清洁后恢复正常工作状况。

3）指导教师总结实训课题，布置课后实训报告。

参考文献

[1] 朱胜平 . 汽车维护与保养 [M]. 北京：北京理工大学出版社，2019.

[2] 丰田汽车公司 . 汽车维护操作 [M]. 北京：高等教育出版社，2009.

[3] 朱建勇 . 汽车发动机电控系统故障诊断与检修 [M]. 北京：机械工业出版社，2021.

高职高专汽车类专业创新一体化教材

汽车维护与保养一体化教程

（第3版）

实训工单

班　　级：________________

姓　　名：________________

机 械 工 业 出 版 社

目录

Contents

第一单元

汽车维护作业准备工作

作业任务 1　个人规范及 5S 管理标准

一、学生随堂练

判断题：

1. 为方便行走，维修技师可以穿着运动鞋进行汽车维护作业。（　　）
2. 礼仪训练课上要保持腰板挺直，两手放在腰后，右手握住左手的手腕，两脚之间保持 20~30mm 的距离，目视前方。（　　）
3. 操作钻床时，可以佩戴手套作业。（　　）
4. 蓄电池充电机可与砂轮机等设备安装在一起。（　　）
5. 贯彻 5S 管理标准的关键是在实际行动中落实到位。（　　）

二、实习报告

<table>
<tr><td>姓名</td><td></td><td>班级</td><td></td><td>实训日期</td><td></td></tr>
<tr><td>训练项目题目</td><td colspan="5"></td></tr>
<tr><td colspan="6">主要实训内容记录</td></tr>
<tr><td colspan="6">1. 实训着装要求和课堂行为标准等个人规范：

2. 实训场所 5S 作业标准的落实：</td></tr>
<tr><td>实训中疑难点的记录（等待老师解决）</td><td colspan="5"></td></tr>
<tr><td>教师评语</td><td colspan="5"></td></tr>
</table>

作业任务2 作业场地基本要求

一、学生随堂练

判断题：

1. 操作场地要有足够的空间，以便安装车辆举升设备，高度不应低于3m，同时也应具备完成汽车维修作业使用的面积。（ ）
2. 灭火器是否合格的标志有两项，首先是否组织了定期维护，其次灭火器的压力表指示是否正常。（ ）
3. 不能将废弃的汽油、有机清洗液和机油等液体直接倒入污水排放系统，不但有导致发生火灾的危险，还会造成环境污染。（ ）
4. 为防止电击，不要用湿手接触电器设备。（ ）
5. 在电器总开关、配电设施附近，不要存放易燃物品，严防因电器施工等因素产生电火花引起火灾。（ ）

二、实习报告

<table>
<tr><td>姓名</td><td></td><td>班级</td><td></td><td>实训日期</td><td></td></tr>
<tr><td>训练项目题目</td><td colspan="5"></td></tr>
<tr><td colspan="6">主要实训内容记录</td></tr>
<tr><td colspan="6">1. 汽车维护与保养场地基本配置要求：

2. 汽车实训场所防火和防触电基本要求：

</td></tr>
<tr><td>实训中疑难点的记录(等待老师解决)</td><td colspan="5"></td></tr>
<tr><td>教师评语</td><td colspan="5"></td></tr>
</table>

作业任务 3 车辆重要信息认知

一、学生随堂练

判断题：

1. 车辆识别代码 VIN 为每一辆车的“身份证”信息，由 17 位编码经过特定顺序排列组合，确保世界上每辆车在 40 年内识别代码是唯一的，不会发生重号或错认。 (　　)
2. 在 17 位 VIN 中，第 10 位为车辆生产年份信息。 (　　)
3. 车辆铭牌信息的内容包含生产厂家、品牌、车辆识别代码、整车型号、制造日期、发动机型号和乘坐人数等信息。 (　　)
4. 对于通用车系而言，在行李舱的备胎存放处，张贴有该车配置清单。 (　　)

二、实习报告

<table>
<tr><td>姓名</td><td></td><td>班级</td><td></td><td>实训日期</td><td></td></tr>
<tr><td>训练项目题目</td><td colspan="5"></td></tr>
<tr><td colspan="6">主要实训内容记录</td></tr>
<tr><td colspan="6">1. 车辆识别代码 VIN 在车上的位置及含义：

2. 车辆发动机、变速器和其他重要信息在车上的位置及含义：</td></tr>
<tr><td>实训中疑难点的记录(等待老师解决)</td><td colspan="5"></td></tr>
<tr><td>教师评语</td><td colspan="5"></td></tr>
</table>

作业任务4　新能源汽车维护与保养作业场地要求

一、学生随堂练

判断题：

1. 新能源汽车维护与保养场地要铺设绝缘地胶，车辆应在地胶上进行相关作业。（　　）
2. 新能源汽车安全帽无需检查生产日期，只要外观性能良好即可。（　　）
3. 检查绝缘手套的耐压等级是否满足新能源汽车最高工作电压需求，生产日期是否在有效期范围内。（　　）
4. 进行高压电器作业时，除佩戴符合要求的绝缘手套外，为防止作业中意外刮破绝缘手套，应在绝缘手套外再套上牛皮质的防刮手套。（　　）

二、实习报告

<table>
<tr><td>姓名</td><td></td><td>班级</td><td></td><td>实训日期</td><td></td></tr>
<tr><td>训练项目题目</td><td colspan="5"></td></tr>
<tr><td colspan="6">主要实训内容记录</td></tr>
<tr><td colspan="6">1. 新能源汽车场地配置的基本要求：

2. 新能源汽车个人防护的基本要求：</td></tr>
<tr><td>实训中疑难点的记录(等待老师解决)</td><td colspan="5"></td></tr>
<tr><td>教师评语</td><td colspan="5"></td></tr>
</table>

作业任务 5 常用工具及量具使用

一、学生随堂练

（一）判断题

1. 选择扳手时，为更好地保护螺栓或螺母，应优选套筒或梅花扳手，其次是开口扳手，最后选择活动扳手。（　　）
2. 千分尺具有测量零件外径、内径和深度等尺寸的功能。（　　）
3. 百分表测量表杆上下移动 1mm 时，表针转动 1 圈，即每格为 0.02mm。（　　）
4. 刃口尺和塞尺配合使用，可进行气缸盖或气缸体结合面的平面度检测。（　　）

（二）选择题

1. 能否用预置式扭力扳手拆卸螺栓或螺母？（　　）
   A．可以　　B．不能使用　　C．没有明确规定
2. 常用游标卡尺的精度等级为（　　）。
   A．0.01mm　　B．0.02mm　　C．0.05mm
3. 千分尺的精度等级为（　　）。
   A．0.01mm　　B．0.02mm　　C．0.05mm
4. 内径量表的精度等级为（　　）。
   A．0.01mm　　B．0.02mm　　C．0.05mm

二、实习报告

姓名		班级		实训日期	
训练项目题目					
主要实训内容记录					
1. 汽车维护与保养常用工具的使用： 2. 汽车维护与保养常用量具的使用：					
实训中疑难点的记录（等待老师解决）					
教师评语					

作业任务6 举升机安全操作

一、学生随堂练

判断题：

1. 两柱式举升机在汽车维护与保养工位使用较多，其最大优点是车辆举升后，可提供较大的车辆底部作业空间。（ ）
2. 一般举升机标准载荷在2000kg以上，中、小型车辆总质量均小于该载荷。（ ）
3. 车辆举升前应首先检查载荷，将车上多余的物品卸下后再进行车辆举升。（ ）
4. 当车辆四轮离开地面约10~30mm时，应暂停举升车辆，检查车辆在举升机上的稳定性。（ ）

二、实习报告

姓名		班级		实训日期	
训练项目题目					
主要实训内容记录					
1. 举升机的类型及使用注意事项： 2. 举升机安全操作规程：					
实训中疑难点的记录（等待老师解决）					
教师评语					

作业任务7 汽车定期维护作业项目流程

一、学生随堂练

判断题：

1. 在车辆定期维护作业项目中，全过程要注意对车辆的安全防护。（ ）
2. 在车辆的维护作业过程中，要以蹲姿作业为主，尽量减少站姿作业的工作时间。（ ）
3. 车辆在维护作业时，应减少举升次数，能在相同位置做的工作，尽可能在相同位置、时间内一次性完成。（ ）
4. 车辆举升至最高位置时适合于底盘检查作业。（ ）

二、实习报告

<table>
<tr><td>姓名</td><td></td><td>班级</td><td></td><td>实训日期</td><td></td></tr>
<tr><td>训练项目题目</td><td colspan="5"></td></tr>
<tr><td colspan="6">主要实训内容记录</td></tr>
<tr><td colspan="6">1. 车辆定期维护主要检查项目和操作工艺安排原则：

2. 车辆定期维护顶起位置及作业任务：

</td></tr>
<tr><td>实训中疑难点的记录（等待老师解决）</td><td colspan="5"></td></tr>
<tr><td>教师评语</td><td colspan="5"></td></tr>
</table>

第二单元

汽车定期维护作业流程

作业任务1 车辆门锁性能检查

一、学生随堂练

（一）判断题

1. 物品防盗系统被激活后，以喇叭报警、危险警告灯闪亮、示廓灯和前照灯亮起等方式，提醒车辆周围的人注意该车辆被非法打开。（　　）

2. 如果用遥控器开启车锁后，若30s内没有任何车门开启的动作，防盗单元认为是驾驶员的误操作，车门将落锁。（　　）

3. 一般情况下，用遥控器锁上车门时，车上的危险警告灯闪烁两次。（　　）

4. 现代车辆有自动落锁功能，当车辆行驶速度 >1km/h 时，所有车门会自动落锁。（　　）

5. 车辆发生交通事故时，只要有气囊引爆，所有车门会自动解锁，以便救援人员能从车辆外侧打开车门。（　　）

（二）选择题

1. 用遥控器钥匙开启或者锁上车门时，遥控器发出的信号为（　　）。

A. 低频信号　　B. 中频信号　　C. 高频信号

2. 一键式无钥匙进入式车内物品防盗系统，当用手握住驾驶员侧车门把手时，把手内的低频天线发出的为（　　）。

A. 低频信号　　B. 中频信号　　C. 高频信号

3. 车辆外部在左前车门、右前车门和后行李舱后部设有探测天线，能够探测到的半径范围为（　　）。

A. 1m之内　　B. 1.5m之内　　C. 2.5m之内

4. 车辆外部在左前车门、右前车门和后行李舱后部设有探测天线，能够探测到的高度范围为（　　）。

A. 0.1~1m之间　　B. 0.1~2m之间　　C. 0.1~3m之间

5. 车辆行驶过程中车门已经落锁，（　　）状态下，所有车门会自动解锁。

A. 在车辆停止运动、发动机运转

B. 在车辆停止运动、发动机熄火

C. 在车辆停止运动、发动机熄火、打开驾驶员侧车门

二、实习报告

<table>
<tr><td>姓名</td><td></td><td>班级</td><td></td><td>实训日期</td><td></td></tr>
<tr><td>训练项目题目</td><td colspan="5"></td></tr>
<tr><td colspan="6">主要实训内容记录</td></tr>
<tr><td colspan="6">1. 车辆遥控门锁性能的检查：

2. 一键式无钥匙进入系统门锁的检查：

3. 室内门锁总控开关性能检查：</td></tr>
<tr><td>实训中疑难点的记录（等待老师解决）</td><td colspan="5"></td></tr>
<tr><td>教师评语</td><td colspan="5"></td></tr>
</table>

作业任务 2　车辆防护、发动机舱检查

一、学生随堂练

（一）判断题

1. 车辆维护作业中，若停在较为平整的地面上，可以不施加车轮挡块。　（　　）

2. 在冷却液液面较低、车辆热态状况下，可直接打开冷却液膨胀水箱盖添加冷却液。（　　）
3. 冷却液的更换周期一般为40000km或2~3年。（　　）
4. 传动带在使用过程中会逐渐被拉长，并产生老化、磨损等损伤。（　　）
5. 用约1.0N的力施加在两个带轮之间的传动带中间，新传动带挠度应为5~10 mm，旧传动带挠度一般为7~14mm，若传动带挠度不符合要求，应及时调整传动带预紧度。（　　）
6. 通过添加蒸馏水的方式来调整冷却液的冰点，乙二醇含量越高，其冰点越低。（　　）

（二）选择题

1. 对于车辆在维护与保养作业时防护措施，若用户不在现场，是否可以不做？（　　）

A. 不可以　　B. 可以　　C. 没有明确规定

2. 若机油中渗入了冷却液，机油数量会变多，机油的颜色将变成（　　）。

A. 浅红色　　B. 乳白色　　C. 深褐色

3. 检查机油液面高度时，应在发动机停机（　　）后进行检查。

A. 1min　　B. 5min　　C. 10min

4. 目前汽车常用的冷却液为（　　）。

A. 酒精型　　B. 甘油型　　C. 乙二醇型

二、实习报告

姓名		班级		实训日期	
训练项目题目					
主要实训内容记录					
1. 定期维护作业车辆的防护操作：					
2. 定期维护发动机舱检查操作：					
3. 传动带的检查：					

（续）

实训中疑难点的记录（等待老师解决）	
教师评语	

作业任务 3 冷却系统性能检查

一、学生随堂练

（一）判断题

1. 冷却管路必须保持良好的密封性，以确保冷却液在循环过程中基本无损耗。（　　）
2. 冷却系统散热器盖上设有限压阀，防止冷却系统受热后体积膨胀，引起系统压力过高。（　　）
3. 将蒸馏水用吸管滴在棱镜表面，合上盖板轻轻按压，调节校准螺钉，使明暗分界线与基准线重合。（　　）
4. 多功能液体测试仪为冷却液冰点、玻璃洗涤液冰点和电解液密度测试“三合一”综合测试仪器。（　　）

（二）选择题

1. 选择适当的测试头安装到压力测试仪上，再将压力测试头连接在散热器盖处，施加（　　）左右的压力，在 3min 内观察压力是否降低，同时进行冷却管道密封性检查。

A. 100kPa　　B. 150kPa　　C. 200kPa

2. 当冷却系统温度高于（　　）时，冷却液气化产生较高的压力，此时压力阀被打开卸压，将冷却液排入膨胀水箱。

A. 100℃　　B. 105℃　　C. 110℃

3. 冷却系统散热器盖上设有（　　），维持冷却系统保持适当的系统压力。

A. 压力阀　　B. 真空阀　　C. 压力阀 + 真空阀

4. 散热器盖上装有真空阀，当冷却液温度降低，内部压力降低到产生（　　）负压时，真空阀会被打开，从膨胀水箱中抽取冷却液补充到冷却系统中，避免产生气阻。

A. 0kPa　　B. –20kPa　　C. –40kPa

二、实习报告

姓名		班级		实训日期	
训练项目题目					
主要实训内容记录					
1. 冷却系统管道密封性检查操作： 2. 散热器盖性能检查操作： 3. 冷却液冰点的测试操作：					
实训中疑难点的记录（等待老师解决）					
教师评语					

作业任务 4　充电系统综合性能检查

一、学生随堂练

（一）判断题

1. 蓄电池在车上固定是否牢固，对车辆的使用性能无影响。（　　）
2. 蓄电池的静态电压一般在 12.5~13V 之间。（　　）
3. 一般情况下，发动机在运行过程中，仪表自检完成后，充电指示灯应处于点亮状态。（　　）

4. 发动机运行时，若发电机输出电压低于 13V 或高于 15.5V，应更换发电机。 （ ）

（二）选择题

1. 若蓄电池静态电压在 12.0~12.5V 之间，对蓄电池的处理方式为（ ）。
   A. 更换新蓄电池　B. 及时组织补充充电　C. 正常现象、无需维护
2. 若静态电压低于 12V，先按照蓄电池充电要求充电，充电后对蓄电池的处理方法为（ ）。
   A. 用蓄电池检测仪测量蓄电池寿命，判断是否需更换蓄电池
   B. 用万用表测量充电系统怠速电压，判断是否需更换蓄电池
   C. 无需检查和判断蓄电池的状况，蓄电池可以继续使用
3. 蓄电池在车辆起动时瞬间电压下降应不低于（ ），否则应更换蓄电池。
   A. 8V　B. 9V　C. 10V
4. 玻璃纤维隔板（AGM）蓄电池在充电时，要严格控制充电电流和充电电压，一般充电电流不大于蓄电池容量安培数的（ ），充电电压要控制在 14.8V 以内。
   A. 1/10　B. 1/5　C. 1/2

二、实习报告

姓名		班级		实训日期	
训练项目题目					
主要实训内容记录					
1. 蓄电池综合性能检查： 2. 发电机综合性能检查：					
实训中疑难点的记录（等待老师解决）					
教师评语					

作业任务5 仪表性能检查

一、学生随堂练

（一）判断题

1. 在仪表盘的信息显示屏上出现“找不到钥匙”提示信息时，应将钥匙放置在“应急感应区”。（ ）
2. 当仪表盘上发动机故障指示灯点亮时，应立刻停止发动机运行维修发动机。（ ）
3. 打开驾驶员侧车门时，仪表盘亮起并显示里程数和驻车制动施加情况等相关信息。（ ）
4. 随着汽车技术的发展，有些车型选装了“大连屏”式仪表盘。（ ）

（二）选择题

1. 仪表盘上充电指示灯的颜色为（ ）。

   A. 红色　B. 橙色　C. 绿色

2. 仪表盘上安全气囊系统工作指示灯的颜色为（ ）。

   A. 红色　B. 橙色　C. 绿色

3. 仪表盘上危险警告指示灯的颜色为（ ）。

   A. 红色　B. 橙色　C. 绿色

4. 对于一键起动无钥匙进入式车辆，在仪表盘的信息显示屏上出现“找不到钥匙”提示信息，不可能的原因是（ ）。

   A. 钥匙没有带进驾驶室

   B. 钥匙电池亏电无法工作

   C. 应急防盗感应线圈损坏

二、实习报告

姓名		班级		实训日期	
训练项目题目					
主要实训内容记录					
1. 车辆钥匙合法性检查：					

（续）

<table>
<tr><td colspan="2">2. 仪表静态性能检查：

3. 仪表动态性能检查：</td></tr>
<tr><td>实训中疑难点的记录(等待老师解决)</td><td></td></tr>
<tr><td>教师评语</td><td></td></tr>
</table>

作业任务 6 安全带及座椅检查

一、学生随堂练

（一）判断题

1. 车辆行驶时，后排座椅上的乘客可以不系安全带。（ ）
2. 驾乘人员使用安全带后，安全带提示装置不再报警，车辆安全性能提高了，此时可以超速行驶。（ ）
3. 当车辆发生碰撞事故时，安全带预紧器在安全气囊电控单元控制下，瞬间收紧安全带，避免了因惯性造成驾乘人员身体前倾，获得最佳的约束保护。（ ）
4. 我国《道路交通安全法》要求，4 岁以下儿童乘车务必使用儿童安全座椅。（ ）

（二）选择题

1. 将点火开关置于 ON 位置，在没有插上安全带连接锁扣时，（ ）。
   A. 仪表盘上的安全带指示灯点亮
   B. 仪表盘上的安全带指示灯不亮
   C. 仪表盘上的安全带指示灯在车辆行驶时才点亮
2. 安全带属于（ ）安全装置，当车辆发生碰撞时，能大幅度降低对驾乘人员

的伤害，使用安全带是一项必要的安全保障措施。

A. 主动　　　　　　　　B. 被动

3. 安全带有“两点式”和“三点式”两种类型，当前常用（　　）安全带。

A. 两点式　　　　　　　B. 三点式

4. 我国《道路交通安全法》要求,4 岁以下儿童乘车务必使用儿童安全座椅,(　　)以下的孩子不能坐前排座位。

A. 8 岁　　　　　　　　B. 10 岁　　　　　　　　C. 12 岁

二、实习报告

<table>
<tr><td>姓名</td><td></td><td>班级</td><td></td><td>实训日期</td><td></td></tr>
<tr><td>训练项目题目</td><td colspan="5"></td></tr>
<tr><td colspan="6">主要实训内容记录</td></tr>
<tr><td colspan="6">1. 安全带使用状况检查操作：</td></tr>
<tr><td colspan="6">2. 驾乘人员座椅性能检查操作：</td></tr>
<tr><td>实训中疑难点的记录(等待老师解决)</td><td colspan="5"></td></tr>
<tr><td>教师评语</td><td colspan="5"></td></tr>
</table>

作业任务 7　车辆灯光检查

一、学生随堂练

（一）判断题

1. 前照灯闪光检查时，不论灯光总开关是否开启，只要向上拉起开关至顶端位置，前照灯远光就会点亮。（　　）

2. 一般情况下，雾灯不受灯光总开关控制，只要操作雾灯开关就会亮起。（　　）

3. 发动机处于运行状况，踩下制动踏板并挂入倒档，检查后部倒车灯工作状况。（　　）

4. 车辆后部设有高位制动灯，主要目的是踩下制动踏板时，更加引起后部车辆注意前车处于制动状态。（　　）

5. 汽车雾灯颜色为黄色或橙色。（　　）

（二）选择题

1. 汽车倒车灯颜色为（　　）。

A. 红色　　B. 白色　　C. 橙色

2. 汽车制动灯颜色为（　　）。

A. 红色　　B. 白色　　C. 橙色

3. 汽车尾灯和制动灯为双尾灯泡，其中功率较大的灯丝为（　　）。

A. 制动灯　　B. 尾灯　　C. 不能确定

4. 有些车型转向灯带有故障报警功能，当其中一只转向灯泡损坏时，该侧转向灯会（　　），发出信号提醒驾驶员及时更换灯泡。

A. 不闪烁　　B. 快速闪烁　　C. 慢速闪烁

5. 作为超车信号灯的灯光为（　　）。

A. 右侧转向灯　　B. 危险信号灯　　C. 前照灯远光

二、实习报告

<table>
<tr><td>姓名</td><td></td><td>班级</td><td></td><td>实训日期</td><td></td></tr>
<tr><td>训练项目题目</td><td colspan="5"></td></tr>
<tr><td colspan="6">主要实训内容记录</td></tr>
<tr><td colspan="6">1. 车辆外部灯光检查操作：

2. 车辆室内照明检查操作：</td></tr>
<tr><td>实训中疑难点的记录(等待老师解决)</td><td colspan="5"></td></tr>
<tr><td>教师评语</td><td colspan="5"></td></tr>
</table>

作业任务8 方向盘及喇叭检查

一、学生随堂练

（一）判断题

1. 有些汽车喇叭音量和音调是能够调节的。（ ）
2. 当汽车低音喇叭和高音喇叭同时工作时，才有理想的音量和音质。（ ）
3. 汽车喇叭音量越大越好。（ ）
4. 汽车方向盘自由行程越小越好。（ ）
5. 方向盘自由行程检查时，起动发动机，保持两前轮处于直行方向，用手轻轻晃动方向盘，当转向轮即将转动时停止晃动方向盘，此时测量的转动量为方向盘的自由行程。（ ）

（二）选择题

1. 汽车方向盘自由行程一般在（ ）范围内。
   A. 1~15mm　B. 15~30mm　C. 30~45mm
2. 若转动方向盘时感觉沉重且方向控制困难，主要原因之一为（ ）。
   A. 方向盘自由行程过大
   B. 方向盘自由行程过小
   C. 转向机主从动齿轮啮合间隙过大
3. 若方向盘为上下和倾斜方向可调式结构，在检查方向盘摆动量时，应在（ ）检查。
   A. 方向盘最下端位置
   B. 方向盘最上端位置
   C. 方向盘整个调整位置
4. 在点火开关置于OFF位置时能够锁止方向盘，该系统为（ ）。
   A. 防盗装置
   B. 停车警示装置
   C. 故障报警装置
5. 在检查方向盘防盗功能时，点火开关除OFF位置外，（ ）。
   A. 方向盘只能够顺时针转动
   B. 方向盘只能够逆时针转动
   C. 方向盘顺时针和逆时针两个方向均自由转动

二、实习报告

<table>
<tr><td>姓名</td><td></td><td>班级</td><td></td><td>实训日期</td><td></td></tr>
<tr><td>训练项目题目</td><td colspan="5"></td></tr>
<tr><td colspan="6">主要实训内容记录</td></tr>
<tr><td colspan="6">1. 方向盘自由行程和使用状况检查操作：

2. 车辆喇叭使用状况检查操作：</td></tr>
<tr><td>实训中疑难点的记录（等待老师解决）</td><td colspan="5"></td></tr>
<tr><td>教师评语</td><td colspan="5"></td></tr>
</table>

作业任务 9 洗涤器和刮水器检查

一、学生随堂练

（一）判断题

1. 洗涤器和刮水器检查没有明确的先后顺序。（　　）
2. 检查洗涤器工作状况时，发动机舱盖一定处于扣合状态。（　　）
3. 有些车型的洗涤器喷射位置是不能调整的。（　　）
4. 如果风窗玻璃表面较脏或粘有异物（积雪、树胶等），需先进行清洁并去除异物，否则可能会损坏刮水片或刮水电动机总成。（　　）
5. 起动发动机，按下中央控制台上的后窗玻璃除霜开关，开关上的指示灯将亮起，后窗玻璃除霜功能开启。（　　）

（二）选择题

1. 检查洗涤器和刮水器工作性能时，发动机状态为（　　）。

A. 运行状态　　B. 停转状态　　C. 没有明确规定

2. 检查洗涤器和刮水器工作状态时，发动机舱盖处于（　　）。

A. 扣合状态　　B. 非扣合状态　　C. 没有明确规定

3. 检查刮水器片刮拭状态时，若前风窗玻璃上出现条纹状刮拭痕迹，主要原因为（　　）。

A. 前风窗玻璃变形　　B. 刮水器片损伤　　C. 刮拭速度太快

4. 检查洗涤器工作状态时，保持发动机运行的原因为（　　）。

A. 确保有足够的供电电压

B. 确保有足够的洗涤液供给

C. 确保洗涤器供电线路处于通电状态

5. 后窗除霜功能开启（　　）后，将自动关闭除霜功能，相应指示灯随之熄灭。

A. 约 10min　　B. 约 15min　　C. 约 20min

二、实习报告

姓名		班级		实训日期	
训练项目题目					
主要实训内容记录					
1. 前洗涤器和刮水器的检查操作： 2. 后洗涤器和刮水器检查操作： 3. 后窗玻璃除霜性能检查操作：					
实训中疑难点的记录（等待老师解决）					
教师评语					

作业任务10 车门、车窗及天窗检查

一、学生随堂练

（一）判断题

1. 打开车门时，仪表盘中央信息屏上的车门未关紧指示灯将点亮。（ ）
2. 当车辆发生碰撞、安全气囊引爆后，安全气囊模块第一时间发出信号，使所有车门解锁，以便从车外能够打开车门进行救援。（ ）
3. 每一个车门上均安装有防撞横梁，确保发生侧面碰撞时最大限度地保护驾乘人员。（ ）
4. 有些带一键快速上升功能的车窗玻璃不具有“防夹”功能。（ ）

（二）选择题

1. 后排车门安装有儿童锁，可以防止儿童意外打开车门，施加儿童锁后（ ）。
   A. 车门内把手不能打开车门，车门外把手能打开车门
   B. 车门内把手能打开车门，车门外把手不能打开车门
   C. 车门的车内把手、车外把手均不能打开车门
2. 当施加驾驶员侧开关上的后部车窗玻璃锁止开关时，驾驶员侧开关上的后部车窗锁止指示灯将（ ）。
   A. 熄灭　　B. 点亮　　C. 闪亮
3. 当施加驾驶员侧开关上的后部车窗锁止开关时，车辆后部车窗玻璃将（ ）。
   A. 在后部车窗开关处无法控制
   B. 在驾驶员侧车窗开关处无法控制
   C. 后部车窗开关可控制，但失去快速下降功能
4. 进行一键开关初始化操作的步骤为：打开点火开关，将驾驶员侧车窗玻璃升降按钮拉至上升位置，使玻璃升到最上端，保持（ ）左右即可。
   A. 1s　　B. 3s　　C. 5s

二、实习报告

姓名		班级		实训日期	
训练项目题目					
主要实训内容记录					
1. 车门使用状况检查操作：					

（续）

<table>
<tr><td colspan="2">2. 车窗玻璃使用性能检查操作：

3. 天窗使用性能检查操作：</td></tr>
<tr><td>实训中疑难点的记录(等待老师解决)</td><td></td></tr>
<tr><td>教师评语</td><td></td></tr>
</table>

作业任务 11 燃油供给系统检查

一、学生随堂练

（一）判断题

1. 在进行燃油管路渗漏情况检查时，主要集中在管路与软管相连的接头位置。（　　）
2. 将油箱盖板扣合后，油箱盖板与车身处缝隙应均匀。（　　）
3. 燃油管路应牢固安装在车辆底部，且燃油管路上无压痕等损伤。（　　）
4. 在更换燃油滤清器时，无需注意其安装方向。（　　）

（二）选择题

1. 将油箱盖顺时针转动装回，直至听到“咔嗒”声时，表明油箱盖已安装到位，声音是油箱盖上（　　）发出的。

A. 限力装置　　B. 压力阀　　C. 真空阀

2. 油箱盖上安装有（　　），确保了燃油系统正常的工作状态。

A. 压力阀　　B. 真空阀　　C. 压力阀和真空阀

3. 燃油加注到第一次跳枪为止，不要加注得太满，否则燃油极易进入炭罐，从而降低（　　）的使用寿命。

A. 燃油泵　　B. 炭罐　　C. 滤清器

4. 安装在外部的燃油滤清器一般（　　）左右更换一次。

A. 50000km　　B. 100000km　　C. 150000km

二、实习报告

姓名		班级		实训日期	
训练项目题目					
主要实训内容记录					
1. 油箱盖使用状况检查操作： 2. 燃油管路和燃油滤清器安装情况检查操作：					
实训中疑难点的记录（等待老师解决）					
教师评语					

作业任务 12 轮胎（含备胎）检查

一、学生随堂练

（一）判断题

1. 由于备胎不常用，车辆定期维护保养时可不予检查。（　　）

2. 用气压表检查备胎气压时，非全尺寸备胎气压较高，一般为 420kPa 左右。（　　）

3. 轮胎使用中，磨损程度已经到了轮胎最低沟槽深度警示位置时，必须更换轮胎。（　　）

4. 带轮胎监视装置的车轮，轮胎不能随意调换位置，若进行轮胎换位作业，一定要完成轮胎位置初始化操作。（　　）

（二）选择题

1. 全尺寸备胎气压要高出标准轮胎气压（　　）左右。

A. 20%　　B. 40%　　C. 60%

2. 轮胎长期处于气压过高状态下行驶，会造成轮胎的（　　）。

A. 胎肩磨损　　B. 胎冠磨损　　C. 轮胎单边磨损

3. 为确保行车安全，车辆换上备胎后，最高行驶速度应不超过（　　）。

A. 60km/h　　B. 80km/h　　C. 100km/h

4. 测量沟槽深度时应避开胎面磨损极限点位置，在轮胎圆周间隔 120° 处选择三个测量位置，各测量胎面的里、中、外三个尺寸，（　　）即为轮胎的沟槽深度。

A. 最大值　　B. 最小值　　C. 平均值

二、实习报告

<table>
<tr><td>姓名</td><td></td><td>班级</td><td></td><td>实训日期</td><td></td></tr>
<tr><td>训练项目题目</td><td colspan="5"></td></tr>
<tr><td colspan="6">主要实训内容记录</td></tr>
<tr><td colspan="6">1. 轮胎使用状况的检查操作：

2. 备胎使用状况的检查操作：</td></tr>
<tr><td>实训中疑难点的记录（等待老师解决）</td><td colspan="5"></td></tr>
<tr><td>教师评语</td><td colspan="5"></td></tr>
</table>

作业任务13 空调使用性能检查

一、学生随堂练

（一）判断题

1. 发动机运行、发电机输出电压（13.5~15.5V之间）正常时，后窗除霜装置才能正常工作。（ ）
2. 开启空调综合性能检测仪后，在距离其1.5m以外启用温度、湿度传感器，避免发动机热量影响环境温度和湿度测量的准确性。（ ）
3. 人体各部位对温度舒适性感觉有所不同，其中脚部相对于身体其他部位要求温度较低。（ ）
4. 不要等到停机时才关掉空调按钮，要提前5min左右将制冷关闭，保持鼓风机继续工作，将积存在蒸发器上的湿气吹干，避免滋生细菌而发出臭味。（ ）

（二）选择题

1. 在汽车空调的使用中，后窗除霜装置工作（ ）后，会自动关闭后窗除霜加热模式。

A. 10min

B. 15min

C. 20min

2. 汽车空调综合性能测试仪上的四个热偶温度检测线按照对应的颜色，依次连接到汽车空调综合性能检测仪上，其中表述正确的是（ ）。

A. 黄色探头KT2接蒸发器制冷剂出口端

B. 黄色探头KT2接蒸发器制冷剂入口端

C. 黄色探头KT2接冷凝器制冷剂出口端

3. 人体各部位对温度的舒适度感觉有所不同，其中对温度要求相对较高的部位是（ ）。

A. 脚部位置

B. 躯干位置

C. 面部位置

4. 下列使用汽车空调说法正确的是（ ）。

A. 汽车空调制冷系统在夏天可长期使用，无需关闭空调开关，随发动机一起工作

B. 在冬季也要使汽车空调制冷系统至少每个月工作5min左右

C. 冬季让暖风吹面部是最舒适的空调使用模式

二、实习报告

姓名		班级		实训日期	
训练项目题目					
主要实训内容记录					
1. 空调控制装置操作性能的检查操作： 2. 空调综合性能检测操作：					
实训中疑难点的记录（等待老师解决）					
教师评语					

作业任务14 空调制冷剂纯度检查

一、学生随堂练

（一）判断题

1. 当制冷剂纯度不合格时，纯度分析仪上的红色指示灯亮起。（ ）
2. 目前汽车空调使用的是对大气层无害的R12制冷剂。（ ）
3. 压缩机吸入蒸发器出口流出的低温低压制冷剂气体，将其压缩成高温高压气体排出压缩机，此时压缩机出口压力约为150~250kPa。（ ）
4. 通过测量密封管路中制冷剂的压力，不能确定制冷剂存储量是否充足。（ ）

（二）选择题

1. 通过制冷剂纯度分析仪读取制冷剂纯度时，以制冷剂R134a为例，纯度最低标准为R134a含量（ ）。

A. ≥ 94%　　B. ≥ 96%　　C. ≥ 98%

2. 为区分空调制冷剂的种类，10kg 装大罐制冷剂 R134a 罐体颜色为（　　）。

A. 浅蓝色　　B. 绿色　　C. 白色

3. 压缩机不工作时，空调制冷密封系统压力约为 450kPa 左右，制冷剂为（　　）。

A. 液体　　B. 气体　　C. 液气共存体

4. 汽车空调工作时，雾状制冷剂液体进入蒸发器后，吸收热量变成低压低温的气体流出蒸发器，此时出口压力约为（　　）。

A. 50~150kPa　　B. 150~250kPa　　C. 250~350kPa

二、实习报告

姓名		班级		实训日期	
训练项目题目					
主要实训内容记录					
1. 空调制冷剂纯度检查操作： 2. 空调制冷管路渗漏检查操作：					
实训中疑难点的记录（等待老师解决）					
教师评语					

作业任务 15　车辆底部渗漏和排气管路检查

一、学生随堂练

（一）判断题

1. 发动机、变速器和散热器等部件渗漏检查时，操作者一定要做好安全防护，作业时佩戴安全帽和手套等防护用品，避免发生安全事故。（　　）

2. 排气管路上与发动机排气歧管相连接的部件为三元催化器。（　　）
3. 后消声器渗漏，会直接影响到发动机的工作性能。（　　）
4. 排气管与消声器组成的排气组件，通过O形橡胶圈吊装在车下，确保了该组件与发动机排气歧管的软连接。（　　）

（二）选择题

1. 发动机和变速器等总成件润滑油要求液面高度在适当范围内，总体上液面的最高位置为（　　）。

   A. 必须超出油封的下边缘

   B. 不得超出油封的下边缘

   C. 没有明确规定

2. 发动机工作时，燃料燃烧后主要生成二氧化碳（CO_2）和水（H_2O），当混合气浓度发生变化时，也伴随生成CH、CO和NO_x等部分有害气体，三元催化器和颗粒捕集器在尾气排放中起净化作用，以上物质会再次发生化学反应，生成（　　）。

   A. CO_2、NO_x　　B. H_2O、CO　　C. CO_2、H_2O、N_2

3. 三元催化器和颗粒捕集器在满足一定条件下才会工作，其中条件之一为工作温度，三元催化器正常工作温度为（　　）左右。

   A. 150~350℃　　B. 350~450℃　　C. 450~650℃

4. 车辆行驶时，后消声器下端排水孔有水滴出，是否正常？（　　）

   A. 正常　　B. 不正常　　C. 没有明确答案

二、实习报告

<table>
<tr><td>姓名</td><td></td><td>班级</td><td></td><td>实训日期</td><td></td></tr>
<tr><td>训练项目题目</td><td colspan="5"></td></tr>
<tr><td colspan="6">主要实训内容记录</td></tr>
<tr><td colspan="6">1. 发动机、变速器和散热器等部件渗漏检查操作：

2. 排气管路安装和渗漏检查的操作：</td></tr>
<tr><td>实训中疑难点的记录（等待老师解决）</td><td colspan="5"></td></tr>
<tr><td>教师评语</td><td colspan="5"></td></tr>
</table>

作业任务16 制动管路检查

一、学生随堂练

（一）判断题

1. 车辆定期维护作业时，需确认车辆前部左右两侧制动软管是否存在扭曲、裂纹、凸起和老化等损伤。 （ ）
2. 车辆定期维护作业时，需确认车辆后部制动软管在后悬架上下振动时，不会与车身或悬架发生接触。 （ ）
3. 真空式助力制动器可以提高制动效果，当驾驶员踩下制动踏板时，利用发动机进气歧管产生的真空度与大气压差值，产生与制动踏板行程成正比的辅助力，推动制动主缸活塞动作。 （ ）

（二）选择题

1. 为确保行车安全，目前所有车辆均采用（ ）。
   A. 单管路制动系统　B. 双管路制动系统　C. 三管路制动系统
2. 燃油管路和制动管路平行安装于车辆底部，燃油管路和制动管路相比，两者的区分是（ ）。
   A. 燃油管路较粗、制动管路较细
   B. 燃油管路较细、制动管路较粗
   C. 燃油管路和制动管路尺寸一致

二、实习报告

姓名		班级		实训日期	
训练项目题目					
主要实训内容记录					
1. 制动管路使用状况的检查操作： 2. 燃油管路使用状况的检查操作：					

（续）

实训中疑难点的记录(等待老师解决)	
教师评语	

作业任务17 驱动轴和转向传动机构检查

一、学生随堂练

（一）判断题

1. 车辆定期维护保养时，转动车轮一周以上，检查驱动轴外侧护套是否有裂纹、破损，润滑油脂有无渗漏，驱动轴护套安装卡箍是否安装到位、有无损伤。（　　）
2. 转向驱动轮半轴使用的万向节为十字轴不等速式万向节。（　　）
3. 驱动轴总成中的万向节使用齿轮油进行润滑。（　　）
4. 转向传动机构球头间隙过大，不会引起方向盘自由行程的变化。（　　）

（二）选择题

1. 现代轿车前轴一般为转向驱动轴，中间通过（　　）连接，确保了半轴的等速传递。

   A. 等速万向节　　B. 不等速万向节　　C. 十字轴万向节

2. 由于发动机前置前驱车辆的特殊结构，传动箱总成一般位于车辆的左侧，仔细观察左右两侧的传动轴，会发现存在（　　）的现象。

   A. 右侧传动轴“细而短”、左侧传动轴“粗而长”

   B. 左侧传动轴“细而短”、右侧传动轴“粗而长”

   C. 左右两侧传动轴长度和直径相等

3. 车轮的最大转向角是车辆从直行位置向左或向右转动至方向盘极限位置时，与车辆直线行驶方向的角度，一般情况下（　　）。

   A. 车辆内侧最大转向角大于车辆外侧最大转向角

   B. 车辆内侧最大转向角小于车辆外侧最大转向角

   C. 车辆内侧和外侧最大转向角相等

4. 当驾驶员向左侧转动转向机时，(　　)。

A. 左侧为车辆内侧、右侧车辆为外侧

B. 左侧为车辆外侧、右侧车辆为内侧

C. 没有明确规定

二、实习报告

姓名		班级		实训日期	
训练项目题目					
主要实训内容记录					
1. 驱动轴使用状况的检查操作： 2. 转向传动机构使用状况的检查操作：					
实训中疑难点的记录(等待老师解决)					
教师评语					

作业任务 18 前悬架和后悬架检查

一、学生随堂练

（一）判断题

1. 汽车直线行驶的速度越快，稳定杆发挥的作用就越大。(　　)

2. 稳定杆两端连接到左右悬架弹性零件上，一端连接减振器，另一端连接下摆臂。(　　)

3. 汽车转弯时，由于重心沿车辆横向发生偏移，易引起车辆发生横向侧滑。(　　)

4. 拖曳式非独立悬架结构简单，一般情况下后轮定位参数无需调整。（　　）

（二）选择题

1. 轿车一般采用（　　）前悬架结构类型。

A. 非独立式　　B. 独立式

2. 按照导向机构的种类，汽车悬架主要分为独立式悬架和非独立式悬架两类，独立式悬架减振效果（　　）非独立式悬架。

A. 优于　　B. 次于　　C. 相当于

3. 当车辆直线行驶时，独立式前悬架上的稳定杆（　　）。

A. 起作用　　B. 不起作用　　C. 不一定起作用

4. 独立式后悬架有多种类型，多采用横向双摆臂式独立悬架，左右两侧悬架通过横向稳定杆连接，车辆定位作业时可进行（　　）等参数的调整。

A. 后轮外倾角和后轮主销内倾角

B. 后轮主销内倾角和后轮前束

C. 后轮外倾角和后轮前束

二、实习报告

姓名		班级		实训日期	
训练项目题目					
主要实训内容记录					
1. 前悬架使用状况的检查操作： 2. 后悬架使用状况的检查操作：					
实训中疑难点的记录（等待老师解决）					
教师评语					

作业任务 19 制动系统性能检查

一、学生随堂练

（一）判断题

1. 踩踏制动踏板时应无噪声、无过度松旷现象，制动踏板高度正常。（　　）
2. 检查制动踏板余量时无需用力踩下制动踏板。（　　）
3. 对于传统拉线式驻车制动器，向上拉起驻车制动手柄一个棘轮位置时，仪表盘上的驻车制动灯不会亮起。（　　）
4. 当驾驶员踩下制动踏板、推动制动主缸工作时，制动液通过制动管路压入制动轮缸，使制动器产生制动力，以实现车辆的减速或停车。（　　）
5. 车辆停车后施加驻车制动器是为了防止溜车，并配合传动系统顺利实现车辆坡道起步。（　　）

（二）选择题

1. 制动踏板的自由行程确保了在不踩踏制动踏板时，制动主缸处于完全非工作状态，行车制动器不发生制动迟滞，一般制动踏板的自由行程在（　　）范围内。

   A. 0~10mm　　B. 10~30mm　　C. 30~60mm

2. 传统拉索式驻车制动器检查时，向上拉起驻车制动器操纵手柄，棘轮处于（　　）位置时，仪表板上的驻车指示灯点亮。

   A. 1 响　　B. 2 响　　C. 3 响

3. 传统拉索式驻车制动器拉杆工作行程一般为（　　）个棘轮响。

   A. 2~5　　B. 6~9　　C. 10~13

4. 在进行真空助力器真空检查时，踩下制动踏板后，将发动机熄火并保持制动踏板踩下（　　）以上，确认制动踏板的高度没有变化（踏板不会逐渐下沉）。

   A. 10s　　B. 20s　　C. 30s

5. 真空助力器工作状况检查是为了确认发动机起动后，建立了正常的进气歧管真空度对助力状况的影响关系，在踩下制动踏板起动的瞬间，制动踏板会（　　）。

   A. 下沉　　B. 上翘　　C. 高度不变

二、实习报告

<table>
<tr><td>姓名</td><td></td><td>班级</td><td></td><td>实训日期</td><td></td></tr>
<tr><td>训练项目题目</td><td colspan="5"></td></tr>
<tr><td colspan="6">主要实训内容记录</td></tr>
<tr><td colspan="6">1. 行车制动装置使用性能检查：

2. 驻车制动装置使用性能检查：</td></tr>
<tr><td>实训中疑难点的记录（等待老师解决）</td><td colspan="5"></td></tr>
<tr><td>教师评语</td><td colspan="5"></td></tr>
</table>

作业任务 20　制动器迟滞性能检查

一、学生随堂练

（一）判断题

1. 行车制动器迟滞状况检查需两人配合完成，一人在室内踩踏制动踏板，另一人在车外前后轮胎处检查是否存在制动迟滞现象。（　　）
2. 驻车制动器一般安装在前轮，与前轮制动器组合为一个整体。（　　）
3. 驻车制动器迟滞的原因为后轮驻车制动器摩擦元件间隙过小，制动片回位不良，制动轮缸卡滞等。（　　）
4. 若存在制动迟滞现象，会造成制动器过热、异常磨损，增大了车辆行驶阻力，引起车辆加速迟缓、油耗增大等现象。（　　）

（二）选择题

1. 以下哪些说法不可能是引起制动迟滞的原因（　　）。

A. 制动踏板没有自由行程

B. 制动片与制动盘间隙调整过大

C. 制动主缸故障、制动轮缸锈蚀或卡滞

2. 对于电子式驻车制动器车辆在起步前，以下操作正确的是（　　）。

A. 必须手动解除驻车制动器

B. 无需手动解除驻车制动器

3. 安装电子式驻车制动器的车辆，当施加驻车制动器后，车辆起步时应（　　），使车辆自动解除施加在后轮上的驻车制动。

A. 缓踩加速踏板　　B. 急踩加速踏板　　C. 不踩加速踏板

4. 关于安装电子式驻车制动器的车辆，以下说法正确的是（　　）。

A. 驻车制动器一般作用在前轮

B. 驻车制动器一般作用在后轮

C. 车辆起步前必须手动释放电子驻车制动器

二、实习报告

<table>
<tr><td>姓名</td><td></td><td>班级</td><td></td><td>实训日期</td><td></td></tr>
<tr><td>训练项目题目</td><td colspan="5"></td></tr>
<tr><td colspan="6">主要实训内容记录</td></tr>
<tr><td colspan="6">1. 行车制动器迟滞性能检查操作：

2. 驻车制动器迟滞性能检查操作：</td></tr>
<tr><td>实训中疑难点的记录(等待老师解决)</td><td colspan="5"></td></tr>
<tr><td>教师评语</td><td colspan="5"></td></tr>
</table>

第三单元

汽车维护与保养作业中的重要操作项目

作业任务1 发动机气缸密封性能测试

一、学生随堂练

（一）判断题

1. 柴油机气缸压力表量程一般在 0~3.0MPa 范围内。（ ）
2. 在进行发动机气缸压力测量时，蓄电池性能对测试结果无影响。（ ）
3. 在进行发动机气缸压力测量时，若相邻两缸气缸压力值均过低，说明相邻气缸的气缸垫发生了窜气损坏。（ ）
4. 在进行发动机气缸漏气率分析时，漏气率不高于 20% 就属于正常。（ ）
5. 在进行发动机气缸漏气率分析时，活塞应处于该缸排气上止点位置。（ ）

（二）选择题

1. 一般情况下汽油机气缸压力标准为（ ），且各缸的气缸压力差值≤ 5%。

   A．0.6~0.9MPa B．0.9~1.2MPa C．1.2~1.5MPa

2. 一般情况下柴油机气缸压力标准在 1.7~2.2MPa 之间，且各缸的气缸压力差值（ ）。

   A．≤ 5% B．≤ 10% C．≤ 15%

3. 气缸压力测试由两人配合完成，一人将气缸压力表接在被测量气缸的火花塞安装处，另一人在驾驶室内按下起动开关，此时加速踏板位置应该为（ ）。

   A．关闭状态 B．半开状况 C．全开状态

4. 用漏气率分析仪检测气缸漏气率时，转动气压调节旋钮，将供气端气压调至（ ），观察与气缸相连的表端压力值。

   A．0.2~0.4MPa B．0.4~0.6MPa C．0.6~0.8MPa

5. 用漏气率分析仪检测气缸漏气率时，气缸漏气率较大，发现排气管处漏气严重，引起发动机漏气率较大的原因主要为（ ）。

   A．该缸活塞、活塞环和气缸密封不良

B. 该缸进气门与进气门座圈密封不良

C. 该缸排气门与排气门座圈密封不良

二、实习报告

<table>
<tr><td>姓名</td><td></td><td>班级</td><td></td><td>实训日期</td><td></td></tr>
<tr><td>训练项目题目</td><td colspan="5"></td></tr>
<tr><td colspan="6">主要实训内容记录</td></tr>
<tr><td colspan="6">1. 发动机气缸压力的检测操作：

2. 发动机气缸漏气率的检测操作：</td></tr>
<tr><td>实训中疑难点的记录(等待老师解决)</td><td colspan="5"></td></tr>
<tr><td>教师评语</td><td colspan="5"></td></tr>
</table>

作业任务 2 进气歧管真空度及曲轴箱通风检测

一、学生随堂练

（一）判断题

1. 汽油发动机进气行程活塞下移，进气门打开将气体吸入气缸，由于节气门处于非完全打开状态，阻碍了气体进入量，会在节气门后方的进气歧管内产生真空度。 （ ）

2. 发动机工作时，随着节气门开度的变化，进气歧管内的真空度不会变化。（ ）

3. 发动机怠速运行，进气歧管真空度应该在 50~55kPa 之间，真空压力表指针波动量比较小，一般波动值≤ 10%。 （ ）

4. 发动机工作时，点火时间过早或迟后、混合气过稀或过浓、排气管路堵塞等因

素，都会引起节气门后方真空度过小。（　　）

5. 现代汽车发动机曲轴箱常用的通风方式为自然通风法。（　　）

（二）选择题

1. 发动机怠速运行时，节气门后方进气歧管的真空度应该在（　　）之间。

A．40~45kPa　　B．45~50kPa　　C．50~55kPa

2. 发动机运行状态，随着节气门开度的缓慢增大，节气门后方的真空度将会（　　）。

A．逐渐增大　　B．逐渐减小　　C．不变

3. 发动机运行，检验曲轴箱强制通风装置性能时，若将曲轴箱通气管卡住，曲轴箱内的真空度将（　　），说明该装置工作正常。

A．增大　　B．减小　　C．不变

4. 为提高发动机的工作性能，目前常用的曲轴箱通风方式为（　　）。

A．自然通风法　　B．强制循环通风法

C．自然通风法和强制通风法结合方式

5. 当发动机熄火或进气歧管回火时，PCV 阀处于（　　）状态，曲轴箱强制通风装置不起作用。

A．关闭　　B．半开　　C．全开

二、实习报告

姓名		班级		实训日期	
训练项目题目					
主要实训内容记录					
1. 进气歧管真空度的检查操作： 2. 曲轴箱通风装置的检查操作：					
实训中疑难点的记录（等待老师解决）					
教师评语					

作业任务3 发动机正时带（链）更换作业

一、学生随堂练

（一）判断题

1. 汽油发动机一般为四冲程顶置凸轮轴式结构，曲轴和进、排凸轮轴之间靠正时带或正时链传递运动，两者间有着严格的对应关系。（ ）
2. 更换新的正时带后，按预紧标准调整好正时带的预紧度（要比旧的正时带稍紧些）。（ ）
3. 更换正时链时，无需同时更换正时链轮和张紧器。（ ）
4. 在转动曲轴时，正时链张紧器始终压紧导向板，且张紧器柱塞能上下浮动。（ ）
5. 发动机在维修作业时，严禁逆时针转动曲轴，否则会增加正时链跳齿的可能性。（ ）

（二）选择题

1. 发动机正时带检查的周期一般为（ ）。

   A．20000km B．40000km C．60000km
2. 在检查发动机正时带预紧度时，用拇指和食指捏住凸轮轴齿轮和中间齿轮间的正时带位置，以刚好转动（ ）为宜。

   A．90° B．180° C．270°
3. 发动机更换正时带完毕后，需再次转动曲轴至少（ ），以便确认曲轴正时齿轮记号和凸轮轴正时齿轮记号是否与机体和气缸盖上的记号对齐，并再次检查正时带的预紧度。

   A．180° B．360° C．720°
4. 若发动机正时带到了规定的更换时间，经检查发现正时带使用状况良好，对是否更换正时带说法正确的为（ ）。

   A．没有必要更换

   B．必须更换

   C．没有明确规定
5. 对于正时链结构式发动机，在维修作业中需要转动曲轴时，曲轴的旋转方向为（ ）。

   A．必须顺时针转动

   B．必须逆时针转动

   C．没有明确规定

二、实习报告

<table>
<tr><td>姓名</td><td></td><td>班级</td><td></td><td>实训日期</td><td></td></tr>
<tr><td>训练项目题目</td><td colspan="5"></td></tr>
<tr><td colspan="6">主要实训内容记录</td></tr>
<tr><td colspan="6">1. 发动机正时带维护及更换操作：

2. 发动机正时链检查及更换操作：</td></tr>
<tr><td>实训中疑难点的记录（等待老师解决）</td><td colspan="5"></td></tr>
<tr><td>教师评语</td><td colspan="5"></td></tr>
</table>

作业任务 4　发动机气门间隙检查及调整

一、学生随堂练

（一）判断题

1. 气门间隙的两次调整法是指调整气门间隙的顺序，在发动机的一个工作循环内（曲轴转动 720°），发动机转动两次可完成所有气缸气门间隙的调整。（　　）
2. 气门间隙过大可造成发动机进气充气不足、排气不畅。（　　）
3. 有些发动机气门间隙调整是通过选择不同型号挺柱实现的，通过挺柱厚度尺寸的选择，确保进气门和排气门达到标准配合间隙。（　　）
4. 液压挺柱式进气系统在维护作业中无需进行气门间隙调整，当发生故障时也无需检查气门挺柱的性能。（　　）

（二）选择题

1. 当气门间隙过小时，以下不可能出现哪种情况。（　　）

A. 发动机达到正常温度后，气门与气门座圈关闭不严引起气缸密封不良

B．会影响到发动机动力性和尾气排放达标

C．发动机工作时产生较明显的气门异响

2. 以下气门间隙说法正确的是（　　）。

A．气门间隙冷态时较热态小

B．气门间隙冷态时较热态大

C．气门间隙冷态、热态均相等

3. 为确保气门与气门座圈间良好的密封性，避免发动机工作温度升高到正常值（90~100℃）后，由于气门传动机构和气门组的受热膨胀，引起气门与气门座圈密封不良，要保留适当的气门间隙，其中（　　）。

A．进气门间隙大些　　B．排气门间隙大些　　C．两者间隙相等

4. 采用液压挺柱式配气机构，以下说法正确的是（　　）。

A．无需调整气门间隙

B．定期检查和调整气门间隙

C．无需进行正时链（正时带）的更换

二、实习报告

姓名		班级		实训日期	
训练项目题目					
主要实训内容记录					
1. 传统式发动机气门间隙的检查与调整： 2. 现代轿车用汽油发动机气门间隙的检查与调整：					
实训中疑难点的记录（等待老师解决）					
教师评语					

作业任务5 冷却液更换和冷却系统重要部件检查

一、学生随堂练

（一）判断题

1. 发动机冷却液定期更换时，无需进行卸压处理，可直接打开散热器盖。（ ）
2. 发动机冷却液定期更换时，无需将膨胀水箱中的冷却液全部抽出，可直接添加新的冷却液进行补偿。（ ）
3. 发动机冷却液定期更换时，按照环保要求，冷却液应参照工业废水进行处理。（ ）
4. 新能源汽车定期更换冷却液时，可直接添加燃油车用普通型冷却液。（ ）

（二）选择题

1. 发动机用冷却液的更换周期为（ ）。

A．20000km　　B．1年　　C．40000km或2年

2. 对新能源汽车用去离子水说法最为准确的是（ ）。

A．去离子水的沸点更高、使用寿命更长

B．去离子水严格控制了对冷却系统有腐蚀作用的钙、镁等无机离子的含量

C．去离子水与普通冷却液相比，价格更低廉、使用更为广泛

3. 当发动机达到正常工作温度时，冷却系统的循环状态为（ ）模式。

A．小循环　　B．大循环　　C．小循环＋大循环

4. 一般情况下，节温器的开启温度为80℃左右，全部开启行程温度为95℃左右，阀门最大开启行程一般要大于（ ）。

A．4mm　　B．6mm　　C．8mm

二、实习报告

姓名		班级		实训日期	
训练项目题目					
主要实训内容记录					
1. 冷却液的定期更换操作：					

（续）

<table>
<tr><td colspan="2">2. 冷却系统重要部件检查：</td></tr>
<tr><td>实训中疑难点的记录（等待老师解决）</td><td></td></tr>
<tr><td>教师评语</td><td></td></tr>
</table>

作业任务 6 进气系统维护与保养

一、学生随堂练

（一）判断题

1. 空气供给系统为发动机可燃混合气形成提供必要的清洁空气，并计量和控制燃油燃烧时所需的空气量。（　　）
2. 发动机工作时，废气涡轮增压的压力越大越好。（　　）
3. 发动机怠速状态下，控制模块以 100% 的占空比指令控制电磁阀，排气旁通道打开较大，经过涡轮的废气量减小，涡轮增压作用最弱。（　　）
4. 发动机长时间高速运行后，停车时应怠速运转几分钟后再熄火，让机油和冷却液带走涡轮增压器更多的热量，延长其使用寿命。（　　）

（二）选择题

1. 车辆进行定期保养时，空气滤清器保养周期为（　　）。

   A．5000~7500km　　B．10000~15000km　　C．15000~25500km

2. 带废气涡轮增压器的发动机怠速运行时，排气旁通阀处于（　　）。

   A．全部打开状态　　B．一半打开状态　　C．完全关闭状态

3. 带废气涡轮增压器的发动机高速运行、抬起加速踏板时，进气旁通阀处于（　　）。

   A．全部打开状态　　B．一半打开状态　　C．完全关闭状态

4. 带废气涡轮增压的发动机，进气经过涡轮增压器压缩后，进气温度会（　　）。

   A．降低　　B．升高　　C．不变

二、实习报告

<table>
<tr><td>姓名</td><td></td><td>班级</td><td></td><td>实训日期</td><td></td></tr>
<tr><td>训练项目题目</td><td colspan="5"></td></tr>
<tr><td colspan="6">主要实训内容记录</td></tr>
<tr><td colspan="6">1. 空气滤清器定期维护与更换操作：</td></tr>
<tr><td colspan="6">2. 废气涡轮增压装置检测与维护操作：</td></tr>
<tr><td>实训中疑难点的记录（等待老师解决）</td><td colspan="5"></td></tr>
<tr><td>教师评语</td><td colspan="5"></td></tr>
</table>

作业任务7　发动机润滑系统检查和机油定期更换

一、学生随堂练

（一）判断题

1. 矿物机油更换周期为7500km或6个月。（　　）
2. SN、SP级为半合成机油，其中SP级为目前发动机在用级别最高的机油。（　　）
3. 目前汽油机、柴油机均使用多级黏度机油，即一年四季通用型。（　　）
4. 为避免烫伤，可佩戴手套进行机油排放作业。（　　）

（二）选择题

1. 一般情况下发动机更换机油时，机油加注量在机油尺的（　　）刻度位置，确保一个机油更换周期内无需添加机油。

   A．1/4~2/4　　B．2/4~3/4　　C．3/4~4/4

2. 机油的使用等级是按照美国石油协会（API）标准来划分的，以下哪种机油属于三者中级别最高的？（　　）

A．SL　　B．SM　　C．SN

3. 发动机怠速工作时机油压力范围为（　）。

A．0.15~0.20MPa　　B．0.20~0.45MPa　　C．≤ 0.50MPa

4. 机油滤清器安装时，清洁机体上机油滤清器安装底座部位，用手拧紧机油滤清器后，然后用专用工具紧固（　　）圈。

A．2/4　　B．3/4　　C．4/4

二、实习报告

<table>
<tr><td>姓名</td><td></td><td>班级</td><td></td><td>实训日期</td><td></td></tr>
<tr><td>训练项目题目</td><td colspan="5"></td></tr>
<tr><td colspan="6">主要实训内容记录</td></tr>
<tr><td colspan="6">1. 发动机润滑系统的检查操作：

2. 发动机机油的定期更换操作：</td></tr>
<tr><td>实训中疑难点的记录(等待老师解决)</td><td colspan="5"></td></tr>
<tr><td>教师评语</td><td colspan="5"></td></tr>
</table>

作业任务 8　动力传动系统性能检查

一、学生随堂练

（一）判断题

1. 离合器位于发动机和手动变速器之间，用以接通或切断发动机的动力。（　　）

2. 离合器自由行程是指离合器膜片弹簧内端和分离轴承两者之间的间隙，一般为 2~3mm，反应在离合器踏板上就是离合器踏板的自由行程，一般为 3~5mm。（　　）

3. 目前发动机前置、前轮驱动式车桥常用的万向节为球笼式等速万向节。（　　）

4. 传动轴总成使用的十字轴万向节要成对使用，安装时可忽略记号随意安装。（　　）

（二）选择题

1. 对于手动变速器而言，为确保发动机动力完全传递，行驶中离合器踏板所处的状态为（　　）。

A. 离合器踏板踩到最低、档位处于空档位置

B. 离合器踏板完全抬起、档位处于非空档位置

C. 离合器踏板踩下并保持行程的一半、档位处于非空档位置

2. 齿轮油按 SAE 黏度等级分为 75W、80W、85W、90W 和 140W 等多种，其中数字越大，黏度（　　）。

A. 越小　　B. 越大　　C. 不变化

3. 车辆运行使得悬架上下跳动时，传动轴也随之动作，因此要求传动轴的（　　）要随之变化。

A. 长度　　B. 位置　　C. 长度和位置

4. 手动变速器油液检查包括（　　）检查。

A. 齿轮油液面高度　　B. 齿轮油质量　　C. 齿轮油液面高度和质量

二、实习报告

姓名		班级		实训日期	
训练项目题目					
主要实训内容记录					
1. 离合器总成使用性能检查操作： 2. 手动变速器维护操作： 3. 传动轴总成使用性能的检查：					

（续）

实训中疑难点的记录（等待老师解决）	
教师评语	

作业任务9 电控液力自动变速器维护

一、学生随堂练

（一）判断题

1. 同手动变速器相比，使用自动变速器车辆的驾驶员，不需要根据道路情况和车辆行驶速度频繁换档，改善了驱动性能，提高了驾驶舒适性。（　　）
2. 电控液力自动变速器属于无级变速器。（　　）
3. 电控液力自动变速器油液检查时，发动机一定在熄火状态下进行。（　　）
4. 电控液力自动变速器油液（ATF）无需定期检查和更换。（　　）

（二）选择题

1. 车辆行驶过程中，影响自动变速器换档的主要因素有（　　）。

   A. 车辆行驶速度

   B. 发动机载荷大小

   C. 车辆行驶速度和发动机载荷大小两个因素

2. 无级自动变速器（CVT）与有级自动变速器区别在于各档位（　　）。

   A. 有固定的传动比

   B. 没有固定的传动比

   C. 有时有、有时没有固定的传动比

3. 电控液力自动变速器油液更换的周期为（　　）。

   A. 40000km 或两年　　B. 80000km 或四年　　C. 120000km 或八年

4. 对于使用电控液力式自动变速器的车辆，在发动机熄火 5min 后检查液面高度，此时液面状况为（　　）。

   A. 油液液面变高　　B. 油液液面变低　　C. 油液液面高度不变

二、实习报告

<table>
<tr><td>姓名</td><td></td><td>班级</td><td></td><td>实训日期</td><td></td></tr>
<tr><td>训练项目题目</td><td colspan="5"></td></tr>
<tr><td colspan="6">主要实训内容记录</td></tr>
<tr><td colspan="6">1. 电控液力自动变速器使用性能检查操作：</td></tr>
<tr><td colspan="6">2. 电控液力自动变速器油液更换操作：</td></tr>
<tr><td>实训中疑难点的记录（等待老师解决）</td><td colspan="5"></td></tr>
<tr><td>教师评语</td><td colspan="5"></td></tr>
</table>

作业任务 10　盘式制动器检修

一、学生随堂练

（一）判断题

1. 一般情况下内、外侧摩擦片厚度偏差应不大于 10%~15%，摩擦片厚度使用极限值为不小于新片厚度的 1/3。（　）
2. 对车辆两侧同轴制动器而言，更换制动片时，若一侧摩擦片磨损较轻，可单独更换另一侧，没有必要同时更换。（　）
3. 更换新制动片时，一定要将制动轮缸回位，否则制动片将无法安装。（　）
4. 要求制动盘两侧沟槽深度不大于 0.5mm，表面无裂纹、硬点等产生。（　）
5. 完成制动器拆装作业后，无需确认制动器是否存在制动迟滞现象。（　）

（二）选择题

1. 对于盘式制动器，制动片的使用极限为不小于新制动片厚度的（　）。

A．1/2　　B．1/3　　C．1/4

2. 对于浮动钳盘式制动器，每个制动器上制动轮缸的个数为（　　）。

A. 1个　　B. 2个　　C. 3个

3. 对于盘式制动器，制动盘的摆动量极限为不大于（　　）。

A. 0.06mm　　B. 0.10mm　　C. 0.15mm

4. 用千分尺测量制动盘厚度时，测量点应选在距离轮盘外边缘（　　）。

A. 20mm处　　B. 15mm处　　C. 10mm处

5. 检查制动盘表面磨损状况时，表面不应该有裂纹、烧蚀，沟槽深度（　　）。

A. ≤ 0.5mm　　B. ≤ 1mm　　C. ≤ 1.5mm

二、实习报告

<table>
<tr><td>姓名</td><td></td><td>班级</td><td></td><td>实训日期</td><td></td></tr>
<tr><td>训练项目题目</td><td colspan="5"></td></tr>
<tr><td colspan="6">主要实训内容记录</td></tr>
<tr><td colspan="6">1. 盘式制动器制动片使用状况的检查操作：

2. 盘式制动器制动盘使用状况的检查操作：</td></tr>
<tr><td>实训中疑难点的记录（等待老师解决）</td><td colspan="5"></td></tr>
<tr><td>教师评语</td><td colspan="5"></td></tr>
</table>

作业任务11　鼓式制动器检修

一、学生随堂练

（一）判断题

1. 若制动器使用时间过长，在制动鼓内侧由于制动蹄片摩擦出现沟槽，对拆下制

动鼓造成困难，因此在拆卸制动鼓前先把制动蹄调回到最小位置。（　　）

2. 在拆卸制动鼓时，若制动鼓与轮毂法兰盘间配合的过紧，可用锤子敲打制动鼓表面，以利于制动鼓与轮毂法兰盘的分离。（　　）

3. 制动蹄片摩擦材料中含有石棉，若维修人员在作业过程中吸入石棉粉尘，会对呼吸系统造成一定伤害，因此在拆装鼓式制动器时，要做好个人防护，佩戴专业防尘口罩。（　　）

4. 完成后轮制动器拆装作业后，无需确认驻车制动器和行车制动器是否存在制动迟滞现象。（　　）

（二）选择题

1. 检查制动鼓内表面磨损状况，表面不应该有裂纹、烧蚀，沟槽深度（　　）。

A. ≤ 1mm　　B. ≤ 2mm　　C. ≤ 3mm

2. 用专用游标卡尺测量制动鼓内表面尺寸，要求磨损最大直径不超过标准直径的（　　），且圆度误差符合要求。

A. 1mm　　B. 2mm　　C. 3mm

3. 检查制动蹄片是否存在异常磨损、摩擦材料与制动蹄脱开和摩擦材料缺损等损伤，制动蹄上摩擦材料厚度不小于新片摩擦材料厚度的（　　）。

A. 1/3　　B. 1/4　　C. 1/5

4. 组装鼓式制动器总成时，应在制动背板与制动蹄片接触处、制动间隙调节拉杆螺栓等部位涂上（　　）。

A. 齿轮油　　B. 机油　　C. 高温润滑脂

二、实习报告

<table>
<tr><td>姓名</td><td></td><td>班级</td><td></td><td>实训日期</td><td></td></tr>
<tr><td>训练项目题目</td><td colspan="5"></td></tr>
<tr><td colspan="6">主要实训内容记录</td></tr>
<tr><td colspan="6">1. 鼓式制动器的拆卸及检查操作：

2. 鼓式制动器的安装及调整操作：

</td></tr>
</table>

（续）

实训中疑难点的记录（等待老师解决）	
教师评语	

作业任务 12 制动液更换操作

一、学生随堂练

（一）判断题

1. 合成制动液具有凝点低、沸点高、不易产生气阻、抗腐蚀等优点，目前被广泛应用于高速、大负荷的车辆上。（　　）
2. 在制动液更换作业过程中，应随时观察制动液储液罐的液面高度，只要液面低于下限就要补充制动液至上线位置。（　　）
3. 若制动液吸收了空气中的水分，温度超过 100℃时混在制动液中的水分会汽化，踩制动时气体被压缩，制动踏板行程变长、发软，使得制动性能变差或失效。（　　）
4. 制动液具有腐蚀性，特别是对车面油漆腐蚀性较强，维修作业时应注意车面油漆的防护。（　　）
5. 在双人操作制动液更换作业中，两人需密切配合、动作协调一致，当制动踏板踩下再松开，回位至最高位置时，把制动轮缸上的排放螺栓拧紧。（　　）

（二）选择题

1. 制动液是液压制动系统中传递制动能量的液态介质，从制动主缸输出的制动液通过制动管路传至各制动轮缸，最高压力达（　　）。

A. 2~3MPa　　B. 4~5MPa　　C. 6~7MPa

2. 目前常用的制动液为合成型制动液，现有 DOT3、DOT4、DOT5 等多种型号，制动液的主要指标是沸点和吸水性，其中沸点最高的制动液是（　　）。

A. DOT3　　B. DOT4　　C. DOT5

3. 制动液具有吸湿性，当吸收空气中水分时，制动液的沸点会降低，其中水分的极限值为不大于（　　）。

A. 1%　　B. 2%　　C. 3%

4. 制动液需定期检查和更换，定期更换的周期为（　　）。

A. 两年或40000km　　B. 三年或60000km　　C. 四年或80000km

5. 制动液的主要特性为（　　），因此需定期检查和更换。

A. 吸湿性　　B. 可压缩性　　C. 无腐蚀性

二、实习报告

姓名		班级		实训日期	
训练项目题目					
主要实训内容记录					
1. 单人更换制动液的操作： 2. 双人更换制动液的操作：					
实训中疑难点的记录（等待老师解决）					
教师评语					

作业任务13　车辆四轮定位操作

一、学生随堂练

（一）判断题

1. 车辆在定位检测之前，一定要确保悬架系统和转向系统处于良好的工作状态，否则应在必要的维修作业后，再进行车辆的定位检查。（　　）

2. 轮毂轴承间隙过大主要原因是转向传动机构间隙过大引起的。（　　）

3. 车辆的主销后倾角越大越好。（　　）

4. 方向盘对正操作在定位调整作业中特别重要，即使车辆定位参数正确，也可能

出现车辆直线行驶时方向盘“不正”的现象。 (　　)

（二）选择题

1. 在进行四轮定位作业前，需检查车辆的载荷，此时车辆载荷处于(　　)。

A．空载状态　　B．半载状态　　C．满载状态

2. 车辆在定位作业前需检查前轴、后轴两端车身高度误差，一般情况下同轴间两侧车轮高度差不大于(　　)。

A．10mm　　B．20mm　　C．30mm

3. 车辆在进行四轮定位作业时，前后定位参数的调整顺序为(　　)。

A．先调整前轮、再调整后轮

B．先调整后轮、再调整前轮

C．前轮后轮调整没有明确的顺序

4. 现代车辆为了降低定位作业的难度，一般情况下后轮保留车轮外倾角和后轮前束两个调整参数，前轮只保留(　　)一个调整参数。

A．主销内倾　　B．车轮外倾　　C．前束

二、实习报告

<table>
<tr><td>姓名</td><td></td><td>班级</td><td></td><td>实训日期</td><td></td></tr>
<tr><td>训练项目题目</td><td colspan="5"></td></tr>
<tr><td colspan="6">主要实训内容记录</td></tr>
<tr><td colspan="6">1. 车辆定位作业前的底盘检查：

2. 车辆定位流程和定位调整：</td></tr>
<tr><td>实训中疑难点的记录(等待老师解决)</td><td colspan="5"></td></tr>
<tr><td>教师评语</td><td colspan="5"></td></tr>
</table>

作业任务14 车轮动平衡和轮胎换位操作

一、学生随堂练

（一）判断题

1. 轮胎动不平衡的原因是其旋转中心与重心产生了偏移，转动时引起车轮在轴向产生了摆振。（ ）
2. 对于长期停放的车辆，可将轮胎气压增大（约300kPa），该气压不能用于正常行驶，行车前须将气压恢复至推荐的轮胎气压标准。（ ）
3. 子午线轮胎应采用交叉换位法进行轮胎换位操作。（ ）
4. 由于轿车大多采用了非全尺寸备胎，因此备胎可参与轮胎的定期换位保养。（ ）

（二）选择题

1. 轮胎进行动平衡测试时，只要车轮两边的动不平衡量小于（ ），轮胎平衡机上就显示动平衡合格。

   A．5g　　B．10g　　C．15g

2. 为减轻长期停放的车辆出现轮胎“平点”现象，车辆至少每30天左右移动一次，移动位置必须使轮胎原受力点至少旋转（ ）。

   A．90°　　B．180°　　C．360°

3. 轮胎换位操作的周期一般为（ ），以车辆维修手册推荐的周期为准。

   A．10000km　　B．20000km　　C．30000km

4. 轮胎动平衡与静平衡之间的关系为（ ）。

   A．当静平衡时一定动平衡

   B．当动平衡时一定静平衡

   C．动平衡与静平衡为同一概念

二、实习报告

姓名		班级		实训日期	
训练项目题目					
主要实训内容记录					
1. 轮胎动平衡的检查及调整操作：					

（续）

<table>
<tr><td colspan="2">2. 轮胎定期换位调整的操作：</td></tr>
<tr><td>实训中疑难点的记录（等待老师解决）</td><td></td></tr>
<tr><td>教师评语</td><td></td></tr>
</table>

作业任务 15 蓄电池使用状况检查

一、学生随堂练

（一）判断题

1. 目前常用的蓄电池有干荷式蓄电池、免维护式蓄电池和玻璃纤维棉隔板式蓄电池（AGM）等多种类型。（ ）
2. 干荷式蓄电池为免维护式蓄电池。（ ）
3. 蓄电池充电场所要保持良好的通风，严禁明火或产生电火花的作业，避免蓄电池爆炸。（ ）
4. 蓄电池内阻由极板、隔板、连接条、电解液、接线柱等电阻并联生成。（ ）
5. 蓄电池寄生电流是指车上所有用电设备均关闭，车辆停止运行，为维持车身防盗装置和电控单元记忆等功能，仍有部分模块处于工作状态，消耗能量产生的电流。（ ）

（二）选择题

1. 以下哪一类蓄电池用于配置带起动 / 停止功能发动机的车辆上？（ ）。
   A. 干荷式蓄电池　B. 免维护式蓄电池　C. AGM 蓄电池
2. 定期对干荷式蓄电池进行液面检查，必要时进行调整，需添加的液体为（ ）。
   A. 蒸馏水　B. 矿泉水　C. 稀硫酸
3. 对于蓄电池内阻的说法，正确的是（ ）。
   A. 标准电压高、容量大的蓄电池内阻也大
   B. 标准电压高、容量大的蓄电池内阻也小
   C. 随着使用时间的增加，蓄电池的内阻不变

4. 用蓄电池性能分析仪检测蓄电池寿命时，蓄电池更换的标准为测试寿命不小于（　　）。

A. 30%　　B. 40%　　C. 50%

5. 若蓄电池寄生电流大于（　　），长时间停放时蓄电池耗电量过大，造成车辆起动困难。

A. 50mA　　B. 100mA　　C. 150mA

二、实习报告

<table>
<tr><td>姓名</td><td></td><td>班级</td><td></td><td>实训日期</td><td></td></tr>
<tr><td>训练项目题目</td><td colspan="5"></td></tr>
<tr><td colspan="6">主要实训内容记录</td></tr>
<tr><td colspan="6">1. 蓄电池基本的维护与保养操作：

2. 蓄电池使用寿命及寄生电流的检查操作：</td></tr>
<tr><td>实训中疑难点的记录（等待老师解决）</td><td colspan="5"></td></tr>
<tr><td>教师评语</td><td colspan="5"></td></tr>
</table>

作业任务16 火花塞检查及更换操作

一、学生随堂练

（一）判断题

1. 检查火花塞的正、负电极边缘处是否因磨损使得该位置出现变薄的情况。（　　）
2. 根据发动机曲轴位置、凸轮轴位置传感器发出的信号，确定各缸最佳点火时刻，点火线圈产生高压电，通过安装在各缸上的火花塞产生电火花，点燃可燃混合气。（　　）
3. 点火器的点火控制装置让初级线圈接通电流储存能量，接通初级电路瞬间，在次级线圈上感应出高压电，使安装在其上的火花塞产生击穿电极的电火花。（　　）
4. 铱金火花塞使用寿命较长，但使用中需定期调整火花塞中心电极和侧电极间的

间隙值。（ ）

（二）选择题

1. 点火器是一个带电控单元的变压器，由初级线圈、次级线圈、点火控制装置等组成，下列说法正确的是（ ）。

A．初级线圈匝数多、电阻值小　B．初级线圈匝数少、电阻值大

C．初级线圈匝数少、电阻值小

2. 在汽油机点火系统中，点火器是一个带电控单元的（ ）。

A．升压变压器　B．降压变压器　C．恒压稳压器

3. 在汽油机点火系统中，需对火花塞间隙定期检查和调整的为（ ）火花塞。

A．铂金　B．铱金　C．普通

4. 在汽油机点火系统中，普通型火花塞间隙值为（ ）。

A．0.4~0.6mm　B．0.8~1.2mm　C．1.5~1.8mm

二、实习报告

姓名		班级		实训日期	
训练项目题目					
主要实训内容记录					
1. 火花塞使用状况检查操作： 2. 火花塞定期更换的操作：					
实训中疑难点的记录(等待老师解决)					
教师评语					

作业任务17 新车走合保养

一、学生随堂练

（一）判断题

1. 新轮胎在100km内，与路面尚未形成最佳的附着力，需小心驾驶。（ ）

2. 新购车辆在结束走合期后，到特约维修站完成免费的走合保养项目。（　　）
3. 仪表上安全气囊故障指示灯点亮时，立刻停车等待事故救援。（　　）
4. 为延长发动机的使用寿命，新购或大修后的发动机在正常使用前，必须经过从无负荷逐渐增加负荷的磨合过程。（　　）

（二）选择题

1. 走合期间要保持限速、限载，车辆的最高车速保持在（　　）。
   A．40~50km/h　　B．90~110km/h　　C．140~150km/h
2. 新车走合期一般控制在（　　）内。
   A．1000km；　　B．3000km　　C．5000km
3. 新制动摩擦片在车辆行驶（　　）内，还没有达到最佳的制动效果，制动时可通过用力踩制动踏板来缩短磨合时间。
   A．400km　　B．800km　　C．1200km
4. 新车出厂后，走合期内限速、限载的主要原因是（　　）。
   A．配合件之间没有达到最佳的工作状态
   B．用户特别关注新车，不想高速行驶
   C．用户对新车操作不熟悉，不能高速行驶

二、实习报告

<table>
<tr><td>姓名</td><td></td><td>班级</td><td></td><td>实训日期</td><td></td></tr>
<tr><td>训练项目题目</td><td colspan="5"></td></tr>
<tr><td colspan="6">主要实训内容记录</td></tr>
<tr><td colspan="6">1. 新车走合期使用的注意事项：

2. 新车走合结束后维护与保养的操作：</td></tr>
<tr><td>实训中疑难点的记录（等待老师解决）</td><td colspan="5"></td></tr>
<tr><td>教师评语</td><td colspan="5"></td></tr>
</table>

参考答案

第一单元：汽车维护作业准备工作

作业任务 1：个人规范及 5S 管理标准

判断题：1—5：×； √； ×； ×； √

作业任务 2：作业场地基本要求

判断题：1—5：×； √； √； √； √

作业任务 3：车辆重要信息认知

判断题：1—4：×； √； √； √

作业任务 4：新能源汽车维护与保养作业场地要求

判断题：1—4：√； ×； √； √

作业任务 5：常用工具及量具使用

（一）判断题：1—4：√； ×； ×； √
（二）选择题：1—4：B； B； A； A

作业任务 6：举升机安全操作

判断题：1—4：√； ×； √； √

作业任务 7：汽车定期维护作业项目流程

判断题：1—4：√； ×； √； √

第二单元：汽车定期维护作业流程

作业任务 1：车辆门锁性能检查

（一）判断题：
1—5：√； √； ×； √； √
（二）选择题：
1—5：C； A； B； B； B

作业任务 2：车辆防护、发动机舱检查

（一）判断题：
1—6：×； ×； √； √； √； √
（二）选择题：
1—4：A； B； C； C

作业任务 3：冷却系统性能检查

（一）判断题：1—4：√； √； √； √
（二）选择题：1—4：B； B； A； B

作业任务 4：充电系统综合性能检查

（一）判断题：1—4：×； √； ×； √
（二）选择题：1—4：B； A； B； A

作业任务 5：仪表性能检查

（一）判断题：1—4：√； ×； √； √
（二）选择题：1—4：A； B； C； C

作业任务 6：安全带及座椅检查

（一）判断题：1—4：×； ×； √； √
（二）选择题：1—4：A； A； B； C

作业任务 7：车辆灯光检查

（一）判断题：
1—5：√； ×； √； √； √
（二）选择题：
1—5：B； A； A； B； C

作业任务 8：方向盘及喇叭检查

（一）判断题：
1—5：√； √； ×； ×； √
（二）选择题：
1—5：A； B； C； A； C

作业任务 9：洗涤器和刮水器检查

（一）判断题：
1—5：×； √； √； √； √
（二）选择题：
1—5：A； A； B； A； B

作业任务 10：车门、车窗及天窗检查

（一）判断题：1—4：√； √； √； ×
（二）选择题：1—4：A； B； A； B

作业任务 11：燃油供给系统检查

（一）判断题：1—4：√； √； √； ×
（二）选择题：1—4：A； C； B； B

作业任务 12：轮胎（含备胎）检查

（一）判断题：1—4：×； √； √； √
（二）选择题：1—4：A； B； B； B

作业任务 13：空调使用性能检查

（一）判断题：1—4：√； √； ×； √
（二）选择题：1—4：B； C； A； B

作业任务 14：空调制冷剂纯度检查

（一）判断题：1—4：√； ×； ×； √
（二）选择题：1—4：B； A； C； B

作业任务 15：车辆底部渗漏和排气管路检查

（一）判断题：1—4：√； √； ×； √
（二）选择题：1—4：B； C； B； A

作业任务 16：制动管路检查

（一）判断题：1—3：√； √； √
（二）选择题：1—2：B； A

作业任务 17：驱动轴和转向传动机构检查

（一）判断题：1—4：√； ×； ×； ×

（二）选择题：1—4：A； B； A； A

作业任务 18：前悬架和后悬架检查

（一）判断题：1—4：×； √； √； √

（二）选择题：1—4：B； A； B； C

作业任务 19：制动系统性能检查

（一）判断题：

1—5：√； ×； ×； √； √

（二）选择题：

1—5：B； A； B； C； A

作业任务 20：制动器迟滞性能检查

（一）判断题：1—4：√； ×； √； √

（二）选择题：1—4：B； B； A； B

第三单元：汽车维护与保养作业中的重要操作项目

作业任务 1：发动机气缸密封性能测试

（一）判断题：

1—5：×； ×； √； ×； ×

（二）选择题：

1—5：B； A； C； B； C

作业任务 2：进气歧管真空度及曲轴箱通风检测

（一）判断题：

1—5：√； ×； ×； √； ×

（二）选择题：

1—5：C； B； A； B； A

作业任务 3：发动机正时带（链）更换作业

（一）判断题：

1—5：√； √； ×； √； √

（二）选择题：

1—5：A； A； C； B； A

作业任务 4：发动机气门间隙检查及调整

（一）判断题：1—4：√； √； √； ×

（二）选择题：1—4：C； B； B； A

作业任务 5：冷却液更换和冷却系统重要部件检查

（一）判断题：1—4：×； ×； √； ×

（二）选择题：1—4：C； B； C； C

作业任务 6：进气系统维护与保养

（一）判断题：1—4：√； ×； √； √

（二）选择题：1—4：A； A； A； B

作业任务 7：发动机润滑系统检查和机油定期更换

（一）判断题：1—4：×； √； √； ×

（二）选择题：1—4：C； C； A； B

作业任务 8：动力传动系统性能检查

（一）判断题：1—4：√； ×； √； ×

（二）选择题：1—4：A； B； C； C

作业任务 9：电控液力自动变速器维护

（一）判断题：1—4：√； ×； ×； ×

（二）选择题：1—4：C； B； B； A

作业任务 10：盘式制动器检修

（一）判断题：

1—5：√； ×； √； √； ×

（二）选择题：

1—5：B； A； A； C； A

作业任务 11：鼓式制动器检修

（一）判断题：1—4：√； ×； √； ×

（二）选择题：1—4：A； B； A； C

作业任务 12：制动液更换操作

（一）判断题：

1—5：√； √； √； √； ×

（二）选择题：

1—5：B； C； C； A； A

作业任务 13：车辆四轮定位操作

（一）判断题：1—4：√； ×； ×； √

（二）选择题：1—4：A； A； B； C

作业任务 14：车轮动平衡和轮胎换位操作

（一）判断题：1—4：×； √； ×； ×

（二）选择题：1—4：A； A； A； B

作业任务 15：蓄电池使用状况检查

（一）判断题：

1—5：√； ×； √； ×； √

（二）选择题：

1—5：C； A； B； C； A

作业任务 16：火花塞检查及更换操作

（一）判断题：1—4：√； √； ×； ×

（二）选择题：1—4：C； A； C； B

作业任务 17：新车走合保养

（一）判断题：1—4：×； √； ×； √

（二）选择题：1—4：B； B； A； A